Anonymus

Caroline

Anonymus
Caroline
ISBN/EAN: 9783741172267
Hergestellt in Europa, USA, Kanada, Australien, Japan
Cover: Foto ©Andreas Hilbeck / pixelio.de
Manufactured and distributed by brebook publishing software (www.brebook.com)

Anonymus

Caroline

Caroline.

Briefe

an ihre Geschwister, ihre Tochter Auguste,
die Familie Gotter, F. L. W. Meyer, A. W. und Fr. Schlegel,
J. Schelling u. a.

nebst Briefen

von A. W. und Fr. Schlegel u. a.

Herausgegeben

von

G. Waitz.

Erster Band.

Mit dem Portrait von Auguste Böhmer.

Leipzig
Verlag von S. Hirzel.
1871.

Vorbemerkung.

Dorothea Caroline Albertine Michaelis, Tochter des Professors und Geh. Justizraths Johann David Michaelis, ward den 2. September 1763 in Göttingen geboren. Sie verheirathete sich den 15. Juni 1784 mit dem Dr. med. und Bergmedicus zu Clausthal Johann Franz Wilhelm Böhmer, Sohn des Professors und Geh. Justizraths G. L. Böhmer. Diesem gebar sie zwei Töchter, Auguste und Therese, und einen Sohn. Am 4. Febr. 1788 starb Böhmer, dem der erst nachher geborne Sohn bald in: Tode nachfolgte. Caroline lebte als Witwe eine Zeit lang im elterlichen Hause zu Göttingen, dann bei einem Bruder Fritz in Marburg, wo derselbe Professor an der Universität war. Hier starb die jüngere Tochter Therese im December 1789. Im Jahr 1791 kehrte Caroline noch einmal nach Göttingen zurück, um im Frühjahr 1792 nach Mainz zu übersiedeln, wo ihre Jugendfreundin Therese Heyne verheirathet mit G. Forster lebte. Da sie die Sympathien Forsters und seiner Freunde für die Ausbreitung der französischen Freiheit am Rhein getheilt, und, wenn auch mit Unrecht, als ihrem Schwager G. Böhmer, dem Secretär Custines, näher verbunden galt, ward sie, im Begriff die von den deutschen Heeren belagerte Stadt zu verlassen, im April 1793 gefangen genommen, und erst nach Königstein, dann in milderer Haft nach Kronberg gebracht, im Juli durch Vermittelung besonders ihres jüngern Bruders Philipp — er war später Arzt in Harburg, Vater des verstorbenen Kieler, Großvater des jetzt Tübinger Professors — befreit. Von vielen Seiten verdächtigt und verfolgt, fand sie eine Zuflucht erst in und bei Leipzig, dann in dem ihr befreundeten Hause Gotters in Gotha. Von hier begab sie sich im Frühjahr 1795 nach Braunschweig, wohin nach dem Tode des Vaters († 22. Aug. 1791) die Mutter gezogen war. Hierhin kam A. W. Schlegel, der Caroline, als er in Göttingen studierte, kennen gelernt hatte und mit ihr seitdem in Verbindung geblieben war: am 1. Juli 1796 fand ihre Vermählung statt, und Caroline folgte ihm nach Jena, wo sie sieben Jahre lang lebte, nur mit kürzeren Unterbrechungen, die durch Reisen nach Dresden (Frühling 1797, Sommer 1798), Bamberg und Boklet (Sommer 1800) und einen Aufenthalt in Braunschweig und Harburg (October 1800 bis April 1801) herbeigeführt wurden. Im Bade zu Boklet starb Auguste 12. Juli 1800 — ein Wendepunkt in Carolinens Leben. Schlegel hielt sich in der folgenden Zeit meist in Berlin auf, wo ihn Caroline im März 1802 besuchte. Eine schon früher eingetretene, während des Berliner Aufenthalts gesteigerte Entfremdung führte zur Scheidung (17. Mai 1803), worauf Caroline mit J. Schelling nach Schwaben reiste und hier zu Murrhard von Schellings Vater am 26. Juni getraut ward. Nach einem kürzeren Aufenthalt in München begleitete sie ihren Gatten nach Würzburg, wo er eine kurze Zeit als Professor lebte, dann nach München, wohin Schelling als Mitglied der Akademie berufen ward. Auf einer Reise nach Schwaben erkrankte Caroline zu Maulbronn und starb den 7. September 1809.

Dies der äußere Verlauf des Lebens einer Frau, die, wie alle bezeugen die sie kennen lernten, zu den begabtesten ihrer Zeit gehörte. „Als bei weitem die geistreichste Frau, die er je gekannt", bezeichnet sie Gries[1]. „A. W. Schlegel und seine bedeutende, höchst geistreiche Frau sowie die liebliche Tochter gehörten zu meinem liebsten Umgange", schreibt Steffens[2]. „Einen hohen Geist" fand W. von Humboldt in Briefen die er von ihr empfangen[3]. Wie hoch sie Friedrich Schlegel stellte und welchen Einfluß er ihr auf sich und den Bruder

---

[1] Aus dem Leben von J. L. Gries S. 39.
[2] Was ich erlebte IV, S. 82.
[3] S. Anm. zu Nr. 71.

beilegte, hat er wiederholt ausgesprochen¹. Von mehreren seiner Aufsätze bezeugt A. W. Schlegel², sie seien „zum Theil von der Hand einer geistreichen Frau, welche alle Talente besaß, um als Schriftstellerin zu glänzen, deren Ehrgeiz aber nicht darauf gerichtet war". Schelling aber schreibt nach ihrem Tode³: „Sie war ein eignes, einziges Wesen: man mußte sie ganz oder gar nicht lieben. Diese Gewalt, das Herz im Mittelpunkt zu treffen, behielt sie bis ans Ende. — — Wäre sie mir nicht gewesen was sie war, ich

¹ S. besonders Beilage 1. 2.
² Kritische Schriften I, S. XVIII. Es sind: Beurtheilung einiger Schauspiele und Romane (von Iffland, F. Schulz, Lafontaine); die Gemälde; Ueber Shakespeares Romeo und Julia (über Carolinens Antheil s. Nr. 129, 130; daß sie auch an der Uebersetzung theilgehabt, wie o. Schindel, Die Deutschen Schriftstellerinnen des 19. Jahrh. II, S. 216, sagt, weiß ich nicht zu belegen). — Carolinens Einfluß, ja selbst ihre Ausdrucksweise glaube ich in den frühsten Beurtheilungen Schlegels in den Gött. Gel. Anz. 1789 und 1790 zu erkennen. — Außerdem gehören ihr selbst einzelne Aufsätze und kritische Beurtheilungen im Athenaeum und in andern Zeitschriften an. Bekannt ist dort eine Stelle über Joh. Müller (Beilage 40); von Beurtheilungen liegen handschriftlich vor: über Erzählungen von Kotzebue und Eberhard, mit einem Zusatz von Schelling, bezeichnet „Im Oktober 1798"; über Varnhagens und Chamissos Musenalmanach 1804 ff. (die erste gedruckt in der Jen. L. Z. 1805 Nr. 107, unterzeichnet MZ, von Varnhagen, Chamissos Werke V, S. 70, ohne Zweifel unrichtig einem Hrn. von Jarriges beigelegt); über Aurora, eine Zeitschrift aus dem südlichen Deutschland 1804; Eckers Erholungen S. 4, 1806. Ueber eine Anzeige von Hubers Erzählungen vgl. Nr. 222; II, S. 38. Zweifelhaft dagegen erscheint mir Carolinens Autorschaft bei der Anzeige von Julchen Grünthal von Fr. Unger, die Haym, Romantische Schule S. 171. 872, annimmt. — Von einer Erzählung ist in einem Brief Schlegels (Nr. 109 A.) die Rede; den Entwurf zu einem Roman theilt Beilage 5 mit. Dagegen hat sich nichts gefunden was der wohl geäußerten Vermuthung, daß der unter dem Namen Bonaventura erschienene und Schelling zugeschriebene Roman „Nachtwachen" von Caroline sei, irgend Unterstützung gewähren könnte. — Von Uebersetzungen aus dem Italienischen ist in den späteren Briefen mehrmals die Rede, aber wohl außer einem Sonett von Petrarca nichts gedruckt; einzelnes mehr Band II, Beilage 2 mitgetheilt. — Der Bearbeitung französischer Singspiele gedenkt sie selbst (Nr. 229. 261. 266, wo S. 161 auf S. 51 zu verweisen war). Ein Lustspiel, Die Höhle des Todes, 1800, schreibt Meusel, Gel. Deutschland X, S. 578, einer Friederike Caroline Schlegel zu, die er XV, S. 286 als spätere Gattin Schellings bezeichnet, ich weiß nicht mit welchem Recht.
³ Aus Schellings Leben II, S. 181, an Philipp Michaelis. Zu vergleichen sind die Briefe an Pauline Gotter u. a.

müßte als Mensch sie beweinen, trauern daß dies Meisterstück des Geistes nicht mehr ist, dieses seltene Weib von männlicher Seelengröße, von dem schärfsten Geist, mit der Weichheit des weiblichsten, zartesten, liebevollsten Herzens vereinigt. Etwas der Art kommt nie wieder!"

Auch minder günstige Urtheile sind über sie ausgesprochen, von Zeitgenossen, in Briefen, die später veröffentlicht sind; unrichtige, zum Theil unwahre Erzählungen über sie in Umlauf gesetzt[1].

Wer sie war, zeigen wohl am besten ihre Briefe, die uns eine Darstellung geben von dem äußeren und inneren Leben der ausgezeichneten Frau, die in wechselnden Verhältnissen wohl manchmal in die Irre ging, sich aber zu immer größerer Klarheit durcharbeitete, die in Verbindung mit hervorragenden Männern eine seltene Bildung des Geistes erreichte und auf mehr als einen wieder anregend und fördernd einwirkte, die aber auch als Mutter, Schwester und Freundin echt weibliche Eigenschaften bethätigte.

Neben ihr steht die Tochter Auguste, die freilich 15jährig starb, aber schon in zartem Alter durch ihre Lieblichkeit und reiche Anlagen aller Herzen gewann: von beiden Schlegel verehrt und gefeiert, von Schelling geliebt, von Thorwaldsen durch ein Denkmal verewigt[2].

Carolinens Briefe dürfen, wenn mich mein Urtheil nicht täuscht, als solche einen Platz in unserer Literatur in Anspruch nehmen; sie enthalten außerdem wichtige Beiträge zur Geschichte aller derjenigen

---

[1] So namentlich, daß sie die Gattin des Dr. S. Böhmer gewesen, der in Mainz eine nicht eben rühmliche Rolle spielte und der später noch längere Zeit in Göttingen lebte: ein Irrthum, der schon in jener Zeit vorkam (Nr. 82; vgl. Feuerbach in einem zu Jena geschriebenen Brief, Leben I, S. 70), den Paas (Xenienkampf S. 173) u. a. theilen und der durch Königs bekannten Roman weite Verbreitung erhalten hat. Er war ihr Schwager, stand ihr aber, wie die Briefe Nr. 70 und 80 zeigen, ganz fern. Größere Unrichtigkeiten hat Nehle (Gesch. der D. Höfe XLV, Geistl. Höfe I, S. 241) zusammengehäuft: die in der hier angeführten Stelle des Rhein. Antiquarius mit ... bezeichnete Frau war die eines Dr. D..... — Im wesentlichen richtig sind die biographischen Notizen bei v. Schindel a. a. O., denen Ebderle, Grundriß III, S. 12, folgt, und was neuerdings Dilthey und Haym veröffentlicht haben.
[2] Es findet sich, da es nicht zur Aufstellung auf ihrem Grabe kam, im Thorwaldsen Museum zu Kopenhagen.

mit denen Caroline in Verbindung kam, Gotters, J. v. W. Meyers, G. Forsters, Th. Hubers, A. W. u. Fr. Schlegels, Schellings u. a., zur Kenntniß der literarischen und socialen Zustände am Ausgang des vorigen, am Anfang unsers Jahrhunderts. Die Göttinger, Mainzer, vor allem Jenaer und Weimarer, z. Th. auch die Berliner, später die Würzburger und Münchener Kreise, die Verhältnisse der Schriftsteller und der Universitäten, mitunter auch die politischen Ereignisse der Zeit erhalten hier Beleuchtung und Aufklärung.

Seit zwanzig Jahren habe ich an diesen Briefen gesammelt, die ich zum Theil den hinterbliebenen Angehörigen der Empfänger verdanke, mit denen mich verwandtschaftliche Bande verknüpfen. Anderes stammt aus dem reichen Nachlaß von A. W. Schlegel, dessen wiederholte Benutzung mit freundlichster Bereitwilligkeit Geh. Justizrath Böcking in Bonn gestattete, und aus dem ich auch die von Prof. Plitt in dem Buch Aus Schellings Leben veröffentlichten Briefe Schellings entnehmen durfte. Das zweite Mal war mir Hr. Prof. Klette, jetzt in Jena, durch Besorgung von Abschriften und andere freundliche Förderung meiner Arbeiten behülflich.

Was ich zusammenbringen konnte ist natürlich nur ein Theil der Briefe die Caroline geschrieben. Manche entbehrt man ungern, namentlich die an Fr. Schlegel in den frühern Jahren. Einige hat sie sich später zurückgeben lassen und vernichtet[1]; andere mögen sich zerstreut noch finden. Von der Gotterschen Correspondenz ward leider ein bedeutender Theil erst wieder aufgefunden, da der Druck des ersten Bandes fast vollendet war, und so wurden die Nachträge nöthig. Was jetzt vorliegt genügt, um, in Verbindung mit einzelnen Briefen an sie, die Aufnahme fanden, und dem was in den Beilagen und den Anmerkungen zusammengestellt ist, ein Bild von ihrem Leben und Entwickelungsgang zu geben. Und darauf mußte es vor

---

[1] S. den Brief von Huber Nr. 106ᵃ, I, S. 329; Luise Wiedemann schrieb an Schelling Febr. 1817 und 16. März 1818, Caroline habe die ihr aus Mainz und Königstein geschriebenen Briefe zurückgefordert, mit der Versicherung sie ihr wieder zuzustellen, was aber nicht geschehen.

allem ankommen, dafür waren auch ihre Jugendjahre von Bedeutung. Anderes betrifft Auguste. Außerdem hat Aufnahme gefunden was ein allgemeines, namentlich literarisches Interesse zu haben schien.

Dagegen ist Unbedeutendes fortgelassen — und in den Jugendbriefen natürlich mehr als später — ebenso was als bloßes Gerede oder in der Leidenschaft des Augenblicks geschrieben erschien. Auch gehören ja nicht alle Verhältnisse des privaten Lebens vor die Oeffentlichkeit, während, nach dem was von anderen mitgetheilt worden, kein Anlaß zu besonders ängstlicher Rückhaltung war und es namentlich darauf ankommen mußte, die Beziehungen zu Schlegel und Schelling in ihrem wahren Charakter hervortreten zu lassen.

Der Abdruck ist mit wenigen Ausnahmen nach den Originalen erfolgt, dabei auch die eigenthümliche, hie und da fehlerhafte [1] Orthographie [] im ganzen beibehalten, nur einzelnes [2] und was reiner Schreibfehler war geändert, dagegen in der Interpunction etwas mehr nachgebessert. Worte oder Buchstaben, welche fehlen (meist wegen Abkürzungen beim Schreiben, ein paar Mal wegen Beschädigung des Briefes) sind in [ ] ergänzt, Worte, deren Lesung zweifelhaft, mit einem (?) bezeichnet, für ganz unleserliche .... gesetzt (während — — die Auslassung größerer oder kleinerer Stellen anzeigt).

Für die beigefügten Erläuterungen haben mir Aebersteins und Gödekes Bücher gute Dienste geleistet; Diltheys Leben Schleiermachers erschien, da ein Theil des ersten Bandes, Haymns Romantische Schule, da dieser bis auf wenige Bogen gedruckt war. Beide Bücher berühren sich vielfach mit dem was diese Briefe enthalten,

---

[1] So namentlich wenn fie regelmäßig festgehalten ist, wie „interressiren", „reißen" statt „reiten", „wieder" statt „wider". Manches der Art findet sich ganz ebenso in andern Originalbriefen dieser Zeit, und selbst Gelehrte schreiben manchmal weniger correct als Caroline. — Wechselnd wird „den" und „denn", „an" und „ann", „komt" und „kommt" geschrieben, und wenigstens später überwiegt die jetzige Schreibung.

[2] So das regelmäßig im Dativ statt m gesetzte n. — Daß ich beim Abdruck selbst nicht mehr alle Briefe zur Hand hatte, sondern zum Theil nur früher zu verschiedenen Zeiten angefertigte, wenn auch meist von mir selbst collationierte Abschriften, mag wohl einige Ungleichmäßigkeiten, z. B. in der Beibehaltung lateinischer Buchstaben bei Fremdwörtern und dergl. veranlaßt haben.

namentlich geben die Ergänzungen bei Haym mannichfache Erläuterungen, auch einzelne Zusätze[1] zu dem was hier mitgetheilt und besprochen ist aus den Briefen Fr. Schlegels an August Wilhelm. Mit freundlichen Nachweisungen sind mir vielfach auch der Herausgeber der Schellingschen Briefe, Hr. Prof. Plitt in Erlangen, und der Verleger Hr. Dr. S. Hirzel, der diese Veröffentlichung mit der regsten Theilnahme gefördert hat, zu Hülfe gekommen.

Wenn die Ausgabe gleichwohl manches vermissen läßt, so darf ich wohl als Entschuldigung anführen, daß ich hier ein Gebiet betrete, dem ich nur flüchtige Stunden der Arbeit habe widmen können. Daß ihr Erscheinen später erfolgte als ich wohl dachte, hat ihr mannigfach zur Förderung gereicht, mich aber der Freude beraubt sie verehrten Männern vorzulegen, die an ihr das größte Interesse genommen haben würden, Böcking, Stoberstein und Köpke.

Die beigefügten Portraits, im ersten Band Augustens, im zweiten Carolinens, sind nach den Oelgemälden von J. Fr. A. Tischbeln, deren in den Briefen einige Male Erwähnung geschieht (s. besonders Nr. 197), jetzt in meinem Besitz, von geschickter Hand gefertigt.

G. Waitz.

[1] S. 604 A. 505 N. 891. 900. Die mir I, S. 239 Z. 12 undeutlich gebliebenen Worte hat Haym S. 487 gelesen: „und seinem Daseyn"; ob richtig, lasse ich dahingestellt, da ich das Original jetzt nicht vor mir habe. Ebendaselbst S. 495 N. Z. 5 steht aber jedenfalls unrichtig „schiller" statt „sparr".

1

Inhalt.

	Seite
Vorbemerkung.	III—15
I. Göttingen. Clausthal. Marburg. 1778—1791.	1—88
Nr. 1—63.	
Dazu: Nachträge *1—59a (S. 301—323).	
II. Mainz. Gotha. Braunschweig. 1792—1796.	89—169
Nr. 64—108.	
Dazu: Nachträge 71a—108a (S. 323—330).	
III. Jena. Dresden. Bamberg. 1796—1800.	171—298
Nr. 109—198.	
Dazu: Nachträge: 110—180a (S. 330—336).	
Nachträge.	299—336
Beilagen.	
1. Aus Fr. Schlegels Briefen an A. W. Schlegel Caroline betreffend.	339—353
2. Aus Fr. Schlegels Lucinde.	354
3. Fr. Schlegels Briefe an Auguste	355—375
4. Briefe Carolinens Gefangenschaft betreffend.	376—381
5. Entwurf eines Romans von Caroline.	382—383
6. Ueber Joh. Müllers Briefe eines jungen Gelehrten.	384. 385
7. Gesellschaftlicher Scherz (von Schelling).	386

Uebersicht der Briefe.

Von Caroline

an ihre Mutter, die Geh. Justiz. Räthin Michaelis: Nr. 57.
an ihre Schwester, Lotte Michaelis: Nr. 6—13. 15. 17. 18. 20—22. 24. 26—40. 47—49. 52.
an ihren Bruder, Philipp Michaelis: Nr. 41. 42. 50. 51. 53. 55.
an ihre Tochter Auguste: Nr. 175. 176. 178. 180—186.

Von Caroline

an Luise Gotter, geb. Stieler: Nr. *1. 1. 1a—1u. 2. 3. 3a—3o. 4. 16. 19. 23. 38a. 40a. 45. 59a. 64. 71a. 73. 88a. 98—100. 102a—102c. 103a. 107. 108. 109. 110 (mit Nachtrag). 112. 113. 113a—113c. 114—119. 122. 123. 128. 130a. 131. 135. 137—139. 142. 146. 148. 155—157. 168. 160. 174. 177. 198.
an dieselbe und Wilhelmine Bertuch: Nr. 5a.
an Gotter: Nr. 14. 62. 72—79. 81. 82. 87. 89.
an Amalie Reichardt: Nr. 91.
an F. L. W. Meyer: Nr. 25. 44. 46. 54. 56. 59. 63. 65—71. 80. 83. 84. 86. 88. 90. 93—95. 97.
an A. W. Schlegel: Nr. 129. 130.
an Fr. Schlegel: Nr. 85. 101. 102. 140.
an Huber: Nr. 187. 188.
an Schiller: Nr. 121.
an Schelling: Nr. 192.

Von Böhmer

an Caroline: Nr. 5.

Von Auguste Böhmer

an Luise Gotter: Nr. 189.
an Cäcilie Gotter: Nr. 190.
an Fr. Schlegel und L. Tieck: Nr. 167.
an Schelling: Nr. 191. 192.

Von Luise Michaelis

an A. W. Schlegel: Beilage 4.

Von Tatter

an Meyer: Nr. 43.

Von Gotter

an Caroline: Nr. 58. 60.

Von Luise Gotter

an Caroline: Nr. 60. 61.

Von Cäcilie Gotter

an Auguste: Nr. 194.

Von Schlözer

an Caroline: Nr. 104.

Von Therese Huber

an Caroline: Nr. 92.

Von Huber

an Caroline: Nr. 108a.

Von A. W. Schlegel

an Luise Michaelis: Beilage 4.
an Auguste: Nr. 105. 106. 144.
an Luise Gotter: Nr. 195.
Gedicht S. 42 N.

XIII

Von Fr. Schlegel
an Caroline: Nr. 103. 111. 131. 134. 147. 149—154. 158. 159. 161—165. 170—173.
an Auguste: Nr. 120. 124—127. 132. (133). 136. 141. 143. 160. 168. 179. Beilage 3.
an A. W. Schlegel: Nr. (133. 137). 140. (154. 158. 171). Beilage 1.

Von Dorothea Veit
an Caroline: Nr. 172.
an Auguste: Nr. 193.

Von Schleiermacher
an Caroline: Nr. 172.

Von W. v. Humboldt
an A. W. Schlegel: Beilage 8. Vgl. S. 116 A.

Von Schelling
an A. W. Schlegel: Nr. 195.

Von Sophie Tischbein
an Caroline: Nr. 197.

Von Caroline Tischbein
an Auguste: S. 248 A.

Berichtigung.

S. 357 N. 1 und S. 381 N. 1 lies: Nr. 130a.

I.
Göllingen. Clausthal. Marburg.
1778—1791.

I.

An Luise Stieler.

Göttingen d. 7. Oct. 1778.

Könnt ich Dir doch beste theuerste Freündinn die Empfindungen meines Herzens ausdrüken! Aber ich kans nicht, und warum soll ich etwas unternehmen wovon ich schon zum voraus sehe, daß ich nie Worte genug werde finden die Dir ganz das sagten was mein dankbahres Herz für Dich fühlt! Mit welcher Schonung tröstest Du mich. Nein Louise, ich kan nie ganz unglüklich seyn, da Du meine Freündinn bist. Glaub es nur ich bin bin keine Schwärmerinn, keine Enthousiastinn, meine Gedanken sind das Resultat von meiner, wens möglich ist, bei kaltem Blut angestellten Ueberlegung. Ich bin gar nicht mit mir zufrieden, mein Herz ist sich keinen Augenblick selbst gleich, es ist so unbeständig, Du must das selbst wißen, da Dir meine Briefe immer meine ganze Seele schildern. Ich habe wahres festes Vertrauen auf Gott, ich bitte ihn so sehnlich mich glüklich zu machen, aber ich habe so verschiedne Wünsche wodurch ich das zu werden suchte, daß, wenn er sie alle nach meiner Phantasie erfüllen wollte, ich nothwendig unglüklich werden müste. Du mein Gott, der du mein Herz kenst, der du mich schufst, erfülle keinen Wunsch, der dir misfällig, ich verlaße mich auf dich!

Hätte ich nicht ein so muntres Temperament als ich wirklich besize, wie würde da um mich aussehen! Wie viele Ursachen zur Betrübniß habe ich nicht, und doch vergeße ich sie so leicht, tröste mich so gut ich kann und laße Gott für das Uebrige sorgen. Daß mir meine Geschwister von meiner Mutter vorgezogen werden, ist das nicht schon Kränkung genug? dazu komt eine so fehlgeschlagne Erwartung, und doch will ich die am leichtesten verschmerzen; aber, meinen guten Nahmen verlohren zu haben, doch so arg ists vielleicht nicht, meine Einbildungskraft vergrößert mir mein Unglük, aber doch bin ich wenigstens das Gespräche des schlechtern Theils unsrer Stadt, und das durch eine Ursache an der ich so wahrhaftig unschuldig bin, bloß meine Unbesonnenheit hat mich da hineingestürzt, ich darfs Dir nicht schreiben, weils meine Mutter verboten hat, Du weist noch gar nichts davon. Habe ich einmal eine einsame Stunde, wo ich nicht fürchten darf überrascht zu werden, so sollst Du es erfahren, aber bis dahin bitte ich Dich laß Dir nichts davon merken.

Mein Bruder ist glücklich in London angekommen. Aber Louise, kein Wort, kein einziges Wort von ihm in Deinem letzten Briefe, warumm nicht? fürchtest Du Dich ihn zu bedauern? Ueber hättest Du es nur von Grund des Herzens thun sollen, als diese Furcht davor, Dein Stillschweigen verrieth mehr als die beredteste Theilnehmung hätte thun können. Er geht nach America als Stabs-Medicus bei den Heßen, die Bedingungen sind sehr vortheilhaft, und wenn er wieder zurückkömt, so ist ihm eine Versorgung auf Lebenszeit gewiß. Ich bin sehr betrübt darüber, die anscheinende Lebens-Gefahr bei dieser Bedienung durchdringt mich mit Furcht, und ich weis gewiß das gütige theilnehmende Herz meiner Louise wird meine Besorgniße theilen, sollte sie es auch nur durch Stillschweigen zu erkennen geben. Nicht wahr meine Beste.

Ganz gewiß ist die Sache noch nicht, es beruht aber nur jezt bloß auf seiner Entscheidung, und da habe ich nicht viel mehr Hofnung übrig daß die Sache noch zurükgehen könte, Du weißt wie er ist, sein entschloßnes Temperament scheut keine Gefahr, ich fürchte also Europa verliert Ihn. Wenn nur sein Leben nicht in Gefahr wäre. Gott beschütze ihn! — —

Mache an Deinen lieben Vater tausend Empfehlungen von mir, vergißt er auch mich wohl, bringe Du mich wieder bei ihm in Erinnerung. Deiner lieben Mutter küße die Hände in meinem Nahmen, Deine lieben Geschwister umarme statt meiner, und Du meine theure Louise, was kann was soll ich Dir sagen, daß im Stande wäre nur das geringste von dem auszudrüken was ich für Dich fühle.

Caroline Michaelis.

2.

An Luise Gotter, geb. Stieler.

Göttingen d. 23. Oct. 1782.

So muß ichs denn zum zweytenmal meiner lieben gütigen Louise sagen, daß es eine Unmöglichkeit für mich ist, ihrer Einladung zu folgen? Aber soll ich ihr auch sagen, wie schmerzlich dies für mich ist, was es mir gekostet: ha', und wie gern, mit welcher unbeschreib-

lichen Freude ich sie angenommen hätte? O Du weißt es nur zu
gut, daß die Erfüllung eines meiner heißesten Wünsche darinn lag,
Dich wieder zu sehn. In dieser Brust hätte nicht mehr das Herz
voll Freundschaft für Dich und Anhänglichkeit für den Ort Deines
Aufenthalts schlagen können, das bisher da wohnte, ich hätte nicht
mehr ich selbst seyn können, wenn ich dieser Reise aus einem
andern Grunde entsagte, als weil ich muß. Und darum bedaure mich
im Stillen, liebe Louise, sage mir aber aus Mitleid nichts davon,
denn ich thue mir selbst so herzlich leid, daß ich oft in Versuchung
gerathe, vor den Spiegel zu gehn und zu mir zu sagen: Gräme Dich
doch nicht zu sehr Carolinchen.

Und so muß ich denn Louise Schlaeger statt meiner diesen
Brief für Dich geben? Vergebens sind Klagen und Wünsche.
Man macht so viel Einwürfe gegen die Reise und läßt meine
Antworten als partheyisch so wenig gelten, daß ich schweigen und
auf beßre Zeiten warten muß. O Zukunft! bring mir die lieben
Festtage nur auf eine kurze Dauer zurück. Glaubst Du, daß die
ich regrettire jemals wiederkommen? Ach die nicht wo wir noch
in halb kindischer Frölichkeit uns zusammen ein Abendeßen bereite-
ten, und Du Dich einmahl so herzlich freutest ein Gericht Zwet-
schen glücklich zu Weg gebracht zu haben. Das fiel mir heute recht
lebhaft, da ich mit der Böhmern das nähmliche kochte, ein. Alles
das kömt nicht wieder. Und es ist doch das beste des Lebens, denn
jeder Mensch fühlt es so, aber selten im Augenblicke des Genußes,
und da fühlte ich's! Ich habe alle Freuden eines glücklichen Bewust-
seyns geschmeckt. Noch erwarten mich gute Tage, schöne mannichfache
Auftritte von Glück, aber die ersten bleiben so unauslöschlich wie die freundschaftlichen Verbindungen, die aus ihnen, und aus denen sie entstanden.

Unsre lieben Meiners und Leßens[1] sind wiedergekommen; auf
die lezte habe ich mit Ungeduld gewartet. Ich wollte ihr mündlich
alles sagen was indeßen vorgefallen ist, ihr Beyfall sollte das Siegel
meines Glücks seyn, und ich habe ihn ganz. Ich bekenne es mit
Thränen der Freude, geliebte Louise, ich bin ganz glücklich. Wohl mir
daß ich endlich im ruhigen Hafen bin! Gefährlich war die Fahrt.
Unbesonnenheit führte mich auf Irrwege, Leidenschaften warfen mich
hin (und) her, ich hätte sinken können, aber die Hand der Vorsehung
hielt mich, und ließ mich nur darum alle Unannehmlichkeiten des

---

[1] Chr. Meiners, der bekannte Göttinger Philosoph und Historiker; G. Leß
Professor der Theologie.

Wegs fühlen, um mich seines glücklichen Ziels werth zu machen. Und hier danke ich dem Gott der es mir bereitete. Dich fodre ich auf, Dich mit mir zu freuen. — — Deinem lieben besten Mann küß in meinem Nahmen den Zipfel seines Rocks und seines Mundes, dafür daß er mich Dir zu Gefallen wohl hätte bey sich leiden wollen.

Deine   C. M.

3.
An Luise Gotter.

Göttingen d. 6. Febr. 1783.

Mit Friede und Freude komm ich zu Dir. Nimm mich mit einem theilnehmenden Herzen auf, beste Louise. In einem halben Jahr darf ich meinen Bruder erwarten, hier schlägt dies Herz, hier werden Freudenthränen geweint — so hast Du mich nur in Deinen Armen nach einer langen Trennung gesehn. Ich muste bey allem ängstlich seyn und hoffen und fürchten, diese vier ewigen Jahre über, es würde eine Zeit kommen die mich für alles belohnte, ein Augenblick, wies nur einen im ganzen Leben giebt. Sie ist da und er wird kommen! kommen! Aber ich fürchte ihn, ich fürchte das Uebermaaß der Freude! — O laß mich nur schweigen, liebe Louise. Ich weis nicht was ich mit meinem eignen Herzen anfangen soll, es ist im Taumel tausenderley Vorstellungen und Empfindungen, das läßt sich nicht schreiben, muß auch nicht beschrieben werden.

Die Meiners hat mir die erste Friedens-Nachricht[1] gebracht, ich habe versprochen es ihr auf meinem Sterbebett noch zu gedenken. Sie gab den Abend einer Gesellschaft junger Herren und Damen ein Souper und da feyerten wir das Friedensfest. Es war eine rauschende Feyer, aber ich hatte noch keine Worte und keinen Gesang für meine Freude. Jezt hat sie sie erst gefunden. Wie wohl ist mir, sie auch so allgemein um mich herum verbreitet zu sehn. Ich bins nicht allein die einen Bruder erwartet. Es kommen mehr Brüder, es kommen Väter und Söhne und Geliebte zurück. Aber so werden doch wenige erwartet.

Freust Du Dich auch mit mir, meine Louise? So recht für mich, und um meinetwillen? Ich kans ja unmöglich allein. Ich bitte alle Leute mir zu helfen.

---

[1] Frieden zu Versailles vom 30. Nov. 1782; 20. Jan. 1783.

Ich erhielt am Sontag von Wilhelminen einen Brief, der mir viel Vergnügen und viel viel zu Lachen machte, denn ich kan mir nichts Lächerlichers denken als so entführt zu werden. Ja wenns auch noch ernstlicher wäre, und es ließe mich jemand in einer Chaise hinterrücks nach Gotha tragen, so ließ ich mirs gefallen. Ich sehne mich zuweilen mit Wehmuth dahin, nicht nm der Annehmlichkeiten des Orts willen, sondern bloß um meine Freunde zu sehn, um Dich wiederzusehn, und Dir für Deine daurende Freundschaft mit der Zärtlichkeit und Wärme danken zu können, die keine Feder ausdrückt, und wo immer ein Blick, eine Umarmung mehr sagt, wie tausend Worte. Es ist so süß geliebt zu werden, und kein Herz fühlt das mehr, keins ist dankbarer und giebt so Liebe für Liebe als das meinige.

Madam Schlaeger [1] schrieb mir von einem Tagebuch der Friederike Münter, und rieth mir, wenn ich neugierig wäre, Dich darum zu bitten. Ich war neugierig, und wollte Dich bitten, als mir einfiel, hundert Schritt wären doch näher wie 11 Meilen, und die Leßten hätte es gewiß auch. Da ich wuste daß es halb und halb als Geheimniß behandelt würde, so frug ich auf Umwegen, und sie konte nicht ableugnen, daß sie es besäße, und da ich es von Dir ohnedem zu erhalten hofte, so gab sie mirs unter dem Siegel der Verschwiegenheit, daß Caroline nie bricht. Ich habe es heute gelesen und den guten Charakter, das vortreffliche Herz auch hier gefunden daß ich vorzüglich an ihr schätze. Ihre Anhänglichkeit für die Personen, die auch ich meine Freunde nenne, macht sie mir lieber wie jemals. Da kan und weiß ich mit ihr zu empfinden, wenn sie von Louisen spricht, und Gottern mit Entzücken lesen hört. Ists nicht sonderbar, daß wir uns so wenig sahen und gefielen, da grade die Personen, an die sie sich so wohl hier als in Gotha am mehrsten heftete, meine besten Freunde sind? Der Ort, an dem ich sie sah, stellte sie mir wenigstens von der Seite, von der sie mir besonders aufftel, in einem falschen Licht dar. Ich verkannte ihre Bescheidenheit, deren sie bey so viel Talenten dennoch wirklich viel hat, und wer weiß, wodurch sie mich misttraute. — Daß mir das übrige ihres Tagebuchs ganz gefiele, kan ich nicht sagen. Mich däucht es sind so viel Wiederholungen und Worte, mit denen sie kaum selbst immer einen Sinn verbindet, weil sie nicht selbst gemacht und gedacht, sondern aus Dichtern genommen sind, die ihr so im Gedächtniß zu schweben scheinen, daß sie sich mit

---

[1] Die Frau des Bibliothekars an der herzoglichen Privatbibliothek Schläger, häufig als Mutter Schläger in den Briefen bezeichnet.

ihnen verwechselt. Sie hat sich in den sehr poetischen Schwung geworfen, und nichts ist wohl verzeihlicher da sie so jung ist, aber dies müste gemildert, ihr Herz fester und ihr Verstand schärfer gemacht werden. Das erste würde dann jene Weichheit, die so leicht in Empfindeley ausartet, und der zweyte seine Sonderbarkeit verlieren. Sie schien mir überhaupt mehr Talente als Verstand zu haben, wenn ich das Verstand nenne, Menschen und Sachen nach ihrem wahren (unpoetischen) Gesichtspunkt zu beurtheilen, und die Leßen und Therese¹ bestätigten das. Verzeih mir liebe Louise, daß ich so lange über sie moralisiert habe, aber sie ists wohl werth, weil sie Deine Freundinn, und im Ganzen ein Mädchen mit so viel Anlagen zu etwas sehr vorzüglichem ist.

Gieb mir nun noch einige Aufklärungen. Ich kan nicht heraus bringen, wer die S—dt in Braunschweig sind, wer S—rn und ihre Vettern in Gotha, und die Sophie mit der sie reiste und Auguste von W. sind. Das übrige interressirt mich nicht, denn die interressanten erkenn ich. J. E. Leisewitz und Jerusalem. Der letze hat neulich meinem Vater geschrieben, um sich nach meinem Bruder zu erkundigen, nach dem liebenswürdigen jungen Mann, schreibt er, den er nie vergessen würde, dem er immer so viel Grüße nach Amerika schickte, der ihm sein Herz genommen hätte. Es war ein vortreflicher Brief, so schön geschrieben, daß man wohl sah, sein Geist altert nicht. Mein Bruder mochte seine jüngste Tochter am liebsten leiden, er hielt die andern doch beynach für zu stolz. — —

Der Canouilus Meyer kam vor einigen Wochen von seiner Reise durch die Schweiz und Teutschland zurück. Er überraschte uns am Geburtstage der Königinn, den wir eben in unserm Hause durch eine zahlreichere Tanz-Gesellschaft als gewöhnlich feyerten. Im Böhmerischen Hause war er schon einige Stunden gewesen, aber ich ward da erst herunter gerufen und fand ihn, und wir führten ihn in Triumph hinauf. Wir haben seitdem viel angenehme Parthien gehabt, nur seufzen wir noch nach Schnee, und es ist Frühlingswetter, en dépit de nous. Meyer hat sich gebildet, er ist ein liebenswürdiger Mann — geliebt auch. Denn was soll mans verhehlen, was Worte, Geberden und Werke täglich und stündlich verrathen? Wenn er von seiner nächsten Reise durch Frankreich und Italien zurückkömt, verlobt er sich mit Fr. B. und nach einem jährigen Aufenthalt in Hamburg heyrathet er sie gar.

---

¹ Therese Heyne, später an Forster verheirathet.

Küße Deine lieben Kinder in meinem Nahmen, Paulinchen ein Duzend mal, weil sie seyn soll wie der Vater, aber Cäcilien wenigstens noch ein halb Duzend mal mehr, weil sie ist wie die Mutter. Wie theuer, wie lieb mir die Freundschaft des lieben Vaters ist — das magst Du Dir selbst und ihm sagen.

Denk oft an mich und meine Freude, Du Beste.

C. M.

4.
An Luise Gotter.

[Göttingen] d. ‥. May [1784].

Du bist mir eine liebe Frau! Louise. Erstlich merkst Du, wie nöthig mir ein freundschaftlich theilnehmender Zuruf seyn mußte, und sogleich hör ich Deine Stimme. Der Himmel belohne Dich dafür, denn sie war mir äußerst willkommen. Zweytens denkt die kleine Hausfrau bedächtlich an die Bedürfniße einer neuen Wirtschaft, und sieh da, ein Geldbeutel, der mir auch wirklich noch fehlte, und für den ich Dir also in jeder Rücksicht recht herzlich danke. Er soll mir meine schweren Sorgen erleichtern, denn jedes mal wann ich ihn hervorziehe, will ich an Dich denken, als Exempel und als Trost.

Und diese Güte, diese Mitfreude über andrer Glück bey eignen Leiden. Beste Louise, wenn ich doch nur irgend etwas thun könte, Dirs zu erwiedern. Glaube mir wenigstens, die Errinrung dran ist mir oft, sehr oft gegenwärtig gewesen, und wenn die sehnlichsten Wünsche Uebel heilen oder einen sanften freundlichen Tod herbey rufen könten, so wärst Du schon ruhiger. Lange kans ja wohl nicht mehr dauren. —

Mein Bruder grüßt Dich und Deinen lieben Mann und Deine Kinder tausendmal. Er würd sich gewiß in die lezten verlieben, denn es ist hübsch anzusehn was er für ein Kinderfreund ist. Nach Gotha kömt er gewiß einmal. Adieu meine beste Louise. Laß als glückliche Frau Deinen Seegen auf Deiner Freundinn ruhn.

C. M.

5.
Böhmer an Caroline.

Clausthal d. 5. Jun. 1784.

O liebes herrliches Mädchen! wie hats mich gekränkt, daß ich Dir durch die Forsterschen Klagen so viel Bekümmerniß habe machen müßen. Ich konnte es voraussehen, wie der Brief Dich schmerzen würde; wie gerne hätte ich Dir kein Wort davon gesagt, denn ich war gewiß überzeugt, daß Du unschuldig wärest; aber ich durfte Trebras und Jersters wegen nicht schweigen. — —

Eben bekomme ich einen Brief von Dir mit der Post. Wie glücklich bin ich, daß ich so viele Briefe von Dir erhalte! — Kaum kann ich die Feder noch halten; ich zitterte am ganzen Körper und mein Herz erlag fast unter der Gewalt der Empfindungen, die es bestürmten, bis ein gewaltsamer Durchbruch von Thränen mir Erleichterung verschaffte. Noch nie habe ich die Vergänglichkeit aller irdischen Freuden so lebhaft gefühlt als in diesen Augenblicken. — Caroline! Du wärst im Himmel und Du würdest meine Seele mit hinauf zu Dir gezogen haben. Wäre auf Erden noch wohl etwas im Stande gewesen mich zu erfreuen? Von dem höchsten Gipfel irdischer Seeligkeit, den ich bald erreicht zu haben glaubte, wäre ich, wenn mich Gottes Vaterhand nicht gehalten hätte, wenigstens in einen solchen Zustand versetzt, worin ich unfähig gewesen wäre, irgend ein Vergnügen zu genießen. Seine Vaterhand verehre ich auch mit kindlicher Dankbarkeit bey diesem traurigen Vorfall. O laß uns ihm leben, bestes Mädchen! Durch ihn und in ihm werden wir ewig glücklich seyn. — —

Wenn Du es so sehr wünschest, daß ich 6 Tage nach der Hochzeit[1] in Göttingen bleiben soll, so muß ich meine Einrichtung anders machen. Ich dachte den Freytag in Göttingen zu seyn, und den Sonntag nach der Hochzeit wieder in Clausthal. Wenn H. Schlözer aber an keinem andern Tage den Ball, den er Dir zu Ehren anstellt, geben kan als am Sonnabend, und durchaus muß getanzt werden, so komme ich wohl um 2 Tage später, lasse mir allenfalls hier das Maaß zu meinem Kleide nehmen und darnach das Hochzeitskleid in Göttingen machen, so daß es den Sonntag fertig ist, wo ich auf den Fall in Göttingen einzutreffen gedächte. Uebermorgen will ich Dir bestimmte Nachricht schreiben. Heute habe ich noch nicht Muße gehabt es gehörig zu überlegen.

Ich hatte mir Hofnung gemacht, daß ich Deinen lieben H. Vater völlig gesund antreffen würde; aber erfahre heute zu meiner Bekümmerniß, daß er noch so weit von der völligen Wiederherstellung entfernt ist. Möge der Himmel geben, daß er an unserm Freudentage doch um ein merkliches [besser] sey.

Ich muß schließen, weil es zu spät wird. Schlafe sanft liebe Caroline.

---

[1] Sie war am 15. Juni 1784.

6.

An Jean Michaelis.

[Clausthal 1784].

Einen sehr interressanten Brief! Das muß ich gestehn. Nicht zu gedenken, daß er mich in die galante Welt der Köpfe einführt, zeigt er mir auch den Weg zum Herzen, zu diesen Schlupfwinkeln, indem er mir alle classificirt, die daselbst eine gewiße Schwäche — ein Jeder nach seiner Art — zu fühlen vermeinen, und dieselbe in Gestalt derer Hofmeistere und übrigen Jünflinle (?) hegen und pflegen. Alles nach dem Leben geschildert gleich der Crayon-Skizze mit den abgeschnittnen Haaren. — — Nun mach mit mir eine Excursion ins Reich der Liebe. Vor 14 Tagen fuhren wir durch Goslar nach der Oler, einem Ort von einhundert Häusern, die am Fuß eines steilen waldigten Bergs liegen, und an der andern Seite von einem dicht vorbey fließenden Fluß begränzt werden. Wir besuchten einen Bekanten und logirten eine Nacht bey ihm. Der Weg nach Goslar ist schön und in der Mitte, wo man aus dem dicken Wald heraus eine Aussicht in das Land bis über Halberstadt hinaus hat, entzückend. Aber Goslar — so wie Du die Nabelspizen der achtedigen Thürme von weitem erblickst, erstirbt die Natur, das Gras verdört, alles neigt sich erschmachtend zu Boden. Du fährst zwischen kahlen Bergen hinein, in ein Thor — wo die Liebe selbst vor Schrecken ihren lezten Seufzer aushauchen müste, oder fürchterlich verzweifeln. Ich weis nicht wie der Ritter Lauer dies Abentheuer bestand; seine Mutter müste ihn denn in seiner holden Kindheit einmal in Lange statt in den Stix getaucht, und so fühllos gemacht haben. Unerreichbar hohe Mauern umgeben die Statt, die man nie ganz, sondern nur stückweiß vor sich sieht. Klöster ohne Fenster und Kirchen ohne Zahl, und allenthalben 10-eckige Wachtthürme die wie Kettenhunde aussehn. In der Mitte, wo der Brand wüthete, stehn ganz gute neue Häuser, zwey Etagen, gewöhnlich noch mit Strohfenstern. Sie stehn wie bekant wieder an den alten Stellen, und also bald hier bald dort eins in labhrinthischen Winkelzügen. Zu beyden Seiten sind hohe Fußbänke von ausgebrochnen Steinen, die Bürgermeister und Rath ihre schiefen Beine lesten müsten, wenn hier nicht alles organisirt wär wie der Wohnplaz. In der Mitte kein Pflaster sondern tief ausgefahrne Erde mit naßem Schlamm ausgefüllt. So fährt man wenigstens eine halbe Stunde eh man durchkömt, mit dem langweiligsten Gefühl, das alle Sinnen der Freude ertödtet und das Grab selbst unschmakhaft macht, ohne melankolischen Trost, den man sonst etwan in einem Nest der Eulen schöpft, ohn den, daß die Bewohner vielleicht gut, vielleicht noch interreßante Ueberreste der Ritter der vorigen Jahrhunderte sind, nein es ist eine altmodische kleine torfige Reichsstadt voller Prätensionen auf Modernität. Und hier wohnt Lauers Geliebte! Nun komt Ihr lieblichen Tauben der Venus und helft mir aus diesem Cloak in reinere Lüfte. Schon hol ich freyer Athem, und bin wieder am Schreibtisch, schreibend an Dich! Hier an Ort und Stelle wär auch manches aus oben benanntem Reich zu vermelden, wird aber klüglich mit Stillschweigen übergegangen. Es komt ein bischen gröber wie Mr. Geisler, der die Liebhaber seiner Frau betrunken hinaus begleitet. Aber eben drum wirds meine Zunge und noch weniger meine Feder je erwähnen. Amen.

7.
An Lotte Michaelis.
(Clausthal 1784).

— — Schlafmützen sinds nicht, aber ihre Spirits haben keinen feinen Spiritus, und auch das möchte hingehn weñs nur nicht so ein bös Menschengeschlecht in the whole wär, doch davon sagt Lottchen niemand etwas. Die Gesellschaften hier sind in 4 Abscheerungen getheilt, eine hölzerne Wand zwischen jedes Part nach den 4 Himmelswinden zu: die Weiber, die Männer, die Mädchen, die Junggesellen. Die ersten West und Nord — das ist der Wetter- und Regenwind, wie die Ehe bey ihnen oft solch Fähnlein wehen mag, die letzten Süd und Ost — da brent die Sonne am stärksten und es giebt Ungewitter — ob die reine Sonne brent, das himlische Feuer das erwärmt, erhellt, Wachsen und Gedeihn giebt, und das in tiefer Andacht so viel Völker anbeteten, oder eine Aftersonne, die OOO treibt statt Ananas, weiß ich nicht. — —

8.
An Lotte Michaelis.
(Clausthal 1784).

— — Ich für mein Theil werfe mich alle Tage mehr in Clausthal herein, ohne mich in die hiesige Form zu gießen. Misgönn doch einem ehrlichen Menschen die Lust nicht sich an 20 bis 30 albernen Menschengesichtern zu amüsiren, und laß lieber in der catholischen Kirche in der Kurzen Straße eine Meße dafür lesen, daß ich das Ding von der Seite zu nehmen anfange. — —

Schick mir mit der Botenfrau Gallisch, hörst Du? Schneider ¹ wird besoldet von Böhmer. Die übrigen Theile von Möser allenfalls auch und den lezten von Cecilie ², oder sonst was auf dem — in der Garderobe zu lesen. Vernünftige Sachen hat mir Therese geschickt. — —
Adieu Adieu Beste. Dank Mutter tausendmal.
C. B.

9.
An Lotte Michaelis.
(Clausthal) d. 13. Sept. am 9 Uhr Morgens (1784).

Böhmer komt eben herunter — ist von 7 Uhr an mit lauter alten Weibern umringt gewesen — wollte sich, wie er sagt, am Anblick einer jungen Frau erholen, schwazt von Herzenswonne und dergleichen, wahrscheinlich alles im Gegensaz verstanden. Ich versprach dies zu berichten. — —

10.
An Lotte Michaelis.
Clausthal d. 12. Oct. (17)84.

Du kanst mir so viel und so lang von Deinem Schmerz reden, liebes Mädchen, und ich bin arm an Antwort, denn Dein Gegenstand ist unerschöpflich, und unfruchtbar mein Trost. Bist Du zufrieden, wenn ich mit schweigendem Mitleid zuhöre, und Dich zu Deiner Beruhigung, zu Deinem Wohl bitte fortzufahren, und mir jede geheimste Empfindung Deiner Seele zu schildern, als wenn Du mit Deinem eignen Selbst sprächst? Es wird Dir unendlich gut thun; das Herz füllt und erleichtert sich wechselsweis, es athmet freyere Lust, es saugt reinere ein. Um das innigste Gefühl des Kummers, der in seinen Klagen selbst die süßeste Belohnung findet, um die Wehmuth, die entzückende Wehmuth, diesen Schatten des verlohrnen Geliebten, der uns schwärmerischer, feiner, beschäftigt, wie der Geliebte selbst, möcht ich Dich beneiden. Und sieh wie leicht sich wahre Liebe in Begeistrung der Tugend auflöst, wie sanft sie sich in diese verschmelzt. Liebe kan der nächste Schritt zur Tugend werden. Aber oft, meine Lotte, das kan ich Dir nicht verhehlen,

---
¹ Leihbibliothekar in Göttingen.
² Cecilie oder Geschichte einer reichen Waise. A. d. Engl. 3 Thle. Leipzig 1783. 84.

oft verwechselt die glühende Einbildungskraft den Gegenstand, sie jagt dem geistigen Wesen, daß sie nicht unterscheidend hell erblickt, nach, träumt sich in die Gefilde des Lichts und der Vollkommenheit hinein, und wacht auf, eh wirs glaubten, über den ersten besten Steg. Jetzt ist Deine Fassung der Zustand Deines Gemüths, wie sie seyn sollen und nicht anders seyn können, aber wirst Du im Stand seyn, diese Anstrengung dauernd zu machen? Es ist unglaublich, wie unvermerkt sich das mindert, wie eine angespannte Empfindung nach der andern allmählich erschlafft, und die lebhaft zerreißende, lebendige Vorstellung in leichten Nebel sich hüllt. Und wird mit dieser Bezaubrung nicht auch Dein heiligster Vorsaz verschwinden? Wie wenig uns irealische Tugend kostet weis ein jeder. Es ist ein schönes unnüzes Rauchwerk, das in glänzendem Feuer zum Himmel lodert. Aber wenn die Stunde der Versuchung wiederkomt, der Du wahrscheinlich noch nicht auf immer entgangen bist, ist sie dann genug Dich — vor den Klippen der Eitelkeit zu schüzen, denen Du durch Handlung entgehn mußt. Jetzt wäre sies, wo Dein Feuer Dich unbewußt zur That triebe, und — das kan so nicht bleiben so wahr Du ein Mensch bist. Drum bitt ich Dich, mein bestes geliebtes Mädchen, such es nicht zu unterhalten, sondern nimm Deinen ganzen Verstand zu Hülfe, um Dir selbst jene Wahrheiten recht anschaulich zu machen, damit, wenns nun gedämpft ist, Du doch etwas festes davon trägst. Sonst bist Du ewig der unglückliche Raub Deiner eignen Fühlbarkeit, das elendeste Wesen das durch Dich selbst stets hin und her geworfen wird. O Lotte, das Du doch auf immer dem größten und hülflosesten aller Leiden, nicht eins mit sich zu seyn, entgehn möchtest! Das muß ich Dir offenbaren — Jetzt werden Deine Briefe heilig verwahrt, aber wenn Du je unwürdig würdest sie geschrieben zu haben, so stell ich sie Dir zum Zeugen gegen Dich auf, dem ins Gesicht zu sehn ich lieber ans Ende der Welt fliehn würde. Ja ich erlaube Dir, stolz drauf zu seyn; seys auch werth! so und ihn geliebt zu haben. Wenn ächte Tugend die Frucht davon würde, mit welcher Wonne wirst Du dann an diese Zeiten zurückdenken, auch wenn die Jahre, mit denen die Jugend unaufhaltbar entflieht, die Leidenschaften mit sich hinwegnehmen.

   Lieb ist eine frühe Rose,
   Blüht nur in des Lebens Mai —

Laß sie Dir, meine geliebte Schwester, unverwelklich seyn!

Prüf Dich aufrichtig, gutes Mädchen, ob sich das Aufwallen Deines Gefühls nicht zu sehr auf einsame Stunden einschränkt. Versteh mich recht; ich glaube nicht, daß Du ihn zu irgend einer Stunde eine Minute vergißt; aber hats auch einen wirklichen Einfluß auf Dein Betragen im Großen und Kleinen. Wenn die Hm Hms vor Deinen Augen lustwandeln, thust Du denn auch nichts, gar nichts, was Deiner Eitelkeit behagt? Du wirst die Regung derselben nicht vernichten können, denn das ist eine sehr unwillkührliche Erbsünde, die uns nicht mehr Schande macht wie Zahnweh oder Krähenaugen, Du must nur keinen Schritt vor- oder rückwärts thun, der dieser Neigung schmeichelt. Du wirst nicht umhin können Dirs lieb seyn zu laßen, wenn die Schleyerhaube gut steht, nur must Du Dich hüten nicht an eine einzelne Person dabey zu denken.

Ich wolte Dir nur einige Winke geben, liebe Seele, wie uns unsre Heiligkeit betrügen kan.

Dein Brief scheint mich in Voraus zu wiederlegen, sonst wollte ich Dich noch errinren, in Deiner Betrübniß alle Art von Affectation zu vermeiden. Laß Dirs ganz einerley seyn, ob die Leute glauben, Du seyst gleichgültig oder fühlbar oder standhaft. Jede Rückficht darauf entehrt das verschloßne Heiligthum. Deine Caroline darf hinein blicken — das dankt Dir mein ganzes Herz. Glaubst Du, daß Deine Liebe, jedes bisschen Gute, waß ich Dir thun kan, und alles was Du künstig thun wirst, mich nicht unausstprechlich freut? Du täuschest Dich nicht, wenn Du in diesem Busen allein die Zärtlichkeit findest, die mit Dir klagt über das verlohrne Gut. Wie hast Du mich Tag und Nacht beschäftigt, und Er wo mag er seyn. Ahndet er das Andenken, das ihm geweyht ist. Möcht es auch ihn wie ein schützender Engel umschweben.

(Ende scheint zu fehlen).

11.
An Lotte Michaelis.

[Clausthal] d. 1. März [1785].

— — Es ist herrlich! Die Frau spricht freylich das tollste Zeug von der Welt, aber sag, ob nicht ihre Vergleiche, so unbedachtsam sie herausgestoßen werden, immer Stich halten; im Delirium würde ihr kaum fehlen. Es ist übrigens ein unerhörtes Weib. Manchmal denk ich, wie einem das so wenig frappirt womit man aufgewachsen ist — fänd ich hier solch ein Original, so würd ich zum Kielkropf darüber. Auf fremdem Boden komt einem alles fremder vor, man wundert sich über Ungethüme, die man sonst alle Tage sah, ohn sie für etwas anders als gewöhnliche Geschöpfe der Natur zu halten. Es ist erstaunlich, wie mechanisch und pflanzenmäßig die Bande sind die uns an Vaterland und Geburtsort binden und wie stark und dauernd man sie dennoch fühlt. Nun das war auch ein Hoppas von der Fr. Stallmeisters zu — Oberon — denn weist Du wie er sagt:

> Du kleiner Ort, wo ich das erste Licht gesogen,
> Den ersten Schmerz, die erste Lust empfand,
> Sey immerhin unscheinbar, unbekant,
> Mein Herz bleibt ewig doch vor allem Dir gewogen,
> Fühlt überall nach Dir sich hingezogen,
> Dünkt selbst im Paradies sich noch aus Dir verbannt.

Ich kriege auf einmal solch eine Lust nach dem Oberon, daß Du ihn mir gewiß kaufen solltest, wenn er nicht einen Gulden kostete.

Du hast mir ferner wieder von ein paar neuen Profeßoren geschrieben — sie häufen sich, wie der Schnee hier. Du wirst mir diese Anmerkung, weil sie ja blos in Rücksicht auf Clausthal gemacht werden kan — denn wo liegt außer Grönland so viel Schnee? hingehn laßen. Hätten die Brodfreßers nur Brod, so hättet Ihrs gut Mädchen. Es ist doch lächerlich — nehmt mirs nicht übel. Ihr könt mit den Profeßers umherziehn wie mit einer Bande Puchjungen; allerwärts komt Euch einer in den Weg — bittet um ein Gab — Ihr könt sie dem bittenden um der Art der Bitte willen nicht versagen — Nehmt Euch in Obacht. — —

Laß Dichs nicht anfechten, wenn man Dich um Deiner Sorgfalt für meinen Puz auslacht. Laß Dich nicht hinreißen zu denken, für die Doctersfrau wär alles gut genug, sondern sez Dich an meine Stelle. Ich putze mich nicht für das Schlaraffenvolk aus den Gebirgen, ich putz mich blos für mich selbst und — Böhmer — mir ists nicht genug jenen Sand in die Augen zu streun, sondern unerkant in elegantem Verdienst will ich wirklich seyn waß ich scheine, und wenn denn einmal ein Fremder in den Zirkel tritt, sollen seine geschmackvollern Augen gezwungen werden zu sagen, dies ist mehr denn Clausthal! Behalt Du also immer dies Interreße für mich bey das Du jezt bezeugst. Und im Ernst Lotte, ohne an meinen Vortheil zu denken, es ist ungleich löblicher wie das egoistische Verfahren anderer, denen nur ihre eignen Schlender und Kappen am Herzen liegen.

Hier sind Deine Bücher nebst vielem Dank wieder. Vergiß

doch nicht Dich bey Gelegenheit an die englischen Cemöten zu errinnern. Mich soll wundern ob l'homme sauvage ausgelesen ist. — —

12.
An Lotte Michaelis.
[Clausthal 1785].

— — es soll auch erst nach dem Mai geschehn, wenn ich nach Göttingen komme, und dem Prinz Edouard¹ meine Cour mache. Billig sollten alle Mädchen erst von der Universität weggebant werden; ich nähm ein halbes Dutzend hieher aus christlicher Liebe. Will man die Mädchen und den Prinzen und die Kammerherren und Küchenjungen in solche Amorsgefahr setzen? Ich wünsche Göttingen mag den Vorzug erhalten, es wird doch niedlich seyn, aber das wünscht ich nicht, daß Vater auf seine alten Tage seine bequeme Wohnung aufopferte, auch keinem Königssohn! ich hoffe auch, es soll nichts draus werden. —

Die Studenten sind ein elend Packvolsen zusammengenommen und als Studenten; sie schwazen und lästern ärger wie Gevatterinnen und Basen. — —

13.
An Lotte Michaelis.
[Clausthal 1785].

Meisterin brodloser Künste — unheldiger Geist, ich beschwöre Dich, schick mir keine Uhrbänder, sondern diesmal etwas zu lesen in gothischen Buchstaben. Ich bitte Dich um Brod, und Du giebst mir einen Stein. Wie kan ich lachen? Der Spiritus verfliegt, keine Macht

kan ihn fesseln und gefangen nehmen,
leicht wie Aether schlüpft er fort.

Du must mir andre Kost auftischen. Versteh, Du sollst mir was aus dem Buchladen schicken, und künftige Woche komt der ganze Brast mit eins zurück. — —

Ich danke Dir dennoch für Deinen gestrigen Wisch, und empfele mich und mein ungebohrnes Kindlein Dir in höchster Eile.

---

¹ Wahrscheinlich Wilhelm Eduard August Friedrich, Herzog von Sussex, der mit seinen Brüdern s. 1786 10. Juli in Göttingen studirte. Der Brief scheint aber vor Augustens Geburt geschrieben. Vielleicht war schon früher von der Ankunft des Prinzen die Rede.

Caroline. I.

14.
An Gotter.

Clausthal d. 7. April [17]85.[1]

Noch bin ich im Stand, Ihnen selbst für die überraschende Freude zu danken, die Sie mir durch die mitgetheilte frohe Nachricht, und durch das doppelt süße Interreße, welches Sie mit derselben verknüpften, gemacht haben, nur kan ich, schwerfällig wie ich bin, Ihnen nicht halb ihre wohlthätigen und beseelenden Wirkungen schildern. Gleiche Wünsche, gleiche Hofnungen fordern mein ganzes Herz zu nie gefühlter sympathetischer Theilnahme auf, hätten Sie auch keinen neuen Grund hinzugefügt — nun haben Sie mich zu den frölichsten Erwartungen hingerißen, haben allen meinen kleinen Aberglauben sogar auf dieser Seite gebracht — er macht sich so gern alles zu Nutz, also können Sie glauben, daß er den Umstand, daß der Nahme Gustav meinem Kind, wenn es ein Sohn ist, schon längst bestimt war, nicht unberührt läßt — Ihrer gütigen Freundschaft und Galanterie, die ich Ihrem Gustav freylich wohl als Gabe einbinden möchte, wenn ich Fee wär und die guten Anlagen, die er schon gezeigt, es nicht überflüßig zu machen schienen, bin ich dann die rosenfarbne Stimmung schuldig, unter denen der meinige gebohren werden wird; wie der Ihrige unter dem schönsten Himmelszeichen! Möge nun beyder Zukunft auch in dieser Farbe gemischt werden — Ihr Impromptü ist so allerliebst, daß ich mich geneigt fühle, ihm für beyde als Orakel zu trauen.

Diese freudigen Empfindungen sind der einzige Dank, den ich Ihnen zu geben vermag, und die beste Bürgschaft, daß Ihr Sohn und der Sohn meiner schwesterlichen geliebten Freundinn mir stets Bruder des meinigen seyn wird. Ich will Ihr Zutrauen, Ihr Andenken, welches mir so äußerst schmeichelhaft ist, wenigstens durch die lebhafteste Erkentlichkeit und daurendste Theilnehmung rechtfertigen. Oft hab ich Gotha das Vaterland meines Herzens genannt — ein neues Band bindet mich an daßelbe, und daß mir bald ein Wiedersehn vergönt seyn möchte, wodurch jedes der ältern erneut würde, indem ich Ihnen bewiese, daß Abwesenheit keins aufzulösen vermöchte!

Ihnen trag ich den Kuß für die liebe Mutter auf, den sie dann meinem kleinen Pathen wiedergeben soll, denn ich ahnde schon, daß ein Mutterkuß der zärtlichste ist — wenn ihn vollends ein geliebter

---

[1] Gleichzeitig ein Brief an Luise, den ich übergehe.

Mann bestellt! Böhmer hat sich mit mir gefreut, und dankt Ihnen wie ich.

Caroline Böhmer.

15.

An Lotte Michaelis.

[Clausthal] d. 15. Junius [1785].

— — Noch hab ich seit meiner Niederkunft[1] kein ganz gesundes Gefühl gehabt, und ich fürchte nichts mehr wie das Kränkeln, deswegen ich auch alles thun werde, bald wieder hergestellt zu seyn, und wieder gut zu machen, was ich etwa verkorken — ich muß mir nur selbst predigen, damit ich andern Leuten den Muth zubinde. Meinem guten Mann wollt ichs auch wohl wünschen, daß er eine gesunde Frau hätte. — —

Don Carlos wird gut werden mein ich, wenn er seine Sprache nur ein wenig vom Schwabenlaut reinigte. Das Uebrige der Rheinischen Thalia hat mir gar nicht gefallen. Für den Kinderfreund dank ich recht sehr. — —

Caroline.

16.

An Luise Gotter.

Clausthal den 22. Jun. [17]85.

Dein Mann ist ein falscher Prophet, meine liebe Louise, und Du hast mich mit Deinem schönen Beyspiel zu trüglichen Hofnungen verleitet. Du weißt, Beste, wie froh Du mich durch die glückliche Geburt Deines Gustav und die liebe Gevatterschaft gemacht hattest; aber noch eh die entscheidende Stunde kam, ward die heitre Aussicht durch den unerwarteten Tod zweyer Töchter unsrer Freunde Dahmens, von denen die eine mein Liebling war, schon sehr verdunkelt. Die letzten 14 Tage über, eingeschlossen in meinem Zimmer vom bösen Wetter und der Furcht vor Ansteckung; zwar wohl Freuden, aber auch Leiden der Mutter im Voraus fühlend — so kam endlich der Tag, der mich in tausend langwierigen Schmerzen und Angst selbst zur Mutter machte. Die letzten Augenblicke vorher trieben meine Anstrengung aufs höchste, denn ich fürchtete das Kind sey todt — diese Vorstellung,

[1] 28. April.

vereint mit dem Anblick des lezten gebrochnen Strahls der Sonne, der in das gegenüberstehnde Bett fiel, als wollt er es zu Thränen einweihen — o es war Zeit, daß sie unterbrochen ward. Dann folgte ein nur zu kurzer Rausch der Freude, der sich durchs ganze Haus verbreitete — mein Mann, außer sich über das gerettete Leben seiner Frau und seines Kinds, die arme Lotte, die ich einige Tage nicht gesehn, in der Wonne ihres Herzens, kniend vor meinem Bett — ich deßen alles genießend. Ich fiel in einen Schlummer, aus dem ich ohne Besinnung erwachte, und nun folgten 14 fürchterliche Tage und Nächte, die ich unter einem heftigen Nervenfieber zubrachte, während welcher ich, ohngeachtet einer starken Neigung zum Schlaf, kein Auge schließen durfte, ohne von Zuckungen und schrecklichen Phantasien geweckt zu werden; wo Böhmer oft für mein Leben, und ich für meinen Verstand fürchtete, deßen Zerrüttung ich mir in äußerster Traurigkeit bewußt war; wo ich überall Trauer sah, selbst mein liebenswürdiges Kind mir keine Freude machte, außer der betrübten Genugthuung über daßelbe gebengt weinen zu können! Aeußerst schwach an Leib und Seele, mußt ich Ruhe und Bewegung gleich scheuen. Es ist vorbey, und Gott sey Dank, der mich durch die Bemühungen meines Mannes gerettet, für den sich bey dieser Gelegenheit meine Achtung und Zärtlichkeit durch die vielfachen Beweise der seinigen und die Standhaftigkeit, die er nie verläugnete, selbst in der dringendsten Gefahr nicht, noch verdoppelt hat. Ich bin sehr langsam wiederhergestellt, und hab erst seit wenig Tagen das volle Gefühl der Gesundheit wiederbekommen. In dieser Zeit haben mich meine Eltern besucht, und die jungen Meyers auf ihrer Reise nach Hamburg. Es hat der armen Kranken nicht an Aerzten jeder Art gefehlt, und könte Liebe heilen, hätt ich bald, wie durch ein Wunder erschüttert, wieder umher gehn und wandeln müßen. Aus dem Gustav ist nun eine Auguste geworden, und das liebe Geschöpf bittet durch ihre Güte und Schönheit stillschweigend, mit ihr doch zufrieden zu seyn; auch ist mir für mich eine Tochter, bey der das Mutter-Herz gewiß sympathetischer schlägt und mit der ich mich früher beschäftigen kan, lieber, und der Vater? — ach er vergaß gern die Wahl.

Ich war noch sehr krank, wie ich Deinen Brief erhielt, meine beste Louise, allein er hat seines freundschaftlichen Zwecks nicht verfehlt, und war mir durch seinen ganzen Inhalt äußerst angenehm. Möge der Himmel Dir durch Deine übrigen Kinder ersezen, was er in Paulinen Dich leiden ließ, und diese arme Kleine bald in eine süße Ruh übergehn laßen. Das Gefühl des Verlusts ist doch um so vieles weniger schmerzhaft, wenn man dahin gebracht ist, ihn für Wohlthat anzusehn, die Erinnrung weniger bitter, als wenn in der vollen Blüthe der Gesundheit, im reizendsten Genuß des Lebens der Liebling unsres Herzens dahin stirbt. Wie zerreißend mag die Empfindung seyn, mit der wir dann die Vorsehung fragen — warum? Wie widerstrebend gesellt sich dann das Bild des Todes zum Andenken des Lebenden. Du bist stuffenweise zur Ergebung geleitet — sie wird Dir nun nicht schwer werden — der Blick, mit dem Du Dein Auge gegen die Vorsehung, kan nur Dank für überstandnen Kummer verrathen. Es ist hart zu scheiden, wenn noch die schönsten Hofnungen uns beseelten, sind sie aber schon zu Grabe getragen — wollen wir mehr als eine wehmüthige Thräne über dem Monument vergießen?

Könt ich doch Augusten mit meinem kleinen Pätchen zusammenbringen. Mein guter Bruder hat mir zwar auf Michaelis eine Reise nach Gotha vorgeschlagen, allein ich darf nicht dran denken, da ich Böhmern ohnedies bald auf einige Wochen, die ich in Göttingen zubringe, verlaßen werde. Meine Schwiegermutter ist jezt wieder hier in der Nähe im Bad, und mit ihr geh ich dorthin; ich freu mich übermäßig drauf, und man freut sich dort auf mich, und mein Kind. Auf dem Weg, der vor Catlenburg vorbeygeht — so heißt das Freenschloß des Amtmann Reinbolds — denk ich die Sturzen zu sehn. Bis dahin mach ich noch einige Spazierfahrten nach Wittelre zu Mad. Böhmer, Louise B. und dem Hofrath. Der Sommer, der so langsam gekommen ist, wird geschwind und unter manchen Abwechselungen verfliegen. Das Ende deßelben ist mit einer Trennung bezeichnet, deren ich mich kaum zu erwähnen getraue.

Außerordentliche Schicksaale sind für Theresen [1] gemacht — sie haben ihren Grund in ihr selbst. Gott wende sie zum Besten!

Schwachköpfig war ich auch noch, meine gute Louise, wie ich die ausgefüllten Endreime las, aber dem ohngeachtet stand ich nicht einen Augenblick an zu entscheiden, wer von diesem und jenem Verfaßer sey. Liebchens himmlische Gestalt ließ sich in des einen Mund nicht verkennen; und das ziemlich satyrische Gesicht nicht im Auge des andern. Sollte die Herzogin wohl sehr gnädig beym Empfang des leztren ausgesehn haben?

Ich muß Abschied von Dir nehmen, meine theuerste Freundinn. Sobald ich kan, bin ich wieder bey Dir. Vergiß indeßen Deine Careline nicht.

---

[1] Die sich damals mit Forster verheirathete.

17.

An Lotte Michaelis.

[Clausthal] d. 13. Juli [1785].

Meine liebe Lotte.

Morgen sag ich — übermorgen! Uebermorgen — morgen und dann — Heute bin ich bey Euch! Sonnabend Mittag eßen wir in Osterode, also kommen wir erst Abends. Ich höre, daß Schlözer seinen Ball bis Sonntag verschoben. Das ists nicht, worauf ich mich am meisten freue. — —

Vor allen Dingen, mein Engel, und darum bitte auch die Mutter fußfälligst, laßt mich im väterlichen Haus ganz und gar nicht fremd seyn, alles wie sonst, in aller Ehrbarkeit; ich komme z. E. Sonnabend Abend, da wird das Tischzeug zum leztenmal aufgelegt, und da soll Mutter nicht etwa schon das sonntägige hergeben, sondern nur eine Serviette für mich, und die behalt ich dann auch bis zum nächsten Sontag — und so weiter. — — Mad. Böhmer — — hat aus Zärtlichkeit gegen Augusten so fürchterliche Gesichter gemacht, das das liebe Mädchen erschrak. Auf der Fahrt übrigens keine Ungelegenheit, schlafend ganz hin, und her wachend, in den Himmel hinein kuckend der in ihren Himmels-Aeugelchen sich spiegelte. Lotte, das Kind ist nach wie vor ein Engel, hat zwar nun ein decidirtes Stumpfnäschen, allein nicht minder allerliebst. Was schwaz ich denn noch lang? Sonnabend mehr! mehr! mehr!

18.

An Lotte Michaelis.

[Clausthal] d. 25. Abends ½,12 Uhr [1785].

Allerliebst müde, heiß, toll, froh, glücklich hier angelangt, mein Mädchen, vor ¾tel Stunden. Ohne Zufall, mit dem herrlichsten sternlichtesten Abend, Mondschein, alle Planeten verschworen aus diesem Tag einen himlischen zu machen! Errinnerung! Errinnerung! Du füllst mein Herz mit Wonne. O wie wahr kan eine plattitude am rechten Ort werden. — —

19.

An Luise Gotter.

Clausthal d. 1. Sept. 1785.

So hast Du sie denn überwunden, die harte Prüfung. Wohl Dir, meine Freundinn, und dem lieben nun seeligen Geschöpf, dem die

Welt nie Freude gab — das „der große Geist aber nur führte durch Wüste und brennenden Sand dahin, wo seine Kinder in Frühlingsschatten genießen". Seine unbegreifliche Leitung häufte über Dir, Du liebes unschuldiges Weib, jedes Leiden der Mutter — sey getrost indeßen, das Opfer ist gebracht, die Last von Dir genommen, und ehrwürdig bist Du, wenn Du mit Ruh Dein Schicksaal erfüllst, bist nicht unglücklich, da Du Dir mit der süßen Sicherheit des unverschuldet Trauernden sagen darfst, ich folgte blindlings dem Wink Gottes, ich frage nicht, warum er mir das Kind nahm, und so nahm, weiß nur, daß ich es dem wiedergegeben, der unser aller Vater ist.

Ja, meine Liebe, Deine Tochter ist In seinen Händen, trockne Deine Thränen, und weide Dich nun mit heitern Gesicht zu Deinen übrigen Kindern. Mit dem innigen Flehen eines Herzens, das mit Freundschaft — und Mutterliebe Deinen Kummer wie eignen trug, bitt ich vom Himmel, daß Du in ihnen Lohn und Ersaz finden mögest. Mein Bruder hat mir von ihnen allen gesagt; ich hab ihm jezt das glückliche Ende Deiner lieben Kleinen gemeldet; er schäzt Louisen so sehr, und wünscht mit so viel Eifer ihr Wohl, daß ihm diese Nachricht trostvoll seyn wird.

Ich bin seit voriger Woche nicht wohl gewesen, und leide noch an Zahnschmerzen. — — Meine Auguste ist desto gesunder; ihre rosenfarbnen Wangen und glühenden Aeuglein erregen manche Bewundrung. Ich befehle unserm Gustav, über den ich doch einige Gewalt haben werde, eben so auszusehn.

Gestern feyerte ich meinen Geburtstag in aller Stille. Ich stand frank und ohne angenehme Ahndungen für den Tag auf — wie ich mir eben meinen Thee bringen laßen wolte, kam Böhmer mit einem englischen Theegschirr von schwarzer Erde mit erhabnen Figuren ganz englisch gearbeitet herein, und brachte mir welchen, beßen Duft mich schon erquickte. Es machte mir viel Freude.

Leb wohl, theure Liebe, und der Himmel gebe Dir frohere Stunden, als Du seit langer Zeit genoßest.

Deine eigne

Caroline B.

20.

An Lotte Michaelis.

[Clausthal 1785].

Meine liebe Lotte, das will mir doch sonderbar verdünken. Während Böhmer nicht zu Haus ist, kommt ein Brief von Deiner

Hand an ihn adreßirt, ohn daß ich etwa noch ein Siegel inwendig fühle, so viel ich ihn auch befühlt und in den Händen herumgematscht habe. Schwesterlein, was kan das bedeuten? Ich sinne hin und her, wohl übers Land, wohl übers Meer — Du bist doch sein Liebchen nicht? Es kribbelt mir wunderbar am Herzen, ich huste auf, und kans nicht klein kriegen, muß warten bis der Mann kömt. Da ist noch ein andrer Brief vom Canonikus Meyer angelangt, dessen Geheimniß ich eben so wenig begreife, er müste uns denn ranken wollen, daß wir sein Liebchen 4 Wochen gespeiset und getränket hätten. Das kan Dein Fall nicht seyn — wir haben unsres Wißens kein Schäzchen von Dir beherbergt. Muß mich wahrhaftig gedulden, bis Böhmer kömt. Indeßen will ich noch eins mit Dir schnacken, Dir, damit ich mit keiner Undankbarkeit aus der Welt gehe, wenn der Brief en questionis etwa ewige Feindschaft unter uns hervor bringt, für Dein kuchichtes Andenken in Northeim danken. — —

21.
An Lotte Michaelis.

Clausthal d. 18. Oct. [17]85.

Wenn ich sagen sollte, ich wäre während Deines Stillschweigens ruhig gewesen — so müst ich die Angst meines Herzens um Dich verläugnen, doch ich will Dich damit nicht quälen. Erlaube mir nur, liebe Lotte, Dir nochmals zu wiederholen, daß Du nicht vorsichtig genug seyn kanst. Aus verstärkten Gründen bitt ich Dich darum. Wolt ich auch gern kein Mistrauen in M[eyer][1] setzen, so schwindet doch die Wahrscheinlichkeit von andern Seiten oft so sehr, daß mir aller Muth sinkt. —

Du liebes Mädchen verlangst immer äußerste Schonung und Nachsicht von mir, und ich habe sie gern, wenn ich nur könte. Seh ich aber, daß Dein Leichtsinn, Deine Leichtgläubigkeit, sich um nichts bekümmert als um das gegenwärtige Vergnügen, ohn Ueberlegung, ob es wahr oder falsch, ob der Grund Deines eingebildeten Glücks auf flüchtigen Geschmack oder ernsthafte Absicht gebauet ist, was am Ende daraus werden wird, wenn nichts draus wird, wie es dann mit Dir steht, und über das alles so ganz uneingedenk der Sorge Deiner

---

[1] Hier ist J. L. W. Meyer gemeint, der seit Anfang 1785 an der Bibliothek in Göttingen angestellt war; f. Zur Erinnerung an J. L. W. Meyer. 2 Th. Braunschw. 1847 (von Frau Campe, wonach Göbele, Grundriß II, S. 707, zu berichtigen) I, S. 10. Verschieden ist der Nr. 3, 16 und 20 genannte Canonikus Meyer, der in Hamburg lebte.

Eltern, des Kummers Deines Vaters, wenn er einst aus der Welt geht und Dich ohne Bestimmung zurückläßt — so muß ich grade zu warnen. Wenn Du unserm Vater noch Freude machtest, wie wolt ich Dir danken! Seine Lage ist vielleicht jezt nicht die angenehmste, der Einnahmen werden weniger, er ist kränklich, der geringste Verdruß könte ihn umwerfen. Es gilt hier kein Tändeln der Liebe, meine Schwester, es ist sehr ernstlich gemeint, und alles was Du mir zu Meyers Lobe sagst muß gegen eine einzige solche Betrachtung verschwinden, wenn Du ein Herz hast Vater und Mutter zu lieben. — Noch eins, Beste, hätte Therese gewust, er will wenn er einst kan, sie hätte Dirs gewiß in ihrem damaligen Rausch gesagt und nachher geschrieben. —

Wilst Du mir nicht böse sein, liebe Lotte? Ich schreibe spät in der Nacht, auf Augustens Stube, sähst Du sie schlafen, Du würdest der Mutter verzeihen.

Suche doch so viel wie möglich Mama aufzuheitern, die wegen unsres Vaters Kränklichkeit niedergeschlagen zu seyn scheint. — —

Adieu liebe Lotte. Deine Caroline.

22.
An Lotte Michaelis.

[Clausthal] den 9. Nov. Dienstag um 10 Uhr Morgens [1785 [1]].

Laß mich bey Dir freyen Athem schöpfen, liebe Lotte. Ich darf mich bey Dir ausruhn, Dein lezter Brief berechtigt mich dazu. Du kanst Dir vorstellen, in welcher häuslichen Unruhe wir bisher gelebt haben, unsre Burg war so lebhaft, wie wenn eine ritterliche Hochzeit gefeyert würde. Alle Augenblik stieß der Thurmwächter in die Trompete, die Zugbrücken musten niedergelaßen werden, die Herrschaften hereingelaßen werden, balsamirt, getränkt, gespeißt, gebettet, und noch ists nicht ganz vorbey, denn — wie nenn ich ihn nun den namenlos sonderbaren Helden mit dem Schweinskopf im Schilde, der Alte ist noch mit einem Bedienten da, und hat seine Familie nur voran nach Catlenburg geschickt, weil er mit seinen Lumpen noch nicht fertig werden konte und noch alte Zeitungen, Gevatterbriefe ꝛc. ꝛc. in großen Kisten dastehn, die eingepackt werden müßen säuberlichst, samt allem Abfallsell in Papier, Bindfaden, stumpfen Federn, von 40 Jahren her. Es ist nicht auszusprechen, wie sich der Mann beträgt, ich halt

---

[1] In den Daten muß ein Fehler sein, da sie auf 1784 führen, was nach dem Inhalt nicht möglich ist; vgl. auch den folgenden Brief.

ihn oft grade zu für kindisch, und der hartnäckige furchtbare Eigenwillen bey solchen Panzenstreichen! Alles alte Geschirr z. B. was er so lang er hier ist gebraucht zu haben glaubt — denn manches, als Tassen und dergleichen zerbrechliche Waare, hat man ihm nur heimlich wieder neu hinsetzen müssen, daß er es nicht gemerkt hat — will er durchaus mit nehmen. — —

Man schriebe sich heiser, wenn man die Qual, die lächerliche Qual schildern sollte, die seine Angehörigen durch ihn ausstehn. Früh um drey Uhr weil es alle Welt, wundert sich über den unmäßigen Schlaf, alles soll aufstehn; um 5 Uhr geht er hier schon aus dem Hause seine Siebensächelchen vollends einzupacken. Einen alten Tisch hat er, wirklich von Anno 40 her, unter dem sich seine älteste Tochter ehedem Hänschen gebaut, und die hat einen Bindfaden im Spiel dran geknüpft, der nicht abgenommen werden durfte. Was ist das? ist's nicht ächte Empfindsamkeit? Ferner ist er aufs drolligste sparsam, und dann wieder übermäßig freygebig — kurz es ist kein Ende da zu finden. Es ist überhaupt eine Familie, die, so viel ich von ihrer Geschichte aus den Erzählungen der Mutter weis, ins dritte, vierte Glied hinauf, durch übel angewandte Kraft sich unglücklich gemacht hat. Es fehlt keinem an Talent, an Verstand, aber alles ist ausgeartet, nirgends ist's in den rechten Strom geleitet, und das erbt fort von Vater zu Sohn durch Erziehung die frey seyn soll und zügellos ist, und stets ein Pralen mit Stärke und allmächtigem Willen dabey, daß man weinen möchte über die sich brüstende Thorheit. War die Mutter tugendhaft, so ist sie sehr interressant durch das gehäufteste Ungemach, war sie's nicht, so wird sie wenigstens so bitter gestraft, daß der Fehler vergeßen werden sollte. Die beyden Mädchen könten erträglich seyn, troz ihres falschen Wißes, von dem Marianne die Tasche voll Proben hat, wenn sie nicht so unausstehlich Waschweibermäßig medisant wären. Bitter muß die Abreise von einem Ort seyn, wo man 38 Jahr wohnte und keine Thräne einem nachgeweint wird — wo fremde Personen sich allein in den lezten mühseeligen Augenblicken unsrer annehmen müßen, denn ohne uns wär das Wirthshaus der einzige Zufluchtsort für sie gewesen. Man bekümmerte sich gar nicht um sie. — — Wie ich sie abfahren sah, ihnen nachsah — wenn Du einst diesen Ort verläßt, dacht ich — wie wirds dann seyn? so, ganz so, nicht, gewiß nicht, aber Du wirst schütteln den Staub Deiner Füße, und doch mit leichtem Herzen die Höfe hinter Dir sehn. Ich Thörinn, mich so lebendig in Gefühle zu versetzen, die ach! so viel zu früh kommen.

— — Blumenbachs Besuch machte uns Vergnügen. Es ist nicht zu leugnen, daß er ein bischen embarrassirt war, und daß er fühlte, er hätte glücklicher seyn können, aber ich kan mir das Zeugniß geben, daß ich dies Gefühl durch nichts zu verstärken gesucht habe, und nichts in meinem gewöhnlichen Betragen änderte, als daß ich mit Böhmer nicht so viel tändelte. Noch weiß ich nicht, ob mir nach so viel Geräusch die Stille lieb ist; ich muß mich wieder daran gewöhnen, und rein unglücklich wär ich, wenn ichs nicht könte, wenn ich immer Gesellschaft bedürfte, um heiter zu seyn. Mit Trauer seh ich den Schnee, die Scheidewand zwischen mir und der Welt; es ist so ganz wieder das Gefühl vom vorigen Winter; so entblätterten sich die Bäume, so schwärzten sich die Tannen, und der Wind rauschte an meinem einsamen Zimmer, die Wolken wallten in tausend Gestalten über uns hin — ich lebte nicht in der Gegenwart, sondern in der Hofnung des Frühlings und dessen was er bringen würde — das war der einzige Unterschied. Jezt hab ich mein Kind, jezt genieß ich des Guts auf das ich harrte, und welch ein Kind! Meine Auguste ist ein reizendes Geschöpf. — —

23.
An Luise Gotter.

Clausthal d. 14. Nov. 1785.

Briefe sind leidige Tröster — deswegen habe ich geschwiegen bis jezt, da ich hoffen darf, meine Louise ruhig zu finden. Hätte ich mit Dir, unter Deinen Augen, so leiden können, wie ichs abwesend gethan habe, so würde es Deinen Schmerz in Wehmuth verwandelt haben — Du kennst ja die besänftigende Gewalt der Freundschaft; ihr Mittragen erleichtert die schwere Last, die auf unsern Schultern ruhte — aber in dem Raum, der uns trennt, verweht der heilende Balsam. Darum komt Deine Freundinn nur spät, um Dir bey mehrerer Fassung sagen zu können, daß die Wunden Deines Mutterherzens auch das ihrige getroffen haben.

Dein Kummer, Loulse, wär immer der meinige gewesen, doch so lebhaft als ich diesen Verlust, in der Vorstellung der Möglichkeit eines ähnlichen fühle, habe ich nie etwas empfunden. Du kanst meinem Theilnehmen trauen, glauben an die Thränen — die ich noch vergieße, denn ich kenne den ganzen Umfang Deines Grams. Wirf Dich mit ihm in meine Arme, in die Arme einer Mutter, die ihr Kind wie ihre eigne Seele liebt, deren höchste Glückseligkeit es ist —

aber nicht verzweifeln sollst Du da, sondern nur eine Stütze finden, die Deinen Muth erhalte. Ich weiß, daß Du mit Standhaftigkeit gelitten hast — ich habe die meinige geprüft, und darf hoffen, sie würde nicht gesunken seyn, also habe ich doppelten Grund, Dich um fromme Ergebung zu bitten.

Ach Du hast ja auch noch nicht alles verlohren. Gustav war nicht Dein einziges Kind; noch bleiben Dir zwey, und Deine mütterliche Zärtlichkeit findet es nicht leer um sich her. Es ist hart, daß er Dir genommen ward, dessen Ankunft in das Leben Dir vielleicht am meisten Freude gemacht hatte, aber soll diese Freude dem Schöpfer unsrer Schicksaale nun nicht eben so wohl dankbar angerechnet werden, als der Schmerz? Hast Du sie nicht eben so wirklich genoßen, als Du den letztern fühlst? Er hat jene verdrängt — und bald wird das Andenken an beyde ein Zustand der Seele seyn den nur das Gedächtniß empfindet. Die Zeit

> „streut welke Lilien ins schwarze Grab,
> sie haucht ans Aug und trocknet es geschwind,
> verweht die Thränen in den weiten Wind!"

Die Ursache von beiden bleibt ewig, es ist ein unsterblicher Geist, um den Du Dich freutest und littest. Mich dünkt überhaupt keine Schwermuth süßer als die um liebe Verstorbne, und kan je eine Sehnsucht hofnungsvoller seyn? Liebe Louise, man muß sich, wenn man solche vorangehn sah, einheimisch dünken in einem Lande, das sonst unsrer glühendsten Einbildungskraft fremd ist.

Warum Deines Sohns Daseyn auf dieser Welt nur eine Erscheinung war — wer wollte so verborgnen Bestimmungen nachgrübeln, und wer könte sich nicht ohne Grübeln beruhigen, der da überzeugt ist im Innersten der Seele, daß Gott uns eben so väterlich liebt, wie wir das Kind in unsern Armen. Es ist ganz vergeblich hier, nachzudenken, es verwirrt unsre Begriffe, und verwirrte Begriffe machen muthlos.

Ich hoffe, Deine Gesundheit hat bey diesen wiederholten Angriffen nicht gelitten. Man wird und muß alles gethan haben, Dich, bestes Weib, zu schonen.

Mein Bruder war eben bey mir, als ich die unerwartet traurige Nachricht bekam; Du weist, welchen Antheil er daran nehmen muste. Er hatte ihn selbst gesehn, so gut ists mir, mit meinen Ansprüchen auf ihn, nicht geworden. Wenn ich einst zu Euch komme, kan ich nur seinen Grabhügel besuchen. Ich kan mich in Clausthal nie eingewöhnt dünken, außer wenn ich über den Kirchhof gehe, denn da liegen schon Lieblinge von mir, die ich hier gefunden hatte.

Du wirst durch Wilhelmine wißen, daß ich diese Zeit über Gesellschaft gehabt habe. Jezt bin ich seit 5 Wochen zuerst wieder allein, und nun ist der einsame Winter vor mir, den ich aber lieb gewinnen werde, wenn er Wort hält, denn er kündigt sich mit reiner Luft, heiterm Sonnenschein, diamantnen Bäumen, und einer mäßigen Schneefläche, die aber von der Abend-Sonne mit der sanftesten Rosenfarbe geschminkt wird, aber vor allen Dingen mit Gesundheit, an. Wens so lebhaft um uns her gewesen ist, so kostets mir freylich immer einige Tage, eh ich mich wieder an die Einsamkeit gewöhne, in die ich plözlich versezt werde, weil Böhmer zu überhäufte Geschäfte hat, um sie mich durch seine Gegenwart vergeßen zu laßen. Indeßen wir kennen uns und vertragen uns nach einem kleinen Zwist um desto beßer. Vor 8 Tagen holte Blumenbach Marianen ab, und blieb einen Tag bey uns. Das Haus war voll von Gästen, denn denselben Abend zog eine Familie bey uns ein, die Clausthal verließ, und der wir unser Haus für die lezten Tage ihres Aufenthalts angeboten hatten. Das gab eine eigentliche Studenten-Wirthschaft. Marianne hat uns ungern verlaßen. Therese hofte Gutes von einer kleinen Entfernung aus ihrer Eltern Haus, und es war ihre lezte Bitte, sie zu mir zu nehmen, aber ich hoffe wenig. Wenn auch das Schauspiel unsres ruhigen Glücks einen guten Eindruck auf ihr Herz machte, das oft so unverdorben und fein zu fühlen weiß, so wird doch alles bald wieder ins alte Gleis kommen. Launen, die so tief eingerißen sind, und unglückliche Verhältniße beßert keine vierwöchentliche Abwesenheit. Außerdem hat Marianne sehr viel Gutes, viel Verstand, wie alles, was Heyne heißt, aber der Genius ihrer Familie waltet auch über ihr. Es ist ein Glückzerstörender Geist, doch wolt ich ihn nicht gern Dämon nennen.

Jene Familie hat uns erst gestern verlaßen. Sie hat 40 Jahr hier gewohnt, aber die lezte Zeit viel Unannehmlichkeiten gehabt. Doch schändet es die Herzen unsrer Einwohner, daß man sie mit der härtesten Gleichgültigkeit ziehn ließ, und wir, die Fremdlinge, ihre lezte Zuflucht seyn musten. Sie sind zwar tant soit peu mit uns verwandt, und alte Bekante meiner Eltern, aber wir kanten sie doch nur so kurze Zeit. — —

Rub und Tresl sey mit Deiner sanften Seele, und in Deinem Herzen ein freundschaftvolles Andenken an

Caroline Böhmer.

21.

An Lotte Michaelis.

[Clausthal] Mittwoch nach Tisch [Auf. 1786].

Es ist immer ein eigner Gram für mich, wenn ich ohne Plan bin, es sey im Großen oder Kleinen, ich mag keine Nadel abstriken ohn den Eifer und die Aussicht etwas fertig zu bekommen, und hinterher zu denken, ich habe wirklich was gethan — da kan ich ordentlich deliberiren, was ich thun will, das am nöthigsten ist und mit einiger Anstrengung vollendet wird. Bin ich zweckloß, so ist mir wie denen die gewohnt sind, sich von Sonnenaufgang biß Untergang zu schnüren, und ungeschnürt nicht wißen, wo sie den Leib laßen sollen. Komt nun noch der Pfal im Fleisch dazu, daß ich etwas thun will, was ich nicht mag und habe doch nicht die Macht es zu forciren — und — Deiner Barmherzigkeit sey zu Gemüth geführt, auch kein angenehmes verzweifeltes Mittel, als lesen, sticken ꝛc. ꝛc. im Haus, so bin ich ein elendes Geschöpf, das mit Gleichgültigkeit das Morgenlicht durch die Vorhänge schimmern sieht, und ohne Satisfaction sich niederlegt. Nachdem ich diesen meinen Trieb (?) Euch vorgelegt, kom ich zu der betrübten application, daß dies alles seit 3 Tagen mein Fall war. Geschäfte waren geendigt, und andre, die Vorbereitungen sind zu einer gewißen Kindtaufe, mocht ich nicht anfangen, weil ich wuste gestern und heut unterbrochen zu werden. Schreiben wolt ich einen Brief — weh weh weh über Leute die das wollen; an die Offeney (?) solt er, und mein Herz war ein unwirthbares Eyland. Der Anfang liegt da, ein Ding zum Weglaufen, ich kan ihr nicht schreiben, außer in einem schreibseeligen Rappel, wo ich die Briefe Duzendwels expedire. Zu lesen hatt ich nichts mehr. Auch mein Gustav[1] war rein alle; ich laße ihn ungern von mir, so manche recht vergnügte Stunde hat er mir gemacht. Ich hoffe, Du hast mich bey Meyer nicht vergeßen; ich erwarte viel dies mal. Wenn folgendes Buch auf der Bibliothek wär, so möcht ichs sehr gern, Mémoires de Louise Juliane, Electrice palatine, par Fréderic Spanheim. 4to. Leyden 1645. Schreibe doch auf und schicke ihm noch diesen Abend. Von Dir bekomm ich auch wohl etwas. Garve behalt ich und leg einen halben Gulden dafür bey, nicht weils etwa einen Talgfleck bekommen hätte, sondern weil es an guter, wahrhaft philosophischer, nicht zu

---

[1] Ob Gustav Aldermann, ein dramatischer Roman (von F. Th. Hase)? Leipzig 1779; s. Göbele, Grundriß II. S. 637.

gespanter, noch dehmüthiger Stimmung des Gemüths zu einer Streitschrift ein Muster ist¹. Anton Reiser², auf den ich laure, wird wieder ein Herbstnebel seyn.

Möchte Dir dies Jahr in der behäglichen Ruh verfließen, mit der Du es zu beginnen scheinst, und beym Anfang des künftigen lebhaftere Erwartungen, als das Sandwüstenbild verräth, an seinem ersten Morgen Dich ermuntern. Meine Wünsche sind mäßig, aber eben so viel mehr gesagt, wie ein feurigerer, als die Perle in den Eimer Wasser zu tauchen mehr hieß als in den Ocean.

Du wirst aber bey jedem ernsthafteren gefühlvollern Nachdenken finden, weil es uns ins Allgemeinere leitet, daß die schönsten Farben der Zukunft in dergleichen Bilder übergehn — daß das Gefühl einer gewißen Nichtigkeit sie am Ende alle auflöset. Sollte, wir wären elend — wenn nicht aus Kleinigkeiten unsre Glückseeligkeit zusammen gesetzt wär, deren Summe eitel ist, aber die im einzelnen doch fähig sind uns ganz zu beschäftigen. Denn aus jener Stimmung, wo die Seele in sich zurückkehren zu wollen und im Begriff schien ihre Tiefen und unser Wesen zu ergründen — ruft uns doch so leicht das mindeste zurück, eine Stimme, ein schneller Blick, der auf ein Band fällt, auf ein etwas — und das leitet uns wie ein Blitz zurück auf die Gegenwart, auf Annehmlichkeit und Abwechselung des Lebens. Geschmack und Freude daran leben auf. Es ist so — weiter weis ich nichts davon. Gestern hab ich tractirt, und da war mir der Braten wichtiger wie Himmel und Erde — —

— — sieh es ist und bleibt unmöglich, daß eine Frau ist wie ein Mädchen. Bey dem ausgezeichnetesten Geschöpf wird es einen Unterschied machen, und auf eine andre Weise, wie soll es nicht bey einem gewöhnlichern seyn, denn der Zweck des Weibs vielleicht Hauptzweck des Menschen wird. Glaubst Du nicht z. B., daß Therese ganz partheyisch ihres Mannes sich annehmen würde? Daß sie vieles durch ihn gut findet oder schlecht?

Man kan, wie Louise im Anfang, ein kindisches Interesse für den Haushalt haben, mit Eifer davon reden, um sich zu unterrichten, und da er in der That keinen geringen Einfluß auf das Leben hat, so ist der Diskurs auch keineswegs so fade — ach, wie er auch mir ehedem schien! — —

---

[1] Gemeint ist wohl das Schreiben an Fr. Nicolai über dessen Untersuchung 1785.
[2] von K. Ph. Moritz. Berlin 1785.

25.

An Meyer¹.

[Clausthal] Sonntag nach Tisch (1786).

Sie haben sich letzthin beklagt, daß ich Ihnen keine Feder voll Tinte für alle Ihre Mühe gönnte, und ich bin bös, daß Sie meiner gutmüthigen Discretion so wenig Gerechtigkeit widerfahren laßen. Da ich aber merke, daß Lotte meine Aufträge wirklich schlecht bestellt, und mir auf zehn Fragen keine Antwort wird, so muß ich grade zu gehn. Sie sagt mir nicht, ob die Bücher die ich wünsche nicht da sind, wenn ich nicht ihr Stillschweigen dafür nähme. Nun sind welche gekommen, wie ich sie nicht wünsche; Moores² Reisen — warum nicht lieber einen Catechismus? wens doch was seyn soll, was man auswendig weis, und der macht doch keine Jagd nach Wiz.

Sie werden mir wiederholen, es sey ein mühseliges Geschäft Bücher für mich auszusuchen, allein Ihren Grund dafür laß ich wenigstens nicht gelten, denn grade in meiner Lieblings-Gattung giebts noch so erstaunend viel, was ich nicht gelesen habe — Ich bin nur so unglücklich in den Titeln von Büchern, die mir beym Lesen als merkwürdig aufstoßen; sie sind verschwunden, wenn ich sie nicht aufschreibe, wie ich künftig immer thun will; dann schwebt das Ideal von dem was ich haben möchte auf meiner Zunge und ich kanne nicht nennen.

Les Mémoires de Louise Juliane Electrice palatine par Fred. Spanheim scheinen nicht auf der Bibliothek zu seyn. — Schicken Sie mir also nur ein großes dickes Historienbuch. Ich mag gern mit aneinanter hängendem Interesse an ein Buch gefeßelt seyn, und angelegentlich dahin zurückkehren. Abgerißne Stücke haften nur schlecht in meinem Gedächtniß und unterhalten mich selbst für den gegenwärtigen Augenblick nicht so, daß ich das Brausen des Sturms nicht hörte, der uns hier den Frühling bringt, wie sie sagen, oder den Nebel nicht säh, der den Schnee zwar wegnimt, aber auch alle Aussicht ins Freye. Gustav that mir Genüge, mit Mary Stuart und vielen andern bin ich sehr zufrieden gewesen.

Sie habens mit einem trozigen Armen zu thun, lieber Meyer.

---

¹ Adresse: Herrn Professor Meyer in Göttingen.
² Der Name ist nicht ganz deutlich. Gemeint ist vielleicht Moores Abriß des gesellschaftlichen Lebens und der Sitten in Frankreich, Schweiz und Deutschland. A. d. Engl. 2 Bde. Leipz. 1785. Eine Fortsetzung behandelt Italien 1786.

Soll ich aber extravagant (?) in meinen Forderungen seyn, so bin ichs auch in meinem Dank.

Therese hat mir geschrieben; sie scheint durch eine Unpäßlichkeit ihres Mannes vieles gelitten zu haben. Ich kan nichts über sie sagen, aus Fülle des Herzens kans ich nicht.

Leben Sie wohl. C. M.

26.
An Lotte Michaelis.
Clausthal. Montag Abend [20. März 1786].

Mich deucht, ich sehe hier den Winter mit leichterem Herzen kommen, als den Frühling. Der Winter darf nun einmal rauh seyn, und die Natur im Winter arm und kalt. Auch seh ich die Hälfte des Tages über nichts von ihr, und bin die andre Hälfte ungestört ich, in meiner Stube. Der Frühling macht mir Heimweh; es ist immer die Jahreszeit süßer Schwermuth; but, as there is no occasion for a sweet one, so wird dann eine bittre draus. Doch wer weiß was das für tausend kleine Ursachen sind, die mich diesen Abend unzufrieden machen und mit denen die wärmere Sonne nichts zu schaffen hat. Ich weiß es selbst nicht. Meine eigne Last drückt mich. Es geht mir immer so, wenn ich einmal lange nicht über mich nachgedacht habe, und halte dann Révue, es findet sich so vieles zu verbeßern, die edle Thätigkeit ist so schlaff geworden, und man merkt dann, wenn man wenigstens unpartheyisch mit sich umgeht, daß beynah alles, was uns Mismuth macht, eigner Mangel derselben war. Hernach wird es wieder beßer — man ist wieder beßer — bis man von neuem sinkt — und sich von neuem erhebt. Ich freue mich, daß ich das erste bald wahr nehme; aber weil ich weiß, wie leicht es ist mit sehenden Augen blind zu seyn, so warne ich Dich so oft, meine liebe Schwester, welches Du mir nicht übel nehmen mußt; das würde nichts helfen, ich laße nicht ab Dich zu erinnern, so lange Dein Schicksal unsicher ist. Quälen will ich Dich nicht, nur möcht ich wohl, daß Dir Deine Freuden dann und wann ein wenig zittrig schmekten, damit die Sicherheit des Genußes Dich nicht zu weit führe. Misfallen habe ich ja weiter gar nicht geäußert. Nimm Dich nur ja immer vor der argen Welt in Acht; ich sehe nicht recht ein, wie das noch geschehn kan, da Ihr so muthwillig seyd, und es kömt doch so viel darauf an.

Am Mittwochen hatten wir noch eine große Schlittenfahrt, zu der uns Fr. von Reden einladen ließ. Wir fuhren vor dem Amthause weg, es waren 17 Schlitten, aber der Aufzug freylich nicht so glänzend, als wenn Vorreuter Fahnen tragen. Die Wahrheit ist, daß wir gar keine Vorreuter hatten, und die Schlittenéquipage hier, dafür, daß man so viel fährt, überhaupt sehr unhonorig ist; es sind z. B. nie Federquäste auf den Pferden, und wie neulich ein solches paßirte mit einem Fremden, erzählten sichs die Damen wie die Geschichte vom grünen Esel. Dafür war unser Weg der reizendste den man sich denken kan; er ging in einem Thal hin, und durch eine Alée von grünen Tannen, die in der Nähe immer sehr grün aussehen, die Ferne schwärzt sie nur. Dazu war das Wetter sehr gut, und wir kamen in 3 tel Stunden in einem neu gebauten Hause mitten im Walde an. Da fanden wir Musik und eine prächtige Bewirthung, alles was man verlangte, ja wir blieben sogar des Abends, und Fr. von Reden hatte alles mit hinausgenommen bis auf silberne Leuchter und Wachslichter. Gegen Abend wurde vingt-un mitunter sehr hoch gespielt, die Reden hat gewiß 3—4 Louisd'ors verlohren. Ich brach ab, weil ich nicht hoch spielen mochte, und das niedrige ennuyirt neben jenem. Wir brachten unsre Zeit ganz erträglich hin. —

d. 22. März.

Hätte nicht brauchen in Vorrath zu schreiben, da die Donna erst morgen weggeht. Sie wird hinunter geregnet werden; wir haben heut ordentliche Gewitterschauer gehabt; und bey Sonnenuntergang die prächtigste Erleuchtung, auf die die Sonne traktiren kan. Aber ich für mein Theil bin nicht wohl, ich stäke die Feder lieber unter die Nachtmütze, als daß ich sie zwischen Fingern halte — ja diese Begierde wird so leidenschaftlich bey mir, daß ich ihr nachgeben — Abschied von Dir nehmen muß. Nur das noch, ob Du nichts zu lesen für mich hast? Ich vertrockne seit einiger Zeit, weil alle meine Bücherquellen sich verstopfen. Marianne schickt nichts — Blumenbach ist ein Gevatter Johannes — Mad. Volborth hab ich den Kauf aufgesagt — Du? und so gehts mir wie dem, der Gäste laden wollte, und alle entschuldigten sich. Sans comparaison mit den Blinden und Krüppeln, nun bitt ich Meyern, erstlich um etwas amüsantes gut zu lesen, wenn man auf dem Sopha liegt. Das muß kein Foliant seyn, sondern was man mit einer Hand hält. Wohl möcht ich neuere französische Trauerspiele, kleine Romane, Memoires oder auch etwas ernsthaftres. Gott! er muß es ja wißen. Mir ist alles willkommen, was ich noch nicht gelesen habe. Zweytens möcht ich etwas zu lesen, wenn man auf dem Sopha sitzt und einen Tisch vor sich hat, als ältere englische Geschichte aus Alfreds Zeiten, und den 4ten Theil von Plutarch (die andern hab ich gelesen). Alles auf einmal will ichs nicht. Bey der nächsten Gelegenheit kömt auch Winkelmann und Oßian wieder. Betreib dies ein bischen für Deine Schwester; es ist unverantwortlich, daß man mich so gleichgültig zum Aschenbrödel werden läßt. Mach es Meyern wichtig. Bekomme ich nichts, so glaub ich nicht an Deine Gewalt über ihn. Die Drohung zeigt Dir wenigstens, daß es mir mit meinem Wunsch ein Ernst ist.

Mir ist wirklich übel zu Muth. Ich muß mich ausziehn. Leb wohl, meine Liebe, liebe mich, folge mir, und sorg für mich.

Caroline.

27.

An Lotte Michaelis.

[Clausthal 1786].

— — Gieb mir Deine Philosophie aufzuheben, bis Du sie wirklich brauchst — sie soll vom Tragen nicht schlechter werden. Was ich dagegen einwenden könte, damit bist Du mir sehr schlau entgegen gegangen — nun muß ich schweigen. Nur merk Dir das, sie hält nicht länger Stich, als der Genius der Jugend und Freyheit über unserm Haupt. Sie entspringt aus der Situation, und nicht die Art mit der wir die Situation ansehn aus ihr. Sie ist wie die Freude, die vor dem Kummer flieht. Sey Du glücklich so lange Du kanst. Früh genug wird die Stunde kommen, die den Zauber bricht, wo das große Interresse des Lebens verschwindet — ein Tag dem andern ohne Sturm und ohne Ruh folgt, und das Thränen sparen — Rosen brechen — sich in Thränen verbergen und Thränen trocken verwandelt. Daß hohe Tugend überspannter Geist wär — das hat sich Meyer von Therese abstrahirt. Er kan Recht haben, ob ich gleich wünschte, er hätt es nicht, denn warum darf überspanter Geist nicht Natur — warum nicht höhere Natur seyn? — —

28.

An Lotte Michaelis.

[Clausthal] Gegen 12 Uhr Abends d. 4. April [1783].

— — Ich habe mich diesen Abend sehr gut mit Hrn. von Stein unterhalten. Mein Mann hat den Alcibiades[1] gelesen — bitte, bitte

---

[1] Von Meißner. 4 Thle. 1781 ff.

mit der Botfrau den 4ten Theil, und bitte, bitte — denn ich bin arm! Archenholz Reisen durch England und Italien¹, oder Briefe über diese Länder, wies heißen mag, genug, es soll sehr amüsant und wahr seyn, und es ist uns und Dahrnens viel daran gelegen. Du magsts nun aus dem Buchladen oder der Leihbibliothek kriegen. Gern hätte ich auch aus dem Buchladen Jacobis Briefe über Spinozas Lehre².— —

29.
An Lotte Michaelis.

(Clausthal) d. 28. May [1786].

— — Innig freu ich mich auf Dein Kommen. Dann gut Wetter! und wir wollen den Harz durchlaufen. Diese Gegenden fangen an mir zu gefallen, da ich sie näher kennen lerne. Clausthal sieht von vielen Seiten äußerst hübsch aus — meine Sinnen freuen sich, auch diese Fluren, die mich sonst so schwarz dünkten, wie unsre Tannenwälder und der Schiefer, der unsre Häuser deckt im Regen — fangen an zu lächeln. Aber Sonnenschein wird dazu erfordert, und vom ersten Eindruck bleibt genug zurück, um dem Ganzen einen Anstrich von Schwermuth zu geben, den ich gern verwischen möchte. Was M. übrigens einst sagte, ist thöricht. Ich bin nicht unglücklich, wenigstens nicht durch meine Lage, ja was sag ich wenigstens? Bin ichs denn überall? Nennt ers ein Unglück eine Seele zu haben? So scheints mir beynah. Es war eine Zeit, wo Therese sich alle die unglücklich dachte, die sie liebte, daher schreibt sich das. Sie ist von dieser Grille zurückgekommen. Sie glaubt an Glückseeligkeit. Die meinige ist nicht überspannt, aber ich bin ihre Schöpferin, fiel mir auch in den ersten Zeiten wohl der Gedanke ein — warum must Du hier Deine Jugend verleben, warum Du hier vor so vielen andern; und vor manchen doch fähig eine größre Rolle zu spielen, zu höhern Hofnungen berechtigt? Das war aber Eitelkeit. Jezt sagt mir mein Stolz, was ich habe ist mir gegeben, diese Situation zu tragen, mich selbst zu tragen. Ich bin sehr zufrieden. Ich leugne es nicht, es im Anfang nicht gewesen zu seyn. Das klagte ich freylich Theresen. Viel kam mit daher, daß ich nicht gesund war, nie so sehr wie jezt, und das schwächt meinen Kopf, und Schwäche erzeugt bey mir immer glühende Phantasien. Die können nicht anders wie sich zur Traurig-

---

¹ Erschien seit Ende 1785.
² 1785 erschienen.

teil neigen mit meinen sonstigen von entzückter Schwärmerey entfernten Gefühlen. Wie wenig Gegenstände giebts, wo die halbweg vernünftige Einbildungskraft sich an Freuden übt. Ich bin nicht mehr Mädchen, die Liebe giebt mir nichts zu thun, als in leichten häuslichen Pflichten — ich erwarte nichts mehr von einer rosenfarbnen Zukunft — mein Loos ist geworfen. Auch bin ich keine mystische Religions-Enthousiastin — das sind doch die beyden Sphären, in denen sich der Weiber Leidenschaften drehn. Da ich also nichts nahes fand was mich beschäftigte, so blieb die weite Welt mir offen — und die — machte mich weinen. Da ist immer die Rede von schwachen Stunden. Weh mir, wenn in guten es mir an Freuden mangelte. So eingeschränkt bin ich nicht. Durch Interreße an Dingen außer mir, durch Betrachtung, durch Mutterschaft, durch alles was ich thu, genieß ich mein Daseyn.

Genug mein Schaz. Hör ich lese noch in der Valiska, aber schick mir doch ja Archenholz das nächstemal. Ich sterbe, wenn ich ihn nicht kriege. Ist er denn in seinem Buchladen? seiner Leihbibliothek? Lichtenberg hat ihn recensirt[1], der muß ihn z. E. haben, Heyne gewiß auch. Es muß sehr amüsant seyn.

Schreib mir doch den Verfolg von Luthers und Mariannens Liebe — es ist so interreßant. Vielleicht verführt er sie, wird abgesezt, sie flüchtet mit ihm, gehn nach Rom, werden katholisch, die Priesterehe wird eingeführt, er wird Cardinal — Pabst — Himmelsfürst — Leb wohl — leb wohl. Der Wind bläßt schrecklich. — —

Caroline.

30.

An Lotte Michaelis.

[Clausthal 1786?].

— — Auguste ist unaussprechlich liebenswürdig, schön wird sie gewiß nicht, da steht ihr Näschen im Weg, aber jezt hat sie alles was Schönheit ersezt, und Gott gebe! daß sie gut werde. Ich behalte einige Bücher zurück. Moritz Reise, vorzüglich die Beschreibung der Höhle bey Castleton haben mich entzückt[2]. Aber noch einmal Jammer und Weh über den Armen, der in seinem Provinzialstädtchen den Verfaßer der Contemporaines in Paris copirt.

---

[1] Göttl. Gel. Anz. 1786 St. 80. 1787 St. 183.
[2] Reise eines Deutschen in England 1785. Die Beschreibung S. 205 ff.

Laß doch Blum[en]buch an die Bücher, um die ihn Böhmer gebeten, erinnren und schick mir welche von den kleinen rothen. Arien mein liebes liebes Kind.

31.
An Lotte Michaelis.

[Clausthal 1786 vor Weihnachten].

Das ist blos Jnstinkt, meine liebe Lotte, daß Du nicht böse bist, denn Du wirst vernehmen, daß ich am Verzug der Ruinen[1] so unschuldig bin, wie das Kind das Ostern erst gebohren wird. Die Donner Bliz Hagel Wetters Botenfrau! Botenfrau und sein Ende, sagt ich, wie sie gestern kam, sie fuhr ganz in einander. Das dacht ich gleich, sie würde nicht sagen, daß ich nichts von ihrem Weggehn gewußt habe, und nun bin ich in so eine Blame gekommen — ich heule — daß es schnult — laß michs nicht entgelten. Und wenn Du was hast, und willst mir Festage machen, so schick mirs zum heiligen Christ. Ich wills lieber mit der Post wiederschicken. Also der Galgenschwengel verreist, und läßt mich im Stich? O ich armes verlaßenes Kind, hätt ich nicht Dich, Du sanftlächelnde Auta[2], und Deine süßen Gespräche! — —

Noch eine Reflexion, im Vorbeygehn. Wie sich das ändert und immer eins bleibt! Vor 3, 4 Jahren hätte Lotte nicht. erwartet zu hören, daß man sich mit ihr ongagirt parce qu'elqu'un a dit qu'elle avoit de l'esprit — sondern parce qu'elle étoit jolie. Siehe, wie man klüger wird, sagt der Mentor in Peter Millers moralischen Schilderungen[3]. Ein Anspruch verdrängt den andern — in Paris würd es in ein 10 Jahren heißen, elle est très devote. Meine Ansprüche sind in meinem Herzen verschloßen.

Ach hast Du die Arabesqne gelesen im Intelligenzblatt. Liebe Zeit, der denkt he thinks it is a wit. — —

32.
An Lotte Michaelis.

[Clausthal 1787].

Laue Frühlingsluft, du buhlst und sprichst, mein Lottchen komm heraus! komm hinan! Du bist lustwandeln gegangen, wie ich höre,

---

[1] Die Ruinen. Eine Geschichte aus den vorigen Zeiten. A. d. Engl. 3 Thle. Leipzig 1786.
[2] D. i. Auguste.
[3] J. P. Miller, Historisch-moralische Schilderungen. 5 Thle. 1763 fl.

und ich freue mich der erquickenden duftigen Wärme in meinen 4 Wänden. Hier oben ist's doch weit hübscher wohnen, wie unten, wenn ich gleich keine neue Tapete haben soll — genau detailliren kan ich den Unterschied nicht — er mag an sehr dunkeln Vorstellungen hängen. Mir ist nun mehr als müst es so seyn, wies wäre als erhöb ich mich mehr über die Clausthaler Existenz, und gesellschaftlicher ist's gewiß, denn das ganze Haus ist bewohnter durch die Vertheilung, statt daß ich sonst mit Schrecken in die öden kalten Zimmer trat, in denen nie ein lebendiger warmer Hauch wehte.

— — Helba, morgen wirds auch verflucht lustig hergehen — wir gehn zur Hochzeit bey Schröders. Um 12 fahren wir hin, von 2 bis 7 Uhr sizen wir am Tisch, ich werde plazen. — —

Hier sind die bey[den] übrigen Bücher für Ruprecht. Kanst Du wohl der Botin nichts mitgeben? aber anbeten wirst ich Dich, wenn Du mir Herders Gott [1] verschaffen köntest — o Lotte, zum Dank für meine Wohlthat, sollte er denn in keiner Leihbibliothek seyn, oder weiß ihn Arndswald nicht aufzutreiben, der nicht wegzutreffen zu seyn scheint. — —

33.

An Lotte Michaelis.

[Clausthal] Mittwoche nach Tisch [März 1787].

Freu Dich für mich, ich hab heute schon wieder spazieren gehn können. So gräßlich die Welt vorgestern aussah, so schön ist sie jezt, voller Sonnenschein und Vorbedeutungen des kommenden Gottes — ich weiß nicht, welches Geschlechts der Frühling ist — oder Göttin, also — denn ich will ihnen nicht zu nahe thun wie Du — die nur einen Buben für was rechts hält. Nimmer werdet Ihr verwahrloseten Mädchen doch Eure Natur verleugnen, oder der gemeine Haufen die ersten Vorurtheile ablegen. Ich gebe keinen Heller für einen Junzeu, als in so fern ich mich herablaßend schmiege zu andrer Glauben. Und wird es ein Mädchen, so sollst Du es wohl gern nennen, denn es kriegt einen Rahmen der gut lautet, obgleich Basen und Vettern dagegen schreyn, und sich das arme Wesen durch nichts als überschwengliche Liebwürdigkeit von der vorgefaßten Meinung wird

---

[1] Gott! Einige Gespräche. 1787.

retten können, die auf seinem Geschlecht und Nahmen ruht. Aber Du wolltest mir ja einen für einen Jungen angeben, thu es bald, oder ich nenn ihn in der Desperation Johann Georg — oder David Ludwig. Ein Unglück ist es, daß Du so oft auf Fragen nicht antwortest; scheinen sie Dir gleich unbedeutend, so wiße, daß spartanisches Gewicht auf ihnen ruht, keine geschieht überflüßig — als z. Beyspiel: soll ich meine weißen Kleider plätten laßen, oder nicht. — —

Grüß Louisen Michaelis herzlich, und sie sollte gern kommen. Laß sie gleich was zu lesen mitbringen, nach dem Ideal des Chevalier de Ravanues. Anders gilt nichts vor und nach dem Wochenbett. Gott, wie war ich doch das vorigemal so herunter, daß ich, die den Ariost nie mit der geringsten Bewegung las — wie das in der Ueberſetzung auch wohl nicht möglich ist; sondern über das Gelhürm von herzbrechenden und lanzenbrechenden Abentheuern leicht hinweg glitschte, nun mit höchstgereizter Einbildungskraft jeden Riesen und Drachen sah, zischen hörte, und heulen konte über die Schöne, die ihren unverwundbar geglaubten Hals zur Probe dem Schwerdt darbot. Ganz so arg, dächt ich, könt es auch bey gleichem Leiden nicht wieder werden, denn ich bin vorher gewafnet, und jene Zeiten waren überall eine Crisis der schwärmenden Vernunft: Wörter, die sehr wohl zusammen paßen, ohngeachtet es nicht so scheint. Recht neugierig bin ich, wie es mir dies mal gehn wird. Da komt Auguste: schreiben an Tante Lotte: Auta ist ein gut Kind — wie ich schrieb Auta, sagte sie: heißt Auta. Lotte, ich schwöre Dir, Du würdest Dich bis in die Fingerspitzen des Mädchens freuen. Gern hätt ich die Vorrede von Schlözer, und etwa — sonst noch was, nur damit die Botenfrau das Ansehn eines süßen Packesels nicht ganz verliert. — —

34.

An Lotte Michaelis.

[Clausthal 1787].

— — Auguste ist reizend lieblich, ich bete sie an, das zu hoffende Kind [1] ist nur ein Unterpaus (?) in meiner Einbildungskraft, ich lieb es nicht vorher, wie ich jene liebte. — —

---

[1] Geboren den 23. April, Sophie Therese genannt.

35.

An Lotte Michaelis.

[Clausthal 1787].

Little Frithboase Square, March 28. Wednesday.

Mein theuerstes Leben.

Auf ein Haar, so hebt Grandison seine Briefe an Jettchen Byron an. — — Du hast Recht, was Camille[1] betrift. Nur einiges wiedersteht mir, unter anderm der Nahme. Der erste Theil ist und bleibt langweilig — in den übrigen veredelt und schwingt sich der Charakter, und die Grübeleyen haben Feuer und Interreße. Unter allen Todesarten mag ich die in den Wellen am liebsten: „ersticken seine Qualen in einem rings umfangenden Tod". — —

36.

An Lotte Michaelis.

[Clausthal 1787.]

— — Ich denke Du wirst mir das Nähere von Dortchens[2] Examen berichten. — —

Lotte, das Wetter ist arg. Ich mache doch ausfündig, daß mir Clausthal vorzüglich wegen des unfreundlichen Clima und des Mangels an Naturreizen, für die ich mich sonst wirklich nicht so ganz fühlbar glaubte, wenn sie nicht auffallend waren — so verhaßt und freudenlos ist. Ich dächte, ich müßte hier troz allem! vergnügt seyn können, wenn mir nur etwas dazu die Hand böte. Leb wohl mein Kind.

37.

An Lotte Michaelis.

[Clausthal] Dienstag Abend [1787].

Meine Gute — ich dank Dir für Deine Relation, hab aber auch das Vergnügen gemacht, sie vom schönen Datler selbst zu vernehmen. Schlözern stell ich mir lebendig vor, und find ihn auch so in dem Gedicht, das mir Dortchen schickte — eine in harten Worten hingeworfne Bescheidenheit, der der Uebermuth hinten aus der Kehle hervorquillt. Dann glaubt er auch, er habs so recht getroffen, und will den und jenen Zweck mit treuen und jenen Aeußerungen erlangen,

---

[1] Camille oder Briefe zweier Mädchen aus unserm Zeitalter. A. d. Fr. 4 Bde. Leipzig 1786/87.

[2] Dorothea Schlözer, die das Magisterexamen bestand.

und wenn er nur wüſte, daß Dortchen ſo gar nicht das Mährchen iſt,
daß er zu erziehn wähnt — nur vis à vis de lui ein Geſchöpf des
blinden Gehorſams, und deren Weſen gar nichts mit dieſer Subordi-
nation weiter gemein, als wie das militäriſche Exercitium mit dem
Menſchen. Es freut mich denn doch, daß es ſo gut abgegangen iſt.
Morgen fahren wir nach Gittelde, wo uns Riepers von Pyrmont
aus ein Rendezvous gegeben haben. — —
Tatter ſchreibt, er wär Legionsſekretär[1] geworden, und die Miniſter
hätten die Einholung verbeten. Fare well.

38.
An Lotte Michaelis.

[Clausthal] Donnerſtag früh um 6 Uhr im Bett [1787].

— — Alle Bücher kan ich Dir nicht mitſchicken. Ich bin jezt
in dem Starkiſchen Handel ſo vertieft — der dicke zweyte Band ſeiner
Vertheidigung[2] dient mir eben im Bette zum Tiſch — ich wäge mit
möglichſter Unpartheylichkeit alle Beſchuldigungen und Gegenbeſchul-
digungen ab, aber ich komme nicht ganz ins Klare. Die Berliner
ſcheinen mir nicht aufrichtig und chicaneus und partheyiſch zu verfahren, ich ſchäze ſie nicht — Stark kömt mir in der eigentlichen
Hauptſache unſchuldig vor, allein in kleinen Nebengängen nicht ganz,
wenigſtens noch hat er ſie nicht ganz entwickelt. Dabey ſchimpft er
gräslich, und das ſchadet ihm, weil es dégoutirt, denn gegen ſolche
Gegner begreif ich ſonſt jeden Ausbruch von Galle, ohne zu denken:
der Unſchuldige ſchimpft nicht. Zur Wuth möchten ſie den Unſchul-
digen bringen, denn erſticken nicht ſelbſt ſchon im Munde eines Kindes
die Worte, wenn es bey einer ungerechten Anklage ſagen will: ich
hab es nicht gethan. — —

39.
An Lotte Michaelis.

[Clausthal] Montag 7 Uhr [1787 vor Weihnachten].

Weiß der Himmel, was mich jezt alle Morgen ſo früh aufweckt,
wie eine Frau Amtmannin, die, ehe der Tag anbricht, die Ronde
[durch die] Ställe gemacht haben, um 5 Uhr iſt mein Schlaf weg,
um 7 ſiz ich h[ier] ſchon beym Frühſtück mit meinen beyden Kindern,

---

[1] Legationsſecretär.
[2] Ueber Crypto-Calvinismus, Proſelytenmacherei. Frankfurt 1787.

welches eine recht angenehme Stunde ist. Auguste steht schon nach
mir auf, denn sie wird nun groß und klug und schläft länger. — —
A propos Kniggens Roman¹ ist, so viel ich meine, wohl das Beste
was er geschrieben hat, und er ist der Philo², wie uns Trebra, der
es wohl von sichrer Hand hat, sagt. Böhmer glaubt es gleich, wie
er die Entwicklung des Illuminaten-Systems von Kniggen las, ich
widersprach, weil ich in Philos Briefen nicht Kniggens Ton zu
finden dachte, es ist aber gewiß.

Nicht wahr, zu meiner Weihnachtserlustigung schickst Du mir die
Amtmannin von Hohenweiler³, und mehr, so viel wie möglich, denn
ich bringe die drey langweiligen Nichtsthue-Tage vielleicht sehr
einsam zu; arbeiten mag ich nicht und zu betteln schäme ich mich.
Da bey Euch Picknick ist, wird doch nicht viel gelesen, und ich schick
es gewiß in Betracht meiner Muße dieselbe Woche wieder. Nun zu
den Angelegenheiten. In den Ideen über die verfluchten Putzsachen,
die einen plagen, wie die Liebe, wenn man sie hat und nicht hat,
renkontriren wir uns buchstäblich. — —

40.

An Lotte Michaelis.

(Clausthal) Donnerstag Abend (1787, Dec. 27).

Ewr Ladyschaft sind heut vermuthlich noch matt und müde von
den plaisirs des gestrigen Tags. Ich befinde mich weder besser noch
schlechter als an irgend einem andern, außer der Unterhaltung, die
mir die Amtmannin von Hohenweiler gewährt hat, und die wirklich
ein Fest für mich war. Eine liebe anziehende Erzählung, und an der
ich nichts auszusetzen weiß, als daß sie gegen das Ende für den
simpeln kunstlosen Anfang durch das Treffen bekanter Personen zu
romanhaft wird — und das liegt wohl in der Natur der Sache, denn
die Alte hatte gar viele Kinder, und jeder seinen Anhang, der ganz natürlich bald hinter ihm herkam, und ihr Haus war der allgemeine Sammel-
platz. Das mir anfangs ganz unnütz scheinende Mährchen ist nachher

---

¹ Wohl nicht der Roman meines Lebens, der schon 1781 erschien, sondern:
Die Verirrungen des Philosophen. 2 Bde. 1787.
² Philos endliche Erklärung ... seine Verbindung mit den Illuminaten
betreffend. Hannover 1788.
³ Von Benedicte Naubert. Leipzig 1787.

so gut genuzt und verflochten. Ich ziehe es Waltern vor und möchte wißen, wer denn der Verfaßer wär? Es thut mir nur leid, daß ich dergleichen immer allein verschlucken muß. Böhmer erzähl und leb ich nur, aus dem Hause geben thu ichs nicht, und das Vorlesen ist nun einmal in Ewigkeit nichts mit Dahmens. Da mich die alte Amtmannin schon allein so ungemein vergnügte, was wäre nun gewesen, wenn Du es mir z. B. vorgelesen hättest, in einer comfortablen Stube bey abscheulichem Wind und Wetter so recht in sich selbst gehüllt, zur Diversion etwa eine Taße Thee! Es ist besonders, daß Schilbrung und Darstellung einen so ganz andern Eindruck auf uns macht als selbst die nehmliche Wirklichkeit, die wir im Abdruck lesen, und daß über der gemahlten Welt (man) so leicht und gern sich selbst vergißt. Durchaus ist nichts so schrecklich, nichts so angenehm, als es unsre Einbildungskraft empfindet. Deswegen mögen leicht verführerische, unreine Bilder die Seele mehr entweihn wie die That, um nur ein Beispiel unter tausenden zu nennen, und ich habe oft gedacht, selbst ermordet zu werden könne nicht so fürchterlich seyn, als die schaudernde Vorstellung.

Augustens Weyhnachtsfreude übertraf dem ohngeachtet meine Erwartung, und ihre Dankbarkeit war allerliebst. Sie kam mit ausgebreiteten Armen in die erleuchtete Stube, und freute sich dann laut, und über jedes einzelne Stück. — —

41.
An Philipp Michaelis.
(Clausthal) Freytag d. 25. October [1788].[1]

Wie das Jünglein pipset, das eben aus Mutters Schoos entlief — hurder, hurder, es ist kalt — ach, wo sind meine weichen Decklein und meine welchen Kätelein — es schauert mich so — laß mich lieber wieder untertriechen, Mütterchen. Die Häuser nicken sich entgegen, wie ein paar alte Basen mit langen Nasen — muß meine langen Beine so hoch heben, um die alten Perucken zu ersteigen. Weh weh, wo ist mein Freund blieben, mit dem ich die Fluren durchstrich? Wo sind ich eine Liebschaft wieder? Kluge Damen sind nicht für mich. Sonne der Eleganz, du bist untergegangen. Ihr seyd zu Ende meine wählischen Tage.

---

[1] Böhmer war 4. Febr. 1788 gestorben. Aus dieser Zeit fehlen alle Briefe.

So wehklagt Bruder Neuling[1]. Ich wolte von ganzem Herzen es gefiele Dir recht gut, denn das machte mir auch Muth, allein bedauern kan ich Dich nicht. Man muß ja so was in der Welt gewohnt werden, man muß früh lernen sich jeden Aufenthalt erträglich zu machen, und ich denke auch dieser wird Dirs bald werden, wenn Du nur ein Menschenkind gefunden, daß halbwegs mit Dir simpathisirt und mit Dir spazieren läuft. Immer allein spazieren gehn, davon halt ich nicht viel, so viel Freude mir es dann und wann machen würde — es isolirt das Daseyn. — —

Was Friz[2] mir sagen läßt, das rapportirst Du mir entweder nicht, oder er hat Dir nichts aufgetragen. Mein Gott, Ihr habt doch wohl nicht gleich einreißen und bauen laßen? Denn mit dem armseeligen Heerd ists doch nicht gethan. Da ist ja z. B. kein Winkelchen, wo die Domestiken schlafen könten — nicht ein Oertchen, wo man Dinge bergen könte, die man nicht alle Tage braucht. Die Küche so noch am Vorsaal — wie würde da Bruder Friz oft gestört werden. Kein Boden, kein Fleckchen, wo sich waschen läßt, kein Plaz die nöthigsten Schränke zu placiren. Kurz, ein ordentlicher Haushalt ist da gar nicht zu führen. Es wäre nichts halbes und nichts ganzes, es wäre nichts. Weißt Du was ich wollte? Entweder, daß sich mein lieber Friz geduldete, bis er ein ander Haus hätte, oder daß es möglich wäre ohne Haushalt bey ihm zu wohnen, sich speisen zu laßen, und nicht so für Ewigkeiten zu bauen. Da braucht ich nichts wie Raum für mich und meine Kinder. Da ließen wir, Du und ich uns das Eßen holen, und er ginge an seinen Tisch. Wo ißest Du denn jezt? Es werden ja doch eßbare Dinge gekocht werden — Ihr werdet ja doch in Marburg keine Gaumen haben wie ein Rhinoceros? Du mußt mir das noch weitläuftig vorschwözen, eine Sache, in der Du Dich bey so bewandten Umständen anlernen laßen kanst.

Spricht Friz noch von Weynachten? Ich frage nicht hinter seinem Rücken, denn Du magst ihm diesen Brief getrost zeigen. Das ist einmal gewiß, meine Pension muß erst entschieden seyn, eh ich gehe, bazu räth mir Trebra, und die Bergrechnung ist erst im December, da mögen die Kobolde wißen, wann etwas bestimmt wird! Ja ich gesteh frey, den Winter über bleib ich gern noch hier. Trebra räth ferner Frizen, sich ja zu verheyrathen, wenn er dächte an Leib und Geist je recht gesund zu werden. — —

---

[1] Philipp Michaelis wurde 13. Oct. 1788 in Marburg immatriculirt.
[2] Der ältere Bruder, seit Ostern 1786 Profeßor in Marburg.

Mein guter Bruder wird meinen Brief bekommen haben, den der Paſtor für ihn in Verwahrung hatte. Wenn er die Umſtände bedenkt, die Leidenſchaft, mit der ich damals den Entſchluß faßte mich in ſeine Arme zu werfen — ſo wird er mich doch etwas entſchuldigen, daß ich ihn auch wieder änderte.

(Ende fehlt).

42.
An Philipp Michaelis.

[Göttingen Herbſt 1788].

Wollte Gott das wär alles nicht vergefallen, oder ich geſund genug geweſen, es aus dem wahren Geſichtspunkt anzuſehn, wie viel Unruh wär mir da erſpart! Meinem Vater dünkt es ſehr einſam, ſeit Ihr uns verließet, ich glaube, er würde es ſchwer ertragen, mich und die Kinder nicht mehr zu haben — es iſt vielleicht ſeine einzige Aufmunterung für dieſen Winter, denn ſeine Collegia werden vermuthlich gar nicht zu ſtande kommen. Das iſt mir unbeſchreiblich traurig — er leidet ſehr dabey — es kränkt ihn, und er hat nun nicht die mindeſte Abwechslung in ſeiner Arbeit. Was iſt doch das ein elendes Leben, das ein Gelehrter führt — o ſuche ja bis ans Ende Deiner Tage Sinn für die weite offne Welt zu behalten, das iſt unſer beſtes Glück.

Nebenher werdet Ihr unbarmherzig gloßiren, über mich Eure Schweſter — ich zweifle gar nicht daran, und bekümmere mich nicht darum, wenn nur Fritz mich nicht zu undankbar gegen ſeine Güte findet. —

Meine Kinder ſind recht wohl. Die Operation ſcheint Auguſten ſehr gut zu thun. Die Schlözern hat einen Sohn, der netto 11 ♂ wiegt, und über den der alte S. kräht, wie ein Hahn. — —

43.
Tatter[1] an Meyer.

Göttingen 25. Jan. 1789.

— — Haben Sie erfahren, daß die liebe Frau, an der Sie theil nehmen, ſchon längſt ihren einzigen, nachgebornen Sohn wieder verloren hat? Mit ihm ſanken ſüße Hofnungen ins Grab. Sie wird

---

[1] Ueber Tatter ſ. Zur Erinnerung an Meyer I, S. 311.

uns verlaßen, und Ostern nach Marburg zu ihrem Bruder ziehen. Es ist mir jetzt unbegreiflich, daß Sie diese Frau gekannt haben und kannten und also wußten, was sie ist, und doch sie hier nicht mehr zu kennen schienen. — —

44.
An Meyer.
Göttingen 1. März 1789.

Wenn mir etwas unerwartetes begegnen konnte, in einer Welt, die ich alle Tage wunderbarer finde, und worüber ich mich also immer weniger wundere, denn l'Admiration est la fille de l'Ignorance — sagte mir sonst Mad. Schlegel — so war es Ihr Brief, aber befremdet hat er mich nicht, denn Sie kennten und mußten sehr gut wißen, daß ich Sie gern um Nachrichten von Ihnen befragt hätte? wie ich sehr oft nach Ihnen gefragt habe, wenn ich nur die geringste Veranlaßung dazu gehabt hätte. Ja, meine Schwester und ich haben uns mehr wie einmal mit der abentheuerlichen Idee getragen — abentheuerlich nenne ich sie, weil vieles was natürlich ist so genannt wird — ohne alle Veranlaßung, ein Sendschreiben an Sie ergehen zu laßen, daß Ihnen mein leztes Wort wiederhohlt hätte: Sie würden uns nie fremd werden. In G[öttingen] mußten Sie es zu seyn scheinen, wo ich Sie aber künftig auch finde und weiß, da sind Sie mir es nicht. An Ihrem Schicksal Theil zu nehmen, das ist vielleicht ein undankbares Werk, doch in so fern Sie und Ihre Laune der Schöpfer desselben sind, muß ich ihm unwillkürlich folgen. Sie sollen sich aber so wenig um das meinige bekümmern und nur mir den Antheil nicht ganz entziehen, den Sie ihm zusagen — ich bekümmere mich selbst nicht sehr darum, ich sorge nicht und mache keine Pläne, nur Einem glaube ich mit festem Schritt nachgehen zu müßen, dem Wohl meiner beiden kleinen Mädchen, alles übrige liegt vor mir da wie die wogende See, schwindelt mich vor dem Anblick, so schließe ich meine Augen, allein ich vertraue mich ihr ohne Furcht. Ich weiß nicht, ob ich je ganz glücklich seyn kan, aber das weiß ich, daß ich nie ganz unglücklich seyn werde; Sie haben mich in einer Lage gekannt, wo ich von allen Seiten eingeschränkt, durch den Druck meines eignen Gewichts niedersank — grausam bin ich herausgerißen, doch fühle ich, daß ich es bin, denn es ist so hell um mich geworden, als wenn ich zum erstenmal lebte, wie der Kranke, der ins Leben zurückkehrt und eine Kraft nach der andern wieder erlangt und neue reine

Frühlingsluft athmet, und in nie empfundenem Bewußtseyn schwelgt. Ein Schleier fällt nach dem andern, es ist mir nichts mehr sehr wichtig — Erfahrung mindert den Werth der Dinge, denn es nimmt ihnen die Neuheit — ich schätze nichts mehr als was mir mein Herz giebt, und erwerbe nichts als was ich mir selbst bereite. Sie prahlen ein wenig mit Ihrer Armuth, und meine kränkt mich wenigstens nicht, mir ists, als hätte ich die Menschen nie weniger bedurft und höher herabgeschaut, als seit sie wohl gar meinten, ich würde mich fester an sie anschließen. — Wir sind stolze Bettler, lieber Meyer, und ich kenne noch einige von der Art, laßen Sie uns lieber einmal eine Bande zusammen machen, einen geheimen Orden, der die Ordnung der Dinge umkehrt, und wie die Illuminaten die Klugen an die Stelle der Thoren setzen wollten, so möchten denn die Reichen abtreten und die Armen die Welt regieren. Ich habe Ihre Idee Bürgern zu heirathen vortrefflich gefunden, doch meint Lotte, Sie würden eine schlechte Parthie thun, und das ist gewiß,

   Auf Erden weit und breit
   Ist kein Altar vorhanden,
   Der Eure Liebe weiht.

Er hat mir gesagt, daß Sie wahrscheinlich zusammen nach Berlin gehen — aber wenn ich es nun versuchte, Sie zum Professor der Aesthetik in Marburg zu machen, wohin ich vermuthlich gehe, Sie nehmen ja nur Schweinefurt aus, und haben wohl nicht allen Fesseln entsagt. Ich wollte, Sie könnten in London bleiben, denn eine große Stadt, wo Sie sich in der Menge, aber nicht in Ihrem Cirkel verlieren, wo Sie alle Abend die Last, die Sie den Tag über an sich selbst gewogen haben, bei einem Fest oder im Schauspielhause von sich werfen, und sich im Gedränge der Mannichfaltigkeit selbst vergeßen könnten, wäre doch Ihr Element. Sind Sie nicht einer von denen die sich berauschen müßen um glücklich zu seyn, und wenn nun die schreckliche Lücke zwischen Rausch und Rausch durch keinen äußern Gegenstand gefüllt wird — was fangen Sie dann an? es ist eine traurige alternative, diese Leere ganz zu fühlen, oder sie' alltäglich ausfüllen. So leite Sie denn Ihr guter Geist! auf ebener Bahn wird es wohl nicht seyn. Vater und Mutter danken, die Schwestern erwiedern. Lotte ist glücklich, Louise ist glücklich, die eine schreibt eben, die andre ist auf einem Ball. Sie nennen Feder in Ihrem Briefen an T.[1], ich habe ihn ganz kürzlich von Ihnen reden

---

[1] Wohl Tatter.

hören, und nie hat ein ehrbarer Mann so vortheilhaft über Sie gesprochen wie dieser, ich freute mich es zu hören um beider willen. Nochmahls dem Guten befohlen, und daß sein Böses Ihnen etwas anhaben kan!

Caroline Böhmer.

45.

An Luise Gotter.

Göttingen d. K. März (17)89.

Eine Einladung wie die Deinige, meine immer gleich geliebte Freundinn, durft ich nicht mit leeren Worten des Danks beantworten, deswegen habe ich warten müßen, denn erst jezt kan ich Dir etwas entscheidendes darüber sagen; es wiederspricht zwar meinen Wünschen nur zu sehr, und Dein freundschaftliches Herz wird nicht damit zufrieden seyn, aber ich weiß auch, daß es in der Ursache, die unsre Zusammenkunft verhindert, Gründe auffinden wird, um dem Geschick zu verzeihn. Ich komme nicht zu Dir, ich darf alles was Du mir so liebreich anbietest, Dein Haus, Deine Gesellschaft, die Freuden der Errinrung der ersten glücklichen Jahre meiner Jugend, die eine so ganz andre Zukunft zu weißagen schien, ich darf sie nicht annehmen, weil ich eine andre Reise zu machen habe, und welche die ist, das erräthst Du leicht. Mein Bruder bot mir sein Haus an, sobald ich meine Heymath verlohren hatte; der Zustand, in dem ich war, und die Wünsche meiner Eltern, denen ich leicht nachgab, weil ich nicht die Kraft haben konte zu überlegen, zu einer Zeit, wo ich sie alle aufbieten muste, um dem Unglück zu wiederstehn, machten, daß ich damals wenig Rücksicht darauf nahm, und es ihm vors erste ganz abschlug. Wie ich aber nach und nach die Verhältniße in einem helleren Licht zu sehn anfing, wie ich in alle diejenigen zurückkehrte, die man mit einem Herzen, das jenseits seines Grams nichts mehr erblickt, so leicht vernachläßigt, und die wiederholten Bitten meines Bruders hinzukamen, da reifte der Entschluß, den ich nun gefaßt habe. Ich glaube er ist gut, und das muß mir manches Opfer versüßen, das ich ihm bringe. Dort kan ich nüzlicher und thätiger und freyer seyn für mich, und was mich eigentlich bestimmt, für die Erziehung meiner Kinder. Sie sind das einzige worauf ich sicher rechnen können muß, sie sind meiner Glückseligkeit nothwendig, und ich fühle, daß sie ein mir anvertrautes Gut sind, das ich also nie nach meinen Convenienzen behandeln darf. Erziehung ist nach meinem Begriff nicht Abrichtung, das ist ein Zweck, den ich durch Strenge allenthalben erhielte — es ist die Entwicklung der angebohrnen Anlage durch die Umstände — und diesen getraue ich mir hier, wo ich meine Kinder nicht allein habe, wo sie unter dem Einfluß des Beyspiels stehn, nicht so entgegen arbeiten zu können, daß sie würden, was ich aus ihnen machen möchte — meine Kunst, die eigentlich keine Kunst ist, sondern nur eine gewiße Unthätigkeit, welche höchstens vor bösen Gewohnheiten zu bewahren und die ersten entscheidenden Eindrücke zu lenken sucht, traut sich das nicht zu, und so will ich lieber den freyen Boden wählen, wo sie gedeihn muß, wenn Kinder ihren Eltern gleichen, als mich der Gefahr aussezen sie misglücken zu sehn. Ich könte doch auch für die Zukunft nicht ruhig daran denken, Töchter, die keinen Schuz haben wie ihre Mutter, auf einer Universität erwachsen zu sehn. M[arburg] ist zwar auch eine, aber es hängt ganz von mir ab in wie ferne M. es nicht seyn soll, ich erwarte überhaupt nichts von dem Ort, und es ist blos der, wo das Haus meines Bruders liegt, wo ich mehr Einsamkeit, Freyheit und Ruhe finden werde. Die Freude die ich diesem Bruder mache, selbst der Nuzen den ich ihm leisten kan, ist ein Bewegungsgrund, der schon hinreichend wär, ohngeachtet er mein erster nicht ist. Dir brauchte ich vielleicht nur diesen anzuführen, aber hier, wo man nicht ganz begreift, warum ich eine ganz angenehme Situation mit einem offenbar weniger angenehmen Aufenthalt verwechsle, will man ihn nicht gelten laßen, und ich kan doch nicht wohl einen andern nennen. Es wird mir auch schwer von hier zu gehn, das leugne ich nicht, Göttingen ist eine Stadt, von der im Allgemeinen nicht viel tröstliches zu sagen ist, allein in keiner von so geringem Umfang wird man so viel einzelne merkwürdige gescheute Menschen antreffen, und ich konte diese einzelnen genießen, und brauchte mich an den Ton des Allgemeinen nicht zu binden, wenn ich dafür leiden wollte, was sich nach Weltlauf gebührt. Ich hatte ein bequemes Leben, ich mag aber kein bequemes Leben haben, wenn es nicht ewig dauern kan. Kurz, das Loos ist nun geworfen — zwischen Ostern und Pfingsten werde ich abreisen. Was aus unserm Wiedersehn wird, das wißen die Götter! So offen wie jezt alles vor meinen Sinnen da liegt, so jeder Möglichkeit unterworfen, verzweifle ich an nichts, ich erwarte aber auch nichts — was mein Wille kan, das wird er — und was die Nothwendigkeit fordert, werd ich ihr einräumen, doch niemals mehr ihr geben, als sie wirklich fordert. Es ist mir nicht wahrscheinlich, daß ich Dich nicht bald einmal sehn sollte, und wo und wie und wann es geschieht, wird es uns sehr glücklich machen, und geschäh es noch so spät, nicht weniger wie heute.

Dein Mann, meine liebe Louise, könte Dich wohl einmal hierher bringen, und es würd ihn für sich selbst nicht gereun. Ich will zwar keinen schönen Geist und Dichter nach G. einladen, wo eine wahre Auswandrung seit kurzem vorgegangen ist, es muß also nicht ihr gelobtes Land seyn, wie könte man das auch da vermuthen, wo Wißen allein intereßant macht, und sich eine Menge Leute vorbereiten, nicht um intereßant zu werden, sondern um zu eßen zu haben. Bürger, deßen Bekantschaft ich ganz kürzlich gemacht habe, denn ich bin ein Jahr mit ihm hier gewesen ohne ihn nur zu sehn, er führt, wie er selbst sagt, ein Bären-Leben, und komt selten aus seiner Höhle hervor. Bürger wird auch wohl weggehn; er und Meyer wißen noch nicht wohin, vielleicht nach Berlin. Meyer hat mir geschrieben, und wie er versichert, weiß er nichts von seinem künftigen Aufenthalt, als daß es nicht Schweinfurt seyn würde. Ich wünschte, daß es ihm wohl ginge, aber das wird der frommen Wünsche einer seyn. — —

Die Genesung unsres Königs ist eine äußerst erwünschte Begebenheit. Prinz August befindet [sich] ebenfals sehr wohl, und es wird nun bald in Hières so warm werden, daß er wieder zurückkommen muß. Könt ich nur einmal die balsamische Luft eines so milden Himmelstrichs einathmen, nur einmal im Regen der Orangenblüthen spazieren gehn, ein muntres Volk sehn, oder das Schauspiel wärmerer Leidenschaften, als unsre gemäßigte Zone aufkommen läßt — auch fromme Wünsche! — doch eröfnet mir das Leben mit meinem Bruder eine etwas weitere Aussicht, ich komme den Rheingegenden näher. Es ist doch betrübt zu wißen, daß man noch gar nichts schönes gesehn hat.

Lebe wohl, meine liebe Freundinn, bis der Zufall günstiger ist. Grüße Deinen Mann und Schwiegerin recht herzlich von ihrer alten Belantin. Ich möchte wohl wißen, wie Ihr mich fändet, wenn Ihr mich sähet. Eines wird sich immer gleich bleiben — die sanfte Zuneigung mit der ich die Deinige bin.

Caroline Böhmer.

Ich lege Dir ein Gedicht bey, das meine Kinder ihrem Großvater an seinem Geburtstag mit einem von mir gestickten Kopf des Aesculap, unter dem die unter das Gedicht geschriebne Inschrift stand, überreichten. Beydes von Schlegel[1].

---

[1] Ich theile das in Schlegels Werke nicht aufgenommene Gedicht hier mit:

46.
An Meyer.

Marburg d. 24. Oct. [17]89.

Nicht als ob ich Ihren Becher spröde von mir gewiesen hätte — nein, mein lieber Freund, ich habe ihn getrunken, gekostet, bis auf den letzten Tropfen — deswegen schwieg ich nicht, allein ich war, ich weiß nicht, vielleicht zu glücklich, um Ihnen aus Bedürfniß zu antworten, und hatte noch immer nicht genug Eigenliebe oder nicht genug Vertrauen, um es Ihretwegen zu thun. Dann wollt ich Ihnen auch sagen, ob Ihre Prophezeyhungen eingetroffen wären — jetzt weiß ich schon seit langer Zeit nicht wo Sie sind, auch nicht wo Sie dieß erreicht, zu dem ich aber eine besondere Veranlaßung habe, und mich also nicht durch diese Ungewißheit abhalten laße. Dieser Anlaß ist nur eine Idee, man muß aber so wenig Ideen verschließen wie möglich. — — Das ist der Entwurf des Luftgebäudes, mit dem ich mich gern beschäftige, weil Sie mir werth sind, dem ich aber eben deswegen mistraue, weil man im Lauf der Welt Unglauben aller Art einsaugt. — —

Gebet an den Gott der Heilkunde von Auguste und Therese Böhmern. Am 27. Febr. 1789. Göttingen, gedruckt bey Johann Christian Dieterich.

Du, der allen sterblichen Geschlechtern
Lobliss und Gebethn gewährt,
Höre das Gebet von zweyen Töchtern
Wie die Kindesliebe sie es lehrt!
Hat in seiner Jugend schönsten Tagen
Unser Vater fromm sich dir geweiht,
Deines Dienstes sich allein erfreut
Bis man ihn zur kalten Gruft getragen;
Haben je, für seine Müh' zum Lohn,
Brüder, Kinder, Gatten ihn gequält;
Ist er je des Elends krankem Sohn
Mild mit Hülf' und Trost begegnet;
Großer Pacon! hat er das gethan:
O so streue deine milden Gaben
Auf des theuern Mannes Lebensbahn,
Dem wir Enkelinnen freudig nahn!
Laß' ihn an verdienter Ruh sich laben!
Gieb, daß er sich heiter, ungeschwächt,
Lang' im Abendstrahl des Lebens wärme!
Daß ihn lang' ein blühendes Geschlecht,
Dessen Stolz er ist, umschwärme!

Sie haben mir Wahrheit gegeben, die für mich einen unwiderstehlichen Zauber hat. Es ist das Einzige was mich täuschen könte. Der Mensch, welcher sie inniger liebt wie ich, muß ungeheure Fähigkeiten haben — oder steht unter allem Vergleiche. Wißen Sie aber, daß man sie geben kan ohne mehr zu sehn? Ich ziehe Sie nicht in Verdacht, doch gestehe ich — ich ergründete Sie noch nicht, und wollte daß Sie mir so viel über sich wie über mich sagten. Was liegt denn am tiefsten in Ihrem Wesen gegründet? Herrscht der Leichtsinn Ihres Kopfs, oder der Ernst Ihres Herzens da, wo Ihre heftigste Leidenschaft spricht — wankten Sie zwischen beiden — ich begriff Sie nie ganz und konte auch nicht, denn wie wenig kanni ich Sie durch mich selbst. Wie ich Sie kannte, interreßierten Sie mich aus meinem Geschmack — den viele Leute falsch nennen — und einer seltsamen Uebereinstimmung mit dem, was den leisesten, ren halb unverstandnen Bildern meiner Phantasie schmeichelt. Ich hätte Empfindungen erregen mögen, wie Sie sie schilderten, und doch nicht die Ihrigen — denn mein Herz hatte sich von aller Wirklichkeit entwöhnt — ich wußte nicht mehr damit umzugehen. Das gab mir einen Ernst gegen Sie, den Sie nur erwiedern wollten, und so, daß ich ihn nicht für natürlich hielt, zurückgaben. Vertrauen hatte ich für Sie nur durch andere. Daß Sie meine Lage vollkommen richtig beurtheilten, wußt ich sehr wohl, aber ich konte auch darüber nicht offen seyn, weil ich den letzten Wahn zu retten hatte, der mir mein Schicksal erträglich machte, den lezten Wahn der Liebe: Zärtlichkeit. Zu delikat, zu gut, zu sanft diese wegzuwerfen — vielleicht auch zu sehr eingeengt — behielt ich sie bey, und sie lebt selbst noch in der Errinnerung, ob ich gleich mit Schauer und Beben an jene Zeit zurückdenke, und von ihr wie der Gefangene von dem Kerker mit einer schrecklichen Genugthuung rede.

Hier leb ich seit 4 Monaten ohngefähr so, wie Sie es voraus sahn; ich habe den Sommer ganz genoßen und gehe dem Winter mit der Hoffnung der Frühlingsblüthe entgegen. Lotte ist bey mir, denn sie mochte Göttingen nicht mehr — von dem zu scheiden mir nichts kostete, so wenig wie Ihnen. M[arburg] hat wenig — aber doch nicht die tödtente Einförmigkeit und den reichsstädtischen Dünkel. Die Menschen nicht so cultivirt und geschwäziger, allein doch toleranter. Man liebt mich sehr, weil mein Herz ein Gewand über die Vorzüge des Kopfs wirft, daß mir beides Aeußerungen als Verdienst anrechnen läßt. Daß ich gehn kann wann ich will, macht, daß ich alles Ungemachs zum Troz bleibe — das ist die Art von Trägheit, welche der hat, der den Tod nicht fürchtet.

Ich habe mir ein Ziel meines Bleibens gesetzt — dann weiter, wohin mein Genie reicht — denn ich fürchte, das Geschick und ich haben keinen Einfluß mehr auf einander — seine gütigen Anerbietungen kan ich nicht brauchen — seine bösen Streiche will ich nicht achten. Wünsche hören auf bescheiden zu seyn, wenn in ihrer Erfüllung unsre höchste und süßte Glückseeligkeit läge — auf Wunder rechnet man nicht, wenn man sich fähig fühlt Wunder zu thun, und ein wiederstrebendes Schicksaal durch ein glühendes, überfülltes, in Schmerz wie in Freuden schwelgendes Herz zu bezwingen.

Meine Kinder sind liebe Geschöpfe. Daß Sie kämen, Meyer — mit sanftem und festem Schritt käme Ihnen eine Freundinn entgegen in
Caroline.

Es ist gar nicht hübsch von Ihnen, daß Sie die erhabne Fr. Nation so bey allen Gelegenheiten herunter machen, wie in dem Aufsatz über eine Staatsschrift des General Lohr. Ich könte Ihnen gram seyn. Auch darüber, daß Sie so viel in Ihrem letzten Brief von Zwecken sprechen und andern Leuten Absichten unterschieben, an welche sie — sonst so toll und verdreht wie Sie wollen — gar nicht die Leute sind zu denken.

G.[1] läßt Ihnen sagen, daß er eben in Weimar gewesen ist, und die Herzogin und Einsiedel viel nach Ihnen gefragt haben, und sich sehr huldreich über Sie auszudrücken geruhten. G. hat eine stolze Vasthi und eine demüthige Esther gemacht[2], die er dort vorlas.

47.
An Lotte Michaelis.

[Marburg] Sonntag Morgen [1789].

Fr. von Reck laß uns nicht entgehn. Die Jung erzählte mir, daß sie mit ihrem Mann einen Briefwechsel geführt — den ich gern sehn möchte, und wenn ich ein paar heuchlerische Worte darum verschwoere, wohl sehn werde. Jungs erwarten, daß sie hier durchkommen wird. Du hast sie alsdann schon kennen lernen.

---
[1] Goethe.
[2] Erschienen in den Schauspielen 1795.

— — Ich habe eben Wezels Gefahren der Empfindsamkeit[1] wieder gelesen. Es ist mir aufgefallen, daß Deutschlands zwey Haupt-Schriftsteller im komischen Fach ihre größte Stärke in schwermüthigen Schilderungen haben — Wezel und Müller. Vorzüglich hat Wezel etwas Vonguißantes, das sogar im Herrmann fühlbar ist, ohngeachtet einiger unnachahmlichen wahrhaftig lächerlichen Züge. Und Müller ist zu gedehnt und moralisch um Lachen zu erregen, dem sich weit weniger gebieten läßt wie den Thränen. Lachen zu können ist ein angebohrnes Talent — der Ernst läßt sich allenthalben hinpfropfen. Wezel ist doch sehr zweckmäßig in seiner Wilhelmine Arend verfahren, nur für den Kranken, den er curiren will, sind seine Krankheitsgeschichten zu detaillirt. Eine zerrüttete Einbildungskraft schöpft neuen Gift aus dem Hülfsmittel. Aber er hat sehr gut den größten Schaden der Empfindsamkeit gezeigt — wie sie in Lagen, aus denen Entschloßenheit uns retten würde, die Hände bindet und unaufhaltsam den Unglücklichen versinken läßt — wie die zu oft angeregte Fibration der Nerven diese zu fürchterlichen Peinigern macht — wie man nie fühlen wollen muß, und was für ein schreckliches Ding einem schuldlosen Herzen Gewissensbiße sind, die nur Eingeschränktheit der Denkungsart erzeugte.

Vergieb mir, daß ich Dir nichts Beßers schreibe. Hier schick ich Dir auch noch ein merkwürdig Gedicht von Jung auf den jungen Selchow. Seine ästhetische Schönheiten abgerechnet, hat es auch noch sehr naive — oder ist das feine, daß er in einem Gedicht von Studenten unterschrieben eine in der Asche glimmende Herzensverbindung des Verstorbnen dem Publikum aufstellt, mit einer Unbefangenheit, als wenn wir schon im Paradiese wären? — — Zeige doch Tattern und bey Gelegenheit Blumenbach, den Du dabey grüßen magst.

Lebe wohl liebe Seele.

48.
An Lotte Michaelis.
(Anfang schlt.) [Marburg 1789]

— — — — — Winterabende nach dem Tacitus gegeben hätte. Bey dem Achill von Ulysses unter den Weibern entdeckt, erinnerte sie, daß der König von Preußen diese Geschichte in einer Gruppe von

---

[1] Wilhelmine Arend oder die Gefahren der Empfindsamkeit. 2 Thle. Leipzig 1782. — Müller, ohne Zweifel Joh. Gottwerth, der Verfasser des Siegfried v. Lindenberg.

Statuen besitze. Dann kam ein Stück aus einer englischen Ballade, wo ein Mädchen mit dem schönsten Ausdruck von Schmerz zwischen Vater und Mutter sizt, darunter steht —

My Father urg'd me sear, my mother did nae speak,
But she lookd in my face that my, heart was like to break.

Dann der Tod von Lord Robert Manners in der Schlacht vom 12ten April. Sie hat sein Monument gesehn. Wir kamen zu Dir — das ist ein liebes Geschöpf, sagte sie — es ist das Ebenbild meiner Schwester — Lottchens? Und da sezt ich ihr alle Aehnlichkeiten aus einander. Bey den Wegdwoods bemerkte sie, daß Göthe seinen Kopf in Italien in eine Gemme hat schneiden laßen, Mert hat einen Abdruck davon genommen, ihn nach England geschickt, wo man nun auch mit Göthens Kopf siegelt. Meine Stickerey gefiel ihr sehr, sie wünschte mir Glück zu dem Talent. Nach 8 Uhr wurde sie erinnert wegzugehn. Ich habe ihr einen Kopf zu sticken versprochen, wenn sie mir die Mannheimer Briefe, die das Beste seyn sollen was sie geschrieben hat, schenken wollte, da sie Philipp Miss Long[1] geschenkt hätte. Das war das erstemal, daß ich eines Werks von ihr erwähnte. Sie wollte es mit dem Beding thun, daß ich ihr meine Meinung von Miss Long sagte — zum Glück hatte ich sie noch nicht gelesen, denn ich muß mich sicher auf etwas wahres, an etwas zu loben besinnen, was mich sicher nicht interressirt. Ich hätte das Recht freymüthig zu seyn, sagte sie mit viel Feinheit. Sie frug mich einigemal, ob ich ihr auch in der That gut wäre — worauf sie einigen Werth zu legen schien. Freytag Abend nahm ich von ihr Abschied. Es waren Studenten da, Theologen, schlechte Gesellschaft — La Roche sagte mir, da sizt nun meine Mutter und zieht sie doch alle an sich, und keiner glaubt weggehn zu dürfen, weil er sich einbildet der favorisirte zu seyn. Morgen kemt sie wieder, und bleibt wenigstens bis Mert zurückkomt. Eins fällt mir noch ein, sie hatte sich gescheut Schillern anzugreifen — da hatte ihr jemand gesagt, sie schriebe ihm Riesenideen zu, und darauf hin könte sie schon vieles wagen. Ist das nicht sehr wahr?

Wenn sie zurückkomt, muß ich sie allein sprechen, um noch ausführlich über meine Lotte mit ihr zu reden. — — Wenn ich eine Zeitlang die Größe Deines Verlustes angestaunt habe — so verschwindet

---

[1] Von S. La Roche. Gotha 1787—88.

sie mir — es ist ein simples Menschenschicksaal in dem der Mensch nicht
versinken muß. — — O daß Therese sich einmal überwände — ich
weiß nichts mehr von ihr, wenn sie es nicht thut, und doch wird das
nicht ganz zerstört werden können, was ich in ihr anbete. Ihre
Laster sind die Ueberspannung ihrer Kräfte.
Ich habe T. an diesen Brief verwiesen, weil Du die Geschichte
von der R. vollständig haben solltest. Du nimst es nicht übel, wenn
ich Euch beyde vereinige. Er theilt Dir dafür wieder mit, was
er will.

— — Diesen Nachmittag werd ich wohl Kronenbergs besuchen,
denn mir ist nach einer ruhigen Nacht etwas beßer wie gestern, wo
ich gar nicht wohl war. Bey der Nacht denk ich an die Schlaf-
kammer; auch die hätte La R. sehn dürfen. Es steht mein und
meiner Kinder Betten und ein Nachttisch darinn, und alle Silhouetten — mit dem Schatten meiner Geliebten umringt — über meinem
Ruhbett hängt die meines Vaters mit dem Kranz verwelkter Blumen
und Lotte bey Werthers Grab, weil das in der Stube nicht gut
genug war.

Le mal est fait, denn Schlegel hat seit Dienstag einen Brief
— ich würde aber das Uebel doch begangen haben, wenn ich auch
Deine Warnung gelesen. Er schrieb mir dreymal und wie! Da Du
am Donnerstag noch nichts von diesem ihn betroffnen Glücksfall erfahren hattest, so hoff ich, er geht ein wenig stiller damit zu Werk.
Ich habe sehr über Jetten gelacht — Schlegel und ich! ich lache
indem ich schreibe! Nein, das ist sicher — ans uns wird nichts.
Daß doch gleich etwas werden muß. Es ist ein verwünschter Gedanke, den nur die schiefe Jette erzeugen kan. Mit der Post einen
Brief von mir zu erhalten, den Triumph vor dem Königl. Großbrit.
Postamt und dem wohlbestallten Briefträger soll er nie haben. Und
der Inhallt soll die Gabe haben, ihn verschwiegen zu machen.

— — wer Dich frägt, dem antworte, daß ich über alle Erwartung vergnügt hier wäre. Frage Du mich nicht — und doch ist es
wahr — ich finde daß ich recht hatte zu gehn, und es ist ganz und
gar nicht unangenehm hier zu leben.

Wie die R. Thee bey mir getrunken hatte, ging ich noch mit
Phil[ipp] nach Ockershausen, wo die Malzburg uns und Selchows ein
kleines Souper gab, von dem wir erst gegen 12 Uhr wiederkamen.
Die Selchow hat Verstand, sie sagt manchmal Dinge die Sinn
haben, dann schwazt sie einmal nur, und macht verdrießliche Schmeicheleyen — et elle n'a pas un brin d'ame. Zwischen dem gnädigen

Frl. und mir hat sich eine offenbare Sympathie entdeckt, denn wir lieben beyde die Genealogie und verheirathen die Prinzen und Prinzeßinnen des Calenders mit einander. Da ist ein Candidat, der ami des gnädigen Hauses, ein Mensch von Kopf, aber unerträglich eingebildet, um den sich die Conversation oft dreht, weil er eine Art von Draht ist, an dem man Blumen bindet.

Nun, meine liebe Lotte, das mag genug seyn.

Mittag.

— — Ich will Dich nicht weich machen, meine theure liebe Lotte — es ist ein Vorurtheil zu wähnen, der Schmerz müße weh thun, unser Wesen auflösen, in Thränen zerschmelzen. Weine wenn Du kanst, aber wolle nicht weinen. Ich muß schließen.

49.

An Lotte Michaelis.

[Marburg] Sontag Morgen [1780].

Ich habe noch beym Abschied mit Fr. von R. gesprochen — zwar glaube ich nicht, daß wir sie bedürfen, denn wenn Du die Reck selbst sehn kanst, so macht sich alles ohne Mittelsperson, wenn sie Dein Gesicht nicht abschreckt — wofür ich auch nach Deiner Schilderung nicht stehn möchte, wenn der Zug von Güte nicht der hervorstechende darin seyn zu sollen schiene. — — Ich las der R[oche] die Stellen Deines Briefs vor, denn ihre Augen den Beyfall gaben, welchen sie nachher ausdrückte. Es war mir leid, daß ich sie außer dem ersten und diesem leztenmal nicht wieder allein sah — die Menge überlief sie. Vom Morgen bis an den Abend waren die nichtsnuzigsten unbedeutendsten Menschen in ihrer Stube — sie sagte jedem etwas — Sie hat einige Besuche gemacht, in Häusern, wo ihr Sohn aufgenommen ist, die übrigen Damen machten ihr die Cour. Ich finde das sehr menschenfreundlich und gar nicht stolz — die Leute haben doch noch Sinn dem Verdienst nachzulaufen. Ich konte mich nicht enthalten ihr zu sagen, daß ich das ganze Benehmen lächerlich und läppisch fände — selbst Jung sagte mir, es ist eine Neugierde die gar keinen Werth hat. Sie tragen den Fluch der Celebrität, sezte ich hinzu, und das war recht sehr meine Meinung, denn ein wahrer Fluch ists doch, nicht unbemerkt durch eine Straße reisen zu können, nie seine eigne innige Privatperson vorzustellen, das Ziel allgemeiner Gespräche zu seyn, lästige Erwartungen zu erregen, sich nicht in sich selbst hüllen, und dann dem Auge des Kenners hervorgehn zu können, wie die Sonne aus den düstern Wolken, keine Ueberraschung, keine unbereitete Freude — ich find es tausendmal schmeichelhafter interessanter nicht berühmt zu seyn. Vielleicht schmeichelte mir das einen Tag lang, am andern würde der Ennuy schon überwiegen. Sie hat perorirt und empfindsame Complimente die Menge gemacht, oft die Unterhaltung sehr gut geführt, mit Wiz und Einfällen. Wenn sie Michaelis wiederkomt, so will sie einen ganz andern Train anfangen, und niemand sehn als wem sie und wer ihr gefällt. Ich habe abscheuliche Gesichter da angetroffen. Es giebt hier einen Ueberfluß von Menschen, unter so vielen müßen auch einige recht leidliche und angenehme seyn. —

Meine Stube duftet von gewürzreichen Nelken, mit denen mich meine Anbeter aus den niedern Claßen versorgen — keine Grafen und Herren — das Volk muß mir auch dienen, die Tischwirthe, Apotheker und Holzhauer beschenken meine Holzhelt. Ich habe einen Lorbeerstrauch, den ich für einen Dichter groß ziehe, sag das Schlegeln — und ein himlisches Reseda Sträuchelchen — eine Erinnerung — sag das Tattern — die Nelken sind meine Lieblingsblumen. Hab ich mich nicht ganz in den Ton der R. geworfen.

12 Uhr. Da komt Dein Brief, den ich, ehe ich dies schließe, kaum ruhig durchlesen kan.

Ich weis nicht wohin ich mich wenden soll, denn die heutigen Zeitungen enthalten so große unerhörte prächtige Dinge, daß ich halb von ihrer Lektüre geworden bin. Ich freue mich über Deinen Besuch — sonderbar, daß ich ihn nicht sehn soll. —

50.

An Philipp Michaelis (?).

[Marburg] d. 16. Dec. 1789.

Es liegt mir doch am Herzen Dich nicht ohne Nachricht von uns zu laßen — welches Du sicher daraus schließen kanst, daß ich Dir heute schreibe, wo ich eigentlich nur fähig bin an die — ich hoffe — überstandne Bekümmerniß zu denken, welche mir Röschen[1] machte. Die Masern giengen leicht vorüber, allein sie ist vorher krank gewesen und es auch nachher geblieben. — — Gestern Abend —

---

[1] Ihre Tochter Therese.

glaubt ich Ursache zu haben für eine Furcht, deren bloße Vorstellung mich mehr, wie ich Dir beschreiben kan, angrif. Ich bin ängstlicher gewesen wie je — ein Zustand den ich sonst nicht lange tragen kan — aber es war mir nicht möglich ihn zu überwinden. Wenn ich sie verlöre, so wäre ich unglücklicher wie ich vielleicht noch war — und die Ueberzeugung davon ist mehr wie der Schmerz der Gegenwart — es ist nicht anders — meine Ruh wär auf immer zerrüttet. Und wenn man mehrere Erfahrungen machte, sieht man die Gefahr auch näher — kurz ich konte mich im Anfang nicht faßen. — — Sie hat auch noch viel Kraft, und ich denke mit einiger Sicherheit, was mir die andern mit Zuverläßigkeit sagen, daß sie in der Beßerung ist. Sie spricht ganz ordentlich. Ich bin auch 8 Tage beynah bettlägrig gewesen — zu dem Zahngeschwür gesellte sich heftiger Krampf im Kopf und ein Stück Gallenfieber, mir ist auch noch nicht wohl, und seit Du weg bist, bin ich nur wenig Tage im Stand gewesen auszugehn — weswegen ich denn auch die ganze Welt vergeße, mein Zimmer und mein Thal ausgenommen, längst welchem der Strom rauscht und einzelne Raben ihren freundschaftlichen Flug durch daßelbe nehmen. Pollens Gegenwart ist mir sehr lieb, ohngeachtet es mich auch zuweilen drückt, daß andre mein Ungemach theilen. Ich habe genug zu thun, um in meinem kleinen Bezirk die Ordnung nicht ausgehn zu laßen — ohne welche ich verkommen müste. Alles dies ist auch Ursach, daß ich Theresen nicht geschrieben habe — es ist einer meiner Wünsche, bald Muße dazu zu gewinnen. Ich denke oft an sie — es freut mich, daß die Kleine Clara heißt — wie ich Theresen taufte, wankte ich zwischen den beyden Nahmen. Ich hoffe es geht noch alles gut. Du kanst mir wieder schreiben.

Die La Roche ist nun zurück und hat sich sehr mit der Bremane gezankt. — — Wenn La Roche wieder durchkömt, so findet er schlimmen Weg — alles ist gegen ihn. Die Herren, die seine Feiure waren, haben auch die Damen umgelenkt, und sich der Abwesenheit des Weltüberwinders zu Nutz gemacht. — —

51.

An Philipp Michaelis (?).
(Anfang, ein Doppelblatt, fehlt).

[Marburg Dec. 1789].

— — Ich war thätig, bis ich nichts mehr zu thun fand — dann setzte ich mich neben Lotte aufs Canapee — meine Rose wurde ſtill — die Malsburgen und Breidenſtein knieten vor ihrem[1] Bett — keins von den Mägden war gegenwärtig — alles wurde ſtill — und ich wünſchte ſehnlich, daß doch dieſe Stille nie möchte unterbrochen werden. Ich bebte vor dem Augenblick, wo ich, bewegungslos mit feſtgehefteter Seele — mich wieder bewegen müßte. Wo biſt Du Geiſt der Schlummernden? Die Frage trat mir nahe unter Bildern, unter Ideen, vor welchen die eingeſchränkte Menſchheit nur dumpfen Sinn hat — und wenn ſich dieſe Dumpfheit mit Sehnſucht nach deutlicherm Wißen miſcht — und in daſſelben Vorſtellungen auch das Gefühl des Verluſtes erwacht — meine Bruſt arbeitete entgegen mit der Gewalt — die ich wohl kenne — allein ganz ſo noch nicht übte. — Ich blieb mit Lotten zuletzt allein — und rief nun die Leute, damit ſie des Nachts bey der Entſchlafnen wachen ſollten. Sie kamen, und wußten noch nicht, daß ſie todt war. Ob ich nachher ſchlief oder wachte, weiß ich nicht. Ich blieb ruhig — Auguſte beſchäftigte mich — ſie ſchien es gar nicht zu merken — ſie ging allein in die Stube — kam wieder heraus ohne weitre Aeußrung, endlich ſagt ich ihr, daß Röschen nun nicht mehr mit ihr ſpielen könte. Da brach es aus — ſie ſchriee mit einem beynah widerwärtig heftigen Ausbruch: das ſolſt Du mir nicht ſagen, Mutter! als wenn ſie es vor ſich ſelbſt hätte verbergen wollen bis dahin. Ich kan Dir das eigne davon nicht beſchreiben — es ſchien innre Tiefe mit einer ſo ſonderbaren Gedankenloſigkeit verknüpft — ich konte nicht wahrnehmen, daß etwas in ihr arbeitete — und doch, wenn es auch nachher wieder zu Thränen kam, ſchien es Ausbruch verhehlter Regung zu ſeyn. Jezt miſcht ſie viel kindiſchen Leichtſinn in ihre Erinnrungen, welche ſehr häufig kommen. Sie ruft Röschen — ſie ſagt: ich ſehe ſie, ſie will nicht kommen, ſie iſt bey ihrem Vater.

Ich brachte den übrigen Tag in einer Gleichgültigkeit zu, in welcher ich mir nicht ganz bewußt war, wie viel ich dazu beytrug ſie zu erhalten — die Erſchöpfung ſagte es mir. Ich war am Abend ſo matt, daß ich nicht gehn konte, und wie [ich] ins Bett kam, wurde mir ſehr übel, und ich huſtete Blut, welches die ganze Nacht anhielt, und worauf eine große Schwäche folgte. Ich gewann aber meine Kräfte bald wieder, und ward wenigſtens nicht unthätig. Meine Geſundheit iſt ſeit dem geweſen, wie Du es Dir bey meiner Conſtitution denken kanſt! — nur litt meine Bruſt und zog ſich ſo

---

[1] Thereſens, die der Krankheit erlag.

zusammen, daß ich nicht grade sizen konte, und mitunter kam immer etwas Blut, welches vermuthlich davon herrührte, daß es sich im Unterleib angehäuft hatte. Es ist mir jezt doch erträglich zu Muth — ich bin zweymal spazieren gegangen — und mein Husten ist nur krampfhaft — die freye Luft stärkt meine Brust wieder. — —

Lebe wohl, ich kan nicht mehr schreiben. Die La Roche schreibt mir heute, daß sie Dich erwartete — Du bist also vermuthlich da gewesen. Sage Theresen, daß ich ihr wohl mit nächstem Postag schreiben werde — weil ich gern will. Gott erhalte ihr, was ich nicht habe, und was nicht mehr zu haben, ich nie schwächer fühlen kan, da ich es mit voller Besonnenheit fühle. Nur noch ein Kind — und das holte, das mir so viel süße Erwartungen gab — hin — mit allem was ich für sie hätte thun können.

52.

An Lotte Michaelis.

[Marburg] Mittwochen Mittag den 18. Aug. [1790].

— — Schlegel hat sich nicht über Dich beklagt — er sagt nur — ich wollte Ihre S[chwester] wäre glücklicher als sie ist. Sie scheint zu wenig Zutraun zu mir zu haben sich mir ordentlich mitzutheilen, geneckt werd ich desto mehr. Du hast doch Unrecht ihm so zu begegnen, und ich kan nicht entriren. Wir haben am Sontag eine recht hübsche Parthie gehabt, nahe an 100 Personen, beyweitem nicht alle unsre gute Gesellschaft. Der Plaz himmlisch, auf einer Ebne mit hohen einzelen über unsern Häuptern sich wölbenden Eichen am Fuß des Schloßes Frauenberg[1], mit einer über alle Beschreibung himmlischen Aussicht — unter Zelten gegeßen, alles ungenirt und splendid. Nachmittags, wie die Bauern sich versammelten, wurden die Dirnen in den Tanz gezogen; die Herren borgten Bauern-Kittel, welches einigen, zumal dem kleinen Gr. Degenfeld, sehr gut stand. Es wurden Saturnalien gefeyert, die nah an Bachanalien gränzten, aber zu rechter Zeit Einhalt gethan. — — Ich weiche nicht von hier — ich zittre vor jeder Rückkehr — es ist genug einmal überwunden zu haben, und die Siegerinn könte ihre Kräfte erschöpft haben. Ich will niemand wiedersehn — nicht dort. Armes Herz. Arme Schwester. Meine Empfelung an Tatter — er wird

---

[1] In der Nähe von Marburg.

sich hoffentlich nicht einbilden, daß ich ihm heute schreibe — auch nicht künftig. Ich hätte aber alle seine Briefe, auch den heutigen. Adieu Liebe.

62.

An Philipp Michaelis.

[Marburg Ende 1790].

Lieber Philipp, ich hätte gern gehabt, wenn Du mir zuweilen geschrieben hätteſt, damit ich Dir antworten konte, denn ich habe doch immer eins oder das andre für Dich auf meinem Herzen, womit ich nicht grade zu fahren mag. Du fertigſt mich aber ſo kurz ab, oder läßeſt mich auch wohl ohne Antwort ſtehn, daß ich beynah auf die Idee geraten möchte, meine Worte wären Dir gleichgültig. Ich frage Dich alſo, ob dem ſo iſt. Doch muß ich Dir heut noch — unbekümmert ob etwas mehr als meine Offenheit mir Nachdruck giebt, einiges ſagen, worauf ich mich ſchon ſelbſt längſt geführt hatte, aber auch eine nähere Veranlaßung habe. Du haſt ſo viel Gutes und biſt mir ſo innig lieb, daß ich mich nicht bereden kan zu ſchweigen, wenn ich Deinen Gang einmal zu überſehen glaube — was wahr in meinem Urtheil iſt, wird Deine Eigenliebe nicht ganz verwerfen können — und über das unrichtige kanſt Du mich dann wenigſtens belehren. Zuerſt alſo, mein Lieber — man klagt über Dich im väterlichen Haus — Du biſt ſo ſehr trocken und einſilbig mit dem Vater, und das ſezt die gute Mutter, die Dich immer zu vertheidigen hat, in eine peinliche verlegenheitsvolle Lage. Was hier im Wege ſtehl — Zwang, der nicht ganz überwunden werden kan und ſehr drückend iſt, ohne in die Augen fallend zu ſeyn — eigentlich ein namenloſer Zwang — ich kenne das ja ſehr genau, bringe es ſehr mit in Anſchlag — doch könteſt Du wohl ein etwas milderes Betragen annehmen, da Du wirklich die Menſchen weniger glücklich machſt. Unſer Vater iſt es ohne das ſo wenig — er iſt ſo reizbar, ſein Alter wird ihm ſo ſchwer, daß der bloße Gedanke etwas zum Ungemach beßelben beyzutragen mich ſchrecken würde. Denke Dir dieſen ſich ſo gänzlich überlebenden Mann, und da, wo er noch genießen könte — in ſeinen Kindern — was gewähren ſie ihm? Es ſteht nicht in unſrer Gewalt ſeinem Herzen und Geiſt den Umfang und die Theilnehmung zu geben, durch welche wir ihn in unſre Art zu denken und zu fühlen hereinzögen und uns ihm werth machen könten — allein ſinnliche Aufmerkſamkeit und Achtung ſind wir, deucht

mich), uns selbst für ihn schuldig. Es ist das einzige, womit wir ihm
für seine Sorgen lohnen, die gewiß höchst mühsam sind, wenn auch
nicht zärtlich, und unsern Begriffen entsprechend — und ihm gar
nicht lohnen, uns in Unrecht gegen ihn sezen, können wir um so
weniger wollen, je mehr wir übersehn, daß sein Gesichtskreis nun
einmal so eigensinnig oder so enge gezogen ist, wir ihn also nicht erweitern, wohl aber ihm Schmerz und eine nachtheilige Meinung von
uns geben können. Er fordert auch nicht viel — Du, mein Guter,
giebst nur gar nichts — Deine Lippen öffnen sich nicht — ich weiß
es noch aus ehemaliger Erfahrung, und damals war es, weil unsrer
mehr waren, nicht so auffallend. Dein unbiegsames Wesen will sich
auch nicht zu der mindesten Freundlichkeit für ihn entschließen — ich
kan mir lebhaft alle die Triebfedern denken, die von lange her wirken,
die Dirs zur Arbeit machen, Dich darinn zu überwinden — aber [sie]
entschuldigen nicht ganz Deine Unterlaßungen. Bedenk nur, daß Du
ihn verwundest — die Mutter kränkest — und wenn Du nichts über
Dich vermagst, so gieb ihnen wenigstens mittelbaren Anlaß zur
Freude an Dir durch anhaltenden Fleis. Nicht als beschwerte man
sich in diesem Stück über Dich — allein ob Du nicht noch mehr
leisten köntest — ob Dich ein gerechter Ehrgeiz und Stolz nicht höher
treiben könte! Im Ganzen fürcht ich waren Deine Studien zu
unterbrochen — Du machtest Dir zuweilen selbst Vorwürfe darüber
— Du bist vielleicht noch eben in dem Alter, wo man die Lücken
durch strenge Application ausfüllen, und dem Unzusammenhängenden
Ordnung geben kan — wenn diese Zeit vorübergeht, so geräthst Du
in die Gefahr, in welcher Dein Bruder hier umkomt, Kenntniße
fragmentweiß zu besizen, und das Talent des Kopfes in einer ewigen
Beurtheilung und Verwerfung anderer aufzuzehren, ohne selbst etwas
zu schaffen. Ich würde mir ein Fach wählen, um es sehr gründlich
zu faßen — es ist ein bischen Familienfehler, der uns doch nicht vom
Vater komt, vieles aufzufaßen, und es mit ein paar Ideen darüber
wieder hinzuwerfen. Du müßtest Dich zwingen ihn abzulegen —
alle Zerstreuungen fliehn — denn Du kenst Dich genug, um zu
wißen, wie wenig Du denen die nach Deinem Geschmack sind wieder
stehst. Jezt ist jede Stunde kostbar — für das Leben entscheidend,
in dem Du doch keine zweydeutige Rolle lanst spielen und mit unvollendeten Anlagen am Anfang der Laufbahn kanst stehn bleiben
wollen. Es giebt doch wahrlich nichts unseligers als das Abgerißne
in der Gedankenreihe — im Wißen — im ganzen Seyn — und wer
nur critisirt, wozu Du denn einen sehr starken Hang hast, bildt sich

früh schon weit, und kan es in dieser Kunst auch seyn — aber wozu hilft es ihm — was gewinnt er für sich damit? — es ist ein negatives Verdienst, wodurch er nur zu leicht über das positive wegschlüpft — nein — der Jüngling sollte nicht eher richten, ehe er nicht geschaffen hat, und weis was schaffen heißt — der Kopf nimt diese Wendung sich zum Nachtheil von allen Seiten, auch von der gesellschaftlichen, wo er zum Referenten der Fehler oder Vorzüge andrer wird, ohne etwas aus eigner Macht hinzuzufügen; die Unterhaltung wird reizlos, ohne Folge, und man verzeiht dem mit vollem Recht seine Mängel nicht, der sich so superieur stellt — man ist immer geneigt zu fragen: mein Freund öffne denn Deine Schätze, laß sehn wie Du uns bezaubern und belehren kanst! Nur ein sehr hoher Grad von Verdienst, oder sehr liebenswürdige Talente machen den wegwerfenden Eigendünkel vergeßen — das sind gemeine Wahrheiten — aber lenst Du sie auch in der Anwendung auf Dich? Weißt Du, daß Du doppelte Ursache hast Deine Augen auf die Klippen zu richten, weil Du Dir ein Schicksaal in der Welt bereiten mußt und also die Meinung der Klugen nicht verscherzen darfst — die hier eben so sicher darauf geht, wie die der Dummen. Dein Werth, mein lieber Junge, ist nicht für diesen Schimmer — Du verfehlst im Stolz die Bestimmung die er Dir giebt — die Liebe die er Dir immer erwirkt, wo jener nicht sichtbar wird. Deine stille Bescheidenheit, die Güte, die Treue und Unerschütterlichkeit, welche sich wohlthätig bey Deiner nähern Bekantschaft fühlen, gewinnen Dir Herzen — der Gewinn wird Dir Verlust bringen, wenn Du von dem Weg abgehst.

Im Grunde ists nicht zu läugnen, Du bist durch einigen Succeß verdorben — wir Schwestern selbst trugen früh dazu bey — unterstützen. Deine kleine Liebschaften, Du erfuhrst vortheilhafte Urtheile durch uns — wir empfalen Dich unsern Freundinnen und so fort. Für Dein Alter hast Du Dich schon zu viel mit Weibern abgegeben — Deine anscheinende Redlichkeit zieht sie an — sie gewöhnen sich durch Deine Häuslichkeit, und dadurch daß Du ihnen kein[en] Zwang auflegst an Dich, nehmen Dich auf und an — Deine Eitelkeit kan bey dieser Art von Triumph eben keine große Rechnung finden — doch beschäftigt Dichs mehr wie es sollte. Du lenst das Vergnügen, und beym Phlegma Deines Körperbaues scheust Du um so leichter die Anstrengung der Arbeit, läßest Dich zu leicht abhalten, und nimst es zu wenig als Hauptsache. Jezt mußt Du nun, glaub ich, eine Disputation schreiben[1], und da bitt ich Dich inständig, arbeite wie auf den Tod — es gelingt ungleich beßer, was wie in fliegender Eile hingeworfen und dann nur bedächtig nachgesehn wird. Laß Dich nicht antreiben und wende alle Kräfte auf, bald und gut damit zu stande zu kommen. Wenn Dir auch jezt meine Bitte ein wenig überläßig ist, so weiß ich doch sicher, Du wirst Dich ihrer zuweilen erinnern, und sie wird Dir ein Sporn seyn. Du kanst so manches wieder ausgleichen.

(Schluß fehlt).

54.
An Meyer.

Marburg d. 14. Jan. 1791.

Was mich aus dieser weiten Ferne zu Ihnen zieht, und mich von Ihnen nachgehn macht, und Sie mir hier gegenwärtig seyn läßt — ich weiß es nicht zu nennen — aber Sie würden sich keine Fehde zwischen uns denken, wenn Sie es kennten. Ich konte vermuthen, daß mein Brief Sie verfehlt hatte, und nachdem Sie T.[2] im vorigen Frühling schrieben, wußt ich es gewiß — ohn es sehr zu bedauern, da mein Vorschlag mir nie ganz annehmungswerth für Sie schien. Jezt ist mirs lieb, daß er Sie noch erreichte, denn Ihre Antwort hat mir viel Freude gemacht. — Das Wort ist einfach — der Sinn ists auch, aber er geht so tief wie der irgend eines Gefühls das mir theuer ist. Schon seit einigen Monaten fordert sie Erwiederung — allein man ließ mir nicht Zeit, nicht Ruhe zu schreiben, außer das was der Augenblick unumgänglich nothwendig machte — widerwärtige Anforderungen nahmen alles hin — ich konte nur still denken. Jene Stelle ist noch besezt wie sie war. — — Die entetirten Selbstregierer hindern wahrlich mehr Gutes als Minister und Creaturen Unheil stiften. — Bey Mannichfaltigkeit der Unternehmungen hält sich Gutes und Böses ziemlich das Gleichgewicht, und der gescheute Mann findet wohl auch seinen Plaz.

Wenn Sie hier seyn könten — mehr wie eine freundschaftliche Unterhaltung, mit einem freundlichen Wesen, hätte ich Ihnen nicht

---

[1] Ch. Philipp Michaelis wurde 25. Sept. 1790 von der med. Facultät in Göttingen examinirt, promovirt den 30. December.
[2] Totter?

anzubieten — diese würde mich glücklicher machen — das wär Ihnen nicht gleichgültig — und Sie würden vielleicht in milderer Erinnerung Genuß und Mühe Ihres Lebens dabey zurückrufen. Wie viel entbehrt man nicht, das zu besitzen so leicht scheint. Entbehren können lehrte mich mein Schicksal, seit die frölische Jugend in Bewußtseyn überging — es wird mich nie dahin bringen das wünschenswerthe zu verkennen oder eine Freude von mir zu weisen, weil ich sie nicht für immer festhalten kan. Ihre Lage überhaupt versteh ich nicht. Ihre Stimmung begreif ich sehr gut. Man nenne sie wie man wolle — ein jeder muß wißen, um welchen Preis er sein Leben giebt. Sie sind von der ruhigen Bahn abgewichen, und können schwerlich darauf zurückkehren. Doch scheinen Sie sich noch die Möglichkeit davon zu denken — und das deutet eine Mäßigung an, die Sie im Taumel vor dem Fall hüten, und Ihnen nicht zulaßen wird, alle Rücksichten wegzuwerfen, und alle Bande zu zerreißen, die Sie in wechselseitiger Achtung an Menschen knüpfen.

Am 1. März.

Lieber Meyer. — ich schäme mich der Inconsequenz, mit welcher ich dies Blatt liegen ließ. Tatter theilt mir einen Brief aus Neapel vom 1sten Febr. mit. Sont ich eine Aufforderung abwarten? Das ist sicher, ich habe nie an jemand so wenig geschrieben an den ich so viel dachte — da muß wirklich ein Unstern walten. Der Wunsch, Sie wiederzusehn, Sie in Frieden zu wißen, kan in der Brust weniger Ihrer Freunde so lebhaft seyn. Wär unser Plan ausführbar gewesen! aber ich muß sagen, ich ließ mich ihm ohne alles Zutraun. Bis jezt war die Stelle so eng zugeschnitten, so subordinirt, daß sie nur für Anfänger paßte, und es war nur zu wahrscheinlich, daß man nicht fähig seyn würde in Ihren ungleich nüzlichern Entwurf einzugehn. Nichts mehr darüber — allein wenn Sie mögen, und Ihre Zukunft kein Staatsgeheimniß ist, so sagen Sie mir etwas davon, denn sie erscheint mir in meinen Berechnungen in einiger Entfernung so abgeschnitten, daß ich ans Ende der Linie sezen würde — hier hat er sich in den Aetna gestürzt — und ob die Linie wieder aufgenommen wird, weiß kein sterblicher Seher! Sie müßen doch einen Hauptgedanken festgesezt haben — gleichviel ob er erfüllt wird — ob es auch nur glaublich ist — ich will ein Ziel für meine Imagination was den Freund betrift — wie ein jeder ein eignes haben muß für seine Vernunft. Sey das Ziel der Aetna — gut — in den Flammen umkommen ist beßer als rastloses Umherirren —

denn eine ewige Jugend ist uns nicht gegeben, die in schöner Kraft die Ausschweifung von heute und die Gleichgültigkeit für den kommenden Morgen abell. Das Alter ist immer schrecklich — aber doppelt so, wenn kein Interreße den Uebergang erleichtert.

Soll ich Ihnen von mir erzählen? Meine Zukunft ist auch dunkel, in so fern ich Wechsel zum Beßern davon erwarten möchte — keine Aussicht als die — nie weniger besitzen zu können als jezt, von dem, womit der Zufall Menschen beglückt — doch auch nie weniger in mir, wodurch Mangel ersezt wird. Ich habe eine so mühseelige Zeit durchlebt, so viel unerwarteten Verdruß gehabt, daß ich die Ketten, welche ich fruchtlos trug, nicht mehr vor mir verantworten konte, und M[arburg] zu verlaßen dachte. Dieser Entschluß von meiner Seite bewirkte eine Aenderung von der andern, und es ward eine Uebereinkunft getroffen, von welcher ich die Wirkung noch als lezten Versuch abwarten zu müßen glaubte, und die mir auch seit einigen Monaten Ruhe verschafft hat. Immer ist es nur eine künstliche Existenz, der ich mich indeßen in vielen Stunden des Tags entziehn kan. Es ist ein trauriges Schauspiel, solche Anlagen in Stumpfheit ausarten zu sehn. Außerdem bin ich meistens allein in einem hübschen Zimmer mit einer romantischen Aussicht in ein kleines Thal. Jede Mittheilung, welche mir Freude machte und meinen Kopf beschäftigen könte, hab ich nur durch Briefe. Das läßt Lücken, allein ich bin daran gewöhnt. Ich habe mich nicht der Gesellschaft entzogen — man liebt mich, ohne daß ich darum werbe — man würde mich anbeten, wenn ich die Liebe unterhalten wollte — dabey wär mehr Zeitverlust für mich, als ächter Gewinn für einen beyder Theile — und ich weiß auch, daß ich auf die Länge die Ansprüche derer nicht tragen kan die keine an mich haben. Seit Clausthal kenn ich keine Langeweile — oder vielmehr mein Herz kennt keine Leere, und beseelt eine mannichfaltige Geschäftigkeit. Im December 89 starb meine Therese — ein sehr liebenswürdiges Geschöpf, das liebste meiner Kinder — ich habe nur noch eins, und es ist mir unschäzbar, weil doch meine einzige feste Bestimmung in ihm liegt. Im Frühjahr 90 bracht ich einen Monat in Mainz zu, während Forsters Abwesenheit. Therese ist glücklicher — ist verändert — und immer dieselbe — intoleranter wie je — einseitig — aber unaussprechlich wohlthätig für wenige, mit gemäßigtem Geist ihrer Schöpfungen genießend. Nie hat sie so viel wahres Gutes gethan. Ihre Gesundheit ist freylich zweydeutig, aber sie ist doch bey einer dritten Schwangerschaft ziemlich wohl. Die Kinder sind Engel Clara sprüht von feurigem Leben — Therese hat etwas vom Vater. F[orster] ist, wie Sie ihn kennen, der schwächste aller Menschen, und schwächer wie er seyn könte, weil er neben ihr steht; verdammt, mitten inne zu stehn zwischen solchen die ihm nichts seyn können und denen er nichts ist. Sie sagen von ihm, er misbraucht sein Talent? nein, er nutzt es, wofür es gut ist, denn es würde nie etwas Großes hervorbringen — er erwirbt sich ein gemächliches Auskommen und damit häusliches Wohlseyn — und durch Arbeitsamkeit Frieden, den sie unterhält, weil er heilsam für das Ganze ist, und weil die Umstände sich so fügen, daß sie nicht gezwungen ist ihn zu unterbrechen. Er schreibt jezt Reisen, in welchen zu viel Gutes für die Menge und zu viel Studium und Haschen nach gefühlvollem Raisonnement für einzelne ist. Wenn Sie kürzlich keine Nachricht unmittelbar von dorther hatten, so werden Sie mir diese danken. Wir haben viel von Ihnen gesprochen. Es waren schöne Abende, wenn wir uns spät noch in einen Nachen sezten und den Rhein hinunter wiegen ließen. Therese wünscht, ich möchte dort leben können — allein noch seh ich keine Möglichkeit. Nach Göti[ingen] kehr ich nie zurück — ich würde Gotha gewählt haben, wenn ich M. verlaßen hätte, um dort irgend ein Projekt auszuführen, das einem Weibe Unterhalt verschaffen kan.

— — Ich habe mich aber ganz von ihr[1] entfernt, nachdem ich länger, wie ich vor meinem Kopf rechtfertigen kan, kindisch blind über sie war. Es ist eine Eigenthümlichkeit deßelben, welche oft Ursache wurde, daß man mich falsch beurtheilte, treffenden Scharfsinn mit der unschuldigsten Begränztheit zu vereinigen. — — Unsre Familie ist zerrüttet durch Verdorbenheit, Unverstand, Schwäche und Heftigkeit der einzelnen Mitglieder. Der eine betet, der andre klagt das Schicksal an, der Grund des Uebels liegt aber nicht jenseits der Wolken. — Meine Auguste hat keine großen Anlagen, sie ist leichtsinnig, aber gut wird sie werden — äch! gut — ich darf sagen wie die Mutter, und vielleicht weniger Hindernißen äußern Glücks in sich finden. — Ich seh im Gang meines Lebens Ursache und Folge genau mit einander verflochten, und will mich nicht gegen die Rothwendigkeit auflehnen. Es giebt gesammelte Stunden, wo der tief — allem zum Grunde liegende — Schmerz über ein Daseyn voll Wiederspruch herrschend wird — er läßt sich sanft auf, in jedes Geschäft, an welches die Gegenwart mich heftet, in den geringsten Genuß, den sie

---

[1] Lotte.

mir darbietet. — Dies ist auch Widerspruch — aber wir müssen
den Göttern danken nicht consequent zu seyn.

Dürfen Ihre Freunde in Deutschland nicht darauf rechnen, Sie
im Lauf dieses Jahres wieder zu sehn? — Antworten Sie mir bald
— ich hoffe dies Packet erreicht Sie noch, ehe Sie Rom verlaßen —
Sie brauchen den Seegen nicht, den Sie verlangen, aber er ist doch
das einzige was wir Ihnen geben können. Uebrigens — was T. als
Geheimniß bewahren soll, werd ich nicht verrathen. Nehmen Sie
meine ganze wunderbare Theilnehmung an Ihnen freundlich hin. Adieu.

56.

An Philipp Michaelis.

(Marburg) Mittwoch früh d. 22. Juni [17]91.

Ich denke nicht ohne wahre Beklemmung an euch alle — es
muß eine unerträgliche Verstimmung da herrschen, und die Vernunft
ist auf keiner Seite rein! Keiner geht einen graden entschloßnen
Weg — äußre Einflüße haben wenigstens über seine Laune Gewalt,
und die Laune wieder über die Verfahrungsart. — —

Dir möcht ich auch Wahrheiten sagen, wenn ich wüßte, daß Du
eine gute Stunde hättest sie zu hören. Welch ein Ideal von Engels-
san[ta]sie war denn Mad. Bürger zu Anfang, und nun? Und ich wette,
jezt muß es wieder das ganze Geschlecht entgelten! Dein früher
Umgang mit ihm, Deine voreiligen Ansprüche, die sich von daher
schreiben, wie Du als ein kleiner lockichter Bube Marianne und
Miss Schlözer ins Concert zu führen prätendirtest, haben Dir freylich
großen Schaden gethan. Was könt Ihr von Verbindungen erwarten,
die sich auf bloße Eitelkeit, auf die rege Hofnung zu gefallen und
die vorschnelle Ueberzeugung übergewöhnlich gefallen zu haben
gründen? Männer wirst Du wie Weiber unzuverläßig finden, wenn
Eigennuz die erste Angel war. Du wirst sagen, was beweißt das,
außer daß die Menschen elend sind — statt einer Hälfte des Menschen-
geschlechts? Das ist schon etwas — denn man kan sich doch über
die nothwendige Unvollkommenheit des Geschlechts überhaupt eher
beruhigen. Wer darüber wollte zum Schwermüthigen oder zum Haßer
werden, wär wenigstens um nichts stärker wie der gemeine Haufen.
Die traurigsten Erfahrungen werden einen Muth nicht dämpfen, der
in unserm eignen Busen die Quelle des schöneren Glaubens findet,
auf den er sich unverrückt, in Ueberzeugung der Möglichkeit gut zu
seyn, troz der tausende die schlecht sind, stüzen kan.

Seit kurzem ist wahrlich erst für mich die Periode eingetreten, wo ich von Erfahrungen sprechen kan — ich hatte ihrer wenig. Sie machen mich weder betrübt noch irre. Niemand, der einen so tiefen Abscheu vor allem Niedrigen hat, kan mit mehr Elendigkeiten umringt seyn, wie ich. — — .

66.
An Meyer.
Marburg d. 11. Juli [17]91.

Wenn Ihr Weg sich einmal durch meinen Wohnplaz kreuzt — wenn der Pilger, der es so fremd findet, daß ich Theil an ihm nehme, an die Thür klopft, die zwar nicht mein ist — denn ich habe ja so wenig ein Eigenthum wie er — die ich ihm aber doch öffnen kan, und ihn neben mir ausruhen heißen darf — dann werd ich ihn über vieles gern hören wollen, und ihm manches zu sagen haben. Ich wünsche das innig, weil ich Sie ganz kennen und nicht eine falsche Vorstellung mit der andern verwechseln möchte. Kan man so getrennt, so entfernt je die richtige faßen? Lieber Meyer, Abwesenheit ist der Tod der engsten Verbindung — man hört auf sich zu verstehn — sollte man sich in ihr verstehn lernen können? Es ist möglich, daß der Grund dazu gelegt wird — zumal in unserm Fall, da uns außerdem nie ein ununterbrochner, ungestörter Umgang vergönnt war — ich meine auch davon hier überzeugt zu seyn — eine Ursache, um desto inniger zu wünschen. Sie würden mir nüzlich seyn, denn Sie kennen die Welt, ohne daß Ihre Erfahrungen Sie über die Begriffe, nach denen man sich selbst in ihr zu regieren hat, gleichgültig machten, und ich bedürfte den Rath eines solchen Mannes. — Ich wäre Ihnen wohlthätig — denn Sie würden das Gute überwiegend finden, und in den Abweichungen eine milde Gleichheit wieder erkennen — In der Geschichte Ihres Lebens darf keine Stunde, die Sie so zubrächten, übersehn werden. — Allein darum haben Sie sich schon betrogen, daß Sie meinen Rath einer fremden Eingebung zuschrieben — und wirklich — warum sollte er sich nicht mit mir vereinigen laßen? So lange das Leben Ihnen lästig ist — warum es endigen? Das wär ein Muthwillen, der sich nur nach Erschütterung und Veränderung sehnt. Sie werden dann morgen wie heut Menschen finden, mit denen Sie das Vergnügen Ihres Daseyns theilen. Vergnügen ist Nuzen — wer möchte unternehmen die Gränzen zwischen beyden zu bestimmen? Ich halte also nicht das anscheinend unbestimmte Ihrer

Lage für das Unglück, welches nur in den Flammen zu ersticken wäre. Aber ich glaubte die Möglichkeit eines Zeitpunkts voraus zu sehn, wo die Fülle der Vergangenheit einen zu schneidenden Contrast mit der Aussicht ins Künftige machen könte — wo eine lange Arbeitlosigkeit Ihren Geschmack an Anstrengung zu sehr geschwächt haben möchte, um neue Welten zu erschaffen, und alsdann war das Ihre Zuflucht, was ich mir unter manchen Umständen, auch für mich, als den lezten glücklichen Augenblick — als das lezte Auflodern jugendlicher Kraft denke. Wenn diese Idee in der Anwendung auf Sie unrichtig war — wohl! so wird mir leichter — denn der Gedanke an Sie lag zu Zeiten schwer auf mir. Ihre Sorglosigkeit war mir zu vielen Rückblicken vermischt, als daß ich sie hätte für so rein halten können, wie meine heitre Ergebung. Und der Ton Ihres lezten Briefs war auch noch nicht der, welcher Ihre Freunde beruhigen durfte. — Ich tadle Sie nicht — Sie fühlen mit männlichem Wiederstand, wo sich der weibliche Geist hingiebt, und im Hingeben neuen Genuß entdeckt, und oft Beschäftigung statt herber Kränkung findet. — Mancher scheint bestimmt vom Zufall nichts zu hoffen und alles zu fürchten zu haben — und ich habe Ihnen längst gesagt, da geb ich Ihnen als Bruder die Hand. Muß aber nicht die Folge unsers eignen Wesens vom Zufall unterschieden werden? Wer da fordert, daß die Menschen von ihren eigenthümlichen Weg abweichen sollen, begehrt nicht die Gunst des Geschicks, sondern Wunder vom Himmel. Ihnen ists Prinzip, das zwar nicht von der Gerechtigkeit eingegeben ist, allein dennoch auf eine weise Vertheilung abzweckt, für den unbedeutenden immer mehr wie für den bedeutenden zu thun. Mit dem besten Willen wißen sies nicht beßer einzurichten — sie sezen sich leichter an die Stelle des ersten, und der lezte scheucht sie zurück — ja sie vergeßen nicht selten über den Antheil an ihm, daß etwas für ihn zu thun ist, und über die Unabhängigkeit die sie in ihm entdecken, daß er etwas bedürfe. — Ich will nicht predigen — nicht trösten — Ihnen nur sagen, wie ichs ansehe. Es giebt viel andre Seiten, die ich nicht falsch zu nennen wagte — wenn sie nicht das Uebel vermehrten; der Veranlaßungen manche, wo es mir auch kostet diese zu behaupten. Doch bleibt der feste Wille Sieger — er hat ja das Begehren nach Freude mit in sein Intereße gezogen. Göttern und Menschen zum Troz will ich glücklich seyn — also keiner Bitterkeit Raum geben, die mich quält — ich will nur meine Gewalt in ihr fühlen. Wenn es gelingt, dann ergreift sich das kindische Herz wohl noch auf einer süßen Regung des Danks gegen die Mächte, denen es Troz bot. Das ist eine täglich wiederkehrende Geschichte. Ich habe Gelegenheit mich zu üben — die Zeit der Ruhe ist die der höchsten Unruhe für mich, weil sie statt des Ungemachs mir die Furcht desselben giebt. Das Detail davon ist nicht zu geben, auch wenn ich wollte und möchte, nur das glauben Sie: unter den tausenderley Mischungen von Menschenschicksaal kan nicht leicht eine peinlicher seyn — es ist so, daß ich mir kein Verdienst daraus mache sie zu ertragen — das wahre liegt darinn, sich ihr zu entreißen — und binnen eines Jahres muß das auch geschehn. Bis dahin, nehm ich, wie bisher, die nächsten Verhältniße für die fremdesten, da ich nicht mit Liebe in sie eingehn kan — und was ich in Rücksicht auf sie thun muß, ist der Gegenstand meines Spottes — freylich eine ermüdende Zeitkürzung. Sie umzuändern ist nicht möglich, ich entziehe mich ihnen also so oft ich kan — indeßen halten mich meine kleinen Beschäftigungen, die Frohheit meines Kindes und meine Errinnerungen hin — die beständig gegenwärtige Uebersicht des Ganzen hütet mich vor Ermattung — und dann und wann begeistert mich ein Projekt für die Zukunft, das mich mit schönen Erwartungen für den Augenblick täuscht, ohne den Mismuth fehlgeschlagener Erwartungen in seinem Gefolge zu haben — mit lächelndem Sinn entdek ich den Betrug, eh er sich festsezen konnte. Das Unmögliche bleibt Vorstellung — das Mögliche wird Entschluß. So bin ich mit beklemmter Brust, und mit freyeren Athemzügen — War ich immer so? nein, ich habe manchen Pfad des Schauens und Glaubens und Unglaubens betreten, eh ich zu diesem reineren Gottesdienst zurückkehrte — zurück — denn gegründet lag er immer in dem sanften Muth meines Herzens — meine Handlungen folgten diesem Zuge, wenn auch meine Denkart wechselte — und wenn gleich nicht stark genug, stets die Feßeln eines wiedersprechenden Einflußes zu brechen, fand ich doch mir selbst überlaßen den Weg bald, den ich nach einmal erlangter Freyheit unverrückt gehn werde. — Entsagungen waren und bleiben nothwendig, um so zu genießen — also werd ich nicht weichlich werden. Aber Genügsamkeit allein kan mich nicht befriedigen — sie wäre nur Begränztheit, wenn nicht die Quellen nur vertauscht würden, aus welchen der Beßre am unersättlichsten zu schöpfen trachtet.

Sie nennen unter den Orten, die Sie auf Ihrer Reise nach Hamburg berühren werden, einige, die meinem verwünschten Schloß so nah liegen, daß Sie es kaum vermeiden können — und sagen mir nicht, daß ich Sie sehn soll? Ich soll also bitten, denn warum Sie mir aus dem Weg gehn wollten, das wüßt ich nicht. Wenn dies

Blatt, mit welchem ich mich wieder verspätet habe, nicht der rechten Zeit verfehlt — so rechne ich auf Ihre Erscheinung. Finden Sie die Verspätung nicht wunderbar — es kostet mir Ueberwindung zu schreiben, wo es nicht so ganz in den täglichen Faden meines Lebens verflochten ist — es macht mich ungeduldig, deutliche, lange gefaßte, stündlich ausgeübte Ueberzeugungen hinzuwerfen, oder von einem herzlich innigen Gefühl zu erzählen. Allein laßen Sie sich darum nicht abschrecken — das Geschäft wird mir, Ihnen gegenüber, immer leichter werden. — Jezt arbeiten manche Ideen in meinem Kopfe, die ich Ihnen mittheilen würde, um die Ihrigen dafür zu hören — ich denke ernstlich an eine Veränderung meines Aufenthalts — aber das wie und wo liegt noch in Dämmerung. Eingeschränkt wie ichs bin, muß irgend eine Spekulation der Ausführung vorhergehn, nur abentheuerlich darf sie nicht seyn. Der Muthwillen meines Geschmals würde mich leicht dazu hinneigen — die späteren Folgen und Rücksichten für andre, für mein Kind, halten mich zurück. — Meine Weltkenntniß reicht nur hin, mich über nichts erstaunen zu laßen, und in alles mich zu finden — nicht um vorherzusehn. — Meine Menschenkenntniß betrügt mich noch oft — und leider um so öfter, je näher mir der Gegenstand meines Urtheils steht — ich bin allein — ohne schüzende forthelfende Verbindungen — meine Freunde fordern Rath von mir — es fällt ihnen nicht ein, mir welchen zu geben — dem sich selbst überlaßnen Weibe. Sie haben in so fern recht, daß ich mich von jeher gewöhnt habe, nicht auf Hülfsmittel zu bauen, die ich nicht in mir selbst fand. — An einen völlig unbekanten Ort kan ich mich nicht wagen — ich habe etwa zwischen Gotha, Weimar und Mainz zu wählen — und dann da meiner Existenz, die ich eignen Bemühungen verdanke, den möglichst anständigen und anziehendsten Anstrich zu geben — das erste für andre — das lezte für meine eigne Fantasie. — Mainz hätte zwey große Anlockungen — die Gegend — und Forsters, aber es ist auch weniger geschickt, weil es der Veranlaßungen zu Depensen und Prätensionen zu viel hat — und weil ich — nicht aus Ehrgeiz, sondern weil ich fühle, daß es so am besten für mich ist — meinen eignen Weg gehn muß. Kan man das — und Therese lieben — kan mans, und sie sich erhalten wollen? — Damit verdamme ich sie nicht — was von ihrer Gewalt zeugt, zeugt nicht gegen sie — auch Ihre Aussage nicht, mein lieber Meyer! Sie können recht in manchem haben und sie ist nicht verdammenswerth — Sie sind aber in vielem ungerecht — und wer ists nicht? — Sie sind ungerecht wie — ein Mann! ich höre nicht auf Sie. Therese kan dem Bild gleichen — das Bild ist doch nicht sie — warum zeichnen Sie aus dem Hohlspiegel, der den erlauchten Fremden auf der Gött. Bibliothek vorgewiesen wird? Einige Beschuldigungen können gegründet seyn — als wüßten Sie nicht, daß bey vielem Licht starker Schatten ist! Ich möchte sie einzeln durchnehmen — wenns nicht zu weitläuftig wären. Beurtheillen Sie sie immer so, oder kennen Sie sie nicht mehr? Vielleicht ist sie verändert — genug sie ist so wenig, was Sie aus ihr machen, daß sie vielmehr Ihren Umgang genuzt zu haben scheint. Ihre Unglückssucht — in der Sie die convulsivischen Bewegungen einer großen Seele nicht verkennen werden — hat sich in Liebe zu häuslichem Frieden verwandelt — sucht sie sich durch den sanfteren Hang nur über die innere Unruhe ihres Herzens zu täuschen — was kan sie dafür? aber liebenswürdig, wohlthätig ist sie in dieser Erholungsstunde. Wo sie das lezte nicht ist, da steht ihr ein Grab von Energie im Weg, der ihr verbietet tolerant zu seyn. Wo sie drückt (?), da ist sie mehr wie andre. Es ist keine Vereinigung mit ihr möglich, außer wo Wahn und aller Trug der Liebe hinzukommt — was ihre Zusammensetzung darin den Menschen entzieht, giebt sie in sonst nie gekanntem Maaß dem einzelnen wieder, der die individuelle Stimmung hat, sich ihr hinzugeben. Sie ist wenigen alles — soll sie lieber vielen etwas seyn? Mir ist sie das interreßanteste Schauspiel, und es wiedersteht mir zu denken, daß ich ihre freyen Wirkungen hemmen wollte — nur das wäre bey der Cur gewonnen die Sie vorschlagen — ein Mann, wie Sie ihn beschreiben — aber freylich unrichtig bezeichnen — denn die Vereinigung zwischen diesen beyden müßte fürchterliche Folgen haben, oder in drey Tagen aufgehoben werden. Wie werden Sie einst über seine Stumpfheit erstaunen! — Kan es Ihnen Freude machen ein außerordentliches Geschöpf von kleinen Leidenschaften geneckt zu sehn? Das hätte ein solcher Mann in seiner Gewalt — mehr nicht. Therese ist ihrer fähig, wie der erhabenste Mensch, weil er Mensch ist, dem Loos der Unvollkommenheit nicht entgeht — ein mittelmäßig gutes und solides Weib wird vielleicht die Klippe der Eitelkeit vermeiden, wo sie es nicht thut. Ihre Kühnheit dabey löscht die Schwäche darinn aus. Mit wenigen Gaben kan der verdienstloseste unter euch die vorzügliche unter uns fesseln, durch Ungewißheit, durch Beweggründe, die man um ihrer Geringfügigkeit willen zu überwinden nicht der Mühe werth achtet, deren Aufopferung in der Seele kein Gleichgewicht, im Bewußtseyn der dabey angewendeten Stärke, findet. Der denkende Mann

wird ohne Anstrengung erobert — der Thor durch Reize, denen wir,
weil sie uns fremd sind, weil sie einer gewißen Verdorbenheit der
Einbildungskraft, die in unserer Rohheit gegründet ist, schmeicheln,
nachstreben. Das alles liegt im Umfang unserer Empfänglichkeit —
diese in unserer weichen Organisation — o was wolt Ihr doch? —
Gestehn Sie mir — Sie haben aus dépit so gesprochen — ich
würde es an Ihnen lieben — wer des dépits noch fähig ist, deßen
Gefühle sind nicht abgeschliffen und können noch reich an Freude für
ihn werden. — — Uebrigens ist sie wohl und ihr Wochenbett glücklich vorüber. — — Sie hat ein Mädchen, das Luise heißt. —
Wenn ich gleich Bedenken trage, neben ihr zu leben, so wird sie doch
ihre Vertheidigerin an mir nicht verlieren — und wenn ich auch
wüßte, daß sie die meinige nicht in gleichem Fall wäre, so muß ich
sie doch lieben. Eben weil ich so an sie gezaubert bin, kömt es mir
in den Sinn, sie zu fliehn. — In Gotha herschen noch alle gute
Vorurtheile für mich, und ich kan mir einen Ruf geben, wie ich ihn
zu meinen Absichten brauche. Weimar ist in der Nähe, wo es allerley
industrieuse Leute giebt, die meine Hand- und Kopfarbeiten brauchen
können. Schreiben Sie mir etwas darüber. — Ich wollte Sie
wären in Paris und könten mir sagen, wie es dort seit der verun-
glückten Flucht des Königs aussieht, welche Häupter das Volk leiten,
das sich von Freyheit begeistert dünkt, und ob sich die wälsenden
Wellen verhaßter Uebertreibungen bald legen werden. — Hätt ich
noch Plaz, so schrieb ich Ihnen litterarische Dinge — von Schiller,
der Bürgern um alle menschliche Ehre recensirt hat, und Bürgern,
der sich nur durch Ironie zu helfen weiß — eine Waffe, die in den
Händen der meisten Schriftsteller, weil sie meistens Männer sind,
verunglückt, und à plus forte raison in der seinigen — auch von
Bürger dem Ehemann, an dem sich die Schatten seiner seeligen
Frauen in der lebendigen rächen — von Schlegel, der in Amsterdam
gut ißt und trinkt und Hofmeister ist — aber Sie sehn, ich muß
enden. Leben Sie wohl.

67.
An die Hofräthin Michaelis.
[Marburg] Sonnabend Nachmittag d. 30. Jul. [1791].

Wie gut ists, liebe Mutter, daß ich mich seit kurzem zu meinem
Sinn schon so ganz darauf vorbereitet und Anstalten geordnet habe,
als wenn meines Bleibens hier nicht lange mehr seyn könte. Es ist

eben wieder etwas vorgefallen, wovon ich mich bemühen will, Ihnen eine so ruhige Erzählung zu geben, als ich in mir selbst ruhig bin, wenigstens jezt es wieder geworden bin, obgleich die Erschütterungen der beyden lezten Tage wohl alle vorhergehenden noch überstiegen. Auch Sie sind darauf vorbereitet — es liegt auch weiter nichts in dem folgenden, was Sie irgend kränken könte. Sie werden nur daraus sehn, daß ich mit Eile und Eifer auf mein Weggehn denken muß. Ich habe auch bereits gehandelt. Alles was dahin gehört geht mit dieser Post ab — ich habe zu verschiedne Hülfsquellen aufgeboten, als daß mir nicht eine gelingen müßte. Von Ihnen hab ich mir nur zu erbitten, daß Sie mir den Uebergang und die Manier durch die Erlaubniß erleichtern, einige Wochen in Ihrem Hause zuzubringen. Meines Vaters schwache Gesundheit giebt dazu den besten Vorwand, und ich werde die Zeit über nicht ganz unnüz dort seyn. Ich kan Ihnen nicht läugnen, daß ich ungern komme — nur Sie wieder zu sehn kan mir in Gött[ingen] Freude machen, und Sie sähe ich lieber unter andern Umständen. Davon nachher mehr, nur erst meine Erzählung. — —

68.

Geßler an Caroline.

Gotha den 27. October [17]91.

Nicht mein **Phlegma**, sondern diätetische Nothwendigkeit hat mich um das Vergnügen gebracht, die lezten Augenblicke Ihres Aufenthaltes, theuerste Freundinn, mitzugenießen zu können. Von Ihrer Güte war ich im voraus überzeugt, daß Sie mir diesen Mangel an Aufmerksamkeit leicht verzeihen, und ein kleiner Spott meine ganze Strafe seyn würde.

Wenn ich aber auch jener Nachtfeyer der Freundschaft beygewohnt hätte, so würde es doch in Ansehung der bewußten Sache schwerlich unter uns zu einer so zusammenhängenden und bestimmten Erklärung gekommen seyn, als Sie mir zurückzulaßen beliebt haben.

So wenig mich der Inhalt dieses Herzensarguments, in Rücksicht auf die Wünsche meines eignen Herzens, erbaut hat, so sehr weiß ich Ihre edle Freymüthigkeit und tadellose Delikateße zu schätzen, und so stolz bin ich auf die Ehre, Ihres vollen Vertrauens bey dieser Gelegenheit gewürdigt zu werden.

Ich habe Ihre Vorschrift buchstäblich befolgt. Ich habe meinen

Freund¹ in der Meinung bestärkt, daß sowohl die Mutter S[chläger] als ich die Grenzen eines halben Scherzes gegen Sie nicht überschritten und uns begnügt hätten, unsern hingeworfenen Winken durchaus mehr den Anstrich eines vorschnellen gutmüthigen Einfalles, als eines heimlichen Auftrages zu leihen. Zwar hätte ich Ursache zu vermuthen, daß die Ahndung von der Möglichkeit eines ernsthafteren Sinnes in Ihnen erwacht sey; zugleich aber glaubte ich auch aus gewißen Aeußerungen auf eine Menge Bedenklichkeiten schließen zu müßen, die wir auf unserm Wege finden würden, und die ich, bey der ersten Ansicht des Plans, theils gar nicht erwartet, theils aus zu lebhafter Theilnahme an einem glücklichen Ausgange übersehen hätte.

Ich habe ihm zu seiner Beruhigung versichert, daß diese Bedenklichkeiten (wie ich nach meiner geringen Menschen-Kenntniß mich getrauete zu behaupten) zuverläßig nicht sowohl den Gegenstand der Wahl, als die Natur derselben beträfen; daß man mit keiner Frau von alltäglichem Schlage zu thun habe; daß alles, was bey der Sache nur Convenienz sey, auf Ihre Entschließung nicht den geringsten Einfluß haben würde; daß mir Ihre Anhänglichkeit an den einmahl entworfenen Plan eines unabhängigen Lebens um so schwerer zu überwinden scheine, je entfernter Sie überhaupt von dem Leichtsinne wären, sich von jedem Winde hin und her treiben zu laßen; daß endlich in dieser Festigkeit Ihres Charakters und in Ihren Erfahrungen (ob Sie gleich größtentheils nur die schöne Seite der Ehe kennen gelernt hätten) vielleicht der Hauptgrund läge, warum der Gedanke, sich diesen Verhältnißen und Pflichten zum zweytenmahle zu unterwerfen, Ihnen mehr als Einen Kampf kosten würde.

Ich habe diesen Vorstellungen die Bitte hinzugefügt, sich selbst und alle von einem solchen Schritte unzertrennlichen Umstände und Nebenumstände nochmahls mit der kühlesten Ueberlegung zu prüfen, um sich nicht, ohne den äußersten Drang seines Herzens, der Gefahr eines mißlichen Versuches auszusetzen. —

So steht die Sache, und ich hoffe, Sie werden mit meinem Benehmen zufrieden seyn.

Was die Liebe angefangen hat, mag sie vollenden; und sie wird es thun — wenn es Liebe ist. Ich werde mich wohl hüten, ihren Wirkungen vorzugreifen, oder ihr die Wünsche der Freundschaft unterzuschieben.

---

¹ Pößler.

Die Nachricht Ihrer glücklichen Ankunft hat unsre Herzen mit Freude überströmt. Aber Ihren Dank geben wir Ihnen mit Protest zurück. Wir sind es, die Ihnen für die seeligen Tage, die Sie uns durch Ihren leider allzukurzen Besuch verschafft haben, unendliche Verbindlichkeiten schuldig sind. — —

Ich küße Ihnen ehrfurchtsvoll die Hände. Gotter.

59.

An Meyer.

Göttingen d. 20. Oct. [17]91.

Ist nicht ein Gefühl über Sie gekommen, daß Ihnen kürzlich jemand sehr nahe war — der von seiten — vermuthlich mit den Ihrigen in paralleler Linie fortlaufenden Sternen — bestimt zu seyn scheint, Ihnen ewig fern zu bleiben? Nahe nenne ichs, weil ich Ihre Spuren noch allenthalben fand, und die Geister Ihrer Unterredungen um mich her schwärmten — ich war in Gotha — ein Ohngefähr — ein schneller Entschluß führte mich hin — und wenn ich ein frommes Kind wär, so könt ich sagen — ein Wink der Vorsehung — aber ich machte ihr keine Ehre, darum spielt sie mir auch den bösen Streich, Sie nie zu finden. Warum kont es nicht seyn? — ich habe mich sehr nach Ihnen gesehnt, und hätte mir Gotter nach Mitternacht noch Licht lassen wollen, so hätte ichs Ihnen von dortaus gesagt. Im Kreis meiner alten lieben Freunde, deren wahrlich unverdiente Zuneigung nach zehnjähriger Abwesenheit noch so jugendlich blühte, hab ichs oft laut geäußert, und öfters heimlich empfunden, was es mir seyn würde, Sie darunter zu sehn — nur hätte ich dann leicht undankbar werden und über den einen die Menge vernachläßigen können. Die Gesundheit unsers unstäten Freundes ging bey Tisch herüber und hinüber, und war das Band zwischen einem schönen jungen Weib, bescheidner noch als schön, und Ihrer herzlichen Freundinn, nicht schön und nicht bescheiden — aber gut, stolz und natürlich genug, um Ihnen jenes zu seyn, neben jedem möglichen Anspruch andrer. Ich weiß — auch Sie hätten mich gern dorthin gezaubert, während Ihres Aufenthalts — ich habe Ihnen wenigstens Ihre Wünsche vergolten. Verzeihn Sie, wenn ichs Ihnen noch zehnmal wiederhole — und Ihnen am Ende nichts anders gesagt habe — ich bin voll davon, und finde das Schreiben, das Erzählen, um desto unleidlicher. Danken Sie mirs auch immer ein wenig — sehn Sie, es ist doch viel, nicht vergeßen können, daß ich Sie dort verfehlte, da T.¹ hier war bey meiner Zurückkunft — und noch da ist. Er grüßt Sie — liebt Sie — wir sind über wenig Menschen so einig. Viel und manches ließ ich mir von Ihnen erzählen, über Sie verplaudern, was mich wieder sehr beruhigt hat — und ohne das begreif ichs in diesen Tagen recht gut, warum man sich nicht in den Aetna stürzt. Ich hoffe, es wird Ihnen noch wohl gehn, auf einem gebahnten Wege. Ihr hattets gut mit mir im Sinn — und wolltet mich auch wieder ins Gleis bringen — ach den Verfügungen des Himmels zum Troz, folg ich meinem Geschick! Wißen Sie' — aber schweigen Sie davon! — daß ich aus eigner Macht eine Eroberung, die Ihr mir zugedacht hattet, vollbracht habe — doch man vollbringt nur eine Sache, die man unternahm, und ich war unschuldig an diesem Beginnen. Nur mein Ja, so war der Roman fertig, den man Stück vor Stück mit solchen Fingerzeigen, wie sich am Rand der englischen Zeitungen befinden, hätte bezeichnen können, denn von da an, daß ich einer seeligen Frau ähnlich sah, bis auf die Herzensbewegung des geistlichen Mannes, die ihn trieb meiner zu begehren, paßte sich alles vortreflich. Im Ernst, mein lieber Meyer, die gottlose kleine Frau — die colette junge Witwe — denn es giebt doch dergleichen Lesearten über mich — feßelte durch ihre unscheinbare Hülle — ihn — Du weißt seinen Nahmen — und ich stand an — das ganze Lebensgewirr kreuzte sich in meinem Kopf — so oder so! 3 Tage lang wars mir ein Räthsel — es löste sich zulezt in die Frage auf: willst Du gebunden seyn, und gemächlich leben, und in weltlichem Ansehn stehn bis ans Ende Deiner Tage — oder frey, müßtest Du es auch mit Sorgen erkaufen. — Die träge Natur lenkte sich dorthin — und die reine innerste Flamme der Seele ergriff dieses — ich fühle was ich muß — weil ich fühle was ich kan — schelte mich niemand unvernünftig — ich habe wohl erwogen, und kenne den ganzen Werth einer Lage, wie sie sich in die gewöhnliche Reihe der Dinge paßt — aber verblenden soll er mich nicht über den wahren Werth des Lebens. Wer sicher ist, die Folge nie zu bejammern, darf thun was ihm gut dünkt. Ich hätte mich freylich noch sehr nüzlich für den Staat machen können, wenn ich ihm eine Haushaltung besorgt, und ein halb Duzend Kinder mehr erzogen hätte, wie mein einziges liebes Mädchen — aber es geschieht eben so gut ohne mich, und keine Glückseeligkeit wird dann

---
¹ Tatter?

dabey zerstückt — für des lieben Gottes Staat ists also beßer. Wer wolte sich aufopfern, wenn mehr am Opfer ist als der Nahme — das geschieht nur von dem der Lüken zu füllen — Leere zu verbergen hat. Ich glaube an keine Opfer — und an keine Ausnahmen — Das erste wird mich hindern nicht ohne Noth unglücklich zu seyn, und mich nicht dafür zu halten — das zweyte, in meinen Erwartungen nicht getäuscht zu werden. — Dieses bezieht sich auf die Wahl meines künftigen Aufenthalts. Können Sie ihn errathen? Heut nichts mehr — schreiben Sie mir gleich, so bald Sie dies erhalten haben. Hr. von Launay bringts Ihnen, und empfielt sich Ihrer — Bekantschaft mit mancherley Menschenkindern — er ist sehr albern und hat viel Vernunft — ich kenne ihn seit Jahren; das ist der beste Liebesdienst, den ich ihm erzeige.

T. schreibt bald — er kan jezt nicht — wir Weiber haben noch immer einen Schlupfwinkel und einen flüchtigen Augenblick für einen guten Freund — verschmähn Sie ihn nicht von meiner Hand — ich bin Ihnen von ganzer Seele gut.

60.

Gotter und seine Frau an Caroline.

[Gotha] den 3. Nov. [17]91.

An den Thoren meiner Vaterstadt hängt an einem schwarzen Pfahl eine schwarze Tafel mit der gastfreyen Aufschrift: Allhier werden alle Bettler in das Zuchthaus gebracht. — Das ist ein Bißchen arg, ich räum' es ein. Aber daß eine hübsche Frau einem wohlgekleideten Manne, der Miene macht, sich ihrem Hause zu nähern, die Thür vor der Nase zuwirft und zum Fenster heraus ruft: Gebt euch keine Mühe! Ich bin nicht zu Hause, ich mache nicht auf — das ist noch ärger, als der Willkommen der Gothaischen Policey. — Die Bettler schleichen bey der hartherzigen Stadt vorüber, wenn sie nicht der Heißhunger, auf Gefahr ihrer Freyheit, hineintreibt. Oft sind sie in lezterem Falle so glücklich, Herberge und Erquickung zu finden, und den Argusaugen der Bettelvoigte zu entrinnen. — Wie sich ein wohlgekleideter Mann unter solchen Umständen benimmt, oder benehmen soll, das ist schwer zu entscheiden. Ist er bibelfest, so läßt er sich nicht abschrecken, sondern denkt, wie dort geschrieben steht: Klopfet an, so wird euch aufgethan. Ist er empfindlich, so nimmt er eine Prise Contenance, dreht sich langsam um, und geht brummend weiter. Hat er Romane und andere Werke des Blitzes gelesen, so sagt er zu seinem Begleiter oder Nachtreter: Thue mir den Gefallen und sieh zu, ob Du durch eine zerbrochene Scheibe, oder durch ein Loch in der Mauer dieß Billet — oder diese Visiten-Karte in das Haus praktiziren kannst; aber nimm Dich in Acht, daß es Dir nicht gehe, wie dem Jeannot in der Komödie! Ich weiß nicht, ob Sie diesen parfümirten Helden aus einem Lieblingsstücke der weiland kultivirtesten Nation von Europa kennen. Ihre Lektüre scheint sich nicht viel über den Grandison hinaus zu erstrecken. Um so lebhafter aber wird es Ihnen noch im Andenken ruhen, daß dieser Vernunftkoloß endlich doch das Mittel fand, die Sophistereyen der entkörperten Dame Biron in Seifenblasen zu verwandeln. —

— — Ich küße Ihre kalte Hand, und wünschte lieber von Ihnen wegen Zudringlichkeit und Indiscretion ausgescholten, als — so gelobt zu werden. Und doch ist es mir nicht möglich, meine Verehrung für Sie auch nur einen Augenblick herabzustimmen. G.

So sehr Du es auch darauf angelegt hast, böse, grausame Caroline, unsern Lieblingswünschen mit aller Macht entgegen zu streben, so kann ich es doch nicht übers Herz bringen mit Dir zu schmollen, eben so wenig ist es mir möglich einen Brief an Dich abgehn zu laßen, ohne Dir wenigstens mit einem Wort zu sagen, wie sehr ich Dich troz aller Deiner Hartherzigkeit ewig lieben werde.
Luise.

61.
Luise Gotter an Caroline.

Gotha den 10. November [1791].

— — Doch nun wieder im Ernste, liebe Caroline, bitte ich Dich so dringend als möglich, vor Deiner Antwort an die M[utter] S[chläger], die höchstwahrscheinlich doch der Sache den Ausschlag geben wird, alles nochmals reiflich zu überlegen, bey Deinem Entschluß Dich ja nicht von allzu schwärmerischen Begriffen von Freyheit leiten, oder aus einer überspanten Idee von uneigennütziger Freundschaft zu einem Opfer hinreißen zu laßen, welches in der Folge Dich gereuhen könte, und am Ende Deinen Freund nicht glücklicher machen würde. Ueber dieses hast Du, nach eignem Geständniß, seine völlige Zustimmung. Auch sähe ich nicht ein, warum eine Hehrath die freundschaftlichen Verhältniße zwingen, euch im geringsten störhren sollte?

— Noch eine wichtige Neuigkeit, unser Freund hat seine ehrwürdige Perücke abgelegt, seit einigen Tagen trägt er sein eignes Haar, er ist ordentlich adonisirt, um 10 Jahre hat er sich verjüngt. Vorgestern erschien er so in unsrer Theegesellschaft]. Wilhelmine und ich wir raunten uns ins Ohr, ewig schade, daß Caroline nicht hier ist!

62.
An Gotter.

Göttingen d. 18. Nov. [17]91.

Wirklich, mein Herr, ich weiß nicht, wie Sie es wagen, mir noch erst die Versicherung zu geben, daß Sie Ihre Verehrung nicht herab stimmen wollen — ich denke ich bin eine Person, welche sehr zu verehren ist, wenn alle die Züge mein gehören, mit denen Sie mein Gemählde schmücken. Dergleichen Sprödigkeit wird selten fenden auf Erden, darum muß es gewiß eine Tugend seyn — und nur den Grandison gelesen zu haben — das ist Unschuld. Es ist wahr, daß ich ihn lebhaft im Gedächtniß hatte, denn den Abend zuvor hatte ich einen Streit mit Hrn. Feder über ihn geführt, deßen Lecture es eben war, und der viel Geschmack daran findet — der Geschmack der Hochgelehrten ist zuweilen sehr unschuldig. Doch konte er Miss Byron nicht vertheidigen — ein Beweis, daß sie mehr wie ein Philosoph verzeihen kan gegen die Natur gesündigt hat — freylich thut das Grandison auch, aber nur indem er sie zu sehr idealisirte, nicht, weil er sich ganz und gar von ihr abwandte — die Vergleichung mit ihr möcht ich mir also verbitten. Nennen Sie mich immer toll — finden Sie daß ich mich aufs Leben schlecht verstehe — nur geben Sie mir nicht Schuld, daß ich minaudire — und laßen Sie mir meine eigne Art zu sophistisiren — da sie wenigstens das nicht mit jener gemein haben wird, daß sie sich in Seifenblasen auflößt. Ich glaube auch mit meiner eigenthümlichen Weise — ohne Ansprüche auf den Glanz den Sie mir gütig zuweben — noch Anspruch auf Ihre Verehrung machen zu dürfen — war ich nicht gerecht gegen einen würdigen Mann? und ist das nicht das schönste Verdienst des Weibes? Ich konte es nicht beßer beweisen, als daß ich die Thür schloß — es geschah nicht aus der Coketterie, damit angeklopft werden möchte — ich kan mich aber auch nicht rühmen der Convenienz gar nicht zu achten — wenn man nun so offen und bedächtlich verfährt, kan man dann nicht hoffen das vernünftigste erwählt zu haben? War es das für mich, so muß es auch so für ihn seyn. Je mehr ich einen Mann schäze, um so weniger möcht ich ihm Opfer anzurechnen haben. Scheint Ihnen das Sophisterey — nun so laßen Sie es seyn, daß ein Glied in der Kette der Schlußfolge fehlte!

Meine Mutter ist Ihnen für die Zeichnungen unendlich verbunden — sie ist noch nicht entschloßen, ob sie nicht eine derselben in Marmor ausführen läßt, welches in Blankenburg geschehn könte — darf sie sie also noch behalten? Die Inschrift wird Lateinisch seyn. — Ich habe Bürgern so viel von Ihrer Zauberinsel gesagt, daß ich Wünsche in ihm rege gemacht habe, deren Ueberbringerinn ich gern seyn will, ob ich gleich nicht so zuversichtlich bin sie zu unterstüzen — er wünscht sie zu lesen — vielleicht um den Sommernachtstraum, der bis jezt bloße Nachbildung des Originals, deren Zweck mehr Treue, wie Schönheit und Bereicherung des Theaters war, ist, nach diesem Zuschnitt zu formen. Wenn Sie sie mir anvertrauen wollen, so versprech ich Ihnen, daß sie nicht aus meinem Haus — ja so gar, nicht aus meinen Händen kommen soll — denn ich würde es unternehmen sie ihm vorzulesen, in der Hofnung, einen Theil des Nachhalls, der noch in meinen Ohren tönt, in meine Stimme überzutragen. — Heut las ich ein neues Schauspiel von Iffland — die Kokarden — aber ich kan nicht leugnen, daß ich mehr von seiner Manier wie von seinem Geist darinn fand — es scheint mir ein schlechteres Gelegenheitsstück wie Friederich von Oesterreich. — —

— Nur noch eins — erst jezt dürfen Sie von bewährter Jugendfreundschaft reden, und wenn Sie wollen — singen! Sich während zehnjähriger Trennnng lieben, kan die Fortdauer eines glücklichen Eindrucks seyn — sich dann sehen — in wesentlichen Dingen verschiedner Meinung seyn — in Willen und Wünschen geschieden — und dennoch innig in Liebe bleiben — das ist die Frucht gegenseitiger inniger Ueberzeugung, die auch zehn neben einander zugebrachte Jahre nicht auslöschen würden — Das ist werth daß Gotter — der Sänger des erstgebohrnen Kindes des liebevollesten der Wesen — ihm noch einmal ein Lied weiht.

Caroline Böhmer.

63.

An Meyer.

Göttingen d. 6. Dec. [17]91.

Es war eine Unbesonnenheit von mir, lieber Meyer, Hrn. von Lannoy diesen Brief zu geben, und ihm überall einen für Sie zu geben; aber — ich hoffe in meinem 80sten Jahr noch welche zu begehn, wenn ich nicht so glücklich bin vor dem 40sten zu sterben. — Das kan ich nun gar nicht leugnen, daß der Ton Ihres Briefs ein wenig verdroßen ist — allein Sie zu bekehren, ist meine Absicht nicht. Ich weiß wohl, daß man dies nicht in Briefen thut — ich werde mir nur eine warnende Lehre aus Ihrem Beyspiel nehmen. Köut ich Sie sehn — wohl — meine Heiterkeit würde Sie nicht berauschen — es wär also etwas davon zu hoffen. Sagen Sie mir, ist es denn gar nicht möglich, ehe ich dahin gehe, wohin Sie nicht kommen? — Das ist für diesmal weder der Himmel noch die Hölle, sondern Mainz, ein Ort wo Menschen wohnen, also ein Mittelding zwischen beyden. Ich wage mich mit getrostem Muth dahin, denn eine kleine Neigung hab ich doch zu Unternehmungen die wie eine Aufgabe aussehn, und wenn ich nicht viel ausrichtete, wenn ich nichts besonders zum Fortgang brachte, so bewirkte ich doch wohl einen kleinen Stillstand, und blieb selbst ganz unverändert. Vielleicht werd ich Theresen nützlich, und das wird mir viel Freude machen, denn ich weiß sehr gewiß, daß ich ihr nur edle Dienste leisten werde, und die Unabhängigkeit, welche ein Bedürfniß für mich geworden ist — nicht als Meubel des Luxus, sondern des Gebrauchs — nicht dabey leiden kan. Ihre Gesundheit leidet, das ist nur zu wahr — F[orster] ist unerträglich — das ists nicht minder. Sie haben ihr jüngstes Kind an den inokulirten Blattern verlohren. — — Aber was streite ich noch mit Ihnen darüber — ist es nicht einerley, was Sie glauben, wenn Ihr Herz sich wohl dabey befindet? Ich will Ihnen nicht einmal verhehlen, daß ich von Ihrem Glauben genommen, was mir dienen konte, und der lezte Götze, den ich mir nicht freywillig dazu erkohr, gestürzt ist. Auf ihre Freundschaft hab ich nie gerechnet — es giebt keine unter Weibern — ich zweifle selbst daran, daß sie mir recht aufrichtig gut ist — doch muß sie mich achten, und das thut das nehmliche — ich bin eine Art von Nebenbuhlerin, ohne meine Rechte geltend zu machen — das ist heilsam — und Ich liebe sie, weil sie mir merkwürdig ist, und es bleiben wird, wenn sie mir auch nicht mehr neu ist. Außerdem ist M[aynz] eine Stadt, wo ich unbekant leben, und neben einer gewißen Einsamkeit Vergnügungen des Geistes und der Sinne genießen kan. In Gotha hab ich unausstehlich viel Verbindungen, die mir viel Zeit rauben würden, und haben die Lieben nicht gezeigt, daß sie sich schlecht genug auf mein Glück verstehn, um mich in der mir nothwendigen Lebensweise allenfalls zu hindern? — Da geb ich Ihnen Rechenschaft wie über den Mann Gottes! Ich thu es gern, weil ich wünsche Ihnen nicht fremd zu werden. Es kan seyn, daß wir immer getrennt bleiben, und die Blüthe eines wohlthätigen Zutrauens nie Früchte bringt, aber sie ist mir doch lieb — jeder angenehme Augenblick hat Werth für mich — Glückseligkeit besteht nur in Augenblicken — ich wurde glücklich, da ich das lernte. Darum, wenn ich Sie auch nur auf kurze Zeit sehn sollte — wie gern würd ich es! Ist denn kein Mittel? Sie kommen nicht an diesen verhaßten Ort — Sie gehn nach keinem, der auf meinem Wege liegt? Wenn nun die Anschläge glückten, welche man für Sie gemacht hat — wär es denn nicht thunlich? — — Ich verlaße Gött[ingen] in diesem Jahr noch nicht, vermuthlich erst im Februar des künftigen, so ungern ich hier — das heißt doch noch mehr, so ungern ich in diesem Haus bin — aber die Mutter glaubt, ich könne meinen Schwestern nützlich seyn — und so lange ich ohne Nachtheil für meine Kleine und mich kan, will ich ihren Glauben ehren. Vollends Schicksaal ist in einer Krisis, wo ich etwas thun konte. — — Ein genauer Umgang mit einer gewißen Madam Bürger ist den beyden Mädchen jezt wieder sehr unvortheilhaft gewesen! Frau Menschenschreck!¹ Du kenst die Menschen, Du hast wahr prophezeiht! Es ist ein kleines niedliches Figürchen, mit einem artigen Gesicht und Gabe zu schwazen — empfindsam wo es noth thut, intriguensüchtig im höchsten Grad — und die gehaltloseste Coquetterie — der es nicht um einen Liebhaber so wohl — ohngeachtet sie auch da so weit geht, wie man gehn kan — sondern um den Schwarm unbedeutender Anbeter zu thun ist, die ihre ganze Zeit damit verdirbt, und den Kopf dabey verliert. Mir thuts sehr weh für Bürger — eine vernünftige Frau, seinen Jahren angemeßen, hätte ihn noch zum ordentlichen Mann gemacht — aber jezt droht seiner Haushaltung ein völliger Untergang, weil sie sich um nichts bekümmert — nicht einmal um ihr Kind — den kleinen Agathon, der, seit die Leute sich nicht mehr über den Nahmen wundern, von aller Welt und von der Mutter vergeßen ist. Nicht ein Funken mütterlich Gefühl in ihr! Sehn Sie, Meyer — darum müßen Weiber keine Liebhaber haben, weil sie so leicht Kind und Wirthschaft darüber vernachläßigen. Ich könte Ihnen hiervon Anekdoten erzählen, die mir die Thränen in die Augen gebracht haben — mein innerster Unwille wird reg, wenn ein Weib so wenig Weib ist, das Kind vergeßen zu können, und wär ich Mann, ich möchte sie

---

¹ Unterschrift des Gedichts „Warnung" an Bürger, Göttinger Musenalmanach 1791 S. 116, dem die Antwort von Elise folgt.

nicht in meine Arme schließen. Bürger fühlt alles und weiß sich nicht zu helfen — ist es denn so schwer Mann neben euch zu seyn? sagte mir Tatter. — Er wird eigentlich stüpide neben ihr — ist still — und starrt mit abgestorbnen Augen in das Wesen hinein. Neulich klagte er's mir bitterlich, daß er so gar keinen Geist mehr habe — kommen Sie doch Ihn wieder aufzuwecken — vor ihrem Nez sind Sie sicher — ein gescheuter Mann war bis jezt noch nicht darinn. Ich dann wärs ja zu verzeihn — denn daß ich nicht aus Intoleranz so urtheile, versteht sich wohl. Mein Liebesmantel ist so weit als Herz und Sinn des Schönen gehn.

Nun sagen Sie mir noch, was ich für einen Brief geschrieben habe, der nicht an Sie war, und den Sie lasen, und der Bezug auf Sie und wiederum Bezug auf „die Liebliche" hatte (meine Grüße nach Gotha lauten immer an die Stattliche, die Liebliche und die Gute). Ich erinre mich nichts dergleichen, aber wißen muß ich es, denn ich möchte gern „falschen Scharfsinn" verlernen. Amalie¹ ist sehr liebenswürdig — wir sind was wir einem Maune scheinen — ich sah sie mit Wohlgefallen, weiß aber sonst wenig von ihr — mit solchen Menschen muß man eine Weile leben, um ihrer froh zu werden. Ich sagte Wilhelminen eine Stelle aus dem Schauspiel Juliane in Schillers Thalia² — über welches ich Ihr Urtheil wißen möchte. — „Gieb dieser Blume Liebe, und so wie sie heute sich meiner Freude an ihrer Pracht erfreut, so wird sie morgen sich ihrer blühenden Nachbarin freuen". Liebe! es braucht nicht eben die zu diesem und jenem Mann zu seyn. Zwar, lieber Meyer, denken Sie nicht, daß ich diese verleugne — ich habe die Furcht nicht — denn wär mein Gefühl schon weniger frey — die Eifersucht es zu verbergen könt ich wohl haben, wenn ich fürchten müste es zu entweihn — aber Ihnen hab ich nichts verhelen wollen — ich habe nur nicht erzählt — und damit leben Sie wohl.

Launay hat mir einen Brief über das Theater geschrieben, wollen Sie das nicht auch thun?

---

[1] A. Reichard, Frau des Kriegsraths und Bibliothekars Reichard, des Verfassers des Guide voyageur. Sie correspondirte mit Meyer und schrieb ihm unter anderm 13. Dec. 1791: „Alles, lieber Freund, was ich schreibe ist freylich nur vor Sie, nicht ein Wort darf dir B[öhmer] wißen was ich Ihnen von Therrlen schrieb".

[2] Thalia III, S. 100. Lustspiel in 1 Act. Ob vielleicht von Caroline?

R. Dec.

Dies blieb wieder meinen guten Willen noch einen Posttag liegen, und so hab ich noch Gelegenheit Sie erstlich zu bitten, daß Sie Launay nicht etwa gesprächsweis etwas von meinem Urtheil über die B[ürger] sagen sollen — car il est un des amateurs — und zweytens — Sie möchten mir oder einem Ihrer Freunde, die ich auch kenne, als Gotter oder Bürger, eine Erläuterung des lezten Seufzers des Opfers ihrer Kunst[1] geben — denn ob ich gleich fest behaupte, daß in den lezten Zeilen von der Dreyfaltigkeit die Rede ist — so verdünkt es mich doch, als wäre der Commentar nicht so grade zu einem sittsamen Frauenzimmer vor Augen zu legen — und jene sind auch im Dunkeln darüber. Ein andres Ihrer Gedichte — wer nicht kan was er will[2] — verstehe ich sehr gut, und habe es sehr lieb. Was halten Sie aber überhaupt vom 92ger Almanach?

---
[1] Göttinger Musenalmanach 1792 S. 202. Spiele des Wizes und der Phantasie. Berlin 1793. S. 103.
[2] Findet sich nicht im Musenalmanach oder in der angeführten Sammlung.

II.
Mainz. Gotha. Braunschweig.
1792—1796.

64.

An Luise Gotter.

Mainz,[1] 20. April [17]92.

Dies ist ein Supplement zu dem Brief an Wilhelmine, den ich eben endigte weil der Bogen aus war — oder jener eines zu diesem — wie Du willst — laß Dichs nur nicht irren, daß ich, wie ich eben sah, verkehrt angefangen habe — es können doch gute Sachen darauf stehn. — Mirabeau hat in seinem Kerker die göttlichsten Dinge auf Stückchen Papier geschrieben, die er von gedruckten Büchern abriß — erwart aber nur ja nichts dergleichen — im Verhältniß als meine Anstalten beßer sind, werden die Sachen schlechter seyn. Dir liegt auch nur dran zu wißen, wie es der Frau Eigensinn ergeht, die bey Deinem Mann den Spottnahmen der Kalten bey einer Gelegenheit davon getragen hat, die eben nicht von ihrer Kälte zeugte. Im Grund hält er mich doch für eine Schwärmerinn — nicht wahr? — und Du liebes gutes Weib dazu? Schwärmerey nimt so viel Gestalten an, daß ich die Kühle meiner Ueberlegungen nicht dagegen anzuführen wage — aber was ist übles dabey, wenn sie sich so menschlich, ohne irgend ein auffallendes Schild auszuhängen, vielmehr im Schleyer der stillsten Gewöhnlichkeit mit der Wirklichkeit vermählt? Dann ist doch diese Schwärmerey nur die eigenthümliche, höchstens in etwas abweichende Natur des Menschen. Ich bin nun hier seit 8 Wochen, und habe recht — es ist viel, das zum Anfang eines Aufenthalts an einem ganz fremden Ort zu sagen, wo man sich un-

---

[1] Forster schreibt an Lichtenberg, Mainz 8. April 1792:
„Die Witwe Böhmer, des seligen Michaelis Tochter, ist seit Anfang des Mai (L: März) hier und lebt eingezogen und zufrieden; außer unserm Hause kommt sie nicht aus ihrer Wohnung. Es ist ein gescheutes Weib, deren Umgang unsern häuslichen Cirkel bereichert". (Forsters Briefe II, S. 148).

möglich schon seine ganze Existenz gemacht haben kan. Auch fühl ich, das ich es noch nicht habe, und mehr Beschäftigung mir gut thun würde. Die Zeit wird mehr Mannichfaltigkeit in meine Art zu seyn bringen, weil sie Bande anknüpfen wird. Kein Augenblick geht leer vorüber — meine Theilnehmung an Forsters Haus, Fleiß, Lectüre und das Kind — das ist schon sehr viel — aber ich war so gewohnt für mehrere zu sorgen, in mehreren zu genießen! Halt das nicht für Unzufriedenheit — sieh es nur als einen Beweis an, daß weit davon entfernt, daß das neue meiner Lage mich blenden sollte, ich ihre Mängel sehe — aber sie sind nothwendig, sind geringer als die schweren Uebel der vorigen, und von einer Art, daß jeder Gegenstand der sich der unruhigen Thätigkeit darbietet — jede einzelne Freude und Arbeit sie hebt. — Den Frühling hab ich schon in den schönsten Spazierfahrten und Gängen genoßen — er ist aber ja wieder auf eine Weile verschwunden. An meiner Kleinen hab ich mehr Freude wie jemals. Kurz, ich kan Dir sagen, es ist alles wie ich erwartete. Wir können noch sehr lebhafte Sceenen herbekommen, wenn der Krieg ausbrechen sollte — ich ginge ums Leben nicht von hier — denk nur, wenn ich meinen Enkeln erzähle, wie ich eine Belagerung erlebt habe, wie man einem alten geistlichen Herrn die lange Nase abgeschnitten und die Demokraten sie auf öffentlichem Markt gebraten haben — wir sind doch in einem höchst interreßanten politischen Zeitpunkt, und das giebt mir außer den klugen Sachen, die ich Abends beym Theetisch höre, gewaltig viel zu denken, wenn ich allein, in meinem recht hübschen Zimmerchen in dem engen Gäßchen sitze, und Halstücher ausnähe, wie ich eben thue. In meiner Nachbarschaft wohnen eine Menge Franzosen — man hört und sieht das Volk allenthalben — die Männer sind im Durchschnitt schöner wie die Teutschen, haben ein spirituelleres Ansehn, und derselbe Grad von Verdorbenheit hat nicht so den Charakter von stumpfer schlaffer Abgelebtheit — unter den Weibern sah ich noch keine, die halb so liebenswürdig und einfach gewesen wär, als meine französische Bekante Mad. de Liocen (?) in Göttingen, das einzige nebst ihrem kleinen Zirkel, was ich dort regrettirte. — Die Leute machens hier theuer — für Familien wenigstens — bey meiner Einrichtung fühl ich wenig davon — mein Logis ist auch wohlfeil, die sonst jezt, nebst Handwerkern die für Ameublement arbeiten, sehr hoch im Preis stehn — nebst der Wäsche, Holz und allen Lebensmitteln außer Brod und Fleisch.

Gelesen hab ich schon viel, und was mehr ist, viel Gutes. — Kent Ihr Mirabeaus Briefe, aus dem Kerker an seine Geliebte geschrieben? ich glaube Reichard übersetzt sie — unter uns, wie will das der kraftlose Mensch anfangen, den Aeußerungen des Kraftvollsten Sprache zu geben? oder die in eine andre zu übertragen, die im Original so unaufhaltsam aus der Quelle strömend, zu der Seele, zu dem Herzen, zu den Sinnen redet. Liebe Madam Luise, Du köntest doch auch dergleichen lesen, wenn Du Deine Kleinen, die Dir im Schauspielersatzem vorgelärmt haben, zu Bett geschikt hast — aber ich weiß, dann wirst Du müde, und forderst im Schlaf Retterchen das Gänsebein ab — um es mir mit auf den Weg zu geben — denn Du Gute sorgst für Deine nahen Freunde und bekümmerst Dich nicht um einen häßlichen Böswicht, wie der außerordentliche Mirabeau war, der für tausend andre ehrliche Leute noch Tugenden, Talente und Kräfte übrig hatte, und zu viel wahren Geist um im Ernst ein Böswicht zu seyn, wie mans aus einzelnen Zügen schließen möchte. Häßlich mag er gewesen seyn, das sagt er selbst oft in den Briefen — doch hat ihn Sophie geliebt, denn Weiber lieben gewiß nicht vom Mann die Schönheit — und doch imponirte der häßliche Mann auch durch sein Aeußres der aufrührerischen Menge, nachdem er einige Stunden Toilette gemacht hatte, ehe er in die Nationalversammlung ging. Aber er soll mir hier nicht allen Plaz wegnehmen — der groß Cophta muß noch den seinigen haben, und der muß recht weit und breit seyn, denn es ist die Art leerer Helden, vielen einzunehmen. Ich bitte Dich, wie komt er Euch denn vor? Forster bekam ihn am ersten Aprill von Göthe geschikt, und that einen Sprung vom Stuhl auf, als wäre sein Heiland gekommen — denn wer würde da nichts Gutes erwarten, sey es auch in der simpelsten unscheinbarsten Einkleidung — aber diese da — diese so ganz unbedeutende Behandlung, wo beynah muthwillig alle benuzbarn Situationen weggeworfen sind — ein bloßes Gelegenheitsstük — mich deucht es kan nur auf die Wirkung thun, auf welche Cagliostro selbst Wirkung gehabt hätte, als der plumpe Betrüger, wie er hier erscheint — und das ist ja wohl eine Art von Lob für das Stük. Göthe ist ein übermüthiger Mensch, der sich aus dem Publikum nichts macht, und ihm giebt was ihm bequem ist. Schreib mir doch ja, ob es ein andres Urtheil über die Sache giebt. In der Vorstellung nahm sichs, mit Hülfe der aegyptischen Loge wohl beßer aus. — Emilie Berlepsch hat ein ungeheures Unwesen mit Vorlesen in Gött[ingen] getrieben — sie hat unter den jungen Herren dazu geworben, denn sie lasen Schauspiele und die Rollen wurden vertheilt — und hat die alten gelahrten Herren mit aristokratischen Zauberkünsten gezwungen von 5—12 Uhr Don Carlos anzuhören, bey welcher Gelegenheit sie seine Existenz erfahren haben. Ich war nicht dabey, denn ich war keinesweges artig gegen Emilien gewesen, und hatte mich nur gegen sie betragen wie gegen eine gewöhnliche Dame von Stande — dafür hat man mich — in Betracht unsrer ehemaligen Bekanntschaft — schmälich hindangesetzt. Die Franzosen fanden sie mit ihrer Elisabethstracht aus dem Carlos — auf dem Ball — horrible! Du weißt daß Spanische Tracht und Modestie viel erlaubt, was unsere Halstücher-Sucht verbietet — sie hat mit einem Feuer getanzt, daß ihren Sohn, den lieben Jüngling, beschämte. Man schreibt mir eben aus Hannover, daß ein sehr naiver Junge in großer Gesellschaft folgendermaßen das Wort an sie gerichtet hat — gnädige Frau, Sie sind doch Liebhaberin von solchen Neuigkeiten — nun von welchen? — man sagt — Sie hätten den 2ten Theil des Donamar¹ hier supprimirt. — Man behauptet nehmlich, die Laurette im D., der im 2ten Theil noch unter die unreifen Anlagen des ersten hinabgesunken ist, sey eine Copie von Ihr, die der alberne Bouterwed im Grimm aufgestellt habe — Du kanst Dir die Wuth vorstellen. — Sie ließt jetzt Medea, in Hannover vor einem auserwählten Auditerium — Klingers Medea nehmlich, die sie in Gött[ingen] vor einem sehr gemischten presänirt hat, wo einer von den Herren anmerkte — Medea hätte den Jason doch recht unter dem Pantoffel gehabt — wie das alles einem gesunden Sinn wiedersteht.

In unserm Haus in Göttingen hängt der Himmel voll Hochzeits-Geigen. ——

Die schönen Geister haben ein großes Standal gegeben — Bürger steht vor der Welt zur Schau mit seiner Musenalmanachs-Liebschaft, und hat sich mit Boutterwed gezankt, weil die Briefe an seine Frau unter deßen Couvert gingen — es sind auch edle Thaten. Wo die Dame ist, weiß niemand. — Habt Ihr von Meyer nichts gehört, der so richtig dem guten B[ürger] sein Schicksaal prophezeihte?² Voß in Berlin kündigte Forstern Darstellungen aus Italien an von Meyer — er dachte, der närrische Mensch hätte sich endlich zum Schreiben begeben — da kam das Buch in der elegantesten Form von der Welt statt eines abgeschabten Rockes, wie der Verfasser voraussezen ließ — und war von Meyer in Hamburg, von meinem lieben Schwager³. O Jemine! — ich bin dabey es zu lesen und zu leben

---

¹ Graf Donamar von Bouterwed. Gött. 1791/92.
² Vgl. Zur Erinnerung II, S. 336.
³ J. J. L. Meier, Darstellungen aus Italien. Berl. 1792.

— was mir so trocken abgeht, wenn der Geist mich nicht treibt.
Adieu bestes liebes Weib — für Dich sagt mir der Geist viel.
Vergiß mich nicht und denke darauf, wie Du die Ufer des Rheines
einmal begrüßen sollst — sie werden Dir Deinen Gruß lebendig
zurückgeben, denn Deine alte Freundinn steht an der Brücke.

65.
An Meyer.

Mainz d. 29. Juli [17]92.

Mit herzlichem Verlangen hab ich auf ein Lebenszeichen von
Ihnen gewartet, und bekomme einen ungeduldigen kleinen Zettel, aus
dem ich mir nichts zu nehmen weiß, als was ich nicht gern will.
Ich habe Ihnen gleich antworten wollen, und es geschieht erst heute.
Trauen Sie dem Anschein von Vergeßenheit nicht — man muß
keinem — gar keinem Anschein trauen, lieber Meyer. Ich habe sehr
oft an Sie gedacht, mich viel um Sie bekümmert — was thut es,
daß Sie es nicht wißen, und es Ihnen nicht hilft? Mir selbst ist
doch die Theilnehmung werth, die ich für Sie habe. Helfen sich
Menschen überhaupt noch, die sich bis auf einen gewißen Punkt isolirt
haben, so ist es nur durch eine gute Stunde, die sie sich durch eine
freundschaftliche Unterredung machen — und das Vergnügen ist in
der Abwesenheit so unvollkommen. Darum schwieg ich wohl, wenn
ich gern geschrieben hätte — allein immer schweigen ist auch Thorheit.

Ich könte Ihnen sagen — wir haben viel an Sie gedacht —
Sie wißen vielleicht schon, daß Amalie[1] hier war, und das waren
recht sehr vergnügte Tage, von denen nur der lezte, durch den plötz-
lichen Tod von Theresens jüngstem Kind, einem Jungen, getrübt
wurde, und uns allen Thränen gekostet hat. Amalie wird für sich selbst
reden — sie sagte mir, daß sies bald thun wollte — ich habe die
liebe Frau diesmal mehr wie in Gotha gesehen, und mich ihrer gefreut. Die Zusammenkunft des Deutschen Reichs[2] hat so auch für
uns zum Fest werden müßen — ohngeachtet es für unsern bürgerlichen Sinn eben keins seyn konte. Zuweilen dacht ich, Sie müßten
bey der Ueberschwemmung von Fremden mit herbeyschwimmen — ich

---

[1] Forster war Reichards nah befreundet und Pathe einer Tochter.
[2] Bei und nach der Wahl K. Franz II.

hätte Ihnen die Hand gereicht, und Sie heimlich in mein Haus geführt — aber ich habe nichts gesehn das Ihnen ähnlich war. Wie Sie aussehn, errinre ich mich recht gut, so dick Sie auch geworden seyn mögen, wovon freylich viel verlautet. Ich werde hier auch stark, weil ich mich nicht ärgern und zanken darf, und zwischen dem 30 und 40sten Jahr hoff ich zu dem Rang einer holländischen Schönheit herangewachsen zu sehn. Ein Ingredienz von meinem Wohlseyn haben Sie mit diesem Geständniß — an häuslicher Ruhe fehlt mir's, in meinen einsamen kleinen Zimmern, mit meinem guten Mädchen, nicht. An mütterlichen Freuden auch nicht, denn sie verspricht ein liebes Geschöpf zu werden, das ich durch meine Behandlung gewiß nicht um seine Glückseeligkeit bringe. Man kan sich keine arglosere, neidlosere, frölichere Seele denken. Jedermann hat sie lieb — Therese zieht sie oft ihren Kleinen vor, die durch Kränklichkeit verstimmt und schlaff geworden ist — Forstern nennt sie Väterchen — und er nimt sich ihrer recht väterlich an. Sie wird unter so viel bessern Eindrücken aufgezogen, als es bisher in meiner Gewalt stand ihr zu geben — bey mir lernt sie, wie man sich allein beschäftigen, und wie viel man entbehren kan — und dort ist sie im Schooß einer Familie, und lernt Achtung gegen Menschen — Achtung gegen Männer fühlen. Es wird ihr bey den glücklichen Anlagen also nicht an weiblichen Tugenden fehlen — und um ihrentwillen allein könte mich der Entschluß hierher zu gehn schon nicht gereun. Meine Mutterpflicht war mein Leitfaden, seit meine Kinder keinen Vater mehr hatten — wenn dies Band risse, so würd ich einen ganz andern Weg gehn — ich müste viele andere wieder anknüpfen, wozu ich bisher die Lust nicht hatte — und wohl auch die Fähigkeit bald verlieren könte — Gott gebe, daß es nicht reißt. — Wie es mir weiter geht? — Von dem vorigen Ungemach ist jede Spur verschwunden, sogar die Errinnerung — ich weiß kaum mehr, daß es so wunderliche verdrehte Menschen gab, als ich vorzüglich in meiner lezten Situation kennen gelernt habe. — Die die ich jezt sehe sind gut, in mehr wie gewöhnlichem Grade, gewähren meinem Kopf mehr Nahrung als — er bedarf — oder eigentlich mehr als er ihnen wieder geben kan, und erleichtern meine Lage durch alle Dienstleistungen der Freundschaft. Sie genießen ihr Leben, in dieser schönen Gegend — sie arbeiten und gehn spazieren und ich theile das alles mit ihnen. Jeden Abend bin ich dort um Thee mit ihnen zu trinken, die interreßantesten Zeitungen zu lesen, die seit-Anbegin der Welt erschienen sind — raisonniren zu hören, selbst ein bischen zu schwazen — Freude zu sehn u. s. w.

Außer F[orster]s hab ich gar keinen Umgang. — Darinn hab ich vielleicht unrecht — aber ich mag keinen andern. F. ist mein Freund, wie Sie mirs vorausfagten — ich erkenne alle seine Schwächen, und kan die nicht von mir werfen, ihm gut zu seyn — ich thue alles, was ihm Freude machen kan. Im Anfang drückte es mich, mich theilen zu follen, zwischen der Neigung für ihn und meinem Gefühl für Th[erese], aber, nachdem ich klar eingesehen habe, daß alles grade so seyn muß, wie es ist, und nicht anders seyn kan, vereinige ich es recht gut, und bin gegen keinen mehr ungerecht. Zwar gegen Th. würde ich es nie seyn — ob ich gleich noch immer behaupte, daß sie mich nicht liebt — mich deucht darinn hat sie unrecht — sie kan es in mehreren Dingen haben — aber Sie, mein bester Freund, haben doch auch nicht recht, und es ist vieles anders als Sie es sich vorstellen. Ich habe nicht den Eifer Sie belehren zu wollen, aber die Genugthuung bin ich ihr schuldig, zu sagen, daß ich es nicht so finde, wie Sie mich fürchten ließen — und ich schreibe nicht in den ersten vier Wochen. Mag die Welt sprechen! Kan das Meyern ein Beweis seyn, der gewiß schon der Fälle mehr erlebt hat, wo sie nie den rechten Fleck traf. — Theresens Gesundheit ist sehr gut — Forster seine würd es auch seyn, wenn er nicht so viel arbeiten müßte — und mehr arbeiten köme. Ich habe mit ihm mehreremal von Ihnen gesprochen — wie ich denke — selbst darüber wo ich Sie absolviren sollte — er ist ohngefähr meiner Meinung. Amalie, er und ich haben bey Tisch wieder unsers Wanderers Gesundheit getrunken. — Sehn Sie — Sie sind nicht vergeßen, und möge das Ihr hartes Herz erweichen.

Voß' hat F. geschrieben, daß Sie in B[erlin] sehr gute Connectionen haben durch Itzig, der mit Bischofswerder[s]² verbunden ist. Wie komt es denn, daß nichts glückt — mein stolzer Herr, Sie machen wohl keine Versuche — Sie ärgern wohl die Leute — und betrüben so Ihre Freunde, die nichts sehnlicher wünschen, als ein Joch über Ihren Nacken zu sehn, weil doch wahrlich ohne solch ein Joch noch weniger Gedeihn auf der Erde ist — wenn man nicht die Kunst des glücklichen Selims versteht, jedes Sümmchen um die Summe zu verdoppeln. Sie sind sorgenlos? — Können Sie es denn seyn — dann meinetwegen! Sind Sie vielleicht zu ehrlich — zu gottlos — für die

---

¹ Buchhändler in Berlin.
² Der bekannte Minister unter Fr. Wilhelm II.

jezigen Zeitläufte — à propos wer hat die Predigt in der Berliner Monatsschr[ift] gemacht? Die war recht gut.

Ihre Uebersezung¹ ist mir noch nicht vorgekommen — so viel ich auch lese. Sie wißen nicht warum Sie Ihre Gedichte herausgeben? Ich denke das Publikum wird so wenig fragen warum? wie ich gesonnen bin es zu thun, denn ich werde eine recht hübsche Ursache dafür finden.

Der 2te Theil von F[orsters] Ansichten² ist beßer wie der erste — wandelt nicht so sehr auf Cothurnen — und unterrichtet. Mitunter schreibt er doch allerliebste Dinge.

Mir thät es auch Noth zu übersezen unf tägliche Brot — aber es ist noch nicht so weit gediehn, trotz einiger Versuche. Sie glauben nicht, mit welcher Geduld ich alle solche fehlgeschlagne Plane ertrage, und fest auf die göttliche Vorsehung traue. — Alles schlägt mir fehl. — Wenn der Nebucadnezar nicht wäre, so könt ich jezt recht glücklich seyn. Sie sollen sehn, ich werde es niemals werden. Ist das nun wohl meine Schuld? Und dennoch zürnt meine milde Seele nicht mit dem Schicksaal — und trachtet nur darnach, sich auch das härteste zu versüßen. Es ist doch nicht zu läugnen, daß mir vieles fehlt — und wenn ich es tief im Herzen fühle, klag ich mich wohl am Ende darüber an. Nichts verzeih ich mir weniger als nicht froh zu seyn — auch kan der Augenblick niemals kommen, wo ich nicht eine Freude, die sich mir darbietet, herzlich genießen sollte. Das ist mir natürlich — das wird immer meine Unruhe dämpfen, meine Wünsche zum schweigen bringen — und wenn es auch lange noch keine Gleichmüthigkeit wird, so kan ich doch nie unterliegen. Ich habe mich nun einmal so fest überzeugt, daß aller Mangel, alle Unruhe aus uns selbst entspringen — wenn Du nicht haben kanst was Du wünschest, so schaff Dir etwas anders — und wenn Du das nicht kanst, so klage nicht — nicht aus Dehmuth, aus Stolz, ersticke alle Klage. Die Moral hab ich mir nicht der Strenge wegen erfunden, ich konte aber nie mit einer andern fertig werden. Vom Geschick hab ich nichts gefordert, und bin ihm noch nichts schuldig geworden, als was es nicht versagen konte. Laßen Sie mich davon abbrechen.

Unser väterliches Haus in Gött[ingen] ist verkauft, und ich habe dort nun keine Heymath mehr — mags auch nicht wiedersehn. Lotte

---

¹ Vielleicht von Cazotte, Biondetta, die 1792 erschien.
² Forster's Ansichten vom Niederrhein. 1791 ff.

hat mir eben einen Brief voll Glückseligkeit geschrieben¹ — Gott gebe daß sie dauert — ich verzweifle nicht ganz daran. Meine Mutter ist mit ihrer jüngsten Tochter auf eine Zeitlang nach Hamburg und Lüneburg gegangen — mein jüngster Bruder ist auf Reisen.

Der arme Bürger schreibt mir zuweilen und hat doch wieder so viel Kräfte gewonnen, eine Arbeit zu vollenden, die er längst unternommen hatte — die Uebersezung von Popens Eloise. Er schickte mirs durch Wächter (Veit Weber) und wolte strenge Critik, die ihm geworden ist — Eloise war ein paarmal Bürger geworden. Veit Weber kante Sie — ich sah ihn nur kurze Zeit. —

Jezt sind Sie wohl mit deutscher Litteratur wieder vollkommen vertraut? Es giebt einen August Lafontaine, der deutsche Erzählungen schreibt, wie wir sie noch nicht haben — er ist Feldprediger, sagt man, und jezt in unsrer Nähe — Gott schüz ihn! — im Fall die Franzosen sich wehren, worüber man hohe Wetten eingeht. Göthens Gros-Cophta ist im Schlafe gemacht — sein Genius hat wenigstens nicht Wache dabey gehalten.

Daß der gute Herder so krank und jezt in Spaa ist, wißen Sie doch? Sie werden wohl alles wißen, da Sie alle Welt kennen.

Lieber Meyer — ich bitte Sie, schreiben Sie mir gleich. Sie müßens thun, weil ich so lange gewartet — wollen Sie eben so lange warten, so würde die Lücke zu groß. — Schreiben Sie unter Forsters Adreße, so geht der Brief frei — oder unter einer diplomatischen, als an Legatsh. Huber, oder Legatsh. Müller, denn der kleine Ludwig Müller ist solch Ding geworden, und kam ein paar Tage nach mir an. Im Fall Sie einmal hier durchgehn, steht hier meine unmittelbare Adreße — im Keldtischen Hause in der Welschen Nonnen Gaße. Wenn ich die Freude hätte, daß Sie Gebrauch davon machten! Sagen Sie mir, ob ich gar nicht drauf rechnen kan.

Pauers aus Gotha waren auch hier — alle die Leutchen giengen nach Coblenz mit Forster — Therese blieb des Kindes wegen, das sie stillte, zurük. Den Tag nach Forsters Zurückkunft starb es.

Leben Sie wohl. Talter grüßt Sie, das weiß ich gewiß. Ich wünsche Ihnen tausend Gutes — das weiß ich noch gewißer. C. B.

---

¹ Sie hatte den Buchhändler Dietrich geheirathet.

66.

An Meyer.

[Mainz] d. 12. August [17]92.

Hier saß ich um zu schreiben, ich weiß nicht mehr an wen — F[orster] schickt mir noch spät Ihren Brief, und nun ists mir nicht möglich für jemand anders die Feder zu rühren, wie für Sie — auch freu ich mich, daß ich dazu Gelegenheit finde — es ist das einzige was mich diesen Abend beschäftigen kan. Ich bin sehr unruhig, Auguste hat mich gequält zu wißen was mir ist, und ich hab es ihr anvertraut — sie will es nicht wichtig finden — vielleicht verstehen Sie sich beßer darauf. Nicht ob ich den Mann sehn werde oder nicht — morgen oder übermorgen — den Mann der mir sehr lieb ist — sondern ob er so unnatürlich, so unmenschlich und wunderbar seyn kan, sich und mir die Freude zu versagen, die er haben und geben könte — weil sie nur im Fluge genoßen werden kan — das möcht ich wißen. In diesem Fall fühle ich die Abhängigkeit, die das Herz auferlegt, mit einer solchen Gewalt, daß ich den rebellischen Gedanken, ja den Wunsch haben könte, mich ihr zu entziehn — denn es ist nicht das erstemal, daß sie mich martert. Wenn dies nicht eintrift, so würd ich mich vor meiner Freude fürchten, allein nicht lange — die Gewißheit, glücklich seyn zu dürfen, würde mich bald zur Sanftmuth zurückbringen. Hier haben Sie die Erklärung dieser Worte, die ich Ihnen zwar nicht bey kaltem Blut sage, aber sie gesagt zu haben nicht bereuen kan: Fr. August[1] macht die Ronde der Bäder, die in unsrer Nachbarschaft liegen — er hat lange gewünscht T[atter] bey sich zu haben, statt der Mistgabeln, die als Hofschranzen bey ihm dienen — ein Zufall hat das jezt möglich gemacht. Tatter ist vor ein paar Tagen von H[annover] abgereißt. Der Prinz war in Ems — der eigentliche Weg geht nicht über Mainz, und der eigensinnige T. geht immer den graden Weg. Wird er sich besinnen — wird ihm unser freundlicherer Himmel beßere Anschläge einflößen — werd ich ihn morgen sehn — oder die Ungeduld über solche Thorheit mich mit ihm entzwein?

Sehn werd ich ihn gewiß — seit gestern ist der Prinz in Schwalbach — aber diese Freude, die das erste glückliche Ereigniß für uns ist, muß er sie mir verbittern? Ich habe leider in solchen Dingen, die nicht von der strengsten Nothwendigkeit befohlen werden,

---

[1] Der Herzog von Sussex.

und in denen ich nicht selbst thätig werden kan, eine Heftigkeit, von der meine stille Außenseite nichts sagt. Wie oft hat er mich schon gegen meine Ueberzeugung nachgeben machen — wenn sie nun einmal stärker würde, als mein Wille sie zu beugen — wenn das Unrecht nun so offenbar wäre, daß ich ihn verdammen müßte? Das ist der Augenblick, gegen den sich meine ganze Seele sträubt. Lieber Meyer, ich würde mich betrüben, wenn Sie dies Gefühl für die Spannung der nächsten Erwartung, oder wenn Sie mich überhaupt für überspannt hielten. Ich kan es nicht anders sehen, nicht anders seyn. Wenn eine Empfindung zu quälend wird, wenn der Schmerz nicht mehr süß ist — ists nicht natürlich, daß man sich loszureißen strebt? Aber wenn dieser Sieg das Herz von dieser Seite nun für immer verödet, ist es dann nicht schrecklich? Ich hätte dann nur noch mein Kind, und würde es nicht ohne Angst anblicken können — meine Sorge und Liebe würden von ihrer Entschloßenheit verlieren. — Meine Lage giebt mir nicht die wohlthätige Zerstreuung nützlich für andre seyn zu können. Begreifen Sie mich nun wohl? Ich habe manches überwunden — nicht aus Stärke — sondern weil ich aus dem Leid noch Freude schöpfen konte — ich schied von dem Gegenstand einer in meinem Leben gewiß einzigen Anhänglichkeit und vergaß den Abschied über ihr — ich fügte mich in Verhältniße, die mich bey einem leeren Herzen unsinnig gemacht hätten — es erhielt meinen Kopf in der Faßung sich damit zu amüsiren. Ein Strom der reinsten Heiterkeit konte sich über mich ergießen, wenn die Sonne schien — oder auch der Wind an die Fenster stürmte, und ich nur über einer Arbeit eifrig saß. Mir ist jede Stunde wohl gewesen, wo mir wohl seyn konte. Bin ich es, die nach fruchtlosem Gram jagt? Nein, mein Sinn gehört jeder möglichen Glückseeligkeit — das Schicksaal gab mir wenig — es ist hart mir dies rauben zu wollen. Das werd ich vielleicht nicht überwinden, denn Gedankenlosigkeit ist mein Leichtsinn nicht. — Ihr Brief hat einen tröstlichen Eingang, der sich an die wachenden Träume meiner lezten schlaflosen Nacht schließt. Wenn die Vorstellung auch falsch ist, so weiß ich doch den Schöpfer schon nicht zu vertheidigen, der sie im Gehirn seines Geschöpfes entstehn ließ — die Idee vom vorigen lästigen Daseyn.

Morgen lächle ich ihn wohl wieder gutherzig zu? — Sagen Sie, soll und muß sich ein Weib stets einem blinden Glauben ergeben? Könt ich das, so wär ich ruhig. Mir ist seine Rechtfertigung theurer wie das Wiedersehn. Getadelt hab ich ihn mehrmals um ähnlicher Ursachen willen, und er zwang mich mit der Hartnäckigkeit und Sanftmuth, die ihm eigenthümlich ist, seine Gründe zu ehren, wenn sie auch nie die meinigen gewesen wären. Hätte ich mit Mangel an Liebe zu kämpfen, so wär der Kampf bald zu Ende — aber ich streite gegen ein sonderbares Wesen, das mich anzieht, und mich zur Verzweiflung bringt, weil es meine Gewöhnlichkeit nicht anerkennen will, und seine Ansprüche auf Glück aus Stolz nicht verfolgt, das sein Leben für mich gäbe, und meine heißesten Wünsche unerfüllt läßt — ein Mensch, zum Einsiedler gebohren, der sich der Liebe hingab wie ein Kind — der gefühlvollste Stoiker — der aus Empfindlichkeit gegen Freyheit sich unnöthige Ketten anlegt, und die liebsten Pflichten schlechter beobachtet wie die überflüßigen. Wenn ich auch endlich müde würde, ihn zu entschuldigen, so soll mirs doch lieb seyn, wenn er von Hannover befreit wird, und mit dem Pr[inzen] nach Italien gehn kan — und wenn ich auch fortfahre ihm gut zu seyn, so ziehe ich diese Trennung der bisherigen vor. Das wird ihm sehr gut thun, aus der Hofetikette, die die Leute wie ein Mühlenpferd umtreibt, herauszukommen.

Und Sie, lieber M.? wie würden wir uns zanken, wenn wir uns sprächen — nicht über unsre verschiedne Meinungen — sondern über die welche Sie uns — und mir aufbürden. Das rothe Jacobiner-Käppchen, das Sie mir aufsetzen, werf ich Ihnen an den Kopf. Wir kennen die Helden von Brissots Schlag recht gut, für das was sie sind, und wißen, qu'il nage dans l'opprobre sans s'y noyer puisque c'est son élément. Forster wolte neulich jemand die Augen auskratzen, weil er die attaque vom 20ten Jun. gut hieß, und die Nationalvers[ammlung] — samt den Jacobinern — item la Fayette — alles ist Preis gegeben — nur die Sache nicht. Für das Glück der kaiserl. und königlichen Waffen wird freylich nicht gebetet — die Despotie wird verabscheut, aber nicht alle Aristokraten — kurz, es herrscht eine reife edle Unpartheylichkeit — und wenn Sie nicht unser Bekenntniß annähmen — so ist nur Dein teuflischer Geist des Widerspruchs schuld.

Ein sonderbarer Zug ist die Bitterkeit der Emigrirten gegen ihre Helfer — mit Freuden würden sie die Waffen gegen diese kehren — und mit demokratischem Unwillen sprechen sie von dem aristokratisch militärischen Betragen der Preußen auf ihrem Marsch durch die hiesigen Lande, und zu Coblenz. Der Herzog von Braunschweig ist der einzige den sie schäzen. Klopstock hat an diesen eine Ode gemacht, um ihn von dem Zuge abzuhalten — die hat er mit dem Manifest beantwortet, das Sie wohl gesehn haben werden. — Göthe ist der Armee gefolgt. — Nein, gegen die Natur hat er im Gros-Cophta gewiß nicht gesündigt. Ungerechter! Göthe hat auch sonst mir gewöhnliche Menschen — keine in die Höhe geschraubten Posas — und die liebte ich. — Lafontaine hat in seinen paar eignen Erzählungen — Liebe und Achtung, und Liebe und Eitelkeit — in der Reihe von Erzählungen unter dem Titel, die Gewalt der Liebe¹ — auch nur solche — und ich finde ihn wahr — psychologisch — treffend — aber der Gr.-C. ist ein plattes Gelegenheitsstück — als Schauspiel hat er die Situationen, die es wirklich anbot, darinn zu nuzen vergeßen — als Geschichte ists im Ganzen doch Lüge — und Sie sprechen — von gesunder Phantasie — und finden Großens Genius² erträglich? Mir geht der Kopf rund um. Das er Sie als Abentheurer interreßirt, verzeih ich, weil Sie ihn nicht in der Nähe gesehen haben. Er war ein planloser, gegen alle Schaade aus Poltrennerie gefühlloser Windbeutel. Da Sie seine Memoiren gelesen haben, werden Sie auch wißen, daß die lezte Geschichte unser Haus betrift. Er hat mir da aus Rache ein paar Beynahmen gegeben — was ich von ihm sage, ist nicht Rache — es ist herzliche Indignation gegen dumme Bosheit, und völlige Keuntniß der Sache, von der alle Aktenstücke jezt in meinen Händen sind. Es ist schlimm genug, daß Unerfahrenheit und gänzlicher Mangel an kühler Weltklugheit eine rechtschafne Familie mit einem so elenden Helden verwickelte. — — Ein Spizbube zu seyn, war sein Ehrgeiz — er verstand sich nur nicht recht darauf, sonst wolt ich ihn selbst loben, ohngeachtet ich doch dieser Verdrehung keinen Geschmack abgewinnen kan. — Ich wolte, ich wär damals in Göttingen gewesen — ich hoffe es wär so weit nicht gekommen. Ich sah ihn nur ein paarmal vor 4 Jahren, und da sah er aus wie ein Schusterknecht, in der gewißen Ueberzeugung, daß er Carl XII. aufs Haar gliche. Der Gauner Crecy Montmorenci, dessen Geschichte in der Berl. Monatsschrift steht³, hat mir Große lebhaft ins Gedächtniß gebracht. Es ist doch erschreklich, daß ein Mensch, wenn er lügen will, so viel vermag; wenn mans noch so gut weiß daß er lügt — er zwingt einen wenigstens ihn auf eine Vestung zu setzen. — Das war mir immer ein Räthsel, wie Gro[ße] bey einer einfachen bürgerlichen Erziehung dahin gekommen war.

[1] Berlin 1791. 91. 4 Bände.
[2] Halle 1790 ff. 4 Bände.
[3] B. M. XIX. S. 471 ff. Geschichte eines angeblichen Bourbon-Crequi, der sich auch Montmorency nannte.

Ich beantworte heut nicht alles — eins hab ich ja wohl schweigend beantwortet — wenigstens nicht mit Worten. Was ich Ihnen gab — mein Zutrauen, meine Freundschaft — ein Ausdruck den ich selten genug brauche, um es hier thun zu können — ist in Ihren Händen — nur Sie selbst können mich es zurücknehmen machen. Das versteht sich von selbst. Ihre Frage — wirkts? — die würden Sie nicht thun, wenn Sie mich sähen; wenn Sie da nur eine Manier — eine Kopfbewegung — einen Einfall fänden, der Sie dazu berechtigte — wenn nicht ganz und gar die schlichte Caroline vor Ihnen stünde — die sich höchstens bey einer sehr sollenden Conversation ein bischen lebhafter umdreht und schneller spricht — so mögen Sie persiffliren — so gut Sie können. — Solte Amalie sich durch Theresens Schmeicheleyen von Ihnen abwendig machen laßen? Die Therese könte doch viell Aber — wie Sie von ihr sprechen, sprach sie nie von Ihnen. Sie ist mit Amalie sehr gut — Amalie ist wahrhaftig liebenswürdig, und Therese half ihr noch erobern — macht ihr das nicht Ehre? Daß sie jenes damit gewollt hätte, hab ich nicht bemerkt. — — Leben Sie für diesmal wohl — ich hab es so angelegt, Ihnen bald wieder schreiben zu müßen. Erhalten Sie mir Ihre Brudergesinnung.

67.
An Meyer.

Mainz d. 22. Sept. [17]92.

Wenn ich Sie nun heute aufforderte sich zu rechtfertigen, statt Ihren lezten Brief zu beantworten und Ihnen zu danken? Wenn ich Ihnen nun ganz gradezu gestehe, daß Sie etwas gethan haben, was mir in Ihnen unbegreiflich ist? Werden Sie es für Anmaßung halten? Lieber Meyer, ich muß sagen was ich denke, oder schweigen. Ich habe das lezte thun wollen, aber ich bleibe beym ersten stehn. Sie sollen nie sagen, daß irgend jemand vermocht hat, mich irre an Ihnen zu machen, außer Sie selbst. Der Götl. Allmanach wurde mir zugeschickt. Ich fand, Sie hatten dazu beygetragen ihn zum Sammelplaz unwerther Persönlichkeiten zu machen. Auf wen Ihr Huberidus Murz.[1] geht, weis ich nicht gewiß, aber wenn auch meine Vermuthung darüber unrichtig wär, so weis ich doch das gewiß, daß

---

[1] Huberulus Murzuphlus oder der poetische Kuß. (Götl.) Musenalmanach 1793 S. 178.

Sie keine Ihrer Freundinnen hätten in die Verlegenheit sezen müßen, solche seine Satiren zu — übersehn. Was sich ein Mann im Zirkel seiner Vertrauten erlauben mag, darüber sind meine Begriffe als Weib vielleicht zu eingeschränkt, allein daß es Dinge giebt, die er nicht drucken laßen muß, wag' ich zu behaupten. Nun giebts eine Voraussezung, unter der ich es vollends unverzeihlich finde, wenn nehmlich die ersten Silben des Nahmens und das Wort Main; auf Ihren Gegenstand hindeuten. Meyer, was konte Ihre Absicht seyn, und wo war Ihr Stolz? Wollen Sie wehe thun? — Gut, das soll keine malhonnete Leidenschaft seyn, aber dieser Weg! — der so sicher seines Zwecks verfehlen muß, wenn er entdeckt wird. — Sie sind nicht gleichgültig gegen das Urtheil Ihrer Freunde — weit entfernt die Schwäche zu verspotten, liebte ich sie in Ihnen — wie wird man denn jezt richten, und wahrlich nicht Eigenliebe und partheiische Freundschaft allein werden den Spruch fällen.

Möchten Sie mir dies beantworten können — ich kan jezt — ich möchte aber auch nichts weiter hinzusezen.

Schreiben Sie doch bald.

68.

An Meyer.

M[ainz] 6. Oct. [17]92.

Lieber Meyer, ich schreibe aus dem Bett — bin krank — die Feinde sind den Thoren nahe — aber ich habe, da ich in diesem Augenblick einen Brief erhalte, der mir sagt, daß es der elende Bouterwek ist, der die Maske des Bajocco Romano gebraucht hat — nichts eiligers zu thun, als Ihnen Ehrenerklärung zu leisten. Es macht mich glücklich, bis zum Fieber glücklich. — Verzeihn Sie mir meinen Verdacht — doch Verdacht würd es nie gewesen seyn — denn da hätte ichs für möglich halten müßen von Ihnen. Nur die Gewißheit, die ich zu haben meinte, verschlang alles Raisonniren über Möglichkeit — meinem Schmerz und meinem heißen Unwillen allein überließ ich mich. Hier, Meyer, haben Sie meine Hand — schlagen Sie sie nicht aus — beruhigen Sie mich bald. Ich bin so froh wieder gut von Ihnen denken zu können. — Forster grüßt Sie — er war in diesem Augenblick bey mir. Vor 8 Tagen ging Tatter mit dem Prinzen nach Italien — er war bey mir ein paar Tage, und ich bin glücklich. Seit 6 Tagen erwarten wir täglich einen Einfall der Franzosen — alle Adlichen sind geflüchtet und der Alte auch in einem Wagen wo er das Wappen auskrazen ließ. Sie sind wirklich in Worms. — Hier giebts schon Cocardes tricolores. Unser Schicksaal hängt von Esterhazy ab, der vielleicht Custines noch aufhält. Adieu mein Lieber -- noch zehnmal lieberer — gerechtfertigter Sünder.

69.
An Meyer.

Mainz d. 16. Oct. [17]92.

So lang hat mir noch niemals ein Brief von Ihnen geschienen — das wollte gar nicht enden — etwa wie der bittre Tranck in einem Arzneyglase. — Meine Ungedult hätte mich zur Verzweiflung gebracht, wenn ich mir nicht immer gesagt hätte — nur gemach! Das ist eine Geschichte von Ehegestern — alles ist vorüber, die Todten ruhn, das Leid ist verschmerzt — und sie werden wohl gar bald auferstehn zu neuen Freuden. Beynah möcht ich mir doch nicht so böse drum seyn, daß ich habe solch eine Thörinn seyn können — denn Meyer wird verzeihn — das schimmert sogar durch seine Invectiven durch — und dann werden wir uns noch zehnmal lieber haben — wie zwischen Liebenden versöhnte Eifersucht, so wird hier der falsche Verdacht seyn, der so rein weggenommen ist, daß die Stirn des Beargwohnten doppelt helle glänzt —

> Ich will ja gern vor Dir zerfließen,
> Gern Thränen bitrer Reu vergießen
> Und flehn — ach innig flehn!

Wie ich Ihnen schon sagte, ohne die vermeinte Gewißheit würd es in keines Menschen — selbst in meines eignen albernen Kopfes Gewalt nicht gestanden haben, mir die häßliche That wahrscheinlich zu machen. Aber das Bajocco Romano stand bleyern da¹ — daran hielt sich meine Vorstellung — die kam mir so wenig, daß ein andrer den Nahmen gemißbraucht haben könte, daß ich eher darauf fiel mir weiß machen zu wollen, der Gegenstand wär ein anderer — das machte die Sache zwar nicht viel beßer — allein mit der Deutlichkeit meiner Ideen mag es damals überhaupt nicht allzugut gestanden haben. Ich nahm allenthalben meine Vernunft in der Ueberzeugung des ersten Augenblicks gefangen — daß Sie nie in der Litter.-Z[eitung] recensirt worden waren, wußt ich — daß H[uber] Ihnen in seiner Recension, in

---

¹ Bei dem angeführten Gedicht.

feinen sämtlichen Schriften, in feinem heimlichen Gericht, zu nah getreten sey und treten würde — ebenfals. — Da hielt ich mich also an eine allgemeine Abneigung gegen seine Worte. Wenn Sie das Ding lesen, so werden Sie noch mehr erstaunen, daß ich Sie des fähig halten konte — es kömt mir jezt ungeheuer vor — aber guter Himmel — Sie haben es mit einem Weiberkopf zu thun — in dem zwar ein Windstoß die Freundschaft nicht erschüttert — allein der sich doch dann und wann auf einem tollen Abwege treffen läßt. Doch kan ich Ihnen versichern, er nimt Warnung an, und wird sich diese, was Sie betrift, zur Lehre dienen laßen. Ihre Indignation bey dieser Gelegenheit bevestigt die Meinung, der ich mich gern überlaßen habe — es giebt so sehr wenig Menschen, von denen ich mich getraue zu behaupten — dies und jenes sey ihnen zu thun unmöglich — war wohl unsre Bekantschaft so geprüft, daß Sie darunter gehören konten? Ein Glaube war meine Freundschaft, der mir nicht oft kömt, dem ich also nicht ängstliche Vorsichtigkeiten in den Weg zu legen gewohnt bin — wehe dem, der gar nicht mehr zu wagen im stande ist! Ich habe Ihnen so viel gestanden, was mir lieb und werth ist — ich bin nicht so verschloßen, daß ich nicht mit dem rechtschafnen Mann über Dinge sollte reden können, die ich mir nicht verberge. Wenn ich ganz kühl bin, werd ichs nicht leicht thun, um einen dritten nicht zu compromittren. Die Errinrung an einen meiner lezlern Briefe hat mich einigemal überrascht, und meine Wangen heiß gemacht — doch war ich nie besorgt. — Glaube war es dennoch nur — freylich überlebte er in einem dunkeln Instinkt meines Unwillen — denn ich besorgte für mich gar nicht, nachdem ich Sie doch dieser Handlung beschuldigte. — Jezt ists mehr wie Glaube — weil er auf einem dauerhafteren Grunde steht — und nun bitt ich Dich, guter Bruder, laß Dir gefallen, es damit von neuem zu versuchen. — Uebrigens hab ich diesen Cameelskopf (?) ganz allein für mich mir erscheinen laßen — es hat mir kein Mensch seine Zauberlaterne dazu ggliehen. In der Nacht, wie ichs am Abend las, hab ich gar nicht geschlafen, denn eine Kleinigkeit schien mirs nicht, Sie anzugeben — ja — auch mein Stolz litt dabey, in Absicht meiner hiesigen Freunde — gegen welche es die gemeinste Honettetät erforderte, nun auch jede Gemeinschaft mit Ihnen abzubrechen. Ich schwieg, bis ich wußte es war Bouterwed — dann hab ich alles erzählt, und man hat mich für meine Kluderey ausgescholten. Sonderbar, daß ich nicht an B. dachte, da ich doch in G[öttingen] noch Zeuge war, wie elend sich der Mensch gegen jene Recension seiner Donauiar, die ich für eben so

gerecht hielt, als ich wußte wie unpartheyisch sie war, aufstehole.
Ich vermuthete B. nicht im Allmanach, weil er mit Bürger zerfallen
ist — auch ist sein Nahme nicht darinn, ob gleich die heillose Son-
nenwirthsaat¹ von ihm seyn mag. Eigentlich wollt ich, Ihr Nahme
stünde lieber nicht da — so sehr mir das gefällt vermuter er steht
— denn wenn Sie diesen Allmanach bekommen, werden Sie selbst
sehn, daß ich recht hatte, ihn einen Sammelplaz unwerther Perfön-
lichkeiten zu nennen — Bürger dünkt sich sehr groß in seinen Epi-
grammen¹ — aber er muß jedem rechtlichen Menschen sehr klein und
erbärmlich vorkommen, und noch obendrein wizlos. Wie hat der gute
Heine² alle die Unanständigkeiten die Censur pasiren laßen können —
uns um eines Ausdrucks willen — die Schäferstunde des Allie-
benten, der nur sinnlos war, hat ein Bogen umgedruckt werden
müßen, nachdem schon 800 Exemplare verschickt waren. — Mir ist
eingefallen, obs nicht rathsam wär, da Sie unter dem Bojocco
Romane so allgemein bekant sind — ganz simpel zu erklären — daß
es Sie niemal nichts angeht — ich sagts K[erstner], der eben bey mir
war, um von dem Inhalt Ihres Briefs Nachricht zu holen — er
billigts nicht, und sagt sehr hart für mich — wer so dumm ist, es
zu glauben, mags doch thun. O sieh — ich büße ja! er hat mir
auch anbefohlen, Sie auf alle Weise zu versöhnen — was kan ich
weiter thun — wären Sie hier, so wollt ich Sie gern mit tausend
süßen Schmeicheleyen betäuben.

Die Post drängt mich — drum kan ich Ihnen von unsrer bisherigen und jezigen Lage nichts erzählen — leider sind wir nicht weg-
gekommen werden — bis Worms drang Custine vor, und hat sich
izt bey Speyer verschanzt, um zu verhüten, daß sich dort die Preußen
nicht hinziehn, deren Armee in einem pitoyablen Zustand ist, und
sich allenthalben zurückzieht — unsre Mainzer sind in Speyer gefangen — nach Strasburg geführt, sehr gut behandelt, wie auch die
Bürger in Sp[eier] und Worms]. Die Offiziere sind auf Ehrenwort losgelaßen — 28 Mainzer Soldaten sind von Str[asburg] auf
Doris Vorhutte, weil sie Weiber hatten, zurückgeschickt — haben kleine
Büchsen mitgebracht, erzählen Wunderdinge — ist ihnen das Maul

---
¹ Musenalmanach 1793 S. 54. 92. 107. 119. 140. 168. 207. 216, alle
im Inhaltsverzeichnis nur B. bezeichnet.
² Ebend. S. 75. 105. 131. 168. 201.
³ Heyne.

schon gestopft — Überhaupt fangen jetzt die Zeiten hier an, von denen geschrieben steht — gewiße Ideen werden gäng und gebe, und Rescripte ergehn, in denen das Raisonniren verboten wird. Voreilige Demokraten haben schon an dem Tage, wo ein betrunkner Husar, der eine Heerde Kühe gesehn hatte, mit der Nachricht in die Stadt sprengte, daß die Franz[osen] in Oppenheim wären — wo Schreckschüße geschahn, und die Stadt nicht zu Bett ging — das Ende des Churfürstenthums vor Augen gesehn, und die drehfache Cocarde — in der Tasche getragen — daß das alberne Leut waren, die nicht zu meinen Freunden gehörten, versteht sich. Wir hatten gar keine Besazung — die paar Reichstruppen liefen weg — die Bürger zogen auf die Wache und wollten steif und vest vertheidigen, bis diese Gueux gekommen wären. Der sämtliche Adel ist geflüchtet — das Schrecken war unbeschreiblich und hat wie gewöhnlich die drolligsten Wirkungen bey tapferen Personnagen, z. B. bey dem Gesandten eines königl. Hofes, hervorgebracht. Es waren so wenig Menschen zurückgeblieben — daß alle Geschäfte stockten — nur 2 Aerzte unter andern. Auch in Frank[furt] flüchtete man, und die Deputation, die mit 200000 fl. dem Feind entgegen gehn solte, hatte sich versammelt — die Wägen standen angespannt vor dem Rathhaus und hatten die 3 Farben. Wir blieben — aus Neugier und weil wir ein gut Gewissen hatten — nehmlich reine Hände — wir sind nicht reich und ich bin arm. — —

Leben Sie wohl — ich bin noch krank, habe einen sehr hartnäckigen bösen Hals. Fielchen Diez sizt bey mir — gewöhnlich wohnt sie mir gegenüber. Die Alte hat Ihr Bild, wie Sie noch ein schlanker Jüngling waren — es ist ein Erbstück vom Alten — ich wolt es gern, hab ihr allerley dafür geboten — 1/2 Duzend Silhouetten intereßanter Personen in Lebensgröße — ein Stück alte Fußdecke — ein Wärmkorb — sie will durchaus nicht. Lebe recht wohl.

70.
An Meyer.

M[ainz] d. 27. Oct. [17]92.

Wenn Sie etwa glauben, daß man nicht mit Sicherheit hieher schreiben kan, so irren Sie sich — es sey dann, daß in B[erlin] ein Brief nach M[ainz] jezt für high treason gerechnet würde. Mir wird die Zeit lang zu wißen, wie Ihr gerechter Zorn wieder in Sanftmuth übergegangen ist. Ich hoffe, so leicht wie wir in Feindes

Hand — wenn wir unsre höflichen wackern Gäste anders Feinde nennen können. — Welch ein Wechsel seit 8 Tagen — General Custine wohnt im Schloß des Churfürsten von Mainz — in seinem Prachtsaal versammelt sich der Teutsche Jacobiner-Club — die National-Cocarden wimmeln auf den Gaßen. — Die fremden Töne, die der Freiheit fluchten, stimmen vivre libre ou mourir an. Hätte ich nur Geduld zu schreiben und Sie zu lesen, so könt ich Ihnen viel erzählen. — Wir haben über 10000 Mann in der Stadt, und es herrscht Stille und Ordnung. Die Adlichen sind alle geflohn — der Bürger wird aufs äußerste geschont — das ist Politik, aber wenn die Leute des gueux et des miserables wären, wie man sie gern dafür geben wolte — wenn nicht strenge Disciplin statt fänd — wenn nicht der stolze Geist ihrer Sache sie beseelte und sie Grosmuth lehrte, so würds unmöglich seyn, so alle Ausschweifungen, alle Insulten zu vermeiden. Die Leute sehn sehr delabrirt aus, weil sie lang im Feld lagen, aber arm sind sie nicht, und Mann und Pferd wohl genährt. Der Zustand der combinirten Armeen hingegen — Göthe, der den Ausdruck nicht zu übertreiben pflegt, schreibt seiner Mutter — seine Zunge und seine Feder sen die traurige Verfassung der Armee schildern — und ein preußischer Offizier sagt: la situation imposante de leurs armées, et la déplorable de la notre. — Custinens Schritte sind so berechnet — er findet nirgends Widerstand — hat nichts zu fürchten — ne vous fi's pas à vos armées mourantes, sagte er bey den Unterhandlungen. Frankreich ist geräumt, Longwy und Verdun zurückgegeben — die Belagerung von Lille aufgehoben — Montesquiou und Custines ohne Blutvergießen siegreich — und was mich mehr wie alles freut, die Marrats in der Nationalv. nach Verdienst gebrandmarkt. Ich glaube jetzt dort — hier kan man sich des Spotts nicht erwehren — man macht Projecte — man haranguirt — gestikulirt nach den 4 Weltgegenden hin — will das Volk aufklären. Ein Werkzeug ist mein Schwager George B[öhmer][1], der seine Professur in Worms aufgegeben hat, und so was von Secretair bey Custine ist. Mir sank das Herz, wie ich den Menschen sah — o weh — wolt und könt Ihr den brauchen? aber wen kan man nicht brauchen? Die sich bey solchen Gelegenheiten vordrängen, sind nie die besten. — Ich kan Ihnen F[orsters] Betragen nicht genug rühmen — noch ist er bey keinem der Institute —

---

[1] Der so oft irrig für Carolinens Mann ausgegeben ist.

er macht seinen bisherigen Gesinnungen Ehre, und wird vielleicht mit der Zeit den Ausschlag zu ihrem Vortheil geben. Der Mittelstand wünscht freilich das Joch abzuschütteln — dem Bürger ist nicht wohl, wenn ers nicht auf dem Nacken fühlt. Wie weit hat er noch bis zu dem Grad von Kentniß und Selbstgefühl des geringsten sansculotte draußen im Lager. Der Erwerb stockt eine Weile, und das ist ihm alles — er regrettirt die sogenannten Herrschaften, so viel darunter sind, die in Concurs stehn und die Handwerker unbezahlt ließen. Aber nur eine Stimme ist über den Priester — er sieht gewiß sein schönes Mainz nicht wieder, wenn es auch, wies wahrlich sehr zweifelhaft ist, seine Thore dem Nachfolger öffnete. Custine bevestigt sich, und schwört den Schlüßel zu Deutschland nicht aus den Händen zu laßen, wenn ihn kein Friede zwingt. Kaum 4 Monat sinds, wie sich das Concert des puissances versammelte um Fr[ankreichs] Untergang zu beschließen hier — wo nun auf dem Comödienzettel steht: mit Erlaubniß des Bürgers Custine.

Ich hab eine Hausgenoßin, lieber M., seit 8 Tagen — eine Landsmännin — die Forkel. Man hat sie mir nicht aufgedrungen — ich habe selbst die erste Idee gehabt. Sie wißen vielleicht, daß sie unter Protektion des F[orster]schen Hauses steht. Ich kante sie beynah gar nicht — hab aber keinen Haß gegen Sünder, und keine Furcht für mich. Was sagen Sie dazu? — — Die Frau gefällt mir bis jezt — ich bin gut mit ihr — da man das seyn kan, ohne sich hinzugeben, so seh ich nicht, warum ich damit nicht den Anfang machen sollte. Sie kennen sie, und können mir mehr Licht geben.

Adieu, lieber Meyer. Schreiben Sie doch bald. Wie gefallen Ihnen Forsters Erinnerungen?[1] Reichard hat einen Revolutions-Almanach geschrieben, der künftig Jahr nicht zu brauchen seyn wird.

71.
An Meyer.

[Mainz] 17. Dec. [17]92.

Daß Sie krank wären, fürchtete ich und sah es — Sie hätten sich sonst menschlicher bewiesen. Warum brechen Sie auch ein Bein — warum verderben Sie den Magen, wenn niemand in Ihrer Nähe ist, der Sie warten kan, der Ihre physischen Uebel linderte, und

---

[1] Erinnerungen aus d. J. 1790 (1793).

Ihren moralischen Gebrechen den Dolch aus den Händen wände, deßen Spitze sie gegen sich selbst zukehren. Das ist recht unsinnig schön gesagt, o sich meine erhabnen Worte nicht an, mein Thun wär drum nicht geringer. Zweifeln Sie, daß ich für Sie sorgen können möchte und treu sorgen würde? — Ich kenne Sie nicht genug? — Das kan seyn, aber wenn ich mich sehr irre, so ist das nicht zu Ihrem Vortheil. Wir wollen uns mit Wohlwollen und Achtung begnügen? — Meinetwegen, wenn ich sie nach meiner Weise empfinden darf — und ich biete Ihnen Troz, daß die Ihrigen nicht ein herabgestimmter Ausdruck seyn sollten, wie sie tausendmal ein heraufgeschrobner seyn mögen. Verstehn Sie das? Ich bin wohl heute nicht sehr deutlich — das wäre dann nicht Strafe des Beyspiels, sondern ein Vermächtniß — wie Sie am Ende dieses Briefs einsehn werden. Sie sind versöhnt, aber meine Etourderie wirkt doch nach. Meyer, ich will mich nicht dehmüthigen, will meinen Kopf nicht verläumden, allein es ist wahr, daß ich Etourderien begehn kan, die wie Dummheiten aussehn. Mein Verbrechen gegen Sie ist von der Art. Wenn mir dann die Augen aufgegangen sind, begreif ich mich nicht mehr. Sollte man denn das einem Weibe nicht aus vollem Herzen verzeihn können? — Weiß ich, was Bajocco Romano für ein Ding ist? Vom Bettler Cabre hab ich einmal gehört und bey einem andern Meyer davon gelesen sogar — (so! den Meyern dank ich also meine Bettlerbekanntschaften!). Hab ich seine Sinngedichte wirklich gelesen? Und kan ich immer unterscheiden, was Witz und reizlose Späße sind? Bruder, vergieb mir. Wer kan sagen, wie bald mein Haupt eine Kugel trift! Es würde Dich dann gereuen. Wenigstens bitt ich zum leztenmal — ich kan es nicht leiden, über Verdienst belohnt oder gestraft zu werden. — „Nach dem Frieden sprechen wir uns wieder", heist das, ich soll Ihnen nicht schreiben, so lange wir en état de guerre sind? So gehorch ich nicht — ich will schreiben — so wie ichs einrichte, können Sie keinen Nachtheil davon haben — und haben also Vortheil davon. Daß Sie uns en horreur haben, sont ich vermuthen. Wer giebt aber Dir Pillgrim im Jammerthale das Recht zu spotten? Sie sind unter jedem Himmelsstrich frey, unter keinem glücklich. Allein können Sie im Ernst darüber lachen, wenn der arme Bauer, der drey Tage von vieren für seine Herrschaften den Schweiß seines Angesichts vergießt, und es am Abend mit Unwillen trocknet, fühlt, ihm könte, ihm solle beßer seyn? Von diesem einfachen Gesichtspunkt gehn wir aus; der führt auf Abwege — Sie dürfen deswegen aber nicht glauben, daß wir toll sind und andre Propheten hörten, als die wir immer gehört haben, worunter W. und B.¹ nicht gehören.

Therese ist nicht mehr hier. Sie ist mit den zwey Kindern nach Strasburg gegangen — warum — das fragen Sie mich nicht. Menschlichem Ansehn nach, ist es der falscheste Schritt, den sie je gethan hat, und der erste Schritt, den ich ohne Rückhalt misbillige². Sie, die über jeden Flüchtling mit Heftigkeit geschimpft hat, die sich für die Sache mit Feuereifer interreßirte, geht in einem Augenblick, wo jede Sicherheitsmaasregel Eindruck macht, und die jämmerliche Unentschiedenheit der Menge vermehrt — wo sie ihn mit Geschäften überhäuft zurückläßt — obendrein beladen mit der Sorge für die Wirtschaft — zwey Haushaltungen ihn bestreiten läßt, zu der Zeit wo alle Besoldungen zurückgehalten werden. Das fällt in die Augen. Er wollte auch nicht — ich weiß, weder welche geheime Gründe sie hat, noch welche sie ihm geltend machte — sie hats aber durchgesezt. Ich müste mich sehr irren, wenn nicht diesmal weniger verzeihliche Antriebe als leidenschaftliche sie bestimmten, vielleicht die Begierde nach Wechsel, und eine Rolle dort zu spielen, wie sies hier nicht konte. Viele vermuthen Trennungspläne — Sie und ich gewiß nicht. Würde sie so gerecht seyn? — Sie hören mich zum erstenmal so sprechen — weil ich zum erstenmal so denke — aber dies hat mich auch aufgebracht. Der Ausgang mag auch nicht zu ihrem Nachtheil ausschlagen — das kan mein Urtheil nicht ändern. Eine Entschuldigung hat sie — die Infamien zu Frankf[urt] hatten ihre Imagination erschüttert — aber das hätte eine andre Wendung genommen, wenn es nicht ihrer Neigung gemäß gewesen wär ihr diese zu geben. Er ist der wunderbarste Mann — ich hab nie jemanden so geliebt, so bewundert und dann wieder so gering geschäzt. Er ging seinen politischen Weg durchaus allein und that wohl daran — Ihr Geist ist nicht für die Sphäre, mehr thätig als würkend darinn. Er geht mit einem Adel — einer Intelligenz — einer Bescheidenheit — einer Uneigennüzigkeit — wär es nur das! aber im Hinterhalt lauscht

---

¹ Wedekind und Böhmer?
² Hiernach sind Aeußerungen zu messen in ungedruckten Briefen Sömmerings an Heyne, 29. Jan.: „Mde. Böhmer, die Wittwe, ist an Forsters Unglück nebst H[uber] am meisten Schuld"; 6. April: „Die Böhmerin erzählte selbst, daß sie Ursache der Trennung von Forster und Therese wäre und daß Forster noch in den Klauen Theresens wäre. Forster versicherte aber der Forkelin, daß er Huber 500 Thlr. geliehen, daß er die Böhmer nicht zur Frau nehmen werde, daß er in Politik hineingehezt worden sei."

Schwäche, Bedürfniß ihres Beyfalls, elende Unterdrückung gerechter Foderungen — auffahrendes Durchsezen geringeres. Er lebt von Attentionen und schmachtet nach Liebe, und kan diesen ewigen Kampf ertragen — und hat nicht die Stärke sich loszureißen, die man auch da, wo man Superiorität anerkennt, haben müßte, wenn es uns mit uns selbst entzweite. Ich heiße Egoismus — aber entweder muß man in Einfalt des Herzens Vollkommenheit anbeten — oder die Festigkeit haben sich nie geringer zu achten, als selbst das was wir über uns erlernen. Dieses Mannes unglückliche Empfänglichkeit, und ihr ungroßmüthiger Eigennuz verdammen ihn zu ewiger Qual. Ich habe wohl gedacht, ob man ihm die Augen öfnen könte — es versteht sich, daß ich nicht mittelbar noch unmittelbar dazu beitragen darf und werde — ich habe gefunden, man würde seine Liebe tödten können, aber seine Anhänglichkeit nicht. Spricht ihm das nicht sein Urtheil? Sie beschäftigt, sie amüsirt ihn — das kan ihm kein Wesen ersezen — darum ist sie einzig — sie reizt seine Eitelkeit, weil er sieht, daß sie auch andre beschäftigt, und daher nie erfährt, wie nachtheilig die Urtheile sind, die selbst diese von ihr fällen. Wer sie nicht mag, flieht sie — ein neuer Triumph! So hält sie ihn — geht hin, und nuzt seinen Nahmen, und führt ihn mit Stolz. Das ist nicht billig — ach und doch verdient ers. Guter F., geh und klag die Götter an.

Ich bleibe hier — man gewöhnt sich an alles, auch an die tägliche Aussicht einer Belagerung. Schreiben Sie mir durch Gotha — Sie könnens ja mit aller Sicherheit. Ich muß wißen, ob Sie gesund sind.

72.
An Gotter.

Mainz d. 18. März [17]93.

Vor wenig Tagen theilte ich der lieben Mutter Schlarger meine Reiseanstalten mit — gleich darauf erhielt ich Ihren Brief, der mir die angenehme Aussicht eröfnet, von meinen Freunden nicht übel empfangen zu werden. Ich bedarf so sehr dieses Trostes, um mich von den hiesigen Gegenden zu trennen, daß ich Ihnen mit verdoppelter Wärme dafür danke. Wohl dem, dem ein solcher Zufluchtsort noch wird! Meine Reise hat viel Schwierigkeiten — allein ich hoffe sie dennoch auf dem gradesten Wege zu bestehn. Auf einen Wagen von Gotha aus sieht ein großer Theil meiner Hofnung — sollte nicht die Frankfurter Meße dies Project erleichtern? — Wenn ich über Mannheim gehn wollte, so wär nichts leichter als einen Paß zu erhalten — ich möchte mir nur gern den Umweg erspaaren. Dazu wär ein Paß von Braunschweig nöthig gewesen — wir müssen nun schon andre Mittel versuchen, und ich erzähl Ihnen dann meine Abentheuer. Mein Nahme ist proscribirt — das weiß ich — gut, daß ich nicht selbst den Fluch über ihn gebracht, denn ein Fluch ist nicht so ehrenvoll wie der andre.

Im Voraus umarme ich alle meine Freunde, und Euch mit Regungen des herzlichsten Danks. Ich denke nicht lange Ihre Wohnung zu verengern, aber es ist mir ein großer Dienst, daß Ihr mich für den ersten Augenblick aufnehmen wollt.

Caroline B.

73.
An Gotter und Luise Gotter.
Königstein d. 19. April [17]93.¹

Ich danke Ihnen, lieber Gotter, für die Maasregel, sich an den Hrn. Coadjutor zu wenden — es war das, worum ich Sie bitten wollte. Es ist doch das härteste was einem Weibe begegnen kan, in eine so ernstliche Gefangenschaft zu gerathen — ehe sie das verdient, muß sie sich mehr wie Unbesonnenheiten der Denkart vorzuwerfen haben, und Hr. von Dalberg, der die Menschen lenkt, wird fühlen, daß diese sogar nicht von ihr, sondern von dem Einfluß ihrer Freunde abhangen — er kan nicht wollen, daß sie darum zu Grunde gerichtet werden soll, wie ichs durch eine lange Gefangenschaft unausbleiblich werden würde. Ich bin nicht Verbrecherin, weder mittelbar noch unmittelbar — aber allerdings hab ich Bekannten gehabt, die es sind, und die mich nun verdächtig machen. Ich hatte mich auf ewig von ihnen zu trennen geglaubt, und es hat nie zwischen ihnen und mir eine solche Verbindung statt gefunden, von der ich mich nun als Märtyrerin betrachten könte.

Man hat mir von einem Ausweg gesagt, der mich bald befreyen könte, nehmlich wenn man Caution für mich annehmen wollte. Was halten Sie als Jurist davon? Schrecklich ists, von der Dauer der Belagerung von Mainz abhangen zu sollen — und es heißt doch, daß man nicht eher förmlich untersuchen wird. Können nicht die Franzosen bey dem Mangel an auswärtigen Nachrichten rasend genug seyn, sich lange vertheidigen zu wollen?

---

¹ Ueber die Gefangennahme bei der Abreise von Mainz s. die Briefe Sömmerings an Hehar vom 6. u. 8. April in Sömmerings Leben von R. Wagner, S. 197 ff.

Liebe Louise, wenn ich doch in dein Zimmerchen säße, was Du so gütig für mich bereitet hattest! Ich fühle Deine innige Theilnahme — wird es mir wohl so gut werden dir mündlich zu danken? Wird Deine Freundschaft nicht ermüden? Du siehst ich mache denen die mich lieben keine Freude, und werde ihnen vielleicht noch viel viel Sorgen machen. Gott segne Dich Liebe — freue Dich Deiner Freiheit, und daß Du Deine Kinder selbst spazieren führen kanst. Ich mache mir beynah ein Gewißen daraus Augusten mein Schicksaal theilen zu laßen. Grüß Wilhelmine herzlich.

Dein Mann soll dem Hrn. von Dalberg bezeugen, wie lange ich schon mit ihm wegen meiner Abreise in Unterhandlung gestanden, und ihn, wie er in Frank[furt] war, gebeten habe, mir einen Paß vom Herzog von Br[aunschweig] zu verschaffen.

74.
An Gotter.
[Königstein] 27. April [1793].

Lieber Gotter — ich weiß nicht gewiß ob Humbold[1] in Erfurt ist — Amalie wird um seinen jetzigen Aufenthalt wißen. Es liegt mir unendlich daran, daß dieser Brief gleich befördert wird — er mag sich aufhalten wo er will. Er kennt den Coadj[utor] genau, und ich konnte ihn in alle Verhältniße hineinführen.

---

[1] Ueber W. von Humboldts Theilnahme vgl. den Brief desselben an A. W. Schlegel vom 16. Nov. bei Klette, Verzeichniß der von A. W. von Schlegel nachgelaßenen Briefsammlung S. IV. Er schreibt: „Ihre Freundin genießt ihre Freiheit wieder, und auf eine Art, die ihr zugleich die ehrenvollste ist. Gern hätte auch ich dabei mitgewirkt. Aber am Mayntzischen Hofe war schlechterdings nichts für's Erste zu thun, und den Weg, den der Bruder eingeschlagen hat, schien, ob er gleich am Ende geglückt ist (da alle Gefangenen allein vom Kurfürsten abhiengen) so wenig zu versprechen, daß man ohne genaue Localkenntniße ihn kaum zu versuchen wagen konnte. — Ich selbst habe nie das Glück gehabt, Me. Böhmer selbst zu sehen, so sehr ich es auch nach allem, was ich durch Sie, die Forster und andere von ihr hörte, gewünscht hätte. Aber die drei Briefe, die ich bei dieser Gelegenheit von ihr erhalten habe, können mir gewißermaßen statt einer Bekanntschaft dienen. Gerade der lebhafte Geist, den Sie so schön schildern, drückt sich in ihnen, vorzüglich in dem ersten (da die durch das ungewiße Schicksal eines Briefes nach einer Festung veranlaßte Kälte meiner Antwort, die mich gewiß nicht hinderte, mit aller Wärme thätig zu seyn, sie zurückhaltend und vielleicht gar mißtrauisch gemacht hatte) auf einer äußerst charakteristische Art aus."

75.

An Gotter.

[Königstein] d. 28. Apr. [17]93.

Wie thätig ist Ihre Freundschaft, lieber Gotter — und wie sind alle Beweise derselben so erquickend für mich! Sie geben mir neues Leben in diesem einsamigen Aufenthalt, sie erwecken die Lust selbst für mich zu arbeiten, die ich manchen Tag über verliere. Der Herr Coadjutor von Dalberg konte sich wohl noch nicht tiefer einlaßen. Hr. Hofrath von Mörs, der den Auftrag hatte, alle hiesigen Gefangenen vorläufig zu verhören, hat uns selbst eröfnet, was wir schon durch eingezogne Erkundigungen eines Freundes erfuhren, daß man uns als Geißeln betrachten will, wie Sie aus einliegendem Aufsaz näher sehn werden. Dies zeigt freylich an, in welchem geringen Grad man uns für strafbar hält — aber mir verschließt es allen Weg auf Hülfe, wenn man dabey bleibt. Ich habe also gegen ihn ganz abgelehnt, die dahin gehörigen Schritte zu thun. — Wenn Hr. von Humboldt, an den von hieraus ein Bericht von unsrer Verhaftnehmung abgegangen ist, sich nicht in Erfurt befinden sollte, sondern vielleicht auf seinen Gütern bey Berlin, also nicht gleich dem Herrn Coadjutor dasjenige mittheilen könte, was uns helfen kan, so bitte ich Sie inständig, nuzen Sie diesen meinen Aufsaz bey dem Hrn. Coadjutor, solte es auch persönlich seyn müßen — er wird uns so weniger Gottern zurückweisen — ergänzen Sie, was ich nur angedeutet habe, und Sie sicher ergänzen können. Hat aber Hr. von Humbold jenen Bericht sogleich empfangen können, so ist Ihnen diese Mühe für mich erspaart, und dann schicken Sie die Einlage meiner Mutter zu.

Ich wag es noch nicht, mich an Sr. Kurfürstlichen Gnaden selbst zu wenden, wie Sie mir rathen — Sie fühlen, wie viel Vorurtheile erst aus dem Weg geräumt werden müßen, ehe ich mich hier gnädiges Gehör versprechen kan — aber dann würd ich, wenn ich auch nicht auf die Gerechtigkeit meiner Sache überhaupt bauen könte, doch alles von seiner Grosmuth erwarten.

Mein schwesterlicher Verlust ist doppelt. Die Niepern ist auch todt — meines Schwiegervaters liebstes Kind — muß der sonst so glückliche Vater denn noch alles vor sich hin in den Staub sinken sehn, ehe er die Erde verläßt? Ich kan Ihnen kein Bild meiner Faßung bey so mannichfacher Theilnahme und eignen Leiden geben. — An Muth fehlt es mir nie. — Meine Gesundheit leidet durch

ren Mangel an Bewegung sehr. — Grüßen Sie Mutter Schläger —
ich umarme Wilhelmine und Louise — die liebe Louise. Augustens
Geburtstag ist heut — übers Jahr muß es doch beßer seyn. C. B.

29. April.

Die Unmöglichkeit alles Detail bey meiner Vorstellung zu vermeiden, hält mich auch davon zurück, mich grade zu mit einer solchen an den Churfürsten zu wenden. Ein jeder kan sagen ich bin unschuldig, es muß doch etwas dafür angeführt werden, und das erfordert Berührung kleiner Umstände, zumal in einem Fall wie der meinige. Wie die Verhältniße in der Nähe oft so ganz etwas anders sind, als sie in der Ferne scheinen. —

Verzeihn Sie das schlechte Papier — in der Gefangenschaft giebts nichts beßers.

Haben Sie nichts von Meyer in Berlin gehört?

76.
An Gotter.

[Königstein] 1. Mai [1793].

Wenn Sie mir einen offnen Brief schicken, so erwähnen Sie nicht deßen an Humbold, den Sie erhalten haben — der Bericht von hieraus, auf den ich mich berief, war nicht von mir. Haben Sie mir etwas zu sagen, was beßer für mich allein bleibt, so bestellen Sie nur bey P[fersch], daß er den Brief zurückbehält, bis ich ihn holen laße. Man läßt von hier weder an Churf. noch Minister Vorstellungen abgehn — thun Sie Ihr mögliches. — —

Schuldig bin ich übrigens gewiß nicht — ich theile den ausgezeichnet bittern Haß, den man auf F[orster] geworfen hat. Man irrt sich in dem, was man über meine Verbindung mit ihm glaubt — um seinetwillen allein will man mich als Geißel betrachten. — —

77.
An Gotter.

[Königstein] 12. Mai [1793].

Seit Sie mir die Abschrift von Dalbergs Brief schickten, hab ich nichts von Ihnen gehört — lieber Gotter — Möglich ists, daß bey Porsch etwas liegt, das muß ich diesen Abend erhalten.

Ich sandte Ihnen einen Brief für Humbold — einen zweyten

öffentlichen — einen dritten, das nur ein paar Zeilen seyn mochten. Haben Sie das alles?

Noch hat sich nichts aufgeklärt. Wir sind von einer hiesigen Gerichtsperson verhört, über die Umstände der Abreise. Dies Verhör hatte blos Bezug auf jenen Clausius, der zum zweytenmal arretirt gewesen seyn soll — und in so fern auch wohl auf den Gesichtspunkt der Geißelschaft für uns, den nur dieser alberne Mensch durch sein Geschwäz herbeygezogen haben kan. Das scheint doch, daß Cl. Aufträge von Simon hatte, denn Simon ist vor 3 Wochen oder 14 Tagen mit Reubel, dem Comißar der National-Convention, beym König im Lager gewesen, um wegen Mainz zu unterhandeln. Man hat nicht einig werden können, und die Frauzen vertheidigen sich mit so viel Erfolg und Muth, daß die Stadt noch nicht einmal beschossen werden kan — alles Canonenfeuer geht auf die Schanzen außerhalb, die von beyden Seiten unermüdet aufgeworfen und zerstört werden. Ich höre hier im Schloßgarten den Donner des Geschüzes, und nur ein etwas naher Berg entzieht mir den vollen Anblick des Schauplazes selbst. — Schrecklich ist bey der völligen Dunkelheit über unsre Sache diese langwierige Belagerung, deren Ende uns doch sicher befreyen würde, da wir jezt nicht wißen was uns bestehen kann, so wenig als was uns hieher bringt. Unser Loos wurde in so fern leichter, daß der Genuß der freyen Luft in diesem verwüsteten Stück Garten uns zu jeder Zeit zu Gebot stand, und der Command[ant] menschlich gesinnt war — aber es kommt ein anderer, und es ist nur zu wahrscheinlich, daß wir dadurch jeden Trost einbüßen. — War ich nicht schon unglücklich genug? — Muß ich nicht sogar fürchten, daß gehäßige Gerüchte meine hülfreichen Freunde von mir abwenden? daß sie an meinem Charakter irre werden, den wüthende Menschen, die nie mich persönlich kannten, darstellen, wie es ihr Gesichtskreis mit sich bringt?

Gotter, Sie wißen die Wahrheit — die Geschichte meines Aufenthalts in M[ainz] liegt vor Ihnen — so ist sie! Könt Ihr, die Ihr in jenem Zirkel mich liebtet, zweifeln — ich werde kein Wort weiter zu meiner Vertheidigung reden als dieses — könt Ihr zweifeln — nun so mag denn das die Hälfte des Tropfens seyn, von dem der Becher überfließt. — —

Kent niemand in Gotha Pauli, den Leibarzt des Churf.? Er gilt viel. Sollte nicht an ihn zu kommen seyn? Wenn er in Erf[urt] ist, so sprächen Sie wohl einmal selbst. Es geht nicht, daß ich ihm so abgebrochen schreibe, allein ich wünschte, einen Weg zu ihm zu

haben. Er ist Wedekinds Feind — aber wie kont er der meinige
seyn? Sollte Grimm oder Sulzer ihn kennen? — Leben Sie wohl
— ich umarme mit schwererem Herzen wie jemals meine Louise.

Vielleicht erhalt ich noch etwas von Ihnen.

Abends. Es ist nichts gekommen.

78.
An Gotter.

[Königstein] 16. Mai [1793].

Vorgestern kam Ihr Brief und die Einlage von Humbolt —
der sich doch des hofmännischen Tons nicht enthalten kan — vielleicht
weil er glaubte, sein Schreiben käme nicht ungesehn zu mir.[1] Sie
sehn, daß der Trost gering ist, den er giebt — und meine Lage wird
täglich unleidlicher.

Die wahre Beschaffenheit der Dinge begreift Ihr alle nicht wie
scheint. Hier ist nur von willkührlichem Verfahren, von falschen
Gerüchten die Rede. Geißel soll ich seyn darum: Mainzer Bürger
sind als Geißeln nach Strasburg geführt — man sucht sie frey zu
machen ehe M[ainz] übergeht, um nicht da etwa Verbrecher entwischen
laßen zu müßen. Man will die Weiber schreken, denen man genaue Verbindungen, wenn auch nicht avouirte, mit Fr[anzösischen] Bürgern zu-
traut. Mich soll F[orster] erlösen. — Das kan F. nicht, und ich werde
nie von ihm fordern — denn wir stehn nicht in diesem Verhältniß.
Nachher wird man auf Chicanen zurückkommen — das nimt Zeit
weg — und indeßen schmacht ich hier, in der nahen Abhängigkeit
elender Menschen, denen jede Gefälligkeit mit Geld abgekauft werden
muß. — Wir haben unsern braven Commandanten verlohren, und auf
der Stelle die Würkung davon empfunden.

Ich hoffe dennoch jezt auf eine günstige Wendung und nahe Befreyung. Hoff ich zu viel — so ists auch gut.

Es versteht sich, daß ich in seinem Verhör fremde Dinge ein-
mischen werde noch eingemischt habe. Glauben Sie mir, wir benehmen uns männlicher wie unglückliche Weiber gewöhnlich thun. Meine
Ideen über dies ganze Wesen sind ziemlich klar. — Könt ich nur ein
zarteres Gefühl in mir betäuben, und über die Entweihung meines
Nahmens hinweg gehn! Hätt ich die Rolle gespielt, die man mir
schuld giebt, so würd ich dazu vermuthlich Stirn genug haben.

[1] Vgl. was Humboldt selbst schreibt S. 116 A.

Ich habe eine große Begierde Meyers Schriften zu lesen — könte Ettinger sie nicht frey nach Frankf[urt] spediren, an Barrentrap und We[ß]ner nehmlich, Ihr Exemplar — ich wills Ihnen wieder bringen! Ich weiß nicht wie ich sie soll aus Fr[ankfurt] bekommen, da ich den Titel nicht weiß, ihn auch im Meßkatalog nicht finde. Meyer wird mich seit diesem Abendtheuer detestiren — er hätte recht, wenn ich mirs zugezogen hätte. — Von Schillers Freund hab ich Briefe und schrieb an ihn. Adieu lieber Gotter und Louise.

(Nachschrift): Lieber Gotter — sie sagen man wolle mich auf Bedingungen frey geben, das ist also vermuthlich Caution, eine hübsche Freyheit hab ich da zu erwarten — jezt an eisernen, dann an goldnen Ketten. Noch weiß ich nichts officielles.

Expediren Sie doch die Briefe. Man muß nun in Frankreich um mein Schicksaal wißen — im Moniteur steht ja qu'on a mené à la forteresse de K. la veuve Büh. amie de Citoyen Forster. — Das ist tröstlich, ich bin seine Freundinn, aber nicht im französischen Sinn des Worts.

79.
An Gotter.

Kronenberg d. 15. Jun. [17]93.

Dies ist späte Antwort, aber es ist eine. — Seit 3 Wochen hab ich das Bett wenig verlaßen können, denn der Geist ist willig, aber das Fleisch ist schwach. Ihr habt mir derweile erzkomisch getränkt — Louise bildet sich ein, wenn ihr Herzogthum alle seine Canonen abfeuert, so käm es doch wohl einer Mainzer Salbe gleich, und Sie fertigen mich Gefangne, Bedrängte, Gemishandelte mit einer Galanterie ab! Schöne Werke des Geistes und der Hände! Ja Mentoriale, Suppliken und Strümpfe und Hemder für mein Kind! Gehen Sie hin, lieber Gotter, und sehn Sie den schrecklichen Aufenthalt, den ich gestern verlaßen habe — athmen Sie die schneidende Luft ein, die dort herrscht — laßen Sie sich von dem, durch die schädlichsten Dünste verpesteten Zugwind durchwehn — sehn Sie die traurigen Gestalten, die Stundenweis in das Freye getrieben werden, um das Ungeziefer abzuschütteln, vor dem Sie dann Mühe haben sich selbst zu hüten — denken Sie sich in einem Zimmer mit

7 andern Menschen, ohne einen Augenblick von Ruhe und Stille, und genöthigt, sich stündlich mit der Reinigung deßen was Sie umgiebt zu beschäftigen, damit Sie im Staube nicht vergehn — und dann ein Herz voll der tiefsten Indignation gegen die gepriesne Gerechtigkeit, die mit jedem Tage durch die Klagen Unglücklicher vermehrt wird, welche ohne Untersuchung dort schmachten, wie sie von ohngefähr aufgegriffen wurden — muß ich nicht über Euch lachen? Sie scheinen den Aufenthalt in K[önigstein] für einen kühlen Sommertraum zu nehmen, und ich habe Tage da gelebt, wo die Schrecken und Angst und Beschwerden eines einzigen hinreichen würden, ein lebhaftes Gemüth zur Raserey zu bringen. Und doch war das Ungemach der Gegenwart nichts gegen die übrigen Folgen meines barbarischen Verhaftes.

Meine Gesundheit ist sehr geschwächt — aber wahrlich die innre Heiterkeit meiner Seele so wenig, daß ich heute den Muth habe noch in einem eignen Zimmer, wo es Stühle giebt (seit dem 8ten April sah ich nur hohe hölzerne Bänke), und an einem Ort, wo ich keine Gefangenwärter und Wache mehr zu sehn brauche, glücklich zu fühlen, so heftig mein Kopf schmerzt und ein unaufhörlicher Husten, der ganz anhaltend geworden ist, mich plagt.

Sie werden vielleicht schon erfahren haben, daß der Churfürst (auf sehr dringende Vorstellungen hin, die ihr Gewicht haben sollen) uns die Wahl zwischen zwey kleinen Städtchen ließ, um dort Orts-Arrest ohne Bewachung zu haben. Wir wählten dieses Städtchen, das nur eine Stunde von K[önigstein] und 2 von Frankf[urt] liegt.

Der Gesichtspunkt, uns als Geißeln zu behandeln, ist fest gefaßt, und von persönlicher Schuld nicht die Rede. Wir haben uns endlich an unsre Regirung gewandt und ihren Schutz begehrt, auch an den König von Pr[eußen]. — Diese bedingte Freyheit kan mir nicht genügen — ich muß vom Schauplaz abtreten können. Ist diese Erleichterung, die das wenigste ist, was man thun konte, wenn K. nicht mein Grab werden sollte, Befreyung? Wer giebt mir Ersaz für diese schrecklichen Monate, für öffentliche Beschimpfungen, die ich nie verdienen konte, für den Verlust meiner liebsten Hofnungen? — Sie sprechen von Formalitäten, die sezen Anklage, Vertheidigung, Untersuchung voraus — wo fand dergleichen Statt? Räuberformalitäten übt man an uns — und Sie thun nicht wohl im deutschen Eifer einer Nation ausschließend das Räuberhandwerk zuzueignen. Wir müssen Sie es wenigstens nicht sagen, die ich 160 Gefangne sah, welche durch deutsche Hände giengen, geplündert, bis auf den Tod geprügelt worden waren, und ohngeachtet die wenigsten von ihnen den Franken wirklich angehangen hatten, jezt der teutschen Großmuth fluchen mußten. K. bildet eifrige Freyheitsshne — alles was sich noch von Kraft in diesen Armen regt, lehnt sich gegen dies Verfahren auf. Ich kan es begreifen, daß man scharf straft, aber daß ganz Unschuldige ohne alles Verhör so lange jammern müßen, da die M[ainzer] Regierung M. nicht wieder einzunehmen, sondern Muße genug für die Uebung der Gerechtigkeit hat — das ist unverantwortlich und sehr unpolitisch.

Verzeihen Sie meine Lebhaftigkeit um so eher, lieber G., da sie Eurer Freundschaft kein unwillkomner Beweis seyn muß, daß die Härte des Schicksaals mich nicht in den Staub gedrückt hat.

Ich höre von dem guten Porsch gar nichts mehr — unter uns, ich glaube, er wird ein bischen wild seit ihrem Tode. Das thut mir sehr leid.

Wenn man mir schreiben will, so bitt ich eine Adreße an Hrn. Franz Wenner, in der Barrentrapp und Wennerschen Buchhandlung zu machen — offne Briefe sind forthin eine unnöthige Bemühung.

Ich umarme Louise und Wilhelmine — seyd ja nicht bös auf mich, lieben Leute — ich lache die Großen aus, und verachte sie, wenn ich tief vor ihnen supplicire, aber ich bin wahrhaftig nur eine gute Frau, und keine Heldin. Ein Stück meines Lebens gäb ich jezt darum, wenn ich nicht auf immer, wenigstens in Deutsch[land] aus der wirklichen Sphäre der Unbekanntheit gerißen wäre.

16. JunL

Machen Sie um die Einlage noch ein Couvert an Meyer in Berlin, bey dem Hofbaurath Itzig, und senden Sie sie gleich fort.

Mir ist gar nicht wohl — der Husten ist hartnäckig und quälend. Adieu lieber Gotter.

80.

An Meyer.

Kronenberg d. 15. Jun. [17]03.

Im März haben Sie meiner noch gedacht und mir etwas alte Tugend zugetraut — ob Sie gleich viel Albernheit bey mir vermutheten. Wie es jezt mit Ihrer Meinung steht, weiß ich nicht. Ich schrieb Gott[er] leythin: „Wenn M. hört, was mir wiederfahren

ist, so wird er mich detestiren, und er hätte recht, wenn ich es mir wirklich zugezogen haben könte"[1].

Wie viel hätte ich Ihnen zu sagen, wodurch Sie freylich um nichts weiser werden würden, wenn Sie es wüsten, denn Menschen-Thorheit und Schlechtigkeit und die wunderbaren Verkettungen unvermeidlicher Zufälle kennen sie lange. — Ich habe zwey schreckliche Monate durchlebt — meine Gesundheit hat sehr ernstlich gelitten — aber gieb mir morgen Ruhe und Verborgenheit, so vergeße ich alles und bin wieder glücklich.

Seit Jänner war ich fest entschloßen M[ainz] zu verlaßen und nach Gotha zu gehn — auch Sie schloß ich mit in meine Rechnung — in G. hofft ich Sie zu sehn. Theilnahme an F[orster], der eben um die Zeit erfahren sollte, daß Th[erese] die halbe Gerechtigkeit üben wollte, sich von ihm zu trennen, hielt mich in M. Gänzliche Unbekantheit mit allem was außerhalb M. vorfiel, ließ mich diese Verzögerung als eine gleichgültige Sache betrachten, und mich selbst hielt ich für völlig unbedeutend bey meiner Art zu leben, die durch keine einzige öffentliche Handlung, kein Zeichen des Beyfalls oder eine solche Absurdität wie Sie nahmhaft machen (: sich Mährchen aufbinden zu laßen, dem Schicksaal scheint kein Mann entgehn zu können:) unterbrochen oder befleckt wurde. Einer Gemeinschaft mit meinem tollen Schwager[2], der nie meine Wohnung betreten hat, mache ich mich nicht schuldig. Allein meine Verbindung mit J. in Abwesenheit seiner Fr[au], die eigentlich nur das Amt einer moralischen Krankenwärterin zum Grunde hatte, konte von der sittlichen und politischen Seite allerdings ein verdächtiges Licht auf mich werfen, um das ich mich zu wenig bekümmerte, weil ich selten frage, wie kan das andern erscheinen? wenn ich vor mir selbst unbefangen oder gerechtfertigt dastehe. — Der Himmel weis, welche treue Sorge ich für J. trug. Ich wuste nichts von Th. Plänen — Ende Dec. schrieb sie mir: Lieb und pflege J. und denke vor dem Frühling nicht an Aenderung des Aufenthalts, bis dahin läßt sich viel hübsches thun. Das war der einzige und lezte Brief seit ihrer Abreise — seit dem keine Silbe, weder an die F[orster] noch mich. Ich errieth indeßen ihre Absicht, und sah, wie viel mehr J. bey jeder Verzögerung leiden würde, da er nichts zu ahnden schien — darum schrieb ich im Jänner an H[uber], worauf er mir antwortet: „Sie sind gut und brav mir so

---

[1] S. vorher S. 121.
[2] G. Böhmer; s. S. 110.

entgegen zu kommen, und ich danke Ihnen, daß Sie mir noch fühlbarer machten, daß ein Aufschub unedel sey". Hierauf folgte auch bald ein Brief von ihm an George¹, deßen Ueberbringerin ich seyn muste. — Th. schrieb zu gleicher Zeit — und die Sache ward ausgemacht, daß H[uber] Th. und Claren haben und Georg das älteste Kind behalten sollte. F. Stimmung war so schwankend, daß es alle unermüdliche Geduld weiblicher schwesterlicher Freundschaft erforderte ihn zu ertragen, allein Du, der Du alle seine anziehenden Eigenschaften kenst, wirst es leicht begreifen, wie sie eben in der Verbindung mit mitteldeutschstrriger Schwäche mich zur allerfreywilligsten uneigennüzigsten Ausdauer bewegten. Hier sind ein paar Zettel von ihm, die ich Sie aufzuheben bitte² — es sind die einzigen, die ich noch habe, ich zernichtete alles was von seiner Hand war, und mag auch diese nicht mehr bey mir führen. In der Mitte des Febr. ging er ans Land und blieb 3 Wochen aus — ich war indeß so krank an Gicht-Anfällen, daß ich zu Bett lag, und nicht reisen konte. — Bis zu Ende März litt ich bald mehr bald weniger so schmerzhaft, daß ich eine Reise noch am 26sten für unmöglich hielt und in Todesangst da lag. Am 24. ging George nach Paris, und ich trennte mich auf immer von ihm. Endlich mach ich mich am 30sten mit Meta³ und der alten Mutter auf den Weg, um über Mannhelm nach Gotha zu gehn, wo G[otter] schon seit langer Zeit mein Absteigequartier bereitet hatte. Wir musten umkehren, weil die Pr[eußen] schon das Land im Besiz hatten — wir vertrauen uns einem Mann an, um nun grade zu nach Frankf[urt] zu reisen, der einer von den Leuten ist, die im Geruch der Rechtschaffenheit stehn, aber aus Furchtsamkeit aller möglichen Schurkenstreiche fähig sind — das war dumm, da ich ihn bey dieser Gelegenheit zum erstenmal sah — aber wie kont ich an Verrath denken, da mirs nicht einfiel, mich für verdächtig zu halten? Sobald man uns auf unsre ominösen Nahmen hin anhält, überliefert uns dieser Mensch, um seine Loyalität zu retten — immer ohne Ahndung des schrecklichen Ausgangs bleiben wir 3 Tage in Fr[aulfurt] und halten heilig den auferlegten Stadtarrest, indem er ins Hauptquartier geht, auf welche Expedition erst Bewachung im Hause, und dann ein Transport nach Königstein folgt. Ich erzähle Dir nur kurz, ohne die Empfindungen zu schildern, in die Du Dich noch wirst verlezen

---

¹ Forster.
² Sie fanden sich nicht bei diesem Brief.
³ Frau Forkel mit ihrer Mutter.

können, so hartherzig Du seyn magst. Ich bin ja niemals eine unnatürliche Heldin, nur immer ein Weib gewesen — ohne zu erliegen fühlt ich alles — weich machte mich nur der Anblick meines Kindes. Nach einem Verhaft von mehreren Wochen erfahren wir, daß man uns als Geißeln gegen Mainzer nüzen will, die nach Fraukr[eich] geführt wurden — man erwartete, wir würden in der Verzweiflung alles thun, um eine Auswechslung zu bewürken, und sie durch F. und W.¹ zu stand bringen können. Wir haben uns bis diesen Augenblick standhaft dagegen gesezt, und der Schritt wär auch nothwendig fruchtlos — häufige und dringende Verwendungen habens endlich dahin gebracht, daß man uns hier Orts-Arrest gegeben hat, statt des ungesunden, fürchterlichen, unverdienten Gefängnißes in Königst[ein] — Wie man diese Sache zu endigen denkt, weiß ich nicht — wir haben uns jezt an unsre Regierung gewandt — was ich da erlangen kan, ist wenigstens der Beweis nicht als Geißel dienen zu können — dann kan man mich noch mit falschen Anzeigen chikaniren — hätte man mit Untersuchung angefangen, so könt ich schon ganz erläßt seyn — allein man hat vorher gestraft — um eine Erbitterung zu befriedigen, die ich mit F[orster] theilen muß — wenn etwa nichts zu erweisen wär. Noch hab ich kein Faktum erfahren, daß man mir schuld giebt, nichts wie allgemeine schändliche und absurde Gerüchte.

Mir kan nicht genügen an dieser bedingten Freyheit — ich muß bald vom Schauplaz abtreten können, wenn ich nicht zu Grund gehen soll. Wolte Gott, Sie wären in der Nähe, und ich könte Sie sprechen. — Ueber meine Schuld und Unschuld kan ich Ihnen nur das sagen, daß ich seit dem Jänner für alles politische Interreße taub und todt war — im Anfang schwärmte ich herzlich, und F. Meinung zog natürlich die meine mit sich fort — aber nie bin ich öffentliche noch geheime Proselytenmacherin gewesen, und in meinem Leben nicht aristokratisch zurückhaltender in meinem Umgang, als bey dieser demokratischen Zeit. Von allem deßen man mich beschuldigt ist nichts wahr. Bey der strengsten Untersuchung kan nur eine Unvorsichtigkeit gegen mich zeugen, von der ich noch nicht in Erfahrung bringen konte, ob man sie weiß, und die grade nur Mangel an Klugheit ist.

Du mußt mir auf mein Wort glauben — es ist sehr möglich, daß es das lezte ist, was ich zu Dir rede.

---

¹ Vielleicht Wedekind.

H[uber] schreibt mir noch, von Th. kein Zeichen des Lebens und der Theilnahme. Ich verachte es, jemand mein Unglück schuld zu geben, — sonst könt ich fragen — wer hat mich nach M[ainz] gelockt? warum blieb ich dort? — Ich denke an Th. nicht. F. schrieb ich — er sollte vielleicht noch nicht antworten. Aber mögen sie doch alle sich nur mit sich beschäftigen.

Meine Existenz in Deutsch[land] ist hin. Es giebt keinen Mann von dem ich noch abhängig wär, oder ihn genug liebte um ihn schonen zu wollen. T.[1] hätte mich durch etwas mehr männlichen Muth und ein entscheidendes Wort retten können — der einzige Mann, dessen Schuz ich je begehrte, versagte ihn mir. Meine sehr entschiedne instinktmäßige Neigung zur Unabhängigkeit ließ mirs nie zu, meine Gewalt über irgend einen andern nuzen zu wollen. T. wird sich quälen — warum sollte er nur das für mich? Er wollte nicht glücklich seyn — und für mich verfloß die Zeit auch, wo Entbehrung Genuß ist. Hätte T. im December, wie ich ihm ängstlich über meine Zukunft schrieb, gesagt — verlaße M., so hätt ich ihm gehorcht — statt dessen heißts — ich bin in Verzweiflung nichts für Dich thun zu können. Meine Geduld brach, mein Herz wurde frey, und in dieser Lage, bey solcher Bestimmungslosigkeit meinte ich nichts Beßres thun zu können, als einem Freund trübe Stunden erleichtern, und mich übrigens zu zerstreun. — Seit dem Jan. hab ich T. nicht geschrieben und werde es auch nicht wieder — außer in einem Fall.

Ich bin nun isolirt in der Welt, aber noch Mutter, und als solche will ich mich zu erhalten und zu retten suchen. Was mich beunruhigt und zuweilen die Frölichkeit meines Muthes schwächt, ist der Zustand meiner Gesundheit — und die Leiden meiner Mutter. In derselben Woche, wo ich meine Freyheit verlor, büßte Lotte[2] ihr Leben im Kindbett ein. Die Mutter jammert, aber Lotten ist so beßer — sie war glücklich, da sie starb, und sie hätte noch viel Unheil erfahren können, wenn sie länger gelebt hätte.

Von meiner Zukunft muß ich schweigen, weil ich nicht alles, was die Gegenwart betrift, dem Papier anvertraun kan. Schreiben Sie mir sogleich wie lange Sie noch in B[erlin] bleiben. Sie können sich darauf verlaßen, daß Sies mit Sicherheit dürfen, und mir liegt an der Antwort. Machen Sie einen Umschlag an Hrn. Franz Wenner,

---

[1] Ohne Zweifel Tatter.
[2] Lotte Dieterich.

in der Varrentrapp und Wennerschen Buchhandlung in Frankfurt]. Ich bekam Ihren Brief vom 9ten März vor ein paar Tagen durch Hub[er], dem ihn Amalie geschickt hatte.

Lebe wohl. Was Du von mir hören magst, jezt da ich einem gehäßigen Publikum schmälich überantwortet bin — und was für Entschlüße ich ergreifen möge — denk, ich sey dieselbe Frau geblieben, die Du immer in mir kantest, geschaffen um nicht über die Gränzen stiller Häuslichkeit hinweg zu gehn, aber durch ein unbegreifliches Schicksaal aus meiner Sphäre gerißen, ohne die Tugenden derselben eingebüßt zu haben, ohne Abendtheurerin geworden zu seyn. Nochmals lebe wohl.

81.
An Gatter.

[Kronenberg] 30. Jun. [17]93.

Unglücklicher weise bekomme ich Ihren Brief so spät, daß ich nur in Eile ein paar Zeilen hinwerfen kan, mit denen ich einen besondern Boten nach Frankfurt schicke, um Sie zu bitten, mir die beyden Briefe gleich zu übersenden. Unter Fr. Wenners Adreße geschieht es mit der vollkommensten Sicherheit. Nächstens mehr. Ich habe hier das Zimmer noch nicht verlaßen, aber einen Arzt bekommen, woher ich ihn nicht vermuthete. Mein jüngster Bruder eilte auf die Nachricht meiner unglücklichen Lage aus Italien herbey, um mir beyzustehn. Er ist in Frankfurt sehr thätig. — Noch eine gute Nachricht — die Coffer sind wieder gefunden; sie waren in preußischen Händen — sind jezt bey Mainz[er] Regier[ung] en dépot.

Diese Nacht habe ich den Wiederschein der Flammen von Mainz gesehn — ich habe keine Ruhe mehr — der Laut des Geschützes macht hier die Fenster zittern, ob M. gleich 3 starke Meilen davon ist. O dies unaussprechliche Elend!

82.
An Gatter.

[Frankfurt] d. 13. Jul. [1793].

Meine theuren lieben Freunde — ich bin frey durch die unabläßigen und edlen Bemühungen meines jüngsten Brudern — vielleicht wißt Ihr es schon, wenn dies zu Euch komt, aber heiße Dankbarkeit für solche Theilnahme, wie ich bey Euch fand, heißt mich den ersten

Augenblick eines wiedergegebenen Lebens Euch widmen. Ohne alle Bedingungen, ohne ein Wort von Untersuchung mußte man mich entlaßen. Phil[ipp] schickte dem König eine gut unterstützte Bittschrift in seinem Nahmen — der mainzische Minister Alb.[1] hatte behauptet, nur von dieser Seite würde meine Befreiung verzögert. Aber es zeigte sich wohl anders — ja die Mainzer hatten schon einmal eine Untersuchung von dorther gehindert, und fest bey der Idee beharrt, als Geißel mich zu nützen und zu quälen. Friedrich W[ilhelm] hatte bis dahin geglaubt, ich sey B[öhmer]s Frau — er gewann Interreße, und sezte es troz allen Wiedersezlichkeiten der M. Minister, die sich dem Gucgucg ergeben wollten, durch drey auf einander folgende Briefe an seinen Commandanten zu Frankfurt durch. Hier sind die Rescripte[2] — wo doch wahrlich im preußischen gütiger und im andern bonne tournure à mauvais jeu sichtbar ist. — Was mir süß ist, ist dies alles dem braven Bruder zu verdanken, und vielleicht in dieser guten That Belohnung für ihn aufblühn zu sehn. Sein Betragen gegen eine

---

[1] Albini.
[2] Die auf die Freilassung bezüglichen Rescripte mögen hier mitgetheilt werden:

Wohlgelahrter, besonders lieber. Es ist ganz und gar nicht Mein Wille, daß schuldlose Personen das verdiente Schicksal der Verbrecher theilen sollen, die sich die Gefangenschaft auf dem Königstein zugezogen haben. Da Ich nun Eurer Versicherung, daß Eure daselbst befindliche Schwester, die Wittwe des Bergmedikus Boehmer nichts verschuldet habe, allen Glauben beylege, so habe Ich dem Major von Lucadow befohlen, dieselbe, nebst ihrem Kinde, auf freyen Fuß zu stellen. Ich mache Euch solches auf Euer Schreiben vom 1sten dieses, in Antwort bekannt und bin Euer gnädiger
Im Lager bey Marienborn d. 4ten Jul. 1793.
           Fr. Wilhelm.
        An den Doktor Medicinae
        Michaelis, zu Frankfurt.

Der Frau Doktorin Böhmer ist zu bedeuten, daß, nachdem Se. Kurf. Gnaden ihre weitere Deklaration nicht verlangten und nun auch von des Königs von Preußen Majestät ihre Befreiung resolvirt seyn, sie nebst ihrem Kinde hiermit nach bezahlten Kosten, wovon in der Anlage ein Verzeichniß beigebogen ist, freigegeben werde. Dieselbe muß sich aber mit ihrem Kinde hieher verfügen und bei dem Königl. Preußischen Herrn Kommandanten dahier in der Absicht melden, damit sie die erforderlichen Pässe zu ihrer Rückreise erhalten könne.
Franffurt d. 11. Juli 1793.   Von Moers.
 H. Amtskeller zu Kronberg.

unglückliche Schwester hat ihm¹ so wohl gefallen, daß etwas für seine
Beförderung im Preußischen zu hoffen steht — er hat in der Dank-
schrift seine freywilligen Dienste in den Hospitälern der Armee
angeboten.

Aber schwer ists mir geworden, die eben so ungerecht gefangen
gehaltne J[orkel] zurück laßen zu müßen — allein ich hoffe hier auch
baldige Endigung.

Du erwartest nun, meine liebe, liebe Louise, Deine unglückliche
Freundinn wieder aufheitern zu können — Du erwartest mich in
Deinen Armen — aber das ist nicht möglich. Ich konte die lezte
Zeit nicht viel schreiben — die Verhandlungen, die mich an dies Ziel
brachten, sind Dir also unbekant geblieben, und noch läßt sich nicht
alles entwickeln — aber der dringende Rath solcher, denen ich hierin
viel zu danken habe, ist, bis alles, was M[ainz] betrift, geendigt seyn
wird, mich verborgen, unter fremdem Nahmen aufzuhalten, obgleich
im Preußischen. Mein Bruder fordert, daß ich in der nächsten
Stunde gehe — ich muß also — ich darf Gotha nicht berühren, und
ich brannte vor Begierde euch wenigstens auf kurze Zeit zu sehn —
denn Erholung in tiefer Stille, hat meine Gesundheit und meine
Seele nöthig, und in so fern ist mir jenes Muß lieb. Ich schreibe
bald wieder. — —

Lieber Gotter — ich danke Ihnen jezt noch einmal wörtlich, wie
ich im Stillen Ihnen lebenslang für Ihre Freundschaft danken werde.

83.
An Meyer.

[Leipzig] 30. Juli 1793.

Sie wißen nicht, welch eine Wirkung Ihr Brief vom 26. Juli
auf mich haben muste, vielleicht ahnten Sie es um etwas deutlicher
seit meinem lezten. Ihr Rath raubt mir die einzige Zuflucht, die
ich mir bestimt dachte. Ich habe mich gehütet Ihnen in der ersten
Stunde zu antworten, nicht als wäre eine unwillige Bewegung gegen
Sie in mir gewesen — aber ich fürchtete mich meiner ganzen Be-
stürzung zu überlaßen und Sie damit zu bestürmen. Ich will ruhig
seyn, so viel ich vermag — bedenken Sie nur, daß ich von allen
Seiten angegriffen bin, von denen ein Weib leiden kan. — — In B[erlin]

---
¹ D. h. wohl: dem König.

dachte ich Hülfe jeder Art, Geheimniß und einen Mann zu finden, deßen Kopf den meinigen in Zeiten beschäftigt hätte, wo ich mich nicht mit ihm allein trauen kan — einen Mann, auf deßen menschliches Gefühl und Rechtschaffenheit ich rechnen konte. Zugleich hätte dieser Aufenthalt meinen Verwandten mehr Beruhigung wie einer außerhalb Deutschland gewährt, und an politischem Schuz zweifelte ich nicht — oder glaubte vielmehr daran nicht weiter denken zu dürfen, weil der K[önig] sich meiner bestimmt angenommen hat, weil die Menschen, auf deren Wort er es that, mir den Rath gaben, am ersten nach B[erlin] zu gehen, weil, wenn ich auf meinem Namen da erscheinen wollte, ich die schüzendsten Empfelungsschreiben hätte bekommen können, weil mein Bruder als freywilliger Arzt in pr[eußischen] Diensten steht, und hoffentlich ordentlich angesezt wird — und endlich der Paß des Commandanten in Fr[ankfurt] mich vors erste auch in Berl[in] sicher stellen muste. Ich muß Ihnen sagen, dürfte ich meinen Nahmen führen, so würden mich alle diese Umstände noch gegen Ihren Rath bestimmen, dem ich jezt wohl folgen muß, wenn Sie dabey beharren. — — Gotter kent mich — er ist diskrett — ich habe seine und seiner ganzen Familie Theilnehmung in einem Grade, die meine herzlichste Dankbarkeit auffordert. — — Er rieht mir hier den Aufenthalt auf dem Lande ab, denn in der Nähe dieser Stadt ist das Land im Sommer ärger wie die Stadt — man erregt dort mehr Neugierde. Die Befehle sind übrigens so streng, daß man Mauv[illon], weil er Mirab[eaus] Freund war, nicht dulden will, ob er gleich Officier in Diensten des H[erzogs] von B[raunschweig] ist. Bis zur Meße, noch 2 Monat, kan ich in diesem¹ Haus nicht bleiben. — — Die Ueberzeugung hab ich einmal, daß Sie ein ehrlicher Mann sind, der eine ernste Sache ernst behandeln kan. Es kan seyn, daß ich daßelbe Zutraun hätte, wenn Sie es auch weniger verdienten. Denn Argwohn kan mein Talent nicht seyn, so lange ich aus der Erfahrung meines Herzens weiß, daß Redlichkeit eine mögliche Sache ist. Soll ich jederman für weniger gut halten wie mich selbst? — Ich zweifle nicht daran, daß Sie einen kleinen Embarras überwinden werden um mir zu helfen. Mehr fodre ich nicht — es könte mir nicht einfallen, das Opfer eines gegebenen Worts zu begehren, und ich würde mich überhaupt scheuen Ihnen irgend etwas zu verdanken, wenn Sie mir das mindeste zu verdanken haben könten. Vielleicht ist es diese Denkart, diese unauslöschlich nothwendige Handelsweise, die in

---

¹ Göschens.

diesem Augenblick mich alles Schuzes beraubt. Mag es seyn! — —
Wie ich von jedermann verlaßen, mir allein nicht einmal die Möglichkeit
zu sterben hätte verschaffen können, vertraute ich mich einem Mann,
den ich von mir gestoßen, aufgeopfert, gekränkt, dem ich keinen Lohn
mehr bieten konte, wie es wohl in der Natur meines Vertrauens
lag — und er betrog mich nicht. — —

84.
An Meyer.
16. August 1793.

— — Sie können mich verwunden, denn ich bin weicher wie
gewöhnlich, und Sie hätten mir Gutes thun können, aber meine
Faßung bleibt die nehmliche, wenn Sie auch den Ton gegen mich
ändern. Ich müste nicht argwöhnisch, sondern blind seyn, wenn ich
die Aenderung nicht bemerkte. Nur eine einzige Vermuthung habe ich
über die Ursache — der Canzleysekretair Br. hat Ihnen geantwortet
und Sie über eine Frau zurechtgewiesen, die er durch pöbelhafte
Gerüchte genugsam kent. Sie haben Verdacht gefaßt, weil Sie mit
dem Weltlauf bekant sind. Worte, Briefe sind nichts. Das ist auch
mein Glaube. Seit 4 oder 5 Jahren sahn wir uns nicht, was kan
seitdem aus mir geworden seyn?

So viel ist gewiß, daß wir uns von nun an misverstehn
müßen, bis uns der Zufall zusammenführt. Ich glaubte lezthin, Sie
vielleicht noch innerhalb der 3 nächsten Monate zu sehn, aber Sie
kündigen mir ein langes Verweilen in B[erlin] an. Was nachher
geschehn kan, ist wenigstens zweifelhaft. — —

85.
An Friedrich Schlegel.[1]
[Ende August 1793].

— — Sie fühlen welch ein Freund mir W[ilhelm] war. Alles
was ich ihm jemals geben konnte, hat er mir jezt freiwillig, uneigen-

---

[1] Gemeint ist ohne Zweifel A. W. Schlegel, vgl. Nr. 85 und die Beilage 1.

[2] In einem Brief Friedrichs an A. W. Schlegel vom 25. August abgeschrieben. Die Briefe Carolinens an diesen sind aus den frühern Jahren

nützig, anspruchslos vergolten, durch mehr als hülfreichen Beystand[1]. Es hat mich mit mir ausgesöhnt, daß ich ihn mein nennen konnte, ohne daß eine blinde unwiderstehliche Empfindung ihn an mich gefesselt hielt. — Sollte es zu viel seyn, einen Mann nach seinem Betragen gegen ein Weib beurtheilen zu wollen, so scheint mir doch W. in dem, was er mir war, alles umfaßt zu haben was man männlich und zugleich kindlich, vorurtheilsloß, edel und liebenswerth heißen kan. — —

86.

An Meyer.

13. Sept. 1793.

Schreiben mag ich nicht mehr, aber die Aussicht, daß Sie kommen, ist mir sehr lieb, und ich möchte sie um alles nicht aufgeben. — — Ich war krank, sonst hätte ich gleich geschrieben, denn sehn will ich Sie — und wenn es nun nicht geschieht, so werd ich glauben müssen, daß Sie nicht zuverläßiger sind als Ihr Vorbild oder Nachbild. — — Genug — kommen Sie — es ist ein Beweis Deiner Gesinnung, den Du mir schuldig bist.

87.

An Gotter.

4. Nov. [1793].

In Amsterdam?[2] Warum nicht lieber den Seelenverkäufern in die Hände gefallen, und nach Ostindien eingeschifft. Nein, ich bin näher, und hätte große Lust mich heut noch aufzumachen, um urplötzlich zwischen Euch zu erscheinen. Ich bin auch recht wohl, die Erbsünde abgerechnet — nemlich dann und wann die verwünschten Gichtanfälle, die mich vor dem Jahr in M[ainz] aufhielten. — Also wäre das Ihr Ernst, lieber Gotter, mich, so verdammt und verbant ich bin,

---

nicht erhalten, von denen an Friedrich nur einzelne Fragmente wenigstens mir bekannt geworden. Dagegen geben die Auszüge aus Friedrichs Briefen an den Bruder in Beilage I Auskunft über die Beziehungen Carolinens zu beiden vor dem Jahr 1796.

[1] Er hatte sie nach ihrer Entlassung aus der Gefangenschaft nach Leipzig begleitet.

[2] Wo damals A. W. Schlegel lebte.

auf einige Zeit in Ihr Haus aufzunehmen. — Sie fürchten nicht, durch mich in böse Nachrede zu kommen? Ihr ganzes Bezeigen ist wahrhaftig das, was man ächte Freundschaft nennt. Ich wünschte — und habe einige Hofnung, früher wie um Ostern Gelegenheit zu finden nach G[otha] zu kommen — bis Ostern, wo mein Schicksaal weiter entschieden werden würde, hälte ich Sie dann wohl mich in die Rest zu nehmen — ordentlich auf und an — sonst komm ich gar nicht über die Schwelle — wir werden das noch weiter verabreden. —

Meyer hat mich besucht, und das hat mir ganz außerordentlich viel Freude gemacht — ob wir von Gotha schwazten, läßt sich denken! Er hatte eine Reise gemacht, und ging nach B[erlin] zurück. —

Hubern hab ich direckt geantwortet — und habe viel sagen müßen; das hat mir nun wieder Zeit genommen, und er ist auf eine andre Weise an der Kürze dieses Zettels schuld, wie Sie es mir jezt vorwerfen. — Seine Juliane ist fertig und wird gedruckt. — Haben Sie den Bürger-General Schnapps gelesen? Die Leute sagen, es wär von Göthe.

Der gute Porsch — er wollte ja Franckfurt verlaßen. Ich denke nicht ohne die innigste Dankbarkeit und die herzlichsten Wünsche an ihn.

Grüßen Sie Mutter S[chläger] — ach wenn ich Euch alle wiedersehe! Ich umarme Sie und Louisen.

81.
An Meyer.

9. Dec. 1793.

— — Götter hat mich wieder in sein Haus geladen — ich werde im Januar wohl hingehn, und dann wollen wir weiter sehn.

Ein paar Tage nachdem ich Sie gesehn hatte, kam ein Brief von Th[erese] an, ein Manifest der Selbstherrscherin der Reußen an die Republik Pohlen. Sie berichtet mir, daß sie nun seit 12 Jahren an der Existenz meines Herzens gezweifelt, und mir ein bloßes Kunstgefühl zugetraut hätte — das soll ihr Unrecht gegen mich erklären. Haben Sie darum gewußt? Mir komt das wie ein rechter Kunstgedanke vor. Auch wären wir Rivalinnen gewesen von Kindesbeinen an. Es will hervorleuchten, als hätte sie mich mehr für die ihrige gehalten, als ich jemals selbst mich dafür hielt, und weiß der Himmel, daß es nie Einfluß auf meine Beurtheilung und meine

Liebe hatte. — Jemer hätte sie immer gar viel Böses von mir gehört. Das will nun freilich etwas sagen. Ich hab ihr geantwortet, für eine Frau von Verstand hält ich mich mein Leben lang erbärmlich betragen, und wär also nach ihrer Vorstellung so geist- wie herzlos. Eines andern sie zu überführen möchte zu spät seyn. Sie will mich wieder. — Was ist das nun? Ich könt Ihnen mehr aus dem Brief sagen, aber ich thu es nicht, denn Sie würden Anlaß zum Spott finden, und wir könten ihr beide Unrecht thun, was ich nicht mag.

Ich weiß durch Minchen B.[1], daß seit dem Mai Amalie nicht mehr mit Th. in Verbindung ist, und ein Brief, den sie jener damals schrieb, A. sehr choquirt hat, vielleicht auch mit Unrecht. Leben Sie wohl. — — Antworten Sie mir gleich.

89.
An Gotter.

Leipzig d. 4ten Febr. [1794].

Wer weiß! dies Blatt komt noch wohl vor mir, und macht daß meine lieben Freunde im G—schen Hause sich noch nicht zu Bett gelegt haben, wenn Abends spät am 6ten Febr. ich mir die Freyheit nehme da vorzufahren. Dann laßt mich die Thore offen finden und Euer Herz mir geneigt.

Adieu so lange.

90.
An Meyer.

Gotha 20. Febr. [17]94.

Lange hab ichs aufgeschoben Ihnen zu schreiben, denn es sollte erst hier geschehn, und so wie ich nun die Feder hinnehme, wünscht ich, daß alles, was ich zu sagen habe, schon stände, und von Ihnen erwogen worden wär — dann könt ich mich schon Deines Mitleids trösten. Mitleid, lieber Meyer — denn unter Menschen ist die Frölichkeit meiner Ruhe von mir gewichen. Ich bin seit 12 Tagen hier. Die drey Familien, die Sie kennen, G., S. und B.[2] nehmen

---
[1] Wilhelmine Bertuch.
[2] Gotter, Schläger und Bertuch.

mich sehr freundschaftlich auf, aber die Stimme aller Uebrigen ist
wieder mich, und so viel ich noch urtheilen kan, in einem Grade,
den Sie, der Sie diesen Ort beßer wie ich kennen, nicht erwartet
haben. Ich habe niemand besucht von der Menge meiner Bekanten —
niemand gesehn, denn die acht Tage über da ich in G[otter]'s Haus
war, vermied man es. Das politische Urtheil, das hier so schneidend
ist, wie an irgend einem Orte, gilt als Vorwand, um sich erklärt
von mir zu wenden. Für meine Freunde selbst bleibt so vieles im
Dunkeln, daß sie vielleicht bald den Muth verlieren, für mich zu
streiten. Die Verschuldungen meiner ehemaligen Freunde, die Fehl-
tritte, zu denen ich hingerißen wurde, ja meine Tugenden selbst haben
sich gegen mich verschworen — der wunderbare Zufall so gut wie die
natürliche Folge meiner Handlungen drückt mich nieder — und ich
kan nicht verlangen, daß es anders seyn soll. Wer kent mich wie
ich bin — wer kan mich kennen! Man hält mich für ein verworfnes
Geschöpf, und meint es sey verdienstlich, mich vollends zu Boden zu
treten. Die Verwünschungen, die über Th[erese] ausgesprochen werden,
treffen mich mit. Um diese Situation zu überwinden, müßt ich wahrhaftig eine Zauberinn seyn. — — Wißen Sie keine Hütte für mich?
Ich bin ja ausgestoßen und muß wenigstens ins Freye blicken können
— in einem Spiegel, der mich nicht entstellt zurückwirft. Ich fürchte,
der Schritt war falsch, unter bekante Menschen zu gehn. Zwar will
ich nicht zu früh urtheilen — vielleicht kan ich auch dies noch durch
Sanftheit besiegen — die Gefahr lauf ich nicht, es durch Erniedrigung
zu thun. Du wirst mich nicht für muthlos halten, weil ich lebhaft
gerührt bin — Du kanst nicht von mir erwartet haben, daß ich mit
gemachtem Heldenmuth dieser Art von Leiden trozen sollte — so
wenig als daß es mich mit mir selbst sollte uneins machen. Der
gewöhnten Achtung entbehren ist das härteste — Ich habe Genügsamkeit, die mich jede Einschränkung tragen lehrt — Ich bedarf den
Umgang und die Liebe der Menge nicht — aber kan ich gleichgültig
bleiben, wenn meine Freunde in Verlegenheit durch meine Gegenwart
gerathen? — — G[otter]'s sind sehr edel gegen mich, aber Du weißt,
sein Schuz hilft mir nicht. Die gute Mutter S[chläger] hält man vermuthlich für verblendet — sie hängt mit mehr als mütterlicher Liebe
an mir. Ich werde mit Fragen gequält, zu denen die Frager gedrängt
werden, weil sie gern andern möchten antworten können. Die Hof
nung, von hier aus die Familie des Vaters meiner Tochter zu versöhnen und das Bild, was man sich von mir macht, durch mich selbst

auszulöschen, führte mich her. Wenn man mich aber nicht einmal sehn will — so weidet man sich nur an meiner Verbannung. — —

Auguste ist ein glückliches liebes Mädchen — sie gefällt sehr durch ihre entschloßnen und graden Antworten und das Leichte in ihrem Thun und Wesen. Ich habe sie gefragt, ob Du ihr gesielest, was Du mir aufträgst — sie hat sehr weise erwiedert: ich kenne ihn noch nicht.

Bey H[orster]s Tod war mir — als hätt ich ein Kind in den Schlaf gewiegt. Er hat mir wenig Wochen vor seinem Tod geschrieben — unter anderm: ich habe den Schlag verziehn, der mich so schrecklich um allen Genuß bringt, daß er mir auch die Errinnerung an die Vergangenheit vergiftet — die lezten Worte waren: so mag denn des Leidens bis zur Auflösung kein Ende seyn. Von H[uber]s hab ich seit dem keine Briefe. Ther[ese] hat mich mit Rath überschüttet. Du kanst ruhig meinetwegen seyn — Von dem Einfluß dieses Sternes bin ich entzaubert — und was meine Meinung über Dich betrift, so hab ich mich darinn, wie in der über andre, nur immer vom eignen Gefühl leiten laßen. Warum bist Du nicht hier! Wegen Bert[in] schreib ich künftig mehr. Gös[chen] rieth mir dazu, wolte mir auch Empfehlungen geben.

Daß ich Amalien nicht sehn würde, wenigstens vors erste nicht, wußt ich vorher — ich kan Dir aber sagen, daß sie gut von Dir denkt, und Dich wohl gern sehn würde — aber dann werd ich zu so fern doch eifersüchtig werden, daß ich in der Zeit Dich nicht sehe. Sie und die Etlinger haben bey Mariannen viel Böses über mich eingesammelt. Schreib mir gleich — die Stimme des Freundes wird mir Wohllaut seyn. Dies republikanische Du ist übrigens um so wunderbarer, da Du mündlich vermuthlich zu viel Ehrfurcht hast, um es zu brauchen.

Mein Bruder ist 2ter Feldarzt der hann[överschen] Truppen geworden. — Was ich über die Erlösung[1] zu sagen hätte, will hier nicht mehr Platz finden — so viel — sie ist zum Entzücken schön geschrieben, aber warum mußtest Du etwas Allegorisches schreiben?

---

[1] Mir ist dies Gedicht oder Buch Meyers nicht bekannt.

91.

An Amalie Reichardt.

(Gotha 1791).

In einem Zufall, der sich gestern ereignete, finde ich die erste Veranlaßung ein Stillschweigen zu brechen, das, so kurz unsre Bekantschaft war, doch unter uns sehr unnatürlich ist. Mad. G[otter] glaubte Sie nicht annehmen zu können, weil ich bey ihr war. Mein hiesiger Aufenthalt mag auch nur kurze Zeit dauern, so können diese Fälle sich doch zu oft erneuern, als daß sie nicht meine Freunde in Verlegenheit sezten. Erlauben Sie mir also insbesondre eine Erklärung über mein eignes Gefühl in dieser Lage. Da ich hieher kam, war es nur meine Absicht einige Menschen noch einmal zu sehn, von denen ich in der Folge auf immer scheiden muß; ich wolte keinen meiner Bekannten besuchen, und auch Sie nicht. Das erforderte die Diskretion, die ich andern, und die Schonung, die ich mir selbst schuldig bin. Daß man mich aber so ängstlich vermeiden, daß man sich sogar hüten würde, nur meinen Nahmen gegen Personen zu nennen, mit denen man sonst von mir gesprochen hatte, und die ihre Theilnahme an meinem Schicksaal nicht verleugnen, das konte ich, wenigstens von einigen Einzelnen nicht erwarten, und von Ihnen gar nicht. Denn eben Sie müßen die Kette von Begebenheiten sich denken können, welche ohne eine andre Schuld als die eines lebhaften Mitgefühls und vorübergehender Irthümer mir so unaussprechlich harte Unfälle zuzogen — Sie müßen einsehn, wie grundlos die Beschuldigungen sind, durch die ich in einem Zeitpunkt allgemeiner Erbitterung, bey solchen und von solchen, die nie mich kanten, vielleicht nie mich sahen, entstellt worden bin — und fühlen, wie unwahrscheinlich es ist, daß ein kurzer Zeitraum mich so ganz und gar verwandelt haben sollte, um im Gedränge so mannichfacher Leiden nicht auf ein ehrenvolles Mitleid Anspruch machen zu dürfen. — Der Mann, den wir beyde einst innig bedauerten[1], sagt in einem Brief, den er mir wenig Wochen vor seinem Tode schrieb: „ich kan mir die Lieblosigkeit der Menschen gegen Sie denken; auf eine andre Art, und doch nicht anders hab ich sie an mir erfahren. Die Unmöglichkeit zu irren ist bey den meisten derer die so gern richten und verdammen nur eine Folge ihres Egoismus. Daß das daraus entspringende Unglück Verirrungen schonungswerth machen kan, daß es uns mit dem Fehlenden

---

[1] Forster.

aussöhnen muß, wenn wir auch unzufrieden mit ihm gewesen wären, davon haben diese Leute keinen Begriff".

Ich habe geglaubt, Amaliens Herz würde sie zu dem billigen Urtheil leiten, von dem er redet, und daß er ihr gewiß zugetraut hätte — aber das Verfahren, welches sie sich auferlegt zu haben scheint, überführt mich beynah eines andern. Mancherley Rücksichten verhindern jeden weitern Umgang unter uns — wollen Sie mir nur dies zu verstehn geben, so wundert mich, daß Sie es nicht für überflüßig halten. Glauben Sie mir Mißbilligung zeigen zu müßen um Ihrentwillen, so fällt doch das da weg, wo das Publikum gar nicht mit Ihrer Gesinnung bekant werden kan. Soll es aber Ahndung seyn, die mich trift — so laßen Sie mich Ihnen versichern, daß sich niemand härter tadelt wie ich mich selbst, wo ich mich tadelnswerth finde — daß aber kein Glaube irgend eines andern, keine Art des Benehmens gegen mich die Gründe erschüttern wird, welche meine ruhige Meinung über die Vergangenheit bestimmen. Ich frage Sie also so offenherzig, wie ich, wenn ich blos meine eigne Empfindung zu rath zöge, gegen jedermann verfahren dürfte, wollen auch Sie unnützerweise dazu beytragen, meine Lage zu erschweeren? Oder wollen Sie nicht lieber der Stimme folgen, die Ihnen das gewiß immer da verbietet, wo Sie Ursach haben, jemand für unglücklich zu halten. Und kan Amaliens sanftere Menschlichkeit vergeßen, wie schrecklich ich für jede mögliche Unbesonnenheit gebüßt habe, oder vielmehr das Opfer einer solchen Verbindung von Umständen geworden bin, über die ich nicht Herr war?

Ich werde Sie nicht aufsuchen, und nicht verlangen, daß Sie es thun möchten — nur seh ich nicht ein, warum wir jeder Möglichkeit uns zu treffen so gefließentlich aus dem Wege gehn sollten, daß es einem Dritten Zwang auflegt. Ich scheue den Blick keines Menschen, dem ich zutrauen darf, daß er ein Herz hat. Meinen Sie aber dennoch mich vermeiden zu müßen, so wünschte ich es wenigstens bestimt genug zu wißen, um von meiner Seite ganz gerade zu dabey verfahren zu können.   C. B.

92.
Therese Huber an Caroline.
den 25. Febr. 1794.

Dein Brief vom 28. December, glaub ich, ist uns erst am 21. Febr. in die Hände gekommen; wir begreifen diesen Aufschub nicht.

Jezt wirst Du wißen, wie traurig und unverhoft sich unser Schicksal verändert, wie schrecklich der Tod Bande zerrißen hat, die zu knüpfen so manchen fürchterlichen Kampf, so manches bittere Opfer gekostet haben. Er ruht nun im Grabe der gute, unglückliche Mann — dieses Gemisch der edelsten Eigenschaften, deren Uebermaß ihn zu Fehlern verleitete, die sein Leben vergifteten. Er hat nie meine Liebe besessen, nie meine Sinne, aber von unsrer Verbindung an meine wehmütige Zärtlichkeit, meine bange Sorgfalt. Sein Glück war zu meiner Ruhe nothwendig, — er war nie glücklich, und ich kannte nie Ruhe und Frieden. — —

In Deinem Brief ist manches unversöhnliche, das mein trübes Herz nicht versteht, aber in mir ist nichts, was mich abhält vor Dir, die Du Ihn kanntest, meinen unaussprechlichen Schmerz auszuschütten. — —

Ich habe da vieles gesagt, daß Dir nicht nuzt, aber Dir doch zeigen muß, daß Du mir nicht fremd bist, den ich gab Dir mein Heiligthum, meinen Jammer — die Zeit wird ihn lindern. Huber war ganz so edel wie bey allem was er that. Voß in Berlin hat sich mit einer höchst überraschenden Großmut betragen, alle Schuldscheine sind vernichtet. F[orsters] sämtliche Werke sollen in der Folge herausgegeben werden, jezt sein Nachlaß, und wahrscheinlich so bald wie möglich seine Korrespondenz zum besten der Kinder. Ob die Nation etwas für diese thun wird, ist noch nicht 'entschieden. In Paris ließ der gute F. nur Schulden, so daß ich vielleicht nicht einmal seine Uhr zum Andenken rette. — Er starb an einem Schlagfluß, zu einer Zeit, wo er sich auf der Beßerung glaubte. — O diese Bilder! — —

Ich habe unglaublich gearbeitet — Gottlob daß ichs kann.

Die Kinder sind gesund und ihres verlornen Vaters, ihres Versorgers werth. Kläre ist sehr liebenswürdig und glücklich; Röse gleicht ihm.

Karoline, wozu bestimmte uns beide das Schicksal? seit 15 Jahren was erfuhren, erfüllen wir? — —

Du lebst und Dein Kind. Gott sey Dank. Anfangs schokirte mich Deine Gegenwart in Gotha, die mir Marianne schrieb, eh Dein Brief vom Dez. kam, ich war unzufrieden; Deine Gründe befriedigen mich völlig, überhaupt Dein ganzer Brief; daß mein unendlich zerfleischtes Herz Dich hart findet und Dir jezt nur mit einer kindlichen Weichheit antworten kann, wirst Du verstehen. Ich wünsche Dir Frieden, wo Du auch seist, und verlange nach Dir, obschon ich mich vor dem was in Dir anders ist mich fürchte. Ich wünsche mir nichts als ein stilles Leben unter Hubers Augen. Meine Jugend ist hin, meine Gesundheit wankt, meine Hoffnungen — liegen in seinem einsamen Grabe — ich lebe nur durch Liebe — der Wunsch ihn, dieses beste menschliche Wesen — denn etwas menschlich gutered wie Hubern kann ich nichts; ihm zu leben ist alles — mein einzig heftiges Gefühl ist Frankreichs Freyheit — Menschen sind mir jezt fast nichts, — aber das führt zu weit. —

Du wirst mir schreiben, wenn Dein Schicksal fortschreitet. Höre eine Bitte, die Dich nicht beleidigen muß, sie ist treu. Ich weis nicht, ob Du jezt nicht liebst, oder was Dir jezt Liebe ersezt, aber kommst Du mit Männern in Verhältniße, so hüte Dich, daß Du nicht gemißbraucht wirst und Dich hintansezest. Gieb Dich aus Liebe, aber nicht aus Ueberdruß, Spannung, Verzweiflung. — Kannst Du aber die Männer entbehren, so ist es gut für Dich, bis Du wieder eine Bahn gefunden hast. Ta[ltter] must Du verlernen — Sch[legel] konnte Dich retten, aber doch nicht führen kann er Dich? Die bloßen gesellschaftlichen Verhältniße sind Dir gefährlich — ich bitte, weil ich nicht weis, wo Du Dich schadlos halten sollst, und ich Deinen Frieden wünschte. Schreibe mir, wenn Du etwas vornimmst, oder Hubern, denn Du thust Dir vielleicht nicht wohl, wenn Du mir schreibst, und das will ich nicht.

Laß die Menschen treiben — auch Böhmern, wenn er los kommen sollte — Du kannst Dich gegen ihren Gift nicht vertheidigen, sie rasen gegen Dich. — Hast Du über Deinen Aufenthalt in Königstein und die dahin gehörigen Begebenheiten etwas aufgeschrieben? sende es mir doch! ich möchte gern mehr davon wißen — Du bist nun frey, und wenn es Dir nicht zu viel Gram macht, so sag mir wie Du [es] dort triebst.

Lebe wohl! Ich umarme Gustel. — —

93.
An Meyer.

Gotha d. 16. März [17]94.

Armer Freund, ich las von Anfang an in Ihrem Brief was am Ende stand; es war mir, als wenn ich Sie hier und da Wehe! schreyen hörte. Lesen Sie dies, wenn Sie keine Schmerzen haben, denn Sie werden sich andrer, als die das Podagra giebt, nicht dabey erwehren können. Wenigstens glaub ich es so — aber vielleicht frag

ich auch da zu sehr mein Herz. So viel ist sicher, es giebt nichts
unbequemers als Theil an mir zu nehmen — doch —

> mag mich noch so sehr das Schicksaal haben,
> betest Du wohl seine Sprüche nach?

Kanst Du mir gränzenloses Unglück verzeihn? Sie haben eine
viel zu sanguinische Vorstellung von meiner Lage, und kennen den
hiesigen Boden ganz und gar nicht. Ich kante ihn auch nicht, sonst
hätte ich mir diesen Aufenthalt, ob er gleich nicht ganz unfruchtbar
ist — denn hätten mich meine Freunde nicht gesehn, so dachten sie
mit der Zeit auch wohl von mir wie die Welt — aber ich hätte mir
ihn doch erspart. Ich muß es durchaus für entschieden halten, daß
sich nichts ändern kan. Mit welchem Gewebe von Abscheulichkeiten
bin ich umstrickt gewesen — und die Schuld, die ich wirklich habe,
dient dazu, Glauben an eine jede zu erwecken, die ich nie haben konte.
Allein dies brauchte nicht einmal zu seyn, wie es ist — ich würde
doch nichts über ein allgemeines und schon mehrmals hartnäckig be-
folgtes System gewinnen. — —

Mein Entschluß ist, auszuharren, aber doch nur so lange, bis
ich einen sichern Ort gefunden habe, und das wird freylich Berlin
wohl nicht seyn. Die Idee von Erwerb wird mich auch nicht dabey
bestimmen. Ich will vergeßen und vergeßen werden. — —

Du fühlst, mein Freund, daß ich nicht verzweifle — keine
menschliche Macht kan mich je dahin bringen, weniger gut zu seyn.
Der Weg, den ich gehe, wird — vielleicht nie die Verläumdung zum
Schweigen bringen, aber das schwöre ich mir und jedem der mich
liebt, nie soll er sie rechtfertigen.

Ich habe Eines gethan, um mich bey der Wahl näher bestimmen zu können — ich habe an Meiners und seine Frau geschrieben
— sie kennen Deutschland und die Deutsche Schweiz — sie
müßen meine Situation übersehn und werden hoffentlich mir rathen
wollen. — —

Was ich Dir hier sage, bedarfst Du zwar so wenig wie irgend
etwas, was man Dir erzählen könte — aber ich bedarf es, obwohl
ich Deiner nicht so gewiß bin wie mein selbst. Ich habe so
sehr selten eine Linderung erfahren, die ich nicht einzig aus meiner
eignen Seele genommen hätte — ich würde nicht staunen, wenn auch
Du, der Du die blinde Wuth des Ohngefährs kenst, dennoch ihr er-
lägst, und ihr Werkzeug würdest, mich noch von einer Seite zu verwunden, von der ich nicht fühllos bin. Ja! Das Unglück kan selbst

die in ihm Verschwisterten zum Scheitern zwingen — Bleib mein
Freund so lange wie Du kanst. — Laß Dichs nicht stören, wenn ich
Dir widerspreche — ich dulde auch Deinen, weniger sanften, Wiederspruch. Wie kanst Du meinen, daß F[orster] je ein Mann geworden
wäre? Und Männer, die nicht Männer sind, machen auch des vor-
züglichsten Weibes Unglück. — —

Ich habe noch nicht gelesen, was Du für Göschen schriebst; man
ist hier übel dran von Seiten der Lektür. Du lenst G[otters] Unthätigkeit — ich mag nicht zu Eltinger schicken, und die übrigen Geister,
Hr. Schatz, Dein Feind u. s. w. gehören nicht zu meiner Bekanntschaft. G. hats selbst noch nicht dahin gebracht, die Erlösung zu
lesen, da er doch nach allem trachtet was von Dir komt — Vater
und Kinder haben noch Freunde — wir sprechen unter uns mit einer
Liebe von Dir, die Du vielleicht nicht einmal mehr in Dein Herz
aufzunehmen verstehst. Weißt Du doch, daß jemand im Homer
Allegorie gesehen hat, warum nicht ich in Deinem Mährchen, von dem
ich beßer dinke, als ich nun Lust habe zu äußern.

Dietrich war hier sich eine Frau zu erkiesen, und die hat er in
Mlle. Frierheim gefunden. Der Hofr. Michaelis in Marburg heirathet
eine Fr. von Malsburg — seit 6 Jahren seine Freundinn. — Du
antwortest mir wenn Du gesund bist, und mir eine Freude machen
möchtest. — —

Wir grüßen Dich.

94.
An Meyer.

[Gotha] am 10ten May [17]94.

Wir eßen oder trinken, wachen oder schlafen, so sey es alles
zur Ehre des Herrn! — Und ich? — Ich spreche oder schweige,
so ist es, gegen Sie — immer aus Liebe zum Freund. Soll ich
Ihnen unaufhörlich Sorgen und Ungewißheiten mittheilen? Wenigstens will ich mit stillem Herzen schreiben, denn das kan ich jezt.
Das leztemal schien mein Gefühl wohl sehr aufgebracht zu seyn —
ich schließe es aus Ihrer Antwort. Aber was Unwillen dabey war,
ist gerecht, und um so leichter vergaß ich ihn. — — An und vor
sich habe ich nichts Böses gethan — wenn ich das je glauben könte
— nun — dann möcht es auch wahr seyn. Möchten Sie mit der
ganzen übrigen Welt mich verdammen, ich werde dies niemals glauben. Aber Sie werden auch nicht, so lange Sie nicht Ihre Begriffe
über mich ändern. Ich könte fürchten, daß die Menge der Anklagen

endlich Ihre gute Meinung ermüdete, zumal wenn sie Ihnen da vorgetragen würden, wo Dein Ohr gern hinhorcht, und Dein Auge Dich das Interesse an Abwesenden vergeßen läßt. Mit Deiner guten Meinung ist dann unsre Freundschaft hin — Du mußt über mich urtheilen, wie ich es selbst thue, oder ich kan Deine Theilnahme und Deinen Rath nicht mehr wollen. Also schien es mir möglich, daß mein böses Geschick mich auch von Dir trennte — ich will abwarten, was es beschloßen hat, und Dir indeßen gut bleiben. Werden wir Dich noch sehn? G[otter] erwartet Dich alle Tage. Wir finden, daß Du, um desto gewißer Geld zur Reise hierher zu haben, zuerst zu uns und dann nach Töpliz gehn sollst — Wir werden Dir nicht viel kosten, denn wir wollen Dich beherbergen und ernähren, und vielleicht gar die Brunnencur Dir ersparen, indem wir Dein Podagra mit frugaler Bewirthung, und Deine Milzsucht oder was Du sonst hast, mit liebreicher Rede heilen. — — Gieb mir Nachricht von Dir und Deinem Thun, sobald Du dies bekömst. Ich liebe schnelle Antworten, aber mir ist das Schreiben mehr wie je zuwieder. Wenn Meiners und Du in einem Rath übereinkomt, muß er ja wohl richtig seyn — nur daß Er wohl die Schweiz zu schön, und Du zu schlecht für mich findest. Sey nur ruhig, ich will gewiß nicht hingehn. M— wolten mich nach Riga schicken — sie hatten Entwürfe, die recht sehr paßend scheinen — aber dort würde meine zarte Seele verfrieren. Ich bedarf sehr wenig zu meiner Zufriedenheit, aber ein erträgliches Clima ist dazu und für meine Gesundheit nothwendig. Ich hatte Anschläge auf Prag gefaßt, das mir Göschen wiederräth, der noch immer für Berlin stimmt. Unglücklicher weise ist dies der einzige Ort, wo mich meine Schwiegereltern sehr ungern sehn würden. Kenst Du Prag? Ich dachte mir dort reichen Adel, etwas wie eine Universität, Theater, romantische Gegenden. G[otter] sagt, der Adel wär verarmt, und Inquisition fände gegen jeden Fremden statt. Noch ist nichts entschieden, und selbst wenn es wäre, müßt ich hier noch warten, bis die Angelegenheiten der väterlichen Erbschaft, in die Arnemann als Käufer des Hauses Unordnungen gebracht hat, geendigt sind, und bis ich weiß, wie es mit meinem Wittwengehalt wird. Behalt ich dieses, so brauch ich nicht an Erwerb zu denken, und kan aufs Land gehn, etwa in der Nähe von Dresden. Augustens wegen würde ich eine Stadt vorziehn, denn daß sie einen Dorfprediger heirathete, wär mir doch nicht sehr gelegen. Sie ist ein liebenswürdiges Mädchen — ich möchte Dir vielerley von ihr erzählen, wenn ich mich nicht blos auf das Nothwendigste einschränkte. — —

Meine hiesigen Freunde bleiben sich ebenfals immer gleich — ich bin herzlich dankbar dafür. Meine Feinde erweichen sich nicht, und ich finde das billig — ich bewundre es sogar, denn es ist doch consequent. Die Wahrheit ist, daß ichs aus der Acht gelaßen habe. Zuweilen amüsiren wir uns unter einander darüber. Manchen habe ich zufällig wieder gesehn, von ganz weitläuftigen Bekanten, und da war man ziemlich artig. — —

Ginge ich eher hier weg, als Du komst, so müßt ich Dir zwar entgegen reisen; allein ich wünsche herzlich Dich einmal auf längere Zeit zu sprechen, also wäre mir es hier am liebsten. Solt ich noch Berlin wählen, so denk ich durchaus nicht an Dich dabey — drum sey nicht zurückhaltend mit Deinem Rath. — — Du köntest mir noch lieber seyn wie Du mir bist, und würdest mir nicht im Hintergrund erscheinen. Kürzlich habt Ihr so wunderbare Verordnungen gegeben, daß ich beynah an meiner Sicherheit bey Euch zweifle. — Wir haben gelesen was Du für G.[1] Unternehmung schriebst, und haben es sehr hübsch gefunden — wir befehlen Dir viel zu schreiben, und es uns jedesmal anzuzeigen, denn wir lesen hier nichts, als worauf man uns mit der Nase stößt. Bilde Dir übrigens nicht ein, daß mit dem rechtschafnen G—n viel anzufangen ist, was nicht seine Preßen betrift — er hat nicht zu einem guten Tage Zeit, um ihn jemand anders als seinen Handwerkern zu bieten — ich kan mich also wenig auf ihn verlaßen. — Weißt Du, daß Bürger sterben wird — im Elend, in Hunger und Kummer? Er hat die Auszehrung — wenn ihm der alte D.[2] nicht zu eßen gäbe, er hätte nichts, und dazu Schulden und unversorgte Kinder. Armer Mann! Wär ich dort, ich ginge täglich hin, und suchte ihm diese lezten Tage zu versüßen, damit er doch nicht fluchend von der Erde schiede. Schreib ihm doch.

Seit vielen Monaten plagt Louise ihren Mann[3], daß er seine Basthi und Esther und seine Muhmen nach Berlin schicken soll, aber seine Indolenz ist nicht zu überwinden. Schrödern hat er sie endlich gesandt. Wenn diese Trägheit Ursachen hat — wenn diese Ursachen ihm Geld kosten und die Trägheit ihm ebenfals darum bringt, wenn das seine Wirtschaft zerrüttet, und Weib und Kinder in Noth bringen kan — dann ist, was Du Geschmacklosigkeit nennst, vielleicht Laster

---

[1] Göschens? Was es war, ist mir nicht bekannt.
[2] Dieterich.
[3] Gotter.

zu nennen, da er so fortgesezt beharrt. Es zerreißt mir oft das
Herz, denn er hat so viel Edles.

Lebe wohl — ich will in ihren Garten gehn — wir sind fast
täglich zusammen — ich bin überhaupt zu wenig allein, und wenn
ich in diese ganze Geselligkeit eingeweiht werden sollte, j'y succom-
berai. Adieu.

95.
An Meyer.

Gotha d. 7. Jun. 1794.

Ich schreibe schon wieder — aus keiner andern Ursache, als
weil ich Dir viel zu sagen habe. Auch ich bin nicht die personifi-
zirte Gerechtigkeit und am allerwenigsten die, welche vom Kaiser
Carl V. her meinen Nahmen trägt, wie ich von meinem Schwieger-
vater weiß. Aber dagegen wacht auch alles, was in dieser Tugend
Leidenschaft ist, in mir auf, wenn es drauf ankömt, ein Urtheil zu mildern. Schäme Dich, mir so von Th[eresen] zu sprechen, und wiße, daß
Deine diesmaligen Voraussezungen grundfalsch sind. Th. ist weder
in P.[1] noch hat Merlin sie je gesehn. M. kante F[orster] für einen
ehrlichen Mann, und hat so für ihn geredet, da man sich durch irgend
einen ehemaligen Mainzer oder vielleicht H[uber] selbst schriftlich an ihn
wandte. H. hat mir von Neuchatel aus än May geschrieben, und
sie schon früher, bald nach F.s Tod[2]. Ich habe nicht die Absicht,
Deine Meinung zu belehren, aber Du sollst nicht schmähen. Das ist
so häßlich an Euch, daß Ihr mit Füßen treten könt, was Ihr geliebt,
vielleicht geehrt habt. Du magst ein Recht haben Th. zu verabscheuen,
so gut wie ich; gleichgültig gegen sie geworden zu seyn, in so fern
man das gegen jemand seyn kan, in dem man ein so großes Genie
zum Guten erkennt — allein Du hast bey weitem nicht Recht in
allem, was Du ihr zutraust, und sobald es so unartige Dinge sind,
sollst Du mir nichts von ihr sagen. Ich habe Dir nicht erzählen
mögen, daß ich zuweilen von diesen Menschen erfahre, weil es Dich
blos auf die Besorgniß leitet, daß sie einen Einfluß über mich wieder
erlangen, der mir nicht gut ist. Wenn ich Dich sprechen könte, lieber
Freund, Du würdest einsehn, daß ich diese große Schwachheit meines

---

[1] Paris.
[2] S. Nr. 92.

Lebens abgelegt habe — aber ich kan das Gefühl nicht ablegen, welches es mir unmöglich macht, Haß und Bitterkeit an die Stelle derselben zu sezen. Th. hat mir so unendlich viel Böses gethan, wovon ich fast täglich neue Spuren entdecke, daß es niederträchtig seyn würde sie zu lieben — ich wüßte auch nicht wie ich das anfangen sollte — eben so wenig als wie zu glauben, daß sie zu nichts von dem mehr fähig sey, wozu sie gebohren war.

Und nun will ich Dir aus Rache von einem Deiner Freunde etwas erzählen. Er hat einen Brief geschrieben, der ihn so darstellt, daß ich ihm lieber einen Mord verziehe als diesen Brief. Gotter hat Schrödern seine Muhmen und die stolze Vasthi geschickt, und für beyde 10 Louis gefordert. Schröder schickt sie zurück, weil sein Publikum nur einige alte Possenspiele liebte, die längst im Besiz wären belacht zu werden — weil es ein heroisch komisches Schauspiel, ein biblisches Sujet, in Alexandrinern, weder fühlen, fassen noch verstehn könte. — Das möchte denn gut seyn, obwohl ein Mann wie Schr., der gleich drauf seine ruhige Herschaft über Publikum und Schauspieler] rühmt, dazu gemacht seyn sollte, fühlen, fassen und verstehn zu lehren. Aber nun komt eine ruhmredige Affiche von seiner Situation — „ich bewohne ein Haus in der paradiesischsten Gegend von Hamb[urg], genieße darinn aller Annehmlichkeiten, die hoher Wohlstand verschaffen kan — ich habe die größte Wahrscheinlichkeit, diesen nach dem Frieden noch vermehrt zu sehn — mein Haus ist der Sammelplaz der besten fremden und einheimischen Köpfe" — kurz so, daß auch der Ununterrichteste fragen möchte — und Du, dems so wohl geht, wie kanst Du eine Kleinigkeit ersparen wollen und einen Freund desapointiren, der Dir vermuthlich ehemals genug Gefälligkeiten erwiesen — allein noch mehr, wie kanst Du Dich zugleich gegen ihn so breit machen? Aufgeblasen und hartherzig — so erscheint er, und ich dächte, die Rolle des Haimon müßte ihm vortreflich kleiden. Gotter hat es auch ganz so empfunden. Mir thuts noch in anderm Betracht Leid, denn G. könte das Geld brauchen. — — Er hat nun die Muhmen an Engel geschickt. Wenn sie besezt werden können, so müssen sie Glück machen, ohngeachtet nach Deiner Beschreibung man nur Kozebuesche Stücke liebt. Vasthi und Esther sollen gedruckt werden. Nichts von Racine! Vielmehr hat Göthens Fastnachtspiel die erste Idee dazu gegeben. Es ist ein Gemisch von Gefühl und Parodie, Charakteristik und theatralischem Pomp. G. nennts selbst genialisch. Die Verse sind sehr schön — aber ich versichre Dich, daß ich nach einer Vorlesung von G. mich nicht getraue über den Werth des Ganzen zu urtheilen. Er besticht so sehr mit der Musik und dem Ausdruck seiner Declamation, daß ich mir fast nur Töne wiederhole, wenn er fertig ist. — Die Geisterinsel ist seit zwey Jahren in den Händen des Freyh. von Dittersdorf in Schlesien, und auf viele Briefe erfolgt keine Antwort. Hr. von Einsiedel hat G. so eben einen Wiener, einen ganz neuen Compositeur, von dem Haydn entzückt seyn soll, vorgeschlagen.

Ach wir haben so viel Projekte! Alles dies wird nehmlich gut angebracht und bezahlt, und im Herbst begleiten mich Gotters nach — Dresden; in Weimar, in Leipzig, in Dresden werden die neue Oper und Schauspiele gegeben, und G. und ich, wir können uns, jeder in seiner Art, vor Berühmtheit nicht retten. Louise will deswegen auch lieber nicht mit, aber wir haben ihr versprechen, daß sie Dich in Dr. finden soll. — Im Ernst, lieber Freund, Du nenst Dr. und seit mehr als 6 Wochen steh ich in Traktaten darüber. Deine Einwendung ist ungültig, denn ich weiß genau, wie theuer es in Dr. ist; dies braucht mich nicht abzuschrecken. Ich fürchte nur noch, zu sehr dort bekant zu seyn, und ich fürchte vorzüglich Ein Haus — das von Körner. Kenst Du den? Diese beurtheilen und hassen mich wie Theresen. — — Ich will sie nicht gewinnen, aber es kan ihnen nicht unbekant bleiben, wenn ich auch nur in die Gegend komme. (Denn eigentlich ist meine Absicht ganz in der Nähe aufs Land zu gehn). Ich hätte eine weibliche Bekante dort, eine Schwester von Schlegel, die es ihnen nimmer verschwiege. Du gehst jezt nach Dresden — Du kanst mir sehr reell dienen, wenn Du den Boden an meiner Statt erkennen willst. Du schriebst mir von Bekanten die Du dort hast — Körners gehören darunter, wie ich mir eben errinre — nenne mir die übrigen. Sprich bey diesen L., wo Du die Rede so leicht auf mich bringen kanst, von mir wie Du denkst — sag, daß Du wünschtest, ich möchte in Dr. wohnen, weil in Gotha keine Ressourcen wären, für den der sich nicht in die ganze Geselligkeit des Orts stürzen könne — und sag mir, wie mans aufnahm — ob so, daß ich ein Aufsehn befürchten müßte, welches in politische Verdrießlichkeiten ausarten könne, denn wie streng man in Sachsen ist, scheinst Du nicht zu wißen.

Es wäre sehr reizend für mich — diese Gegend — nach jenen Rhein-Ufern, die schönste von Deutschland, in der Stadt Künste, Gallerien, Bibliotheken, Theater! Außer Körners weiß niemand von mir.

— Göschen kan ich nicht weiter fragen. G.[1] kan von der politischen Seite nichts mehr thun, ohne sich zu schaden — von andern brauch ich ihn nicht. Auch ist es gewiß satt sich mit mir abzugeben. Er hat mir so große Dienste geleistet, daß ich Zeitlebens mit inniger Dankbarkeit daran denke. Ganz diskret ist er nicht gewesen — dies ist keine Ursache undankbar zu werden, aber nein, ihn nicht mehr in meine Angelegenheiten zu ziehn. — Wenn dies nicht gelingt, so ist mein Entschluß gefaßt, Deutsch[land] zu verlaßen. Mit allen den andern Vorschlägen ist es nichts. — — Der Krieg hat die Orte nicht blos bis zum Frieden für mich und andre verheert, auf die Du sonst wohl rechnetest, am Rhein und in der Pfalz. Kurz ich stehe jezt vor einer Wahl stille. Ist es mit Dr. möglich, so werd ich mich freun — ist es nicht, — — leb dann wohl, lieber Freund — dann suchst Du mich im October zu spät hier auf. Außerdem könten wir uns unterwegens treffen, wenn Du von Berl[in] hierher und ich von hier nach Dr. gehe. — Es ist mir lieb, daß ich wenigstens so weit entschieden bin. Thu Dein Möglichstes, um in Dr. die lezten Bestimmungsgründe für mich aufzusuchen. Der jüngere Schl[egel], der jezt auch dort ist, den wirst Du wohl nicht aufsuchen wollen? Il m'a toujours paru que vous avés une dent contre les S. Pour moi — j'ai un tendre pour eux. Au moins je ne puis leur nier de l'influence sur mon sort, car si je ne vais pas a Dr., j'irai en Hollande — et ceci c'est une chose si bien résolue, qu'il y auroit lieu à deliberer, si on ne devroit pas prendre d'abord ce parti, qui leveroit tout embarras et couperoit touts les noeuds de ma situation embrouillée. Ich beichte Dir deutsch und franz[ösisch] alles was ich auf der Seele habe — Du wickelst Dich in Geheimniß. Es ist nicht anders, Du bist ein geheimer Emissar — den kein Mensch geschickt hat und der zu niemand geht. — Apropos, Gotter trank lezthin Thee bey mir und wir sprachen von der Schazischen Recension Deiner Gedichte[2], die nicht verhindert, daß ich diese Gedichte nicht wunderbar lieb habe, und mich eben etwas drin anzieht, was sie vermuthlich andern ungenießbar macht, nehmlich solchen Schäzen — wir kamen auf das impromptu: la divinité qui s'amuse ic. G. legte sich ins Fenster, brummte ein wenig, wandte sich um und sagte wie folget:

---

[1] Wohl Gotter.
[2] Spiele des Wizes und der Phantasie, 1793. Schüz war Mitarbeiter an Nicolais Deutscher Bibliothek.

Die Göttin, die mit Einem Blick vermag,
Das heimlichste Geheimniß mir zu stehlen,
Würd ich, wie ich Apoll, mir nicht zur Muse wählen;
Zur Theils wählt ich sie, und endigte den Tag.

Eine Variante:

Die Göttin, der ich mein Geheimniß zu verhehlen
So wenig wie mein Herz ihr zu entziehen vermag 2c.

Und mußt Du nicht gestehn, daß er's beßer getroffen hat als der wäßrige Anakreon und mein harter Freund[1], der sonst den Zauber der Sprache, Zeuge sey das Schifferlied[2], wohl in seiner Gewalt hat?

Mit Bürger, das ist völlig so arg — ich weiß es von Dietrich. Die Finanzräthe glauben dergl. nicht gern, das inkommodirt sie. Er hat nichts zu eßen, als was ihm seine Freunde schicken, und ist von der übelsten Laune. Lebe wohl. Wenns nicht eher ist, so schreib doch gleich aus Dresden.

96.

Das Churf. Hannoversche Universitäts-Curatorium an den Prorector zu Göttingen.

16. Aug. 1794.

Es ist vorgekommen, wasmaßen die sich itzt in Göttingen aufhaltende Doctorin Böhmer, gebohrene Michaelis, sich vor einiger Zeit dort eingefunden hat. Da wir nun derselben den Aufenthalt in Göttingen nicht gestatten können, in Rücksicht der achtungswerthen Familie, denen sie angehört, aber wünschen, daß ihnen diese unsre sehr Willens-Meinung auf eine schonende Weise hinterbracht werden möge, so ertheilen wir hiermit dem Herrn Prorector den Auftrag, solches der Mutter der besagten Doctorin Böhmer, und falls es nöthig seyn sollte, auch den übrigen Verwandten auf die angegebene Weise bekannt zu machen[3]. — —

97.

An Meyer.

Gotha d. 30. Aug. [17]94.

Du hast mich nicht beleidigt, ich bin Dir nicht bös und ich hatte auch Lust Dir zu schreiben, aber ich schwieg, um Dich Deine

---

[1] Spiele S. 22.
[2] Ebend. S. 186.
[3] Wenn sie sich später wieder einfände, sei sie wegzuweisen und das Rescript beim Prorectoratswechsel dem Nachfolger zu übergeben.

Brunnencur in Frieden vollenden zu laßen, denn anfangs hatte ich eine Menge anzüglicher Dinge für Dich auf der Zunge, und ich hoffte mein Muthwillen würde Dich geärgert haben. Dann wollte ich Dir auch Gewißheit geben, die allerlezte gewißeste Gewißheit, und Dich nicht länger von Süden nach Norden u. s. w. herumziehn, oder Dir die Müh machen, noch mehrere Länder, und Republiken vorzüglich, herunter zu machen, daß man keinen Bißen Brod darinn eßen möchte. Nicht als wenn ich es nicht gern läse — Du bist ein unendlich geistvoller unterhaltender Smelfungus. Amerika würde Dir noch schönes Spiel gegeben haben, aber Frankr[eich] würde doch Dein Triumph gewesen seyn, denn welchen Wiz hätte es bedurft, die Ufer der Garonne ihres Reizes zu berauben, oder jenen Gegenden, wo man nicht vor Hize verschmachtet, und in der Neujahrsnacht doch ein sanfter Gewitterregen auf den Blättern der Orangebäume rauscht, ihren beglückenden Einfluß auf eine feine Organisation abzusprechen. Zu allerlezt — hab ich auch deswegen geschwiegen, um Dich zu prüfen — es ist, glaub ich, das erstemal, daß Du einen zweyten Brief an mich wendest. Die Begebenheiten, die mir indeß widerfahren sind, kan ich nicht unter der Rubrik dieser Ursachen erwähnen, denn mir kan nichts begegnen, was mich Dich vergeßen und vernachläßigen ließe.

Morgen früh, ehe dieser Brief abgeht, werd ich wißen, wo ich in 6 oder 8 Wochen seyn werde — das heißt, ob ich um die Zeit schon in Dresden seyn kan. Es stößt sich an die Summe baares Geld, die ich zur ersten Einrichtung brauche. — —

Daß Holl[and] vielleicht ein franz. Departement werden sollte, weil der unvergleichliche Mack in den Ruhestand übergegangen ist, und der unverschämte Pichegru alle seine Plane auf den Punkt ausgeführt hat, wäre freylich eine große Anlockung für mich gewesen, allein ich haße allen und jeden Nebel. Es ist bey Dres[den] geblieben, alles wohl überlegt. Deine Jungfrau aus dem Dschinnistan, die ich die Jungfrau mit dem Bart zu nennen pflege, und was ihr anhängt, war das einzige, was mir dort entgegen seyn sollte — damit sie mirs nicht sind, brauch ich sie nur zu ignoriren — denn freylich, Deine Menschenkenntniß, Du Weltkundiger, ist zu hoch für mich, um mich drauf zu verlaßen, und der Dame Gutes zuzutrauen, die gegen ihr 30stes Jahr von einem Menschen von 19 oder 20 sich Versprechungen geben läßt, und im 40sten den Bruch derselben so feindseelig aufnimt. Deine Nachrichten, Deine Ansichten sind von ehedem — die meinigen von heute. Gut — wenn es beßer ist — gut, wenn ich nie mehr davon erfahre wie jezt.

Dagegen hat die Schwester[1] den Revers mir nicht abgefordert, den ich, wie Du sagst, und ich auch denke, leicht geben könte. Sie hat alles gethan, was bey ihr stand — nach einem Brief ihres Bruders, der ihr meine Absichten schrieb, hat sie mir zuerst geschrieben, mir ihre Dienste angeboten, und wenn ichs nicht vergeße, will ich das erste Blatt ihres zweiten Briefs hier einlegen. Wenn ich den Winter über schon dort seyn kan, so fang ich mit der Stadt an und gehe im Sommer erst aufs Land. Aber schwerlich werd ich vor Ende des Octobers reisen können — das war die nehmliche Zeit, wo Du vor dem Jahr auf der Meße warst. Hast Du mir nun nicht vergebens geschmeichelt, so können wir uns noch sehn, und dann doch wohl in D., denn in Leipzig möcht ich nicht gern verweilen. — — Hoffentlich raisonnir ich bald als Grosmutter darüber — denn schon erlaub ich Dir nicht mehr meine Tochter zu umarmen, außer durch mich — am Ende eines Briefs. Sie ist ein liebenswürdiges, holdes, schüchternes Geschöpf. Wenn G[otter] ihr sagt, bring mir ein Glas Waßer, Fräulein Isabelle, so erröthet sie von einem sanften Wiederschein, als wenn ein rosenfarbner Schleyer sie umwallte. Es ist schade, daß sie dabey ist, wenn wir zusammen nach Dresd[en] fahren, sonst könt ich Dir viel von ihrer himmlischen Einfalt, ihrer Lebensweisheit, von allem was sie weiß und nicht weiß, erzählen. Sie ist gewiß ein sehr interreßantes Wesen, und ich glaube, sie erhält grade die Bildung, welche dieser Stoff bedarf.

Ich habe viele Menschen wieder gesehn — meine Mutter war hier mit Louisen und Lottens Kind, das ein Engel ist. — — Ich habe nur auf den Rath der Mutter ein Herz gefaßt, sie nach Gött[ingen] zu begleiten. Man hat mich viel beßer empfangen, wie ich erwartete. — Die B[löhmer]sche Familie war sehr gut, sogar Philippine. Die beyden Meiners unendlich freundschaftlich — und so alle Uebrigen, Schlözers, Feders ꝛc. Meiners hat mir eine Empfelung an Müller in L. wegen meines Aufenthalts in Sachsen versprochen. Ich gewann viel durch die Reise — die B. sahen Gustel wieder, und ich — gewinne auch, wenn man mich sieht. Man kan auch nun nicht mehr sagen, daß ich mit B.s entzweit bin. Hier bleiben die Leute sich ziemlich gleich — doch hab ich manchen einzelnen wieder erobert, und vielleicht bleibt am Ende niemand übrig, den ich nicht gesprochen hätte, als — die beyden Schwestern. Du würdest Amalie in Carlsbad

---

[1] Schlegels, die Frau Ernst. Die Torue vorher ist wohl Johanne Stock, Hubers frühere Braut.

gefunden haben, sie ist noch nicht zurück. Warum gehst Du auch nicht zur wahren Heilsquelle?

— — Wenn ich Dich wiedersehe, so ist es unser vernünftiger Wille. Laß es den Deinigen bleiben. Bis dahin spar ich mir noch auf Dich recht auszulachen, und Dir zur Belohnung, daß Du mirs mit guter Art erlaubst, vieles zu sagen, worüber Du lachen wirst. Du lachst doch noch? Ach wenn Du es nicht mehr köntest, wie würdest Du Dich schämen müssen vor meinem unüberwindlichen Leichtsinn, der nichts anders ist, als meine unermüdliche Güte.

Ich habe kürzlich bey München ein Souper gehabt, mit der Bibliothek der schönen W., M.¹ aus Bres[sau] an der Spitze. Mündlich mehr davon. Du hast recht gegen Sch. und G.² in dem, was Du mir über sie sagst, und Du nun vermuthlich vergessen hast. Deine Burg³ ist uns nie zugekommen, wir haben aber eine Kunst der Liebe gelesen, von der wir fest überzeugt sind, daß Du Verfasser davon bist. Daher alle Deine bisherigen Heimlichkeiten, daß Du nie bist, wo man Dich vermuthet, und wohl auch nicht hingehst, wo Du Dich anmeldest. Ich will nur sehn, ob Du zu mir reisest! Gute Nacht.

31. Aug.

Ich habe noch keine Gewißheit — ich gebe sie Dir sobald ich sie erhalte. Es kostet meine ganze Geduld, daß ich warten muß. Gotters grüßen und lieben Dich.

98.

An Luise Gotter.

Braunschweig d. 16. April [17]95.

Es ist mir auf alle Weise nicht leicht geworden von Euch wegzukommen, meine liebe gute Louise; die Reise war äußerst beschwer-

---

[1] Manso, Mitarbeiter an der Neuen Bibl. d. sch. Wissenschaften.
[2] Schlegel und Gotter?
[3] Ein Zettel, ohne Datum und ungewiß zu welchem Brief gehörig, enthält: „Noch ist keine Burg von Otranto und kein Ettinger angelangt. Sie schickten mir the castle of Otranto nach dem Harz — wißen Sie noch? — vor meiner ersten oder zweyten Niederkunft, und bekamen heftige Vorwürfe, daß Sie einer Frau, wie ich war, dergleichen furchterregendes schickten, wie diese Burg".

Ormelas ist ein Roman unter dem obigen Titel. A. d. Engl. (von Meyer). Berlin 1794.

lich; doch sind wir nun da, Gefahren und Stöße sind vergeßen, und
ob gleich noch an keine Ruhe, keine Gemächlichkeit zu denken ist, so
sind wir doch alle wohl und munter genug, um uns mit der Hofnung
zu begnügen. Eine halbe Stunde von Gotha fing der Kutscher schon
an nach dem Mühlhäuser Weg zu fragen, den er nur bis Dingen
kante, das man zur Seite liegen läßt, wo er mit großem Wohlgefallen still hielt, um mir zu sagen, daß das sein Geburtsort, und der
Acker neben uns Dinglsche Flur wäre. Mir wurde sehr bange, daß
ihm seine Anhänglichkeit an dieses kleine Fleckchen Erde nicht erlaubt
haben möchte, seine Wege-Kenntniße zu erweitern, und ich wohl nur
bis Dingen kommen würde, aber wir trafen gegen 8 Uhr mit einem
ungestümen Regenguß in Mühlhausen ein. Hier eröfnete er mir,
daß er über Göttingen zu fahren gewillet sey, wogegen ich mich heftig
sezte, weil mir das noch viel Embarras und Sprechens gemacht
haben würde. Der Wirth half mir ihn bereden, daß wir am andern
Morgen querfeldein gingen. Ich bereute es nachher, daß ich nicht
so viel Liebe für meinen Geburtsort hatte wie der Kutscher; denn
wir fanden hier die schlimmsten Wege, die mir noch vorgekommen
sind. In einem hohlen tief ausgefahrnen engen Wege, der einen
ansehnlichen Berg herunter führte, blieben die Pferde wirklich stecken.
Kaum hatten wir Plaz um auszusteigen, und fanden kaum Grund
um zu Fuß voraus zu gehn. Ein Jägerbursch kam dem Fuhrmann
zu Hülfe, wir standen unten am Berg wohl eine halbe Stunde, ehe
wir nur die Stimme des Kutschers wieder vernehmen konten. Gusteln
war sehr angst, sie weinte über die Pferde, denn sie konte sich nicht
denken, daß sie wieder aufstehn würden. Doch ging es, und wir
hielten Mittag zu Statt Worbes im Mainzer Gebiet — wobey nur
die Pferde satt wurden. In Giebelhausen[1] übernachteten wir, wo
ich Gusteln Chocoladesuppe machte, damit sie Muth bekäme, in einer
abscheulichen Stube, mit beschmuztem Boden, die nichts enthielt als
ein Bett von Stroh und einen hölzernen Schemel die Nacht hinzu-
bringen. Am Morgen des dritten Tages kamen wir ins Augesicht
des Harzes und fuhren durch Catelnburg, unter den Fenstern einer
wohlbekannten Wohnung vorbey. Die Chausséo war schlechter wie
der Weg, den wir verlaßen hatten; nun kam aber noch eine Strecke
Landes, wo wir aus einem Loch ins andre fielen, und alle Kärner
mit Vorspann uns begegneten. Unser Fuhrmann, der im Hohlwege

---

[1] Gieboldehausen.

fast heulte vor Ungeduld und zu dem Einen Pferde sagte: ach ständest Du doch in Deinem Stalle! denn es war ein bischen alt und gefühllos, und Weibezahl hatte sein Versprechen gute Pferde zu geben nur halb gehalten, der Fuhrmann also hatte gute Laune mit uns gewonnen, und lachte mehr als er fluchte. Wir kamen auch hier glücklich durch und ruhten in Eisfeld aus. Dann fanden wir beßre Wege, nur wolte der Alte nicht mehr fort, und es wurde beschloßen, ihm in Seesen eine Brandweinkaltschaale geben zu laßen, wie jenem Bräutigam, der ein Schneider war, am Hochzeittage. In Seesen hieß es, es hätte eben eine Chaise mit Miethpferden das Stationsgeld verfahren, ein Postillon sezte ihr nach. Wir bildeten uns aufs gewißeste ein, es wäre die Mutter, und der Kutscher jug nun, auf der schönen Braunschw[eiger] Chaussée mit dem toll und vollen Pferde — in den Adern des Andern tobte das Feuer der Jugend — bis nach Lutter. Gustel sagte: mir jackert das Herz, und es ging auf wirklich gleichem Schritt mit den Pferden — aber wir fanden die Grosmutter noch nicht. Sie kam erst eine halbe Stunde nach uns, und versicherte, wir könten keinen ärgern Weg gehabt haben wie sie. Auch war sie sehr fatiguirt, aber sonst ruhig, ob sie Lottchen gleich krank verlaßen hatte. Es gab nun viel zu schwazen, unter anderm erzählten sie mir gleich von einem Diebstahl, der in dem lezten Tage ihres Aufenthalts in G[öttingen] das Schlözerische Haus, wo sie logirten, sehr beschäftigt hatte. Der größte Theil eines Münzcabinets, etwa 1000 Thlr. an Werth, war Schlözern gestohlen worden, in der Nacht, durch künstliche Oefnung der Thüren. Durch die Intelligenz von Mad. Schlözer, durch ihre Betriebsamkeit und die ihrer Leute, ist der Thäter entdekt, der ein Schlößer ist und bey dem zugleich noch mehr kürzlich gestohlne Sachen gefunden wurden. Man hat sogar einen Verdacht, daß er, der die Schlüßel der öffentlichen Gebäude eine Zeitlang zu besorgen hatte, die Silberstuffe auch genommen [haben] mag. Er hat Helfer und Mitwißer gehabt, die alle schon festgesezt sind. Dies war eine Episode; es ist gut, daß die Diebsgeschichte nicht unmittelbar zur Reisebeschreibung gehört. In Lutter wurde Extrapost genommen, mit dem Mädchen und allen Päderehen beladen. Wir fanden den Weg bis kurz vor Braunschw[eig] äußerst angenehm — hier wird die Gegend ein wenig zu flach; die Stadt selbst ist nichts weniger wie finster. Gustel hat, wie ich sehe, die Wohnung schon ein wenig herunter gemacht, aber es sind bereits Mahler und Tapezierer beschäftigt, um sie inwendig so licht, wie ihre äußere Lage ist, zu machen. — Gestern bin ich ausgegangen um Tapeten einzulaufen; ich kam weit herum, es gefiel mir gar nicht übel. Wir haben noch niemand gesehn als die Bekannte aus dem Kloster, mit der eben meine Mutter und die Andern spazieren gegangen sind, ich blieb zu Haus um dies niederzuschreiben. Für den Sonntag sind wir ins Kloster geladen und ich werde wahrscheinlich schon alsdann die Mlle. Jerusalems sehn. Der Herzog muß noch nicht wißen, daß ich hier bin, denn er hat mir nicht andeuten laßen sein Land zu räumen. Auch ist ja Friede; gestern Mittag ist der Courier hier angekommen. — Von meinem Bruder brachte man mir einen Brief mit, worinn er sich erbot mich aus Gotha abzuholen. Wir hoffen nun ihn bald zu sehn. — —

Es ist Schauspiel hier — eine Tillische Gesellschaft. Wir werden bald hingehn. Heut wird gespielt Allzu scharf macht schartig. Gustel sagte, das hätte sie schon gesehn.

99.
An Luise Gotter.

Braunschweig d. 20. May [17]96.

Hab ich Dir wirklich nun so lange nicht geschrieben, daß mir noch der Empfang der Kisten zu melden übrig bleibt? Glaube mir, liebe Louise, ich muß nicht gelent haben, sonst wär es geschehn. Meine Stube wurde tapeziert, ein Cabinet daran gemahlt; in der Kälte hatte ich keinen Fleck, wo ich mich hinbegeben konte, als das gemeinsame Sprachzimmer, und ich kan meine Schöpfungen nicht wie Dein Mann unter dem Dialog von Tanten, Nièçen und Müttern hervorbringen. Auch bin ich nicht wohl gewesen, und in der That bin ich es noch nicht. Ich hustete gern, wenn ich vor Schmerz könte — ich habe ein wenig Blut ausgeworfen, und zum Beweis, daß es wohl arg ist, muß ich anführen, daß ich heute, wo sich alles in der Bustagspredigt des Abt Bartels befindet, zu Haus geblieben bin. Mad. Ebert wird mir das nicht wohl nehmen; sie hat uns ihren Kirchstuhl überlaßen und wundert sich sehr, daß wir nicht sonntäglich Gebrauch davon machen. Im Pfingstfest soll mich auch nichts abhalten, denn den zweiten Theil von W. Meister hab ich schon gelesen. Bey Mad. Ebert, wo wir neulich einen Nachmittag zubrachten, liegen englische, französische] und deutsche Predigtbücher, meist wie jemals auf Mamsell Lorchens Arbeitstisch. Es kan ihr doch die christliche Milde nicht ganz geben, welche mein liebes Lorchen beseelen würde, hätte sie auch nie eine Predigt gelesen. Die Ebert schien sehr gedruckt. — — Sie verläßt das weitläuftige Gebäude mit den hohen Zimmern ungern, was ich nicht begreife, denn mein Geist hat sich immer in Dehmuth gefallen. Die jüngste Jerusalem hat ein recht hübsches Gedicht oder Lied auf Eberts[1] Tod gemacht, wozu dieser Monat, den er so sehr zu scheuen pflegte, eine nähere Veranlaßung gab. Vielleicht bekomm ich es noch von ihr selbst. — Die Zeilen, welche Du mir schickteſt, und die ich mir ein Vergnügen machte, wenigstens durch Tradition auszubreiten, fand ich in dem hiesigen Intelligenzblatt, wohin sie durch Feronce gekommen seyn müßen, der aber auch wohl Gotters Nahmen dazu hätte sezen können.

Das Schauspiel ist nicht sehr begeisternd; ich sah ein unbedeutendes Stück von Jünger und Scheinverdienst. Die Frau Geheime Secretarinn spielte gleich Anfangs so, daß sich niemand über ihren Fall im 5ten Act zu wundern brauchte. Der alte Amicus hielt das Stück. Einige andre waren erträglich, und Helmrich hielt sich recht gut, nur war er schon ein wenig zu stämmig. Applaudirt wird hier überhaupt fast gar nicht, aber hinter mein[em] Stuhl flüsterte man sich doch vielfältige Huldigungen der Iflandischen Geschicklichkeit zu. Das Haus ist dunkel und bunt, und schlecht erleuchtet. Den fonds der Gesellschaft machen einige Hubers, Müllers, Rögglen, Rößel. Sie gehn jezt nach Wolfenbüttel und kommen erst zur Meße wieder. Daß Schröder förmlich niedergelegt hat, und künftig auf einem Gut im Holsteinischen die ersten Köpfe um sich versammeln will, werdet Ihr wißen.

Mit meinem Umgang wird sich wohl machen. — — Die Eschenburg, die sehr freundschaftlich war, hat ein Mädchen von Augustens Alter. — — Gustel gefiel ihm[2] so sehr, daß er sie mit einem englischen Kupferstich eines jungen Johannis verglich, und ihn sogar herbeyholte, um mich zu überzeugen. Er ist recht gut — er lobt mein Kind und schickt mir seine ganze Bibliothek. Dein Mann ist also nur halb so gut. Sein Brief hat Eschenburgen gefreut, so wie die Hofnung bald etwas gedruckt von ihm zu lesen. Ist es bald so weit? Ich bitte mir ein Exemplar aus, und will auch gewiß meine Stickseide nicht hinein wickeln, doch steh ich nicht dafür, daß ichs nicht Eschenburgen wieder schenke. — Gustel bekomt ihre Lectüre aus Campens Händen; Du kanst Dir nicht vorstellen, wie sehr es sie entzückte, mit dorthin, wo wir ein sehr artiges Souper

---

[1] J. A. Ebert, Professor am Carolinum, ſtarb 1795.
[2] Eschenburg.

hatten, eingeladen zu werden. Wir gehn oft nach Campens Garten
spazieren. — — Das Clavier wird sie nun viel beschäftigen. Sie
hat recht ernstlichen Unterricht und ein gutes Instrument bekommen,
und ich verzweifle nicht daran, daß sie mir mit der Zeit die Romanze
und: Kenst du das Land wo die Citronen blühn? vorsingen kan.
Kenst Du das Land auch schon? Hats Gotter gelesen? Ich wünsche
ihm Glück zu dem Vergnügen, was ihm auch der 2te Theil gewähren
wird, gegen den die Welt sich gewiß noch heftiger wie gegen den
ersten auflehnt, denn nun wird sies bestätigt finden, daß sich unser
Freund in schlechter Gesellschaft umhertreibt und zu nichts Beßerem
taugt. Nun wird sie sich noch tiefer unter die erste Erwartung von
der Vollkommenheit eines neuen Göthischen Romans, den sie in ihrem
Gemüth entworfen, herabzusteigen genöthigt sehn. Wer vermag
ihre schweren Ideale zu erfüllen? Denk an mich, Louise, wenn es
heißt — „es ist der Character der Deutschen, daß sie schwer über
Allem werden und Alles schwer über ihnen". Wird Dein Mann
bald nach Weimar gehn? Ich habe auch des stummen Freundes
Journal, das Zeitarchiv gelesen[1]. Die Erzählungen darinn sind
hoffentlich nicht von ihm, dagegen aber gewiß die Litteraturartikel.
Ein andrer mag sie beurtheilen — ich finde nur, daß so zierlich seine
Feder geschnitten seyn mag, sie doch auch eine unverläugbare Schweere
hat. Noch bin ich nicht geneigt gewesen zu versuchen, ob sie gegen
mich nicht oben drein ein schweres Gewißen verrathen würde. — —
Lebe wohl meine Gute.

100.
An Luise Gotter.

Braunschweig d. 28. Jun. (17)95.

Ihr macht mir angst mit Eurem Schweigen — der ganze Monat
ist vorübergegangen, ohne daß ich von einem meiner Freunde gehört
hätte. Ist das Strafe für meine Sünden der Nachläßigkeit oder
eigne Sünde? Hier bekömst Du den Kupferstich endlich, der schon
seit 3 Wochen in meiner Commode liegt. — — Was hat aber —
und hier komm ich zu der Nuzanwendung der vorhergegangnen
Zeilen — was hat Gotter für Entschuldigung Göschen noch nichts
geschickt zu haben? Wie kan er sich bey dem Bewußtseyn beruhigen,

---

[1] Berliner Archiv der Zeit und ihres Geschmacks, 1795 ff. Der Freund
ist Meyer.

daß Esther in seinem Schreibtisch liegt, da er mit diesem Pfunde wuchern könte? Erlaube mir, mein Kind, daß ich in Deinem Nahmen auf ihn schimpfe, schweig Du ganz still und gieb ihm dies nur in die Haub. Göschen hat mir geschrieben. Er ist so überhäuft mit Autoren, daß, wenn ers nicht bald bekömt, ers wieder nicht vor der nächsten Meße drucken kan. Ich bin bitterböse, denn am Ende werd ich ihm eine Esther schaffen müßen. Liegt es am Abschreiber? Kan es daran liegen? Warum hast Du es denn nicht zum Abschreiben bekommen, denn Du bist ja eine Frau die eine deutliche Haud schreibt! Der todkranke Schiller ist betriebsamer, denn der unternimt nun doch einen Musenallmanach, und Reinhardt und Dietrich werden bankerott mit den ihrigen machen. Wer ihn verlegt, weiß ich nicht; es ist nur ein Brief von Schiller an Schlegel durch meine Hände gegangen, worinn er ihn zur Theilnahme einladet.

Schreib mir doch bald meine Liebe, mich verlangt sehr zu wißen was Ihr macht, und ob G[otter] in Weimar gewesen, obwohl keine Herzoginn, kein Cammerherr solche Nachläßigkeit entschuldigen oder gut heißen könte. Unsere Kinder plappern hoffentlich mehr mit dem Mäulchen von einander als mit der Feder. Dies ist auch nicht die Lebenszeit zum sizen, sondern zum hüpfen und springen. Ich kan Deine lieben Mädchen versichern, daß ihr Andenken um nichts bey Mutter und Tochter geschwächt ist. Gustel hat noch keinen Ersaz für sie gefunden, niemand der so verständig wie Cäcilie, so wißbegierig wie Julie und so angenehm vorwizig wie Paulinchen wäre. — — Gustel ist jezt sehr regelmäßig beschäftigt. — — Es wird eine ruhmwürdige Edukation werden, und ich werde Dir à la Genlis Bericht davon abstatten, wobey Du die Rolle der leichtsinnigen Vicomtesse übernehmen mußt (s. Adele und Meodore[1]) und ich die der ungeheuer vernünftigen Baronne zu meinem Antheil bekomme.

— — Zu einem vertraulichen Umgang fand sich sonst noch niemand. Ich begnüge mich auch gern, wenn die Mutter nur einen findet, den sie ein bischen häufiger haben kan. Die Stadt ist zu groß, als daß sich dies sehr bald machte; jeder hat einmal seine angewiesenen Cirkel. Alle vorräthige Gastfreundlichkeit und Gefälligkeit gegen Fremde wird an Ausländern erschöpft; das ist deutsche Art und Sitte. Würklich, es ist wunderbar, man schimpft auf diese Menschen, weil sie zur Theurung beytragen, aber man unterstüzt, man nimt sie in

[1] 1782.

Gesellschaft auf, läßt alte Bekante durch sie verdrängen, und selten ist es Mitleid oder entschiednes Wohlgefallen, um deswillen man so viel für sie thut; die Blödigkeit unsrer Nation unterwirft uns nur so leicht einem fremden Einfluß — wir laßen uns fortreißen durch die dreistere Selbstschätzung einer jeden andern; man braucht uns nicht einmal zu bezaubern und zu überreden, um den Herrn über uns zu spielen. Es hat mir immer hart- und engherzig geschienen, diese armen Flüchtlinge allenthalben zu verjagen, und doch deucht mich, wenn ich das Wesen hier so mit ansehe, ich würde als Fürst die Parthie ergriffen haben, welche Euch vor ihrem Besuch schützt. Das sag ich keineswegs als Gegnerin ihrer Meinungen, sondern als Deutsche. Die guten Leute haben sich seit gestern mit Crepp bewickelt, um den hoffentlich sanften Tod des kleinen Unglücklichen zu betrauern, der nun nicht länger beklagenswerth ist.

Sobald die Mutter nur erst recht zufrieden ist, werde ich es vollkommen seyn, und dazu gehört nur noch ein wenig mehr Zeit. Wir haben eigentlich über nichts zu klagen, als über die Theurung, über die Jedermann klagt. — Adieu Liebe. Grüße an alles. In ein paar Tagen geh ich zu Trapps nach Wolfenbüttel. Ich verzweifle, wenn Du nicht bald schreibst.

101.
An Friedrich Schlegel.
[Braunschweig Juni 1795?].
(Anfang fehlt).

— — fiel dann ein, daß Sie, der Sie doch aus der Schule sind, durchaus müßen das Schöne nicht aus dem moralischen Gebiet verbannt haben — wie könten Sie ihm sonst seine Gränzen im Genuß der Liebe bezeichnen? Darüber geben Sie mir doch Waffen in die Hand, durch die ich meinen angebeteten Gegner auf eignem Grund und Boden niederwerfen kan.

Friz, es giebt 2 Bücher, die Sie lesen müßen, und das Eine derselben knüpft sich in meiner Errinnerung an die Malerie vom Wißen an. Das ist Condorcet. Er gehört in Ihr Fach — indem Sie die Stuffe der Cultur eines Volkes und den Werth dieser Cultur gegen den Begriff, den wir von frühster menschlicher Vollkommenheit haben können, gehalten, bestimmen wollen. Von Ihrer einzelnen großen Umschwingung weiß Condorcet nichts, aber von den Schwingungen ins Unendliche mehr wie wir beyde je davon geträumt haben. Er legt sehr großen Accent aufs Wißen — durch Erleutniß baut er uns Brücken in die himmlischen Gefilde. So sehr ich nun selbst jezt das Nöthige und Erfreuliche deßelben einsehe, so kan ich mich denn doch in meiner Dehmuth — wie die Demühtigsten oft die Stolzesten sind — nicht enthalten, zu meinen, daß dem, der den kunstreichern Instinkt des Brückenbauens entbehrt, der einfache Instinkt des Fliegens gegeben ist, durch welchen die Lerche an einem schönen Morgen hoch in den Lüften schwebt. Das Gleichniß vom Adler, der zur Sonne bringt, war mir hier doch zu prächtig. Condorcet schreibt mit großen Ansichten, aber vielleicht war sein Geist doch nicht ganz frey — nicht als feßelte ihn der Druck der Lage — ich sehe ein andres Stück Feßeln, und er hält sie für ein Ausmeßungswerkzeug und paßt sie an alles an — mit einem Wort — er wendet die Mathematik und die Berechnung nicht nur auf das Sinnliche, sondern auch auf das Unsinnliche an, das sie erzeugte. Sie werden sehn, wie flüchtig er die Sittlichkeit des Menschen berührt, und wie sie sich aus den Zahlen als Zahl ergeben soll, und nicht einmal für die Summe der Rechnung gehalten wird. Und wir haben sie doch nicht zu suchen unter den Himmelskörpern, wohin die Leiter der Zahlen reicht — sie ist nicht dort — sie ist hier — Ja das Gefühl, mit dem wir von jener Betrachtung anbetend zurückkehren, ist es nicht worin sie vorzüglich liegt. Die Verhältniße zum Menschen sind dem Menschen wichtiger wie die zum Schöpfer, und mir hat es sogar oft geschienen, als hingen sie nur schwach zusammen. Freylich deutet das darauf hin, wie viel Stuffen wir noch zu durchwandern haben, wozu uns dann die Ewigkeit ihre Zeit gönnen wird. Nur auf der Erde, fürcht ich, ist unser Loos begränzt — und der Mangel, den ich im Condorcet, in eines Menschen Ueberficht der Menschheit fühle, mahnt mich sehr an die Unvollkommenheit, welche er im Bilde mir entrücken möchte — wenn es auch nicht der Blick auf das Nächste thäte — auf alle die Vorurtheile, die er in seinem Zirkel weniger sah, da er unter den geistreichsten Menschen einer geistreichen Nation in ihrem gespanntesten Moment lebte — auf den bösen Willen, auf die Plattheit, über welche sich immer nur so wenige Einzelne erheben.

Daß Sie mir nicht versäumen dies und die Werke eines gewißen Fulda[1] zu lesen, der ein Magister mit recht ächtem originellem

---

[1] Gedacht ist wohl besonders an C. F. Fuldas natürliche Geschichte der Teutschen und der menschlichen Natur, herausg. von D. L. Gräter 1795.

Menschengefühl gewesen seyn muß. Manches an ihm hat uns an
Sie erinnert. — —

(Schluß fehlt).

102.

An Fr. Schlegel.

(August? 1795].

(Anfang fehlt).

— — mit Klarheit und Wärme, ohne Heftigkeit und doch fortreißend
zu reden. Darinn ist er[1] verändert, daß er die französische Sprache
den übrigen vorzieht, daß sie ihn fortreißt, und daß er allerliebste
französische Briefe schreibt, die ich denn doch nicht mit den deutschen,
die er mir geschrieben, eintauschen möchte. Auch denkt er etwas
anders über meine Freunde, die Republikaner, und ist gar nicht mehr
Aristokrat. Seine Partheylosigkeit über diesen Gegenstand ist ein Reiz
mehr seiner Unterhaltung. Ach ich werde ihm noch Leidenschaftslosig-
keit ablernen — und dann ist meine Erziehung vollendet.

Wahrlich, lieber Fritz, ich werde zuletzt wohl auf die Idee gerathen
mich zu bilden und zu meistern, um alles was da geschieht ruhig mit
ansehn zu können. Sie werden es kaum glauben, daß ich in diesem
Betracht aus dem Aufsaz über den fr. Nationalcharakter[2] Anzan-
wendungen gezogen habe. Diesen Aufsaz, den W[ilhelm] unreif nennt,
in welchem er Ursache und Wirkung mit einander verwechselt und die
Thatsachen selbst nicht treu dargestellt findet. Mir fiel die Richtigkeit
der Ansicht auf, daß Leidenschaft, aus welcher die höchste Kraft und
Genuß hervorgehn, gemäßigt und abgeleitet (?) werden muß, um Tugend
und Glück zu erzeugen. Ist es nicht so, daß der wesentliche Unterschied zwischen Ihren alten Griechen und meinen Neufranken in dem
Grade der Leidenschaft besteht? Gaben Sie diesen etwas weniger
heißes Blut, so müßten alle Völker der Erde sie beneiden und lieben.
Woher kommt es Ihnen aber und wie sollen sie es vertilgen? Das
Clima und seine Produkte bleiben dieselben. — Die Phantasie hat
eine Richtung genommen, welche die Revolution noch nicht dadurch
anders gelenkt hat, daß sie ihr andre Begriffe unterschob. Mir

---

[1] Wahrscheinlich A. W. Schlegel, der Ende Juli oder Anfang August nach
Braunschweig kam.

[2] Beitrag zur Geschichte des französischen Nationalcharakters, von Woltmann,
in den Horen 1795 Stück 5. Friedrich Schlegel erwähnt desselben in einem
Brief vom 7. August.

scheint sie mehr durch den Zufall verstimmt zu seyn, der Gallien einem Eroberer unterwarf, als durch jeden sonstigen Einfluß. Früh legte ihnen dies ein Joch auf, das sie mit Glanz zu bekleiden — —
(Schluß fehlt).

103.
Fr. Schlegel an Caroline.
Dresden den 2ten Oktober [1795].

Mein Mscrpt.[1] ist zwar noch nicht fort, doch muß ich mein Gelübde brechen, weil Ihr Brief es mir unmöglich macht, es zu halten. Ich kann es auch mit gutem Gewissen; denn ich bin sehr weit, und heute ist das Mscr. ohnehin bey Körner, der einmal wieder ungeschickt ist, weil ich Schiller nicht genung gelobt habe. — Ich härmte und grämte mich schon über Ihr Stillschweigen. Ich dachte, ich wäre Ihnen zu rauh, und [Sie] hätten Sich entschlossen, es bey einem Schlegel bewenden zu lassen. Gestern morgen wurde ich auch zornig über Eure Nachlässigkeit, denn von ohngefähr fielen mir meine .... gedruckt in die Hände. Ich dachte mir schon, ich würde Verdrießlichkeit haben und mich prostituiren, wenn Ihr es noch einmal drucken ließt. Da kam Ihr Brief und machte mir eine doppelte Ueberraschung. — Ich bin sehr entzückt von Ihrer Güte, aber nun sagen Sie mir auch, warum Sie mir so wohl wollen? Ich weiß es wahrhaftig nicht. Vielleicht würde sichs aufklären, wenn ich bey Euch wäre. Der große Schulmeister des Universums[2] könnte mich dann in die Lehre nehmen, und mich die Kunst richtig zu schreiben und vollkommen zu lieben lehren. Ich meyne seine süßen Verbindungen. — —

Ich wohne im Schooß Abrahams, d. h. bey meiner Schwester. Ich habe alle mögliche Ursache, dankbar gegen sie zu seyn, und wenn kein unverhofftes Unglück begegnet, so kann ich den Winter ruhiger und froher arbeiten als je.

Ich habe mir gestern die Hand fast lahm geschrieben an Mscr. und heute muß ich noch eben so viel schreiben. Ich fühle in allem Ernst Schmerz in der Hand, wenn ich den ganzen Tag geschrieben. Das wird noch eine Zeit lang anhalten. Uebermorgen geht die erste Sendung fort: dann alle acht Tage die Fortsetzung. In drey Wochen wird es zuverläßig weit über ein Alphabet betragen. Sie müssen

---
[1] Wahrscheinlich „Die Griechen und Römer", die freilich erst 1797 erschienen.
[2] Offenbar Wilhelm, den Caroline so genannt haben wird.

mir also im Voraus verzeihen, wenn ich Ihre interessanten Briefe
fürs erste nicht mehr beantworte als ich kann.

Von meiner Oeconomie kann ich noch gar nichts sagen. Es
kommt alles auf Michaelis an. — —

Die Hoffnung, den liebenswürdigen Schulmeister zu sehen, ist
entzückend. Auch Charlotte[1] freut sich sehr darauf. Für sein Arrangement hier darf er unbesorgt seyn. Wenn er bey mir wohnen
wollen können, so wird er es noch eher bey Ernsts, wo er nur nicht
gar zu viel Raum fordern darf, doch so viel als für seine Bedürfnisse, so weit ich und Ch. sie überlegen können, hinreicht. Einen
eignen Tisch für die süßen Verbindungen, ich meyne zum Briefschreiben,
findet er auch. Wir wünschen bald das Nähere zu wissen, recht
sehr bald. Er wird doch nicht über L[eipzig] gehn? Dieß wäre mir
sehr unlieb.

Geben Sie mir doch auch nur einige Nachricht über Euer Amerik[anisches] Projekt[2]. Ist es ein Landeigenthum, ein öffentliches Amt, oder
eine Privatverbindung, was Ihr vorhabt? — Das war doch hoffentlich
nur eine flüchtige Phantasie, daß Ihr, um zwey Müttern zu entfliehn, Euch dem Revolutions-Riesen in den Rachen stürzen wolltet?
Wer über den Rhein gegangen, dem ist die Rückkehr doch wenigstens
sehr beschränkt. Auch könnte der Riese leicht einmal wieder Krämpfe
bekommen, nach Hubers Ausdruck zusammenfließen, und Ihr
dabey eben in die Presse kommen. Schreiben Sie mir nur ganz kurz
wie Sie vom deux tiers denken, ob ministeriell oder oppositionell?

Auch schreiben Sie mir, wie sich Ihre Mutter aufführt. Heizt
Ihr nur recht ein, wenn sie's verdient.

Was nun folgt ist für Ihren Gott, selbstständige Diotima. Ich
habe nicht Zeit ihm Besseres zu geben. Es sind mehr Warnungen
wieder falsche Vorstellungsart und Vermuthungen. Zu großen Recherchen habe ich jetzt weder Zeit noch Bücher. Was hier steht habe ich
schon ohnehin auf meinem Wege gefunden.

Einige Worte über griechische Improvisatoren. — —

Leben Sie recht wohl, Selbstständige, und umarmen Sie den
göttlichen Schulmeister.   Fr. Schl.

---

[1] Schlegels an Ernst in Dresden verheirathete Schwester.
[2] Vgl. in der Beilage 1 den Brief vom 16. Juni 1795.

104.
Schlözer an Caroline.

Göttingen, 13. December 1795.

Madame,

Ihr ausgezeichnet gütiges und vertrauliches Schreiben vom 22. Octobr. würde ich beinahe, aus Scham, gar nicht mer, wie oft schlechte Correspondenten tun, beantwortet haben; wenn ich nicht Eine trifftige Beschönigung meiner Verspätung anzuführen hätte — meine Arbeit mit Hrn. Tychsen, aus den MSctem Ihres Hrn. Vaters noch einiges zu Gelde zu machen, wovon Sie wol bereits nähere Nachricht haben.

Nun schuldige Antwort, Zeile für Zeile.

a. Mein Aufsatz en question ist einmal Ihr Eigentum: folglich machen Sie damit, was Sie für gut finden¹. 1. Lassen Sie ihn als Anhang zum Briefwechsel, auf die gemeldte Art, drucken: nur 2. NB. melden Sie in einem Avant-propos (den niemand just mit Namen zu unterschreiben braucht), daß ich diesen Aufsatz, gleich nach des sel. Mannes Tod, an die Familie, zu ihrer Beruhigung, abgegeben hätte. 3. In diesem Avant-propos kan sogar was Gutes von mir gesagt werden, z. Er. von meiner dankbaren und enthusiastischen Verehrung des sel. Manns: so was muß sogar eingeschaltet werden, damit ich in keinem Falle als jetziger Herausgeber des Aufsatzes im Publico erscheine.

b. Unendlich obligiren Sie mich durch die Fortsetzung Ihrer Nachrichten von Gotha. — —

c. Seit vollen 8 Jaren sage ich zweien meiner Söne (nicht einem Dritten, der zwar arbeiten kan, aber nicht mag) vor: „wär ich in meinem Alter 15 Jare zurück; bei Gott! ich ginge nach America". .... ² Allein ginge ich; aber noch lieber mit einem selbstständigen Weibe, die im Nothfall meiner Manns-Selbststänbigkeit (ach! die manquirt uns oft) zur Krücke diente. — Doch ich Unbesonnener, was schmelze ich da hin, das ohne Commentar (der nicht für einen Brief ist) übel ausgelegt werden kan! Nein, Sie Madame, legen es nicht unrecht aus.

---

¹ Es ist offenbar der Aufsatz, von dem es in der Vorrede zum 3. Bande von J. D. Michaelis Briefwechsel, hrr. von Buhle, S. VII, heißt, daß ein solcher Aufsatz von einem vertrauten und berühmten Freunde von Michaelis über die Streitigkeiten desselben mit Reiske habe dem Band beigefügt werden sollen, aber aus besondern Umständen weggeblieben sei.

² So der Brief.

J. Kürzlich ward meine Frau mit einem, auch für mich statistisch interessanten Schreiben von Ihrer Fr. Mutter beehrt, welches sie nächstens beantworten wird. Indeß empfielt sie sich mit mir, Ihnen allen, gehorsamst, — und macht drauf und drein an einer neuen broderie pointée oder Miniatur-Stickerei (helfen Sie dazu, daß dieser neue Name für eine neue Sache in Umlauf komme), die, wie sie und Fiorillo meinen, besser als alle vorherige wird, und die sie auf die nächste Messe — ich weiß nicht, zum Verkauf, oder blos zum Begucken! (Bewundern!) — an Sie schicken wird.

Mit unveränderter Hochachtung Ihr
ganz gehorsamster Diener
Schlözer.

105.

A. W. Schlegel an Auguste.

[1795/96 ¹].

— — Was die Mutter von den Männern gesagt, hätte sie eben so gut von den Frauen sagen können. Sie thun auch oft lieb mit einem, und meynen es doch nicht von Herzen. Wenn man unglücklich wird, dann lernt man seine Freunde erst recht kennen. Die wahren Freunde bezeigen einem doppelt so viel Liebe als vorher: die falschen thun als ob sie einen gar nicht kennten. Deine Mutter hat es erfahren.

Ob ihr mir trauen wollt, das müßt ihr einmahl zusammen überlegen, Du und Deine Mutter. Du wirst mir doch nicht entgegen seyn, liebe Gustel!

Ich höre, daß Du ein gutes Herzenskind bist und der Mutter viel Freude machst. Dafür habe ich Dich sehr lieb, und wünsche Dir recht vergnügte Tage.

Dein Freund Wilhelm.

106.

A. W. Schlegel an Auguste.

— — Ich habe Dich sehr lieb, Gustel, weil Du ein so gutes Kind bist. Nicht wahr, wenn Deine Mutter traurig ist, dann leistest

---

¹ Dieser und der folgende Brief scheinen mir der Zeit angehören zu müssen, da Schlegel noch nicht mit Caroline verbunden war. Allerdings war damals Auguste noch sehr jung, aber doch ein früh entwickeltes Kind, und als Kind wird sie offenbar auch hier behandelt.

Du ihr Gesellschaft, und suchst sie fröhlich zu machen? Sieh, solch eine herzensliebe Mutter, wie Du hast, haben auch sehr wenig Kinder.

Lebe wohl, gutes Mädchen, und denke zuweilen an Deinen Freund Wilhelm.

107.
An Luise Gotter.

Braunschweig d. 10ten Febr. [17]96.

Die Meßleute waren gekommen und niemand hatte mir ein Scheitchen mitgebracht. Ich konte das nicht begreifen, denn daß meine Bitte thöricht war, wußt ich wohl, aber auch, daß meine gute Louise allenfals, sogar eine solche, erfüllen würde. Endlich kam der Fuhrmann meinen Glauben zu stärken, den ich noch nicht aufgegeben hatte — ich hätte eher gedacht, das Scheitchen würde zum Fenster herein geflogen kommen, als daß Du es nicht schicktest. Dafür hat es mir vortrefflich geschmeckt. — — Mit großem Vergnügen fand ich die Schauspiele in der Kiste, und Auguste warf sich liebevoll über die geschriebnen und gedackten Briefe her, über die ersten jedoch zuerst, wie Du es von ihrem überirdischen Gemüth erwarten kanst. Sie legt ein Zettel an Paulinchen bey. Mit dem Schreiben geht es schlecht, denn ich hatte noch keine Gelegenheit ihr eine Stunde geben zu laßen, die nicht theuer gekommen wär. Aber ich denke das holt sich nach. Mir ist mehr darum zu thun, daß ihre kleinen Finger jezt die Claves mit Sicherheit greifen, als daß sie fertig trizzeln lerne. Es geht dann auch recht gut mit der Musik; sie singt einen kleinen italiänischen Gaßenhauer, den Meyer übersezt hat, sono inamorato dun biancovino sehr niedlich, daß sich mir das Herz im Busen bewegt. Das Kind ist glücklich dran, doch erfreut kein neues Kleid sie halb so, wie die leiseste Hofnung ihre kleinen Freundinnen wieder zu sehn, wobey sie Cäcilien stets den Rang giebt.

Es ist mir eine wahre Freude, daß Dein Mann endlich nach Weimar gegangen ist. Nun wird er vermuthlich zurückseyn. Du thust mir einen großen Gefallen, wenn Du mir ein weuig vom Detail dieser Reise mittheilst. Göschen schickt mir gestern ein großes Packet mit Wielanden, schreibt von der Cantate und legt sie nicht bey. Sie ist indeßen schon hier angekommen, und vielleicht bekomm ich sie noch, ehe dies gesiegelt wird. — —

Von den Leuten, die ich meine Freunde nenne, weiß ich wenig. Ich habe Hubers lezten Brief vom October erst eben beantwortet.

Nachgerade bin ich so weise, mich nur um die wenigen zu bekümmern, von denen ich so gewiß, wie eine Sonne am Himmel steht, weiß, daß sie mich lieben. Mithin bekümmre ich mich auch nicht um Meyer. — — Artige Sachen von ihm stehen in Schillers Almanach. — — Ich ruhe nicht, Gotter muß künftiges Jahr etwas in diesen Almanach geben — das wird allerliebst gegen die hochfahrenden Poesien abstechen, die gereimten Metaphysiken und Moralen, und die versifizierten Humboldschen Weiblichkeiten. Schillern hängt das Ideal gar zu sehr nach — er meint, es ist schon gut wenn es nur ausspricht. Das hat mich sehr divertirt, daß man die Epigramme¹ abseits gebaut, eine Schranke gezogen, und sie so zu sagen wie junge Ferkeln in ein Köbchen allein gesperrt hat. Es sind muntre Dinger und ich mag sie gern. Doch Du hast wohl noch nichts von diesen Herrlichkeiten gelesen, arme Frau, da der Herausgeber sie Dir nicht wird zugeschickt haben — nun tröste Dich, ehe das Jahr vergeht, gerathen sie wohl noch in Deine Hände. — —

Philipp ist sehr vergnügt hier gewesen und nun in Haarburg. Grüße Minchen wo Du sie siehst. Grüße die Deinigen und sey mir gut.

108.
An Luise Gotter.

Braunschweig d. 6ten Jun. [1796.

Du hast mich vergessen, liebe Louise. — Seit Monaten flieh ich vergebens um ein Wort. Auguste verschmachtet fast — wirklich ich habe zu thun gehabt, um ihre heftige Sehnsucht nach einem Brief von Cécilen zu mildern, sie stieg mit jedem Posttag, und brach in Klagen und Schmähungen aus. Wie kömt es, daß Ihr unsrer so gar nicht achtet? Wir haben in unsrer Verzweiflung den Vorsaz gefaßt, Euch in eigner Person darum zu fragen, und Du mußt nicht erschrecken, Liebe, wenn ich Dich um ein Obdach für ein oder zwey Nächte, etwa in der Mitte des Julius, ersuche. Diesmal sollst Du nicht vergebens nach mir aussehn — ich komme unter gutem Schuz, aber für den Schuz bitt ich auch um ein Quartier². Du hast ja

---

¹ Die Ieuien.
² Die Vermählung Carolinens mit A. W. Schlegel stand nahe bevor. Vgl. den Brief von Schlegel an Schiller vom Juni 1796, Pr. Jahrb. 1882, Febr. (IX, 2) S. 213. „Ich habe Göthen von meiner Reise und ihrer Ursach

zwey Betten, Guſtel ſchläft bey Cécilen. Wenn Du Dich hierinn nicht finden kanſt, ſo geh und frage die Chanoineſſe¹, die iſt das Orakel und weiß alles.

Das wird Dir doch endlich eine Antwort abnöthigen. Auguſte erhöht meine Freude — ich kan die ihrige mit keiner vergleichen, als mit der, die ich fühlte da ich die Thürme von Gotha zum erſtenmal in meinem 15ten Jahr wieder ſah. Das Herz will ihr ſpringen. Sie hat Deine Kinder wahrhaftig lieber wie alles in der Welt, außer mich. Laß doch Cécilen ſchreiben, und ſage dieſer, daß ich ihr einen hübſchen Plan für künftigen Sommer mitzutheilen hätte.

Die Chanoineſſe wird Dir eine Bitte vortragen, die ich Dir beſtens empfehle. Schreib mir ja bald, und grüße Gottern und Tante Lorchen. G. wird meinen Schütz gewiß gut und in den ſeinigen auf- nehmen. Schilt übrigens ja nicht auf mich, daß ich ſo lange ſchwei- gen konte. So viel Kummer und Sorgen können das Herz wohl ein wenig verſchließen, aber der erſte Strahl der Freude öfnet es, wenn es von Natur ſo wenig verſchloßen iſt, wie das meinige.

---

geſagt. Er erinnerte ſich, meine Freundin in Mayn̄z bei Forſters geſehen ꝛu haben, und es wurde ihm dabei lebhaft, wie erſtaunlich die Zeiten ſich ſeitdem verändert. Ich habe ihm auch von der Erzählung meiner Freundin geſagt, die Sie in Händen haben". Von dieſer Erzählung iſt ſonſt nichts bekannt.

Ueber die Heirath hat mir Hr. Archivar Dr. Häuſelmann in Braunſchweig Folgendes gefälligſt mitgetheilt: „Die Braunſchw. Anzeigen vom J. 1796 enthalten Stück 54, Sp. 1139 folgende Nachricht:
Kirchenſachen in Braunſchweig.
Copulirte.
Charakteriſirte Perſonen.
Zu St. Catharinen.
Am 1ſten Julius 1796, der Herzogl. Sächſiſche Rath in Jena, Herr Auguſt Wilhelm Schlegel, mit des verſtorbenen Bergmediäus, Herrn Johann Franz Wilhelm Böhmer hinterlaſſene (sic) Frau Wittwe, geborne Michaelis".

Hiernach iſt Dilthey, Leben Schleiermachers, I, S. 223, zu berichtigen.

¹ Luiſe Schläger.

III.

Jena. Dresden. Bamberg.

1796—1800.

109.

An Luise Gotter.

Jena d, 11. Juli [17]96.

Liebe Louise, ich hoffe Du bist so glücklich wieder in G[otha] angelangt, wie wir in Jena[1]. Nachmittags warst Du sicher im Park, nur daß es der verwaiseten Mutter nicht halb so viel Freude machte, als wenn sie eins ihrer Schäfchen bey sich gehabt. Daß Du nicht mit her kamst war doch gut, denn zu Anfang ging alles drunter und drüber, doch kamen wir sämtlich die Nacht noch zur Ruhe, und es macht sich nun schon alles. Das Haus ist klein, aber recht artig. Nur in Einem Stück hat S[chlegel] mich betrogen — hintergangen! Er schrieb von weißen Vorhängen. Die Wahrheit ist, daß kleine graue Läpchen vor den Fenstern hängen. Da mußt Du mir gleich helfen, meine Liebe, Gute. — — Vorgestern nach Tisch gingen wir zu Schillers, denn an demselbigen Abend wars nicht mehr möglich. Ich hatte mir alles grade so gedacht wie es war — nur schöner fand ich Schillern, und sein Knabe ist prächtig. Eben gingen wir hin, da kam man uns mit der Nachricht entgegen, daß sie von einem zweyten Knaben[2] vor einer Viertelstunde entbunden sey. Er kam zu uns heraus und war gar freundlich und gut. Morgen, meint er, würd ich sie wieder sehn können, denn sie ist recht wohl. Das erstemal kam die Kalb hin mit der kleinen Rezia. — — Wir gingen von ihnen zu Hufelands, die uns wie Verwandte empfiengen. Gestern waren sie schon wieder bey uns, und luden uns auf morgen Abend ein. Da will ich denn vorher zu der Schüz gehn. Die Voigt hat der Schiller weis gemacht, sie kennte mich. Ich weiß nichts davon.

---

[1] Schiller meldet ihre Ankunft 9. Juli an Göthe Nr. 189.
[2] Ernst.

Habe ich sonst noch etwas bey Dir gelaßen, so vorenthalte es mir nicht, ob Du mir gleich unzählig mehr Verpflichtungen mit auf den Weg gegeben. Wir danken euch noch herzlich für alles so sehr Gute und Liebe. Wann werden wir es euch nur ein wenig vergelten können? Nun geht es doch aber endlich über Stock und Block, die wir hinter uns laßen, weg, im graden Gleise, wie Ihr lange gegangen seyd, und in einem nachbarlichen dazu. Ich bin auch unbeschreiblich froh. Grüße die Deinigen und Mad. und Mlle. Schl[äger] und Minchen.

Die Luft vertrieb mein Kopfweh. Schl[egel] war angst, die Felsen am Eingange möchten mich abschrecken. Aber ich achtete nichts, als das Gute und Angenehme, und bin schon mit diesem romantischen Thal ganz befreundet. Gustel lebt noch in der Errinnerung.

110.
An Luise Gotter.
(Anfang fehlt).
[Jena Juli 1796] [1].

— — Fieber bekommen, so daß ich nun diesen Abend aus einer Gesellschaft bey Woltmann bleiben muß, wo Göthe ist, wenn er nicht noch gestern Abend weggeritten ist. — —

Auf dem großen Clubb sah ich Loders, Rath Hufelands u. s. w. Man war von allen Seiten sehr artig. Gestern besuchte uns Böttcher aus Weimar. Du kanst denken was es da für süße Reden gab. Niethammer ist auch schon bey mir gewesen. — —

Sind Wiebekings schon fort? Darmstadt ist freylich nicht sicher mehr — zittert man doch hier. Lebe wohl wohl Liebe.

111.
Fr. Schlegel an Caroline.
Würtemberg den 2ten August [17]96.

Da Hardenberg einen Boten nach Jena schickt, so ergreife ich die Gelegenheit, Sie zu begrüßen, und Ihnen zu sagen, daß ich wohl noch diese ganze Woche hier zubringen werde.

Gleich den ersten Tag hat mich H. mit der Herrnhuterey so

---

[1] In diese Zeit gehört der Brief W. von Humboldts an Schlegel, 23. Juli 1796, bei Steffe S. V, in dem er auch Carolinens gedenkt: „ich wollte nicht länger zögern Ihnen zu Ihrer veränderten Lage Glück zu wünschen,

weit gebracht, daß ich nur auf der Stelle hätte fortreisen mögen. Doch habe ich ihn wieder so lieb gewinnen müssen, daß es sich der Mühe verlohnt, einige Tage länger von Ihnen abwesend zu seyn; ohngeachtet aller Verkehrtheit, in die er nun rettungslos versunken ist. — Uebrigens bin ich hier völlig frey, und kann einen großen Theil des Tages arbeiten, welches ich denn auch tüchtig thue, und doch das lang entbehrte Vergnügen der Gedankenmittheilung im vollen Maaß genießen. — Es soll mich wundern, ob Sie mich auch so einseitig, hartnäckigt finden werden, wie ich andern scheinen muß.

Heute ists drey Jahr, daß ich Sie zuerst sah. Denken Sie, ich stände vor Ihnen, und dankte Ihnen stumm für Alles, was Sie für mich und an mir gethan haben. — Was ich bin und seyn werde, verdanke ich mir selbst; daß ich es bin, zum Theil Ihnen.

Vom Cäsar[1] hätte ich gern Nachricht. Schreiben Sie gleich, so trifts michs gewiß noch. Wenn es nur keine Mäkeley von Schiller ist, so will ich gern bis zum 10ten Stücke warten. Ist es aber das, wie ich argwöhne, so wollte ich, er gäbe mir das Ganze gleich zurück: dann zierte ich den ersten Band damit statt der Diotima[2].

Es liegt mir ganz unendlich viel daran, diese gleich zu finden bey meiner Ankunft in Jena. Ich wiederhohle also an W[ilhelm] meine Bitte desfalls, wie auch um den Dionys[3]. Hätte Sch[iller] die D. verlohren, das wäre äußerst unangenehm. Wer weiß, ob ich die Stücke gleich kaufen könnte.

Wenn ich Ihren Brief zugegen oder ganz im Gedächtniße hätte, so würde ich noch viel mehr schreiben. Wäre ich in der Stimmung, wie neulich, so hätte ich auch viel zu mäkeln über W[ilhelm]'s böse werden müssen, und andre ähnliche Unverständlichkeiten. In der Laune, wo ich jetzt bin, würde ich wohl auf den ökonom[ischen] Theil Ihres Briefes antworten, der mir viel Freude gemacht hat. Der allerliebste Einfall, in vollem Ernst mein Vormund zu seyn, ist gewiß

---

und Sie zu bitten, auch Ihrer Frau zu sagen, wie innig ich mich freue, ihr nun endlich mündlich die herzliche Verehrung bezeugen zu können, die ich schon so lang für sie fühle. Denn bis jetzt habe ich immer das Schicksal gehabt, mit Personen, die ihr werth waren, viel und nah verbunden zu seyn, ihr selbst aber immer fremd zu bleiben".

[1] Cäsar und Alexander. Erschien erst in den Werken IV, S. 263.
[2] Ueber die Diotima. Erschien in der Berliner Monatsschrift 1796; Werke IV, S. 90.
[3] Kunsturtheil des Dionysius über Isokrates, Werke IV, S. 217.

nicht Ihr eigner. Sie haben ihn (wie alles Schöne) von den Alten
entlehnt, haben gewiß eine Gemme gesehn, wo ein Amor eine Löwin
spielend bändigt. Es muß beinahe eben so interessant seyn, eine so
kleine, zierliche, zerbrechliche, leichtsinnige, kolossalisch verliebte Frau —
als Gratchen Mutter zu sehn, wie W[ilhelm]s Vaterwürde, auf
die Sie mich sehr lüstern gemacht haben. Meine Adresse ist:
Weißenfels beym Salin-Direktor v. Hard[enberg]. Setzen Sie Eilents
aufs Couvert, sonst möchte der Brief in W. liegen bleiben.

W. mags ja überlegen, ob er R[eichard] eigne Aufsätze für
Deutschl[and][1] geben will, wegen des Verhältnisses mit Sch[iller].
Hält ihn aber dieß nicht ab, so kann er wegen des Honorars ganz
unbesorgt seyn. Dafür will ich stehn, und könnte es eintreiben. —
Wollt Ihr mir geben, was Ihr über W.[2] zu sagen habt, und mir
erlauben nach meinen Zusätzen das Ganze unter meinem Nahmen an
R. zu schicken, so könnten wir ja das Honorar leicht theilen. — Auch
R. sieht W. als einen Verbündeten an. — Seyd aber nur meinetwegen unbesorgt: sein Lob wird mich nie zur Frechheit verführen,
und ich werde auf meiner Hut seyn, daß R. meine Freymüthigkeit
nicht zu seinen Absichten mißbrauchen soll.

Wenn ich das Honorar für den Cäsar erst zu Ostern 97 bekäme, das wäre äußerst verdrießlich. — —

Es wäre mir auch lieb, wenn Sie die Abhandlung über das
Studium ꝛc. ꝛc.[3] aufmerksam lesen wollten.

Was ich zunächst für die Horen zu liefern dachte, war eine
Biographie des Tiberius Gratchus. Dieß paßt doch nicht eigentlich
für Deutschl[and], und ich muß es entweder auf Spekulazion für die
O[ster] M[esse] 97 für die Horen machen, oder es mit in die Sammlung aufnehmen.

Wollen Sie wohl die Diotima noch einmahl lesen, und die
Stellen mit Bleystift bezeichnen, wo Sie glauben, daß eine kleine
Aenderung nothwendig und leicht sey?

Wenn ich oben von Herrnhuterey sprach, so wars nur der kürzeste
Ausdruck für absolute Schwärmerey: denn noch wenigstens ist H[ar-
den]berg ganz frey von dem leisesten Anstrich herrnh. Niederträchtigkeit. — —

---

[1] Ueber Friedrich Schlegels Beiträge zu der von Reichard herausgegebenen
Zeitschrift Deutschland s. Roberstein III, S. 2211.

[2] Wieland?

[3] Ueber das Studium der Griechischen Philosophie, von der ein Fragment
in Deutschland erschien.

Laßen Sie Sich auch einen tollen Aufsatz des Philosophen Schmid (in Niethammers Phil. Journal¹) über die schöne Seele geben. Der Jämmerling meynt, die nichtswürdige Kreatur wäre zu gut.

Ich grüße und umarme Euch alle herzlich, auch Auguste, die es mir verzeihen muß, daß ich Ihren Brief nicht beantworte. Küssen Sie Ihren Herrn, den Vater Willhelm einmahl in meinem Nahmen herzlich, oder halten Sie das für Sünde? Danken Sie ihm noch für den letzten Brief und die Erfüllung meiner Bitte.

Xaipe. Fr. S.

Der Republikan[ismus]² ist glücklich durch die Censur geschlüpft.

112.
An Luise Gotter.

[Jena] d. 4. September [17]96.

Bisher, meine liebe Louise, hast Du Dich der Nachbarschaft nur in Comißionen zu erfreuen gehabt, aber so Gott will, wird auch eine andre Zeit kommen. Vorgestern waren Deine Schwester und Dorette bey mir, und da hab ich mirs recht lebhaft gedacht, Dein liebes Gesicht bald bey mir zu sehn. Sind wir erst in der Stadt, so verschmäh keine Gelegenheit, mir die Vorstellung wahr zu machen, denn da hab ich gleich mit auf eine Herberge für Dich gerechnet. Ganz en famille sollt Ihr freylich erst nächsten Sommer kommen, wenn jeden Tag eine andre Herrlichkeit der Gegend vorgenommen werden kan. Ihr werdet nicht so vortreflich wie bey Mad. Schüz logiren, aber das müßen wir schon auf andre Weise wieder einzubringen suchen.

Es geht mir noch immer über alle Maaßen wohl hier, und ich habe mich recht angesiedelt, mit dem Gefühl, als wenn meines Bleibens hier seyn könte. Meinem Vorsaz, wenig Bekantschaften zu machen, bin ich treu geblieben. Von der studierenden Jugend werd ich nichts gewahr, und ich bin wenigstens gesichert, daß sie mir die Fenster nicht einwerfen kan, da wir künftig über einen Hof hinüber wohnen. Spaziergänge nehmen wir jeden Abend vor, und die heilige Dreyzahl unsres häuslichen Zirkels hat sich in eine partie quarrés

---

¹ II, J. S. 185: Einige Gedanken veranlaßt durch das Lesen der Bekentnisse einer schönen Seele.

² Versuch über den Begriff des Republikanismus, Deutschland St. 7.

seit der Ankunft meines Schwagers[1] verwandelt, der uns mit seinem
dum- und auswendig krausen Kopf viel Vergnügen macht. Für den
Spätherbst bekommen wir das Weimarische Schauspiel. Göthe ist
jezt wieder hier und läßt das Theater arrangiren, sonst giebt er
sich diesmal viel mit Raupen ab, die er todt macht und wieder
auferweckt. — Wenn Du den Almanach siehst, so wirst Du auch
sehn, wie er sich seither mit dem Todschlagen abgegeben hat[2]. Er
ist mit einer Fliegenklappe umhergegangen, und wo es zuklappte, da
wurde ein Epigramm. Schiller hat ihm treulich geholfen, sein Ge-
wehr giebt keine so drollige Beute von sich, aber ist giftiger. Göthe
hat eine Parodie auf den Calender der Musen und Grazien gemacht,
die einem das Herz im Leibe bewegt. Es heißt die Musen und
Grazien in der Mark[3] —

    Ach wie freu ich mich mein Liebchen,
    Daß Du so natürlich bist!
    Unsre Mädchen, unsre Bübchen
    Spielen künftig auf dem Mist.

so sagt er unter anderm darinn.

Dein Mann ist unerbittlich gewesen? Ich werde mir darauf ein
Epigramm bestellen.

Wir hatten wieder einige Gastirungen, weil zwey Schwestern, ein
Bruder und eine Schwägerinn von der Hufeland aus Braunschweig
ins Land rückten. Die beyden Schwestern sind noch hier, der Bruder
ist weiter nach Dresden gegangen. Göthe war mit bey Hufelands.
Schillers haben andre Gäste, deren ich für mein geringes Theil
allenfals entübrigt wäre, das ist ihre Schwester[4] und Schwager, ein
rider Hr. von Wohlzogen, der während der Revolution viel in Paris
gewesen ist. Die Schwester ist nicht halb so natürlich wie die Schiller,
und kan einem faul soit peu Langeweile machen. — —

113.
An Luise Gotter.

[Jena] d. 3. Oct. [17]96.

Liebe Louise, Du mußt mir einmal wieder aus einer Noth
helfen. Wir sind so fleißig gewesen, daß wir alles Garn aufgestrickt

---

[1] Friedrich Schlegel kam im August 1796 nach Jena; s. Schiller an Goethe
v. Aug. Nr. 204.
[2] Die Xenien.
[3] Musenalmanach 1796, S. 68.
[4] Caroline von Wolzogen.

haben, und in diesem verwünschten Nest, wo es Nectar und Ambrosia giebt, ist doch kein gebleichtes Garn zu kriegen. — — Du sollst auch mit nächstem den Musenallmanach von mir geliehen bekommen. Laß bey der Gelegenheit dem Hrn. Fromman wißen, daß Schlegel noch mit ihm nach Leipzig zu reisen gedächte und sehr darauf rechnete, daß er seinen Rückweg über Jena nähme.

Wenn ich Dir den Allmanach schicke, sollst Du auch den Commentar dazu haben. Hier schreib ich Dir ein paar Epigramme vorläufig ab:

Manso van den Grazien.

Drzen¹ — —

Daß nur Minchen dies Blatt nicht zu sehn bekomt! Es sind wenigstens noch ein halbes Dzend andre auf Manso darinn. Hier ist das auf Ramdohrs¹:

Charis.

Ist das die Frau des Künstlers Bulcan? Sie spricht von dem Handwerk,
Wie es des Notizirers adlicher Hälfte geziemt.

Uebrigens, liebster Schatz, zwingt mich das Witzige freylich zum Lachen, aber zur Billigung nicht.

Ich habe gestern bey Schillers Geheimerath Voigts aus Weimar kennen lernen. Er sagte meinem Mann, man hätte ihm gar viel Gutes von mir erzählt. Siehst Du, so dringt die Wahrheit zu den Thronen durch. — —

---

¹ Vgl. Boas, Göthe und Schiller im Xenienkampf I, S. 63. — Nach diesem Brief zu schließen, hat Caroline keine Ahnung gehabt, daß Nr. 273:
An Madame B. und ihre Schwestern.
Jetzt noch bist Du Sibylle, bald wirst Du Parze, doch fürcht' ich
Hört Ihr zuletzt gräßlich als Furien auf;
auf sie bezogen werden könne, wie es Boas S. 147 thut. Noch weniger wird bei Nr. 274 und 626 an sie zu denken sein. Caroline stand damals mit Schiller und Goethe auf gutem Fuß, wie auch der Briefwechsel zwischen beiden zeigt, war, als der Almanach erschien, nicht mehr Madame Böhmer, jenem als solche wohl kaum bekannt. Goethe, wie der oben (S. 168, N. 2) angeführte Brief Schlegels und Goethe an Schiller Nr. 191 zeigen, auch vorher in nicht unfreundlicher Erinnerung. — Auf diesen Brief bezieht sich aber Schiller an Goethe Nr. 223: „Unterdessen habe ich nichts mehr vom Almanach gehört, als daß unsere gute Freundin S. hier die auf Manso gerichteten Xenien abgeschrieben und an Gottern geschickt hat, welcher sehr davon soll erschreckt worden seyn"; mit Goethes Antwort Nr. 224. Würden die beiden Dichter hier Carolinens so erwähnt haben, wenn sie selbst in den Xenien vorkäme?

² Ebend. S. 92.

Ich umarme Dich herzlich, liebes Weib.

Göthe sagte gestern noch, die Geisterinsel¹ wäre ein Meisterstück von Poesie und Sprache. Es ließe sich nichts musikalischers gedenken. Sähen oder hörten wir sie erst! Die Schauspieler kommen nicht her.

114.
An Luise Gotter.

[Jena] d. 12. Dec. [17]96.

Gern, liebe Louise, hätte ich Dir zuweilen helfen mögen, Deinen guten Kranken zu pflegen und zu zerstreuen, und ich habe den Winter noch zehnmal mehr verwünscht, weil er Euch so viel zu schaffen machte. Doch hoff ich, er soll sich, nun er sich einmal festgesezt hat, weniger feindseelig beweisen; er scheint wenigstens beständig werden zu wollen. Wir haben schon völlige Schlittenbahn. Wenn nur Gotter sich recht schont, daß wir ihn im Sommer hier sehn können, und er selbst einiges Vergnügen daran hat. — Von Eurer Reise nach der Stadt² hab ich schon mehr Detail gehört, als Du mir giebst, Du sparsame! Hier haben es die Leute auch alle mit dem Schau-spielen gekriegt, und ich habe in dieser Woche ebenfals die Reise nach der Stadt gesehn, von einer Gesellschaft, bey der die Döderlein ist, auf einem ganz kleinen Theater, 2 Ellen ins Gevierte, in einem kleinen Parterre, das grade 2 Duzend Menschen faßte. aber darunter waren einige Kunstrichter von Gewicht, als zum Exempel ich und der Kammerherr von Einsiedel. Wir haben uns nicht ge-sprochen, aber vermuthlich ist doch so viel Sympathie zwischen uns gewesen, um gemeinschaftlich zu bemerken, wie sehr es an Raum, an Leben und an Seele fehlte. Wenn wir uns mit einander hätten unterhalten können, so wären wir für das Zusehn doch wahrscheinlich ein wenig belohnt worden. Das ließ sich aber nicht thun. Es war der Geburtstag des alten Eckard und Einsiedel in Geschäften hier, wo er Mittags bey Eckard aß, und so mit ins Schauspiel kam. Drey Plätze waren leer gelaßen, ich saß zunächst, aber der alte E. wurde mein Nachbar, und Einsiedel kam zwey Personen von mir. Ich konte ihm doch nicht zurufen, Hr. Cammerherr setzen Sie sich hierher, ich möchte mich gern von einem gemeinschaftlichen Freund mit Ihnen unterhalten! Und also hab ich nichts davon gehabt, als

---
¹ Von Gotter.
² Von Iffland. 1795.

daß ich einen Kammerherren gesehn habe, der sich auch in einem engen Raum recht artig zu behelfen wußte. Meine Empfelung an Deinen Mann, auch er wüßte sich bey einer abschlägigen Antwort recht gut zu benehmen. Ich hätte es freylich gleich gedacht, daß nichts anders erfolgen würde. Es wär nun nichts andres zu thun, als daß Schl[egel] das Buch an Hufeland zurückgäbe — welches bereits geschehn sey. Wenn Schlegel hätte die Parthey ergreifen können, zu Böttichers Bemerkungen bessere über Ifsland hinzuzufügen, so würde er sich für diesmal nicht geschämt haben einen Tadel zurückzubehalten, durch den man nur Tropfen in das Meer gerechten Tadels trüge, in welchem der ganze Böttcher billig ersäuft werden sollte. Aber zum blinden Loben hat er sich nicht verdungen, und wo er partheyisch scheint, da ist er es auf seine eigne Hand, in seinem eignen Herzen, nicht im Nahmen der Litteratur-Zeitung.

Es ist gegründet, daß Ifsland mit 3000 Thlr. engagirt worden. Humboldt sagte es uns. Mit Porsch[1], das freut mich herzlich. Kommen wir künftiges Frühjahr noch nach Berlin, so soll auch mein erster Bote an ihn ausgesendet werden.

Die Gegengeschenke[2] sind mir gleich zu Gesicht gekommen; es ist nur Eine Stimme darüber. Daß Jacobs nichts davon wußte, ist mir recht lieb, und ich hab es auch Schillern gesagt, auf den sie übrigens gar keinen Eindruck machten. So weit hab ich es denn doch nach und nach bey Schlegel gebracht (tropfenweis, wie der Fels ausgehöllt wird), daß er weit günstiger für Jacobs gesinnt ist, und ihn nun recht freundlich bewillkommen würde. — Wenn Du den Wilhelm Meister hast, was soll ich Dir denn schicken? Daran kannst Du lange lesen und nachdenken. Im lezten Stück der Horen steht eine Agnes von Lilien, die ich Dir doch schickte, wenn sie schon vollendet wäre, aber es kommen noch 8 Bogen nach, und dann wirst Du Gelegenheit haben, wiederum den Reichthum und die Anmuth eines großen Geistes zu bewundern[3].

Um auf unsere Theaterlust zurückzukommen — die Schüz hat mir offenbart, daß sie auch eins in ihrem Hause anlegen will. Sie hat mir, wie es schien, nicht mit großer Zuversicht eine Rolle ange-

---

[1] S. Nr. 76. 79. Er war im Juli von Frankfurt über Gotha nach Berlin gegangen.

[2] Gegengeschenke an die Sudelköche zu Jena und Weimar (von Thl und Manso) 1797.

[3] Vgl. über diesen Irrthum Carolinens Schiller an Goethe Nr. 252.

boten. Das erste Stück soll der Geizige von Moliere seyn, versezt von ihrem Hrn. Sohn. Sie scheint also den guten alten G[...] wieder emporbringen zu wollen, nur schade, daß es durch Hül[fe] eines Schülerexercitiums geschieht. Wir haben von andern auffü[hr]baren Stücken gesprochen, ich habe mir verlauten laßen, daß ich in der Stella wohl die Cäcilie mir zutraute, und da hat sie es mit [bey]den Händen ergriffen, weil sie gern die Stella übernähme. N[un denn] Dir! Wer würde alsdann für die verlaßene Cäcilie nicht ein liebe[s,] vollre Theilnahme wie gewöhnlich haben?

Ich gehe heut zu der Mereau[1], die lezthin auch mitspie[lte]; sie machte die verdorbne Tochter vom Hause.

Hast Du schon den Weinachten für Deine Kinder ersonnen? — —

Die Berlepsch ist in Weimar. Sie reißt dem Franzosen M[o]nnier nach, der seine Frau in Weimar verlohren hat, die sie ersetz[en] will.

115.
An Luise Gotter.

Jena den 25ten Dec. [17]96.

Grade zu rechter Zeit traf gestern Dein Päckchen noch ein, liebste Seele, und Auguste und ich danken Dir herzlich für die gütige und gute Besorgung. — — Täglich und stündlich denk ich an Euch, und wäre Weimar nicht weiter von Gotha wie von hier, so hätte ich nicht geruht, bis ich von dort aus zu Euch gekommen wäre. Sey nicht ganz sicher vor einem solchen Ueberfall. Wenn ich mir ihn selbst nur als möglich vorstelle, so ist's bald geschehn. Meistens scheint es mir freylich gar nicht thunlich meine 4 Wände zu verlaßen. Auch nach Weimar reißte ich nicht sowohl, als daß die Pferde mit mir davon reißten. Nachher war ich es freylich ganz zufrieden — ohngeachtet ich wieder den Cammerherrn von Einsiedel nicht kennen gelernt. Was mag das Verhängniß dabey für schlaue Absichten haben! Am ersten Abend waren wir im Schauspiel. Wir hatten gar nicht gewußt was gegeben werden würde, zum Glück war es nichts uninterreßanters als eine Oper, die heimliche Heyrath, italiänische Musik, von Cimarosa, die ich in Braunschweig von den Italiänern und immer sehr gern gehört hatte. Mit dem aller Welt

---

[1] Sophie Mereau, Gattin des Prof. Mereau, später von diesem geschieden und mit Cl. Brentano verheirathet.

Cicerone, dem theuren Böttiger und seiner lieben Frau, die eben so süß und so feyerlich ist, und die Augen bis zum Weißen verkehrt, die Haare fallet und schön! schön! ruft, gingen wir hin, und Mlle. Schröter[1] saß vor mir. Ich merkte, daß sie sich bey meinen Nachbarn nach dem fremden Gesicht erkundigte, und erkundigte mich auch, mit einer Ahndung, daß sie es seyn könte. Da präsentirte man uns einander. Nun ging ich am 2ten Morgen drauf um 11 Uhr zu ihr, nachdem ich es ihr früh wißen laßen. S[chlegel] ging mit und wollte Einsiedel besuchen; der hatte eben ausgehn müßen. Abends um 5, wie wir von Göthe zurückkamen und gleich wegfahren wollten, ließ sich Einsiedel ansagen und war vielleicht schon unterwegs, aber wir auch unterwegs in den Wagen, und das ist nun die traurige Geschichte, wie sich Menschen verfehlen! Nachdem bey der Schröter die erste Steifigkeit gelenkig geredet worden war, hat sie uns, und Schlegeln noch besonders für sich, doch recht wohl gefallen. Ich habe sie sehr nach Jena eingeladen, und wenn Ihr im Sommer kommt, so wollen wir sehn ob sie sich nicht einen Tag herüber verfügt. — Frau von Kalb habe ich auch gesehn, aber Ihr mögt sagen was Ihr wollt, sie kan am jüngsten Gericht als eine ächte Abliche bestehn, und wird so erstnnben werden. Ueber Mangel an Artigkeit hab ich gar nicht zu klagen — allein ihr Geist — und Geist hat sie — ist doch in eine etwas schiefe verrenkte Form gegoßen. — Aber mich entzückt und fast verliebt gemacht hat, das ist Herder. Wir hatten einen Thee dort, zu welchem Wieland beschieden worden war, den ich in einer außerordentlich guten Laune gesehn haben soll, und es ist wahr, er sagte lustige Sachen, unter andern schimpfte er gegen die Schweine, deren Schöpfung er dem lieben Gott nie verzeihn könte — und die er in dem höchsten Anfall von Unwillen darüber Antigrazien nannte — dann über die Xenien — und über Fr. von Berlepsch, Genlis, Staal[2] u. s. w. Aber von mir hat er nachher gutes gesagt, ob er gleich einen argen Schnupfen von dem Abend gekriegt hatte. Er hätte auch den Hals brechen können, weil es just so glatt wurde, als sich „die ältesten Menschen" (ists nicht so der rechte Styl?) nicht erinnern konten. Madam Herder habe ich mir kleiner, sanfter, weiblicher gedacht. Aber für die fehlgeschlagne Erwartung hat mich der Mann belohnt. Der Curländische Aezent stiehlt einem schon das Herz, und nun die Leichtigkeit und

---

[1] Wohl Corona Schröter.
[2] So für: Staël.

Würde zugleich in seinem ganzen Wesen, die geistreiche Anmuth in allem was er sagt — er sagt kein Wort, das man nicht gern hörte — so hat mir denn seit langer Zeit kein Mensch gefallen, und es scheint mir sogar, daß ich mich im Eifer sehr verwirrt darüber ausgedrückt habe. Den Mittag drauf waren wir bey Göthe, und Herder auch, wo ich bey ihm und Knebeln saß, allein ich hatte den Kopf immer nur nach Einer Seite. Göthe gab ein allerliebstes Diner[1], sehr nett, ohne Ueberladung, legte alles selbst vor, und so gewandt, daß er immer dazwischen noch Zeit fand, uns irgend ein schönes Bild mit Worten hinzustellen (er beschrieb z. B. ein Bild von Fueßli aus dem Sommernachtstraum, wo die Elfenköniginn Zetteln mit dem Eselskopf liebkoset) oder sonst hübsche Sachen zu sagen. Beym süßen Wein zum Desert sagte ihm Schl[egel] grade ein Epigramm vor, das Klopstock kürzlich auf ihn gemacht[2], weil Göthe die deutsche Sprache verachtet hat, und darauf stießen wir alle an, jedoch nicht Klopstock zum Lohn; Im Gegentheil, Göthe sprach so brav, wie sichs geziemt, von ihm. Gern wär ich noch länger dageblieben, um bey Göthe nicht allein zu hören, sondern auch zu sehn, und daneben freylich auch zu hören, aber das muß auf den Sommer versparrt bleiben. Was ich sah, paßte alles zum Besitzer — seine Umgebungen hat er sich mit dem künstlerischen Sinn geordnet, den er in alles bringt, nur nicht in seine dermalige Liebschaft, wenn die Verbindung mit der Vulpius (die ich flüchtig in der Comödie sah) so zu nennen ist. Ich sprach noch heute mit der Schillern davon, warum er sich nur nicht eine schöne Italiänerinn mitgebracht hat? Jezt thut es ihm freylich auch wohl nur weh die V. zu verstoßen, und nicht wohl sie zu behalten. — Du siehst, daß wir unsre Zeit in W. recht gut zugebracht haben. Sollten wir einmal wieder hingehn, so will ich doch S. bitten, daß er sich der Herzogin Amalie bekant machen läßt, und Einsiedel soll uns alsdann gewiß nicht entgehn. Knebel ist seitdem hier bey uns gewesen — ein ehrlich Gemüth von einem Edelmann! — Wenn wir — oder auch ich allein — im Gasthof waren, so leistete uns Fall Gesellschaft, der Satirenschreiber, das gutmüthigste Kind von der Welt, der sich jezt in Weimar aufhält und von dem Weimaranern lieb haben läßt, die immer jemand des Schlages haben müssen. Im Frühjahr war es Jean Paul Richter, in deßen Büchern Gotter gewiß nicht Eine Seite läse.

---

[1] Vgl. Goethe an Schiller 21. Dec. Nr. 263.
[2] Archiv der Zeit 1796; vgl. Schiller an Goethe 22. Nov. Nr. 247.

Ich höre daß man die Beylage in der Hamburger Zeitung¹ bey Euch vortreflich gefunden hat. Sie ist auch wirklich gar so übel nicht, aber es müßte freylich noch anders kommen, bis die Xenienmacher Auweh! sagen könnten. Ich glaubte Trapp darinnen zu erkennen, aber nun wißen wir, daß Ebeling in Hamb[urg] der Verfaßer ist, und die erste Muthmaßung hatte mich auch schon deswegen wieder verdrüßt, weil Trapp nie Stollbergs Parthei, überhaupt nicht die eines Grafen und Christen genommen hätte, auch meinen Schl. nicht mit seinem Bruder verwechselt. Von diesem lezten² steht mit seinem Nahmen im Journal Deutschland ein Aufsatz über Göthe, der ihn allenfals als Panegiristen gelten laßen könte, obwohl eine vollkomne Freymüthigkeit darinn herrscht. Hingegen mein Schl. hat nie etwas über Göthe besonders geschrieben, ob er ihn gleich im Innersten seiner Seele lieb und werth hat. Die heftigste Antwort steht im 10ten Stück Deutschland und rührt von Reichard her³. Man muß sehn was darauf erfolgt. In der Recension des Almanachs ebendaselbst sind nur einige unglückliche Verstöße begangen, nehmlich man hat alles auf Schiller gemünzt, und die Epigramme auf Reichard rühren von Göthe her, so hat auch Göthe das Epigramm gemacht, das sonst sehr witzig Schillern als ein naives Epigramm zugeschrieben wird. — Diese lezten Nachrichten amüsiren wohl Gotter oder Jacobi, wenn auch Dich nicht, liebste Louise.

Fr. von Berlepsch war eben aus Weimar abgereißt nach Dresden, um Mounier aufzusuchen, den berühmten Expedulirten. Man behauptet, sie will ihn heyrathen.

Zum Schluß hat mein Mann eine Bitte an Deinen Mann. Ob er ihm wohl durch Rousseau die 5 lezten Jahrgänge der schönen Bibliothek⁴ zukommen laßen will, die hier nicht aufzutreiben sind, da sie bey Schütz gleich ins Burgverlies kommen. Er kennt sie fast gar nicht und bedarf sie zu einigen allgemeinen Notizen. Indeßen sagt es Jacobi nicht, sonst möchte der sich feindseeliges dabey denken. Vergiß es nur nicht meine Beste. — —

---

¹ S. Voss II, S. 26, deßen Vermuthung hier bestätigt wird. Dagegen hielt Boie Claudius für den Verfaßer; s. Weinhold, Boie, S. 236 R.

² Fr. Schlegel, Göthe. Ein Fragment, Deutschland von Reichardt, St. 2.

³ Erklärung an das Publicum über die Xenien, Voss II, S. 37.

⁴ Neue Bibliothek der schönen Wißenschaften, zuletzt von Dyk redigiert.

116.

An Luise Gotter.

[Anfang 1797].

(Anfang fehlt).

— Wir haben hier gehört, daß Jacobs nach Oldenburg als Director des Gymnasiums geht — Dorette wuste noch nichts davon; ich glaub es aber doch. Hilf Himmel! wie wird das werden, wenn der gute Jacobs, dem ich von Herzen gewogen bleibe, erst auf seine Frau und 3 Söhne reducirt ist.

Sag Cecilen, daß hier eine Mahleracademie ist, die sie besuchen kan, wenn sie zu uns kömt, worauf wir sicher rechnen. Geht alles wie es soll und kan, so reisen wir im Frühling nach Dresden und Berlin, und nach unsrer Rückkehr bringt Ihr uns Cäcilien! — — Adieu, meine liebste, gute Louise. Schl[egel] küßt Dir die Hand. Gottern bin ich gram und grüße ihn also nicht.

117.

An Luise Gotter.

Jena d. 13. Febr. [17]97.

— — Du hast mir eine herzliche Freude mit den guten Nachrichten von Gotter gemacht. Ich sehe seine Verse als das erste ächte Lebenszeichen an — manche Kranke niesen, wenn sichs in ihnen wieder herstellt — Gotter macht Verse, und sie sind gar artig, sie haben eine hübsche pointe — ich hoffe das Beste von ihm. Die Poesie und der Hunger regen sich ja. Wie wirst Du im Frühling Dich freuen, wenn Du seine Kräfte wiederkehren siehst. Grimm hat im Grunde ein zärtliches Herz, und das Ästhetische vermag mehr über ihn als er selbst weiß. So kan es nicht fehlen, daß er Deinen Mann nicht recht mit Liebe behandeln und curiren sollte.

Kaum hörte ich, daß Jacobs wirklich den Ruf nach Olden[burg] erhalten hat, als ich auch vernahme, daß er ihn ausschlägt, seiner Familie zu lieb, und Zulage erhält. Es freut mich, daß er unser Nachbar bleibt, zumal da er sich nach Norden entfernen wollte. Grüße ihn. — —

Schütz ist noch sehr übel — ich weiß wirklich nicht, wie es noch mit dem Gothaischen Plan wird, allein ich fürchte, sie läßt sich nur durch eine bittre Erfahrung von der Hartherzigkeit der Gothaner belehren.

Louise¹ fährt fort sich wohl zu befinden. — — Hab ich Dir geschrieben, daß mein jüngster Bruder fast närrisch vor ehelicher Seeligkeit ist — es mag ein Monat seyn, daß er getraut wurde, und er bittet schon zu Gevatter. Man muß sagen, es schien zwar dann und wann mit einigen von unsrer Familie nicht recht fort zu wollen, aber am Ende sind wir doch im Heyrathsfach sehr glücklich und loben Gott alle Tage. Wären wir so reich wie seelig! Obschon das nicht mein Hauptwunsch ist. —

Aber Beste, Sch[legel] wird Dich noch inkommodiren müßen. Er bedarf auch der ungebundnen Bibliothek d. sch. W. Schütz hat die lezten Stücke gar nicht. Sey so gütig, packe sie ein und gieb sie dem Kammerwagen mit. Gotter kan sich darauf verlaßen, daß ihnen nicht ein Härchen gekrümmt wird. S. ist der ordentlichste Mensch von der Welt und kan keinen Faden liegen sehn ohne darüber zu stolpern.

Wer Agnes² gemacht, wißen wir noch nicht. — Schiller kauft einen Garten, den die Mereau voriges Jahr hatte. Wohlzogen ist Kammerherr und C.-Rath in Weimar geworden — ich wollte in Petersburg! Die Humbolden hat ein drittes Kind seit 3 Wochen, so häßlich wie die beyden ersten.

Lebe wohl, Du Liebste. Warum schreibt die Chanoinesse nicht? — ich gräme mich darüber. Cäcilie könte Augusten auch wohl erfreun. Giebt ihr der Pastor so viel zu schreiben?

118.

An Luise Gotter.

[Jena Anfang 1797].

(Anfang fehlt oder es ist Beilage zum vorigen).

Ich lege noch ein Blatt bey, um Dir eine geheime Angelegenheit vorzutragen. Es ist bis jezt unsre Meinung, Ostern nach Dresden zu reisen, und wenn nicht nach Berlin, doch nachher über Deßau, Halle u. s. w. zurück. In Dresden logiren wir bey meines Mannes Schwester, deren Logis jezt durch Kind und Amme beengt wird (sie hat nach 10jähriger Ehe noch ein Kind gekriegt). Ich habe mir schon lange gedacht, es sey, so wohl in dieser Rücksicht, als auch in andrer, beßer, Auguste nicht mit auf die Reise zu nehmen, ob es

---

¹ Carolinens jüngere Schwester an Wiedemann in Braunschweig verheirathet.
² von Lilien von C. von Wolzogen; s. oben S. 181.

mir gleich das Herz abstößt und auch S[chlegel] sie ungern zurückläßt. Aber oft könnte doch der Fall kommen, wo sie nichts mit sich anzufangen wüßte und viel Langeweile hätte. Wenn ich sie Dir nun auf die 4 oder 5 Wochen zuschickte oder brächte? Sie ist es sehr zufrieden — die Freude, mit Deinen Kindern zu sehn, hält der Neugier die Wage. Die Trennung von mir kan ihr recht gut thun, und sie ist noch unaufhörlich beschäftigt, wobin man einzig bey ihr zu sehen hat. Ich nehme dann nachher Cäcilien her. Es wird sich zeigen, ob ihr sie gleich selbst bringen könnt, oder lieber noch tiefer in den Sommer hinein warten wollt. Ich muß dabey natürlich auch Schl[egels] Geschäfte zu rath ziehn, damit er es mit genießen kan.

Vors erste will ich mich nur Deiner Einwilligung versichern, denn sollte meine Schwägerin noch besonders auf Augusten dringen, so kan ich es doch wohl nicht übers Herz bringen sie zurückzulaßen, wenn sag Deinen Kindern noch nichts davon.

Du würdest Dich über Gustel freun — sie wird täglich niedlicher und heller im Kopf, ohne im mindesten ihre reine Güte einzubüßen. Aus Eigennuz will, wünsche ich Cäcilen in ihre Nähe; die L — S — ist doch nur ein gemeines Wesen, und ich bin überzeugt, bloß die Entfernung vom Gemeinen, in welcher Auguste beständig erhalten worden ist, hat sie zu dem was sie ist und werden kan erzogen. Nochmals Adieu.

119.
An Luise Gotter.

[Jena März 1797][1].

Du beste Seele, liebes theures Weib, vielleicht, wenn ich Dir nicht schreiben müßte, thät ich es heute noch nicht. Mein Herz ist überströmend voll, sobald ich mich Dir, in Gedanken nur, nähere, und eben deswegen drängt es sich wieder in sich selbst zurück. Ich habe zwar schon hundertmal mit Dir geredet, und mit Dir geweint, aber ich könte noch lange hingehn laßen, ehe ich es schriftlich in Worte brächte, die unmittelbar an Dich gerichtet wären. Du weißt alles was ich fühlen muß. Dein Schmerz erneuert unsre Freundschaft. Könte Dir die meinige in Zukunft nur etwas von dem Trost vergelten, den die Deinige mir gewährte! Ich eile dieser möglichen

---

[1] Gotter † 18. März d. J.

Zeit im voraus mit meinen Vorstellungen. Vergieb mir aus der Ursache, daß ich Dir sobald von Geschäften rede, deren beste Einrichtung Dir eine geringe Erleichterung seyn kan. Du hast gewiß meine Briefe an unsre Freundinnen gelesen, wo ich von den nachgelaßnen Handschriften unsres verewigten Freundes sprach. Vermöge es über Dich, mir, ehe ich abreise, welches künftigen Sonntag seyn wird, Deine Meinung zu schreiben. Schiller will sehr gern etwas in die Horen haben. Wenn es mehr sind wie einzelne Sceenen, so kan das Stück dann freylich erst in einigen Jahren gedruckt werden. — — Gern, liebste Louise, wäre ich selbst noch gekommen, aber es zeigte sich keine Gelegenheit, und unsre Abreise ist zu nah. Kanst Du über diese Dinge nicht allein entscheiden, so wirst Du doch denen, die daran theilzunehmen haben, leicht begreiflich machen, daß es bald betrieben werden muß. — Schreib mir auch, wie es eigentlich mit der Geisterinsel steht, wenn Du es weißt. Man könte aus dieser einzelne Sceenen in die H[oren] geben, wenigstens will ich Schiller darum fragen. Ist Einsiedels¹ Einwilligung dazu nöthig, so schreib ihm Schlegel. Wenn es seyn könte, und Du sonst uns etwas in der Sache auftragen willst, so schick mir den schönen Geist, um Göschen

---

¹ Er war Mitverfasser der Geisterinsel. Von ihm liegt folgender Brief an Gotter vor:

Weimar den 24. Juni 1795.

Ich muß Ihnen, liebster Freund, berichten: daß ich in dem Zwischenraum meines Schweigens zu Meyningen war, und den ersten Act der Geister-Insel von Herrn Fleischmann gehört habe. Inzwischen ist auch die Oper Semiramis von Himmel zu Berlin hier in Partitur angekommen. — Wir haben fast keine Wahl als zwischen diesen beyden Komponisten. Auf einen reellen Autor-Gewinn werden wir wohl Verzicht thun müssen, weil diese beyden Komponisten noch keinen entschiednen Ruhm haben, und die Theater-Directionen, die ohnehin karg sind, auf gerate wohl nicht kaufen. Die Himmlische Kompofition gleicht gar sehr der Naumannischen — die Fleischmannische ist weit besser als der erste echantillon: er hat die Instrumente mehr gespahrt, und den Gesang angenehmer zu machen sich bestrebt. Wenn ich die Partitur des ersten Actes von Hrn. Fleischmann erhalte, die er bald versprochen hat, so könten wir beyder Komponisten Talente in Vergleichung stellen — und vielleicht dürfte ich hoffen Sie im nächsten Monat hier zu sehen? Ich will mir mit dieser Erwartung schmeicheln, und so lange die von Hrn. Fleischmann erbethene Entschließung noch aufspahren. Sagen Sie mir, theuerster Freund, ob ich hoffen darf diese Angelegenheit mündlich bald mit Ihnen berathschlagen zu können?

Um Ihre Neugier zu meinem Wunsch zu stimmen, so benachrichtige ich Sie: daß ich ein großes Trauerspiel fabricire, wovon der detaillirte Plan, und

etwas davon zu zeigen, damit das Wort Uebersetzung ihn nicht abschreckt. Ich bin sehr in Eile, und schreibe wohl ein wenig verwirrt, aber Du wirst — —

(Schluß fehlt).

120.
Fr. Schlegel an Auguste.

[Jena 28. April 1797].

— — Sag Du nur Deiner Mutter gelegentlich: ich hätte Dich eben so lieb, wie sie; und dann sag ihr auch: sie möchte sich nur in Acht nehmen. Ich hätte mir vorgenommen, ihr von dem Augenblick an, wo ich ihr kein Geld mehr schuldig wäre, wenn sie mich — welches sie doch nicht laßen kann — über gewisse Dinge, wo sie kein reines Gewissen hat, fragte, ihr allemahl die reine Wahrheit zu antworten.

Sag nur dem Vater: Er müßte nothwendig auch eine Historie schreiben. Ich hätte neulich gelegentlich ausgefunden, daß seine ganze Natur eigentlich historisch wäre. Wenn die Mutter etwa auch wissen will, was sie für eine Natur hat, so sag ihr nur: politisch-erotisch; doch möchte das Erotische wohl überwiegend seyn. Ich sehe Dir schon an, daß Du nun auch Deine Natur wissen willst. Du hast aber noch keine, liebes Kind. Die wächst einem erst später. Doch wird sie wahrscheinlich orchostisch (?) werden. — —

121.
An Schiller.

(Nachschrift zu A. W. Schlegels Brief vom 1. Juni 1797)¹.

Vergönnen Sie mir, selbst zu bestätigen, was mein Mann Ihnen in meiner Seele betheuert hat. Ich habe so wenig wie er

---

fast zum Neele fertig sind. — Wenn ein solcher Magnet trostlos ist, so ist die Ordnung der Natur aus ihrem Gleis! — —
Ich umarme Sie von ganzem Herzen.   Einsiedel.
¹ An Augustens 12ļ. Geburtstag. Um diese Zeit waren Schlegel und Caroline in Dresden; Briefe Körners an Schiller vom 17. April und 29. Mai, IV, S. 23. 30. Daß Auguste sie begleitete, ergiebt der weitere Inhalt des Briefes; s. Beilage 8.
¹ Abgedruckt in Preuß. Jahrbücher 1862, Febr. IX, 2, S. 214. 215.

je den entferntesten Antheil an dem Vorgefallnen genommen — ich habe die Rezension, von der jezt die Rede ist, noch bis diese Stunde nicht gesehn, und mische mich in so verwickelte Dinge nicht. Wir verehren und lieben Sie so aufrichtig, daß diese grade und feste Gesinnung uns auch auf einen graden Weg führte, wenn noch so viel anscheinende Collisionen da waren. Vergeben Sie mir, daß ich diese Versicherung jezt nicht unterdrücken kan, da Schlegel in Gefahr ist ein Glück einzubüßen, wovon ich weiß wie sehr es ihm am Herzen liegt.

122.

An Luise Gotter.

[Jena] d. 28. Jun. [1797].

Immer hofte ich, meine Louise, ein Wort von Dir selbst zu vernehmen, aber so gut ist es mir und Dir noch nicht geworden. Wenn Du Dich ruhiger fühlst, wirst Du vermuthlich das schreiben eben so meiden, als es Dir oft bey so manchen unruhigen Beschäftigungen von einer andern Seite unmöglich wird. So viel ich weiß, bleibt Dir noch vieles zu thun übrig, wenn Du auch die Veränderung des Logis überstanden hast, aber ich bitte Dich herzlich, nur jezt wenigstens durch Cäcilien schreiben zu laßen, damit ich Euch nicht so fremde werde, daß Ihr nachher den Gedanken aufgebt zu mir zu kommen. Wie oft beschäftigen Auguste und ich uns mit dieser Hofnung, die immer eine Hofnung bleibt, wenn sich gleich Thränen darin mischen. Mir liegt es am Herzen, daß Du bald, wenigstens noch im Sommer herkomst, nur ich möchte gern wißen, wie bald Du es für möglich hielteft. Im Winter ist Jena nicht reizend, wie Du weißt, aber im Sommer können manche unsrer Spaziergänge auch ein trauriges Herz erfreun, und werden gewiß Deiner Gesundheit sehr vortheilhaft seyn. Komm denn, Du Liebe, folge den Forderungen der Freundschaft, und laß mich endlich die unter meinem Dach bewillkommen, in deren Hause ich so oft froh geworden bin.

Schlegels Brief nach dem Concept auch: Briefe Schillers und Goethes an A. W. Schlegel, S. 17, und ebenda der Brief Schillers vom 31. Mai 1797, und die Antwort auf Schlegels Brief S. 19, wo es heißt: „Versichern Sie Madame Schlegel, daß ich von dem lächerlichen Gerüchte, Sie sey die Verfasserin von jener Recension alle Notiz genommen habe, und sie überhaupt für zu verständig halte, als daß sie sich in solche Dinge mische". Es handelt sich um die Recension der Horen im Journal Deutschland von Fr. Schlegel.

Wenn Du die Zeit erst ohngefähr bestimmt hast, dann wollen wir die Art und Weise bedenken. Es ist in diesem letzten Vierteljahr Gelegenheit gewesen herüber zu kommen — findet sich keine, so bleibt es dabey, daß ich Dich abhole.

Lenzens (?) werden Dir Bücher mitgebracht haben, die noch in die Bibliothek gehörten. — —

Was wird nicht Auguste ihrer Cäcilie alles zu erzählen haben? Sie wird die Reise noch einmal mit ihr machen, und ich denke das Wiedersehn und Beysammenseyn soll auf beyde wohlthätig wirken. Du solltest allein wegen Cäcilien schon zu mir kommen, da ihr gewiß eine gänzliche Zerstreuung recht gut seyn wird.

Lebe wohl, meine gute Louise, ich drücke Dich und Deine Kinder fest an mein Herz.

123.
An Luise Gotter.

[Jena] d. 14. Jul. [17]97.

Ich muß Dir heut mehr in Eil schreiben als ich wünschte, liebe Louise, um Dich über etwas zu fragen. Dein Entschluß, die Geister-insel Sch[iller]¹ zu geben, war mir sehr angenehm, und er selbst läßt Dir sagen, daß er sie immer als einen vortreflichen Beytrag ansehn würde, und Cotta solle den Auftrag erhalten, sogleich nach dem Druck das Honorar auszuzahlen. Um die Sache nun zu beschleunigen, da ich Deine Abneigung vor dem Schreiben kenne, warf ich geschwind selbst einige Zeilen an Einsiedel wegen seiner Einwilligung hin, mit bat ihn Dir oder mir darauf zu antworten. Dies ist vor 8 Tagen geschehn und ich habe noch keine Antwort. Entweder ist er nicht in W[eimar] oder er hat sie Dir zugeschickt. Hast Du sie erhalten, und ist sie nicht verneinend, wie ich nicht hoffen will, so schick mir doch das

---

¹ Vgl. hierzu den Brief A. W. Schlegels an Schiller 8. Juli 1797 (Fr. Jahrb. a. a. O. S. 216): „Mad. Gotter hat unter den traurigen Un-ruhen, worin sie seit ihres Mannes Tode gelebt, erst jetzt dazu kommen können, seine Papiere zu untersuchen. Sie schreibt, sie habe das Lustspiel Der schöne Geist in einer solchen Verwirrung gefunden, daß sie nicht wisse, ob es je werde erscheinen können; wenigstens getraue sie sich nicht ohne Hülfe meiner Frau der Gotter alles vorgelesen, die einzelnen Stücke zu ordnen. — — Es bleibt also nichts übrig als die Geisterinsel". Vgl. auch Schiller an Goethe 17. Aug. Nr. 359. (Nr. 350 der 1. Aufl.)

Manuscript sogleich zu. Soll sie nicht ganz gedruckt werden, wie
mir es doch am besten scheint, so kan ja Schlegel die schicklichsten
Stücke aussuchen. — Es wär sehr unartig, wenn Einsiedel sich
wiedersetzen wollte. — — Du bekommst es jetzt mit 4 Louisd'or den
Bogen so bezahlt, als wenn es Göschen gleich nähme.

So viel davon, liebe theuere Freundinn. Ich danke Dir herzlich,
daß Du mir endlich geschrieben hast. Den letzten Nachrichten aus
Gotha nach, muß ich Dich mir jetzt in Deinem väterlichen Hause
denken. Möchtest Du bald da immer süßere Ruhe genießen, nachdem
die jetzigen harten Geschäfte vollbracht seyn werden. Ich sehne
mich unaussprechlich nach dem Augenblick, wo ich Dich bey mir sehn
werde. Man prophezeiht uns einen schönen Herbst. Jede gute
Stunde, die Du hier findest, wird ein Gewinn für mich seyn.

124.

Fr. Schlegel an Auguste.

Weißenfels den 15. Jul. [17]97.

— — Bey der merkwürdigen oder prächtigen Geschichte von
der Wanze hast Du gewiß einen Hauptumstand vergessen. Ich
denke, die Mutter wird dabey nicht wenig auf mich geschimpft haben,
als ob ich eigentlich die Wanze wäre, die sie gestochen habe: da
sie mich so für den Vater alles Uebels und den Lügner von Anfang
hält. — —

Sag der Mutter, sie soll ja ein Auge auf Wilh[elm] haben
von wegen der Paulusschen Liebschaft. — —

125.

Fr. Schlegel an Auguste.

Berlin den 25. Jul. [17]97.

— — Aber ich bin nicht froh, Auguste, denn ich kann meine
Freunde nicht so bald vergessen, die Mutter und Wilhelm und Dich,
wie Ihr es wohl kömmt, Du nicht minder wie die Mutter. Sag
nur der Mutter, ich wäre recht böse auf sie, daß sie mir nicht geschrieben
hätte, und ich wäre recht unglücklich. Ich möchte oft mein
ganzes Leben mit einem Seufzer von mir stoßen. — —

194

126.

Fr. Schlegel an Auguste.

[Berlin, August 1797].

— — Ich habe die Mutter recht lieb dafür, daß sie F[ichte] liebenswürdig findet. Ich schreibe ihr das nächstemahl desto mehr, dafür daß ich heute bloß der Tochter geschrieben habe. — Ein Zöllner (und Sünder) hat sich mit vielem Interesse nach Deiner Mutter, der Zöllnerin erkundigt.

Die Herz¹ ist zwar weiter nichts als eine alte Kokette, die unbändig schön gewesen und jetzt noch ist, eine pikante Bosheit und naive Gutmüthigkeit hat; aber an Jenisch unverschämter Plattheit² ist sie doch unschuldig. —

Dieß für die Mutter.

127.

Fr. Schlegel an Auguste.

Berlin den 26. Aug. [17]97.

— — Die Herz, eine alte Freundin von mir (das ist so zu verstehen: die Freundschaft ist jung, aber die Freundin ist alt. Mit Dir wäre es grade umgekehrt. Da ist die Freundschaft alt und die Freundin jung. Das ist auch weit mehr nach meinem Geschmack) — hat mir auf die Sakramente geschworen — und sie ist eine Jüdin — daß sie an der Jenischerey ganz und gar keinen Antheil hätte. Sag das der Mutter. Es ist wirklich die Wahrheit.

Was Du im Postscript von den Berliner Frauen und meinem Verhältniß zu ihnen andeutest, hat mich betrübt und erfreut. Gottloser Schelm! — möchte ich zu Dir sagen, wie Apollo zu dem kleinen Hermes. Ich habe Dich lieber, als Du verdienst. Nun bist Du schon übermüthig und trotzest. Das betrübt mich! Du hast also auch die Aehnlichkeit mit der Mutter; eine mehr als türkische Eifersucht. Das erfreut mich! — Es geschieht alles um Deinetwillen,

---

¹ Vorher heißt es in dem Brief: „Mad. Herz, die mir unter den hiesigen Frauen noch so mit am besten gefällt".

² Gemeint sind entweder Litterarische Spießruthen von D. Jenisch, Berlin 1797, oder die Schrift über Wilhelm Meister aus demselben Jahr; Roberstein III, S. 2008. 2022.

Auguste, damit ich nähmlich in der Anmuth wachse, wie mir die Mutter immer geprebigt hat, und wie ich nun lichte und trachte von ganzer Seele und von ganzem Gemüthe; damit ich Dir nicht mehr so rauh begegne, wie wohl sonst, wenn wir wieder beisammen sind. — —

Wenn die Mutter nicht selbst an mich schreibt, so solltest Du mir immer recht viel von ihr schreiben, was sie gesagt hat, ob sie lustig ist, ob sie von Wespen gestochen ist, oder von andern Ungeheuern, ob sie einen Roman schreibt oder dergl. Vor allen Dingen bitte sie aber immer und suche sie zu bereden, daß sie mir schreibt. — —

128.

An Luise Gotter.

[Jena] d. 7. Sept. [17]97.

Was hast Du mir für eine betrübte Nachricht gegeben, liebe beste Louise — ich war ganz mit der Erwartung beschäftigt, Dich bald bey mir zu sehn, und statt nun in dem Briefe etwa den bestimmten Tag zu lesen, kommen mir so viele Einwendungen entgegen. Wird es mir denn nicht gelingen sie aus dem Weg zu räumen? Ich kan mich mit der Vorstellung nicht vertragen, daß dieß Jahr so hingehn soll, ohne daß ich Dich unter meinem Dach umarme. — Du weißt, wie sehr ich wünschte, Du möchtest doch in der frölichern Jahrszeit kommen, weil ich Dich kann freundlicher hätte zerstreun können, aber das ist ja doch nun vorüber. Wir werden, wenn es so fortgeht, in ein paar Wochen den späten Herbst haben, und es ist also gleichgültig, ob Du noch später kommst, wenn Du Dich doch einmal auf das Haus einschränken mußt. So komm denn nur sobald Du kannst, seys Winter oder Sommer. — — Wenn Du und Cecile hier seyd, da wirst Du sehen, daß ihr ganz, wie zu Haus seyn sollt, und wir auch nicht anders wissen werden, als daß ihr schwesterlich zu uns gehört. Ich kan meiner Louise nichts besseres geben, als einen frohen häuslichen Genuß unsrer Selbst, und des Besten und Liebsten in uns. Da muß man aber nicht so auf der Flucht seyn. — — Auguste hat jetzt auch vielerley Geschäfte. Ich freue mich unendlich auf ihr Beysammenseyn mit Cecilen. Diese muß ja alle ihre Zeichnungen mitbringen. Doch diese Dinge werden wir noch verabreden können, denn wenn ich es irgend möglich machen kan, so komme ich auf einen Tag herüber. Auf länger gehts nicht.

Du glaubst nicht, wie unentbehrlich ich dem Freund Schlegel bin, und wirst überhaupt Deine Freude an unsrer artigen Wirthschaft haben. —

Ich sende Dir hier ein paar Damen, die ich gern begleitet hätte, wenn Platz da gewesen wäre, und nicht sonst einiges mich zurück hielte, als z. B. ein ganzes Shakesp. Stück abzuschreiben, das unter die Presse muß, und wo sich kein Fremder in die erste Handschrift finden kan — aber ich habe sie bevollmächtigt, meinen Bitten an Dich mündlichen Nachdruck zu geben. Sie können Dir sagen, daß ich Schlegeln schon in die dritte Etage geschickt habe, damit wir in der zweyten hübsch beysammen seyn können. Ja, es ist schon gescheuert, und ich habe heut eine Wäsche, wozu mir der liebe Gott Regen geschickt hat. — Aber freylich wirds wohl trocken werden und die Stuben wieder schmutzig, ehe Du kommst.

Die Geisterinsel hat Schlegel aufs genauste durchgesehn und abgeliefert. Mir war es selbst so damit wie Du sagst. Jene Töne sterben nicht in meinen Ohren — wenn ich es vorlese, so merke ich, daß viele Laute ihm gehörten. Es war eine himmlische Musik in seinem Vortrage dieses Stücks, wie denn auch wirklich die Poesie darin ganz Musik ist. Noch von der allerersten Vorlesung ist mir das meiste geblieben. Die lezte machte mich freylich mehr besorgt um ihn, als sein Aussehn, nach welchem Du mich damals fragtest, und was mir nicht so sehr auffiel.

Auguste scheut sich Cecilen zu schreiben, aus mehr wie einer Ursach; sie fürchtet sich sogar, Cecile möchte zu groß und gescheut für sie seyn, und sich nicht mehr mit ihr abgeben wollen. Leythin träumte sie sogar, Cecile hätte sie sehr kalt empfangen und immer nur auf ein Bild gesehn, das sie in der Hand gehalten hätte. J'espère ma chère Cecile que tu détruiras ces tristes rêves.

Die Reichard[1] kam doch neulich hier durch, und Auguste war eben den Nachmittag bey Erblers. Nun weißt Du, sie hat sonst so freundlich gegen sie gethan, wenn sie sie traf, aber ditzmal hat sie sie nicht angeredet, nicht gethan, als ob sie da wäre, da sie 6 Stunden mit ihr in einer Stube war. Vermuthlich hat sie geglaubt, Auguste wäre nun größer und ein artiges Wort tirerait plus à conséquence. — Apropos — ich bekomme eben einen Brief von meiner Schwester, und auf der lezten Seite find ich Meyers Hand, der

---

[1] Wohl Amalie R.; s. oben S. 87.

eben auf einer Wanderung durch Niedersachsen in Braunschweig angelangt ist, und mir zärtliche Vorwürfe über mein Schweigen macht.
— Er wird sie noch lange zu machen haben.

Grüß doch Minchen herzlich von mir und umarme die Deinigen.
Schick mir auch gute Antwort zurück. Deine Caroline.

Auguste hat sich doch in aller Stille ein Herz gefaßt und schickt
Cecilen ich weiß nicht was alles für Herrlichkeiten. Sey doch so gut
das Stammbuch wieder mitzugeben. Wenn ich nicht irre, so hatte
Gotter noch ein paar Zeilen für sie aufgeschrieben, die ihr ein
Heiligthum seyn werden.

129.

An A. W. Schlegel.[1]

[1797?]

(Anfang, 2 Blätter, fehlt).

— — Ich habe mir so das Ganze überlegt. Kurz muß er durchaus
seyn — höchstens Ein Bogen. Das Stück ist voller Leben, voller Bedeutung, aber doch auch so einfach — es sind keine Räthsel darin zu
lösen. Der Charakter des Mönchs hat Tiefe, ohne Geheimniß.
Kein[2] Heiliger, ein würdiger, sanft nachdenkender Alter, ein edel be-
trachtender Geist, fast erhaben in seiner vertrauten Beschäftigung mit
der leblosen Natur, und äußerst anziehend, pikant (wenn Du erlauben willst) durch seine eben so genaue Bekantschaft mit dem
menschlichen Herzen. Seine Kentniß desselben ist mit einer frölichen,
ja witzigen Laune gefärbt. Er hat einen schnellen Kopf, sich in den
Augenblick zu finden und ihn zu nuzen, muthig in Anschlägen und
Entschluß, fühlt er ihre Wichtigkeit mit menschenfreundlichem Ernst.
Von seinem Orden scheint er nichts zu haben, als ein wenig Ver-
stellungskunst und physische Furchtsamkeit — er ist frey von Herrsch-
sucht, und sezt sich ohne Bedenken aus, um etwas Gutes zu stiften,

---

[1] Das Vorstehende ist offenbar ein Entwurf zu dem Aufsatze „Ueber Shakespeares Romeo und Julia", der in den Horen 1797, Stück 6, erschien, und an
dem nach Schlegels Vorbemerkung zu den Krit. Schriften I, S. XVII, Caroline Antheil hatte. Man vergl. mit dem Anfang hier S. 399. Mancher
könnte dafür sprechen, daß der Aufsatz früher geschrieben sei; s. die Au-
merkung S. 212.

[2] S. a. a. O. S. 402.

ist freymüthig und Herr seiner selbst in einer Gefahr, der er nicht mehr entrinnen kan. Es ist sonderbar zu sagen, aber es giebt nichts liebenswürdigres als diesen Mönch, und die erste Szene in der er auftritt dient dazu, uns eine achtungswürdige Gewalt in seinem Wesen fühlen zu laßen, die jenen Eindruck durch Verehrung stärkt. Er thut was die jungen Leute haben wollen, aber er scheint uns nicht ihrem Ungestüm, sondern der beynah heiligen Empfindung, der Erfahrung, von dem was Leidenschaft ist, nachzugeben. Er thut an Julien eine Forderung wie an eine Heldin, er mahnt sie zur Standhaftigkeit in der Liebe, wie an eine hohe Tugend, und scheint vorher zu wißen, daß er sich nicht in ihr betrügen wird — in der sich zur Leidenschaft schon die reine gewißenhafte — die fromme Treue der Gattin gesellt. — Julie ist nichts wie Liebe, und doch wär' es unmöglich sie nur für ein glühendes Mädchen zu nehmen, das zum erstenmal erwacht, und gleichviel auf welchen Gegenstand verfällt. Diese beyden scheint wirklich ihr guter Geist sich einander zugeführt zu haben — sie treffen sich in einem Blick, und jedes nächste Wort ist wie dieser Blick. Man glaubt mit ihnen, daß hier keine Täuschung stattfinden kan. Selbst Romeos Flatterhaftigkeit giebt uns keinen Zweifel — es ist als wäre seine erste Anhänglichkeit nur ein Gesicht der Zukunft gewesen, ein Traum seiner Fantasie, ihn vorzubereiten. Und ob wir gleich an beyden nichts sehn wie ihre Leidenschaft, so zeigt sie sich doch so, daß sie auf eine edle Bestimtheit der Seele schließen läßt. Zürnt nicht mit Julien, daß sie so leicht gewonnen wird — sie weiß von keiner andern Unschuld als ohne Falsch dem mächtigen Zuge zu folgen. In Romeo kan nichts ihre Zartheit, und die seinen Forderungen eines wahrhaftig von Liebe durchdrungnen Herzens zurückscheuchen und beleidigen. Sie redet frey mit sich und ihm, sie redet nicht mit vorlauten Sinnen — sondern nur laut, was das sittsamste Wesen denken darf. Der heißen Italiänerinn verzeiht man die Lebhaftigkeit der Vorstellung. Von dem Augenblick an, da sie seine Gattin wird, ist ihr Leben an das seinige gefeßelt; sie hat den tiefsten Abscheu gegen alles was sie abwendig machen will, und scheuet gleich, die Gefahr entweihet oder ihm entrißen zu werden. Da sie gezwungen wird sich zu verstellen, thut sie es mit Standhaftigkeit, und deswegen ohne Gewißenszweifel, weil sie ihre Eltern nach solcher Begegnung nicht sehr achten konte. Ihren Monolog halt

---

[1] A. a. O. S. 206.

ich für einen von Sh[akespeares] Meisterzügen, die ohne Flecken sind. Erst¹ der Schauer sich allein zu fühlen, fast schon wie im Grabe — das Ermannen — die Ueberlegung, der so natürliche Argwohn, und wie sie ihn heldenmüthig, mit einer Seele über alles Arge erhaben von sich weist! — größer wie der Held, der wohl nicht ohne Ostentation die Arzney austrank — —

(Schluß fehlt).

130.
An A. W. Schlegel.²
(Anfang, 2 Blätter, fehlt).

— — Geschichte schreiben, ihm ebenfalls recht wieder zu gut kommt.

Die Hufl. hat vorgestern fast die ganze Rolle der Julie aus Gotters Oper³ gesungen; die Musik ist sehr ekel nach meinem Gefühl. In die Oper selbst ist nichts vom Geist des Originals übertragen. Die Liebenden kommen mir immer wie Julie und St. Preux⁴ darinn vor — die sich — Mad. de Stael mag es anders sagen — ein wenig nach Grundsätzen liebten. Sh[akespeares] Julie ist so jung, so aufrichtig glühend. Dort haben wir eine moralische, hier eine romantische Leidenschaft. Darinn gleicht Romeo dem St. Pr., daß er seinen Schmerz nicht verhehlen und nicht bemeistern kan. Wer aber würde dieses auch von dem Jüngling fordern? Was⁵ dem Manne ziemt, weiß der Mönch wohl, aber auch, daß er in die Luft redet und nur die Amme erbauen wird, doch vergingen darüber einige Minuten, in denen sich der Verzweifelnde sammeln und dann auf den reellen Trost des tröstenden horchen konte, der ihm eine Julia zusagt, wies die Philosophie nicht konte. Romeos milde Festigkeit wird bei andern Gelegenheiten sichtbar. Seine Tapferkeit sucht keinen Streit, auch ohne Liebe scheint er über den Haß hinaus zu seyn — diese läßt ihn eine Beleidigung verschmerzen. Der Tod des edlen Freundes nur wafnet seinen Arm.

Im ersten Ausbruch von beyder Verzweiflung sind unstreitig — wir

---

¹ A. a. O. S. 401.
² Der Brief steht in nahem Zusammenhang mit dem vorhergehenden und enthält einen weitern Theil dessen, was Caroline zu dem Aufsatz über Romeo und Julie beisteuerte.
³ Romeo und Julie 1779.
⁴ In der Nouvelle Heloise von Rousseau.
⁵ A. a. O. S. 399.

mögens uns so sanft vorsagen wie wir wollen, lieber Freund — einige Sh[akespear]ische Härten und Unschönheiten — aber dagegen ist es auch wieder himmlisch, wie in dem Abschiedsauftritt die Freuden der Liebe den wilden Kummer gebrochen haben — wie wehmüthig, hofnungsvoll und unglückahndend zugleich sie aus ihnen spricht. Du wirst nicht unterlaßen zu bemerken, daß in diesem Auftritt ganz vorzüglich die poetische Schönheit mit dem einfachsten Ausdruck eines zerrißnen Gemüthes verschmolzen ist. Die¹ erste Unterredung im Garten hat einen romantischern Schwung, aber sie hat auch eben solche Ausdrücke der innigsten Zärtlichkeit, wie sie unmittelbar dem Herzen und der von Liebe erfüllten Phantasie entschlüpfen.

Romeo² ist nicht mehr niedergeschlagen — die Hofnung, die blühende jugendliche Hofnung hat sich seiner bemächtigt — fast frölich wartet er auf Nachricht. Er nennt das selbst nachher den lezten Lebensbliz. Dergleichen Züge gehören ganz Shaksp. Ich weiß niemand, der ihm darinn ähnlich wäre — das sind solche, womit er die Seelen der Menschen umwendet. — Was Romeo nun hört, das verwandelt auch wie ein Bliz sein Inneres — zwey Worte — und er ist zum Tode entschloßen, entschloßen in die Erde hinabzusteigen, die ihn kaum noch so schwebend trug.

Den nächsten Auftritt find ich sehr gut, auch nicht etwa das Ganze unterbrechend. Hier ist eine Spur vom Ton des Hamlet — der könte so geendet haben, wenn er Gift zu kaufen nöthig gehabt hätte.

Laß Romeos lezte Szene für sich selbst reden — merke nur an, wie³ verschieden die Todtenfeier des treuen Bräutigams von der des Geliebten ist, wie gelaßen er seine Blumen streut. Und dann, daß Romeos Edelmuth auch hier hervorbricht, wie ein Stral aus düstern Wolken, da er über dem in Unglück verbrüderten die lezten Segensworte spricht. Ich kann deswegen auch nicht fragen, war es nöthig, daß diese gute Seele hingeopfert wurde, und Romeo noch einen Menschen umbringt? Paris ist eine durchaus nothwendige Person im Stück — und eine solche, denen im Leben und Sterben wohl ist. — Von einer gewißen Oeconomie (vortreflicher) neuerer Stücke — Leßings Stücke sind so eingerichtet — wo alles überflüssig

---
¹ A. a. O. S. 397.
² A. a. O. S. 399.
³ A. a. O. S. 400.

scheinende erspart wird, und auch oft Personen nur erwähnt, nicht dargestellt werden, wo jedes so genau berechnet ist, daß kein Wort wegfallen darf, ohne Nachtheil des Ganzen, wußte Sha. freylich nichts. Er war so freygebig wie die Natur, der man zuweilen auch müßige Rollen und unnöthige Begebenheiten vorwerfen möchte. — Es ist viel, daß er Rosalinden nicht erscheinen läßt, da es ihm auf einen mehr oder weniger gar nicht ankomt. — Vielleicht könte Rosalinde ganz wegfallen, ohne Schaden des Stücks. Und doch pflegt man, je tiefer man in den Gang eines Shak. Stücks eindringt, desto mehr Harmonie und Nothwendigkeit, so daß man sich zulezt nichts nehmen lassen mag, zu entdecken (Cimbelyne wird diese Freude schwerlich gewähren; es ist wenig Zusammenhang darinn, nur die Ausführung einzelner Sachen schmelzend schön).

Die Geschichte, die Fabel ist nicht sein eigen, heißt es oft. Der Geist ists immer. Der rohe Plan, und der Geist, wie ich hier immer den feinern Plan nennen will, sind sehr verschieden. So wie Hamlet jezt ist, ist er Sh. eigenste Schöpfung (wie wir längst wißen). Ich bilde mir ein, es ist eher vortheilhaft für das Genie, nicht stets zugleich zu erfinden und auszuführen[1]. Sollte nicht eben die Fremdheit des rohen Stoffes zu Schönheiten Anlaß geben, indem das weniger Zusammenhängende in dem was der Dichter vorfindet durch die Behandlung erst wahre Einheit gewinnt? und diese, wo sie sich mit scheinbaren Widersprüchen zusammen findet, bringt den wundervollen Geist hervor, dem wir immer neue Geheimniße ablocken, und nicht müde werden, ihn zu ergründen. (Wenn Ihr Euch nur versteht, ich begreif es recht gut). Ich entsinne mich nicht der Legende von Hamlet, aber vermuthlich war das Ende wie im Trauerspiel, daß der Zufall die Rache übernimt mehr wie Hamlet. Und wem sind wir dann den Hamlet schuldig? — Im Romeo fand Sh. weit mehr Stoff vor, und ist ihm sehr treu gefolgt, aber wie ist er sein eigen geworden. Die Charaktere helfen der Geschichte nach und bringen die lebendigste Wahrscheinlichkeit hinein. — Die Heftigkeit des Vaters, das Gemeine im Betragen beyder Eltern ist sehr anstößig, allein es rettet Julien von dem Kampf zwischen Leidenschaft und kindlicher Liebe, und von allem Tadel. Jener wäre hier gar nicht an seiner Stelle gewesen (wie er es allerdings in dem moralischen Liebeshandel der nouvelle Heloise war). Dieser bleibt nun lediglich Johnsons Strenge überlaßen (denk an die Note). Das muß ich

---

[1] Vgl. a. a. O. S. 392.

sagen, alle Schimpfwörter des Vaters sind mir nicht so anstößig als der Mutter Wort¹: I would the fool were married to her grave. So was übersetzt ich nun so gern weg. Ist es nur ein pöbelhaft gedankenloser Ausdruck, warum sollte mans nicht thun dürfen? Selten wird sich solch eine Gelegenheit zur Untreue finden. In Margarethens Munde (King Richard III.) will ich keinen Fluch unterdrücken, und auch Lady Macbeth mag sagen: ich weiß wie süß es ist, ein Kind an eigner Brust zu tränken ɾc., statt — ich habe keine Kinder ɾc. Aber Mislaute wie jener, wo sonst alles so harmonisch ist, thun weh.

Den Merkutio und die Amme, die man auch ihrer eignen schwatzhaften Zunge überlassen kann, magst Du allein behalten.

Und ob Romeo und Jul[ie] ein Trauerspiel ist, mögt Ihr beyden ausmachen.

Dienstag den 19ten².

Heute muß ich etwas von Dir hören. Mein guter Freund, wie läßt mich die Hofnung des Tages Last so leicht ertragen.

Gestern bin ich wieder mit 40 bis 50 Menschen zusammen gewesen, ohne daß froh zu werden. Nun hat der — —
(Schluß fehlt).

131.
An Luise Gotter.

Jena d. 1. Nov. 1797.

Liebe Louise, Du hast mir freylich gar keine erfreuliche Dinge von Dir gesagt, und Dein Brief hat eine lang gehegte liebe Erwartung vereitelt. Darum hast Du auch sehr recht, wenn Dir das Herz zuträgt, daß wir höchlich unzufrieden mit Dir sind. Du hättest Dich viel früher entschließen sollen zu uns zu kommen, so brauchtest Du Dich nun nicht durch einen verdrießlichen Umstand festhalten zu lassen. Auguste ist gar nicht zu beruhigen, denn ich kan Ihr nun nicht versprechen, daß ich hinüber fahren will. Ohne einen besondern

---

¹ Act III, Scene 5.
² Dies trifft im Jahr 1797 nur in den Sept. oder Dec. Daß A. W. Schlegel damals von Jena abwesend, etwa mit dem Bruder zusammen war, wissen wir aber nicht. Noch weniger paßt Juli 1796. Vielleicht muß man deshalb bis in den Jan. oder März dieses Jahres zurückgehen, wo der 19. ein Dienstag war. Dann ist „die Huß." (S. 199) nicht die Frau Hufeland in Jena, an die man zuerst denkt.

Zweck macht das immer Umstände, die jener mich zwar leicht überwinden ließ, aber wozu es nun wieder eines neuen Entschlußes bedarf. Ja, Dein festes Versprechen im Frühjahr zu kommen kan uns nicht befriedigen, da wir Dir nicht mehr trauen — und was ernsthafter ist — da wir vermuthlich im Frühjahr wieder eine längere Reise machen. Siehst Du, wie schlimm Du es angestellt hast! Wie gern hätte ich Dich hier gesehn, und laß mich Dir sagen, wie wohl würde es Dir gethan haben, Dich ein wenig herauszureißen! Du zehrst Kräfte auf, die Dir noch so nöthig sind. Deine unabläßige Trauer taugt für Deine Kinder nicht — bestes liebstes Weib, Deine ganze Seele sollte auf sie gerichtet seyn; Deine Hofnungen solltest Du wenigstens eben so zärtlich pflegen wie Deinen Schmerz. Ich zweifle an Deiner mütterlichen Sorge nicht, doch glaube mir nur, jeder Gram macht nach und nach unthätig, Du kaust wenigstens leicht auf falschen Weg dabey gerathen. Cecilieus jungem Gemüth ist es sicher nicht vortheilhaft, täglich Zeuge einer durch und durch bewegten Gemüthsstimmung zu seyn, wie die Deinige seyn muß — ihr Hang neigte sich so immer zur Ueberreise — und welche Freudigkeit, die sich mit jener nicht verträgt, haben die Mädchen nicht nöthig, um sich eine gute Stelle in der Welt zu bereiten, wozu alle ihre Fähigkeiten gehoben, aber keine ihrer Empfindungen unnöthig gereizt werden müßte. Liebe Louise, er würde meiner Meinung seyn — bist Du davon nicht selbst überzeugt? Die innigste Freundschaft hatte sich vorgesetzt Dir dies aus Herz zu legen, und sich geschmeichelt, Du würdest getrösteter von dannen gehn. Vergieb mir deswegen, wenn ich die Aufschiebung Deiner Reise nicht als eine übrigens gleichgültige Sache ansehn kan, die uns nur um das Vergnügen uns zu sehn bringt. Bis dahin hatte ich alles verschoben, was ich Dir vorzustellen, was ich Dir Linderndes zu sagen hatte. Du hast eigentlich niemand um Dich, der so zu Dir reden könnte. Eigne Erfahrung und herzlicher Eifer geben mir vor vielen das Recht. Mir schien es so nöthig, daß wir uns sahn — Du beschäftigtest Dich natürlich jezt nicht so viel mit mir, wie ich mit Dir. — Auch werde ich die nächste Gelegenheit gewiß wahrnehmen. — Köntest und wolltest Du mir versprechen mir Cecilen mitzugeben, wenn ich bald zu euch käme, so würde mir Schl[egel] die Erlaubniß zu einer besondern Reise doch gern geben glaub ich. Gegen das Frühjahr bekämst Du sie nebst Augusten zurück, weil wir diese diesmal aus mehreren Ursachen gewiß nicht mitnehmen, und nach unsrer Rückkehr läufst Du mit allen Kindern zu mir. Dies fällt mir eben so ein.

Fürchte nicht, daß ich in Dich dringen; daß ich Deine Neigung zwingen will. Nur, Beste, rechne auch nicht darauf, daß wir immer in Deiner Nähe bleiben — das kann sich leicht ändern. Und achte es nicht, wenn C[ecilie] Schwierigkeiten macht, Dich nicht gern lassen will — wenn ich komme, red ich mit ihr, und sie folgt mir doch, wenn sie sieht, daß es Dein und mein Wunsch ist. Ueberlege Dirs, Beste, nicht nur so oben hin — bey mir kommt es aus voller Seele.

Der junge Hof kam und erzählte mir von der traurigen Begebenheit — da ich statt des erwarteten Briefs von Dir diese Botschaft bekam, sank mein Glaube an Dein Kommen gleich. Je mehr sich Kummer um Dich versammelt —[1]

Wegen Deiner andern Angelegenheit hab ich Dir ebenfalls Vorwürfe zu machen meine Gute. — — Ich erfahre jezt das erste Wort davon, daß es einem Vertrag mit Fleischmann zuwieder ist, daß die Oper[2] gedruckt wird. Der erste Akt ist eben ganz erschienen[3] mit der Note — die andern erscheinen in den folgenden Stücken, jedes einzeln. Wir können nichts thun, als den Druck des lezten bis nach geschehner Vorstellung in Frankf[urt] zurückhalten, wenn dieß anders noch möglich ist, da man lange in voraus druckt. Wahrscheinlich kommts in diesem Jahr nicht. Sch[iller] kan das selbst nicht so genau wissen. Hättest Du das nicht bestimmt sagen müssen, was für einen Vertrag Du denn mit F hattest? Er fürchtet sich gewaltig vor Nebenbuhler. Uebrigens, ist das Stück einmal wo gegeben, so kan man doch die heimliche Mittheilung nicht verhindern. In Berlin wird Himmel[4] so einmal nicht zugeben, das J. Composition gespielt wird. Ist sie gut, findet sie in Frankf[urt] Beyfall, so kommt sie längst in Umlauf, ehe Himmel fertig ist. — — Was Du nun auch thust, um das Unheil gegen Fleischmann gut zu machen, beschuldige nur Schiller nicht, denn der ist ganz unschuldig. Er machte sich eine Freude draus, durch sein Journal etwas bekannt zu machen, worauf man lange gewartet, und zwar auf eine vortheilhafte Art für Dich. Aber es sieht ihm gar nicht gleich, es weiter, Gesprächsweise nur, zu erwähnen. Daß Himmel das Manuscr. haben soll, ist sicher nur ein Geträtsch. Ich glaube, Einsiedel hätte sie

---

[1] So am Schluß einer Zeile.
[2] Die Geisterinsel.
[3] Horen 1797, St. 8.
[4] Musikdirector in Berlin.

Himmeln lieber gegönnt. Die Schröter war mit Fleischmanns Musik nicht zufrieden — doch haben die sie gewiß eben so wenig wo mitgetheilt. Ich bin herzlich betreten über diese Sache gewesen, allein ich kan mir doch auch keine Schuld geben, weil ich so gar nichts bestimmtes gewußt habe. Melde mir doch bald, ob Du hierauf etwas gegen Fl. zu thun gedenkst, oder was ich noch thun kan. Mit dem Tiberotschen Manuscrpt. hat es jezt Zeit, suche nur ja nach dem Einsiedelschen, denn der hat mich wieder daran erinnert.

Vergieb mir, daß ich Dich heut vielleicht auf mancherley Art habe bewegen müssen. Laß Dir den ersten Theil des Briefs nochmals an das Herz gelegt seyn — und bekümmre Dich nicht unnöthig wegen des zweiten.   Deine Caroline.

132.

Fr. Schlegel an Auguste.

[Berlin Nov.? 1797].

— — Der Mutter küß nur von meinetwegen die Hand, und sag ihr ganz kurz und gut, ihr Bösesehnwollen gegen mich wäre Papperlapap; sie möchte nur mit ganzer Seele und mit ganzem Gemüthe den jungen Bären Herkules lecken und bilden[1], auf daß er gedeihe. Sie soll mir im Vertrauen melden, was sie noch will. Willst Du auch was dazu machen? — Im Ernst sag ihr aber nur, ich sey ein wenig erstaunt, daß sie auf mich böse seyn zu müssen glaube. Da sie mich aber jetzt so oft erstaunen machte, so ists bald wieder übergegangen. — —

133.

Fr. Schlegel an Auguste, Caroline und A. W. Schlegel.

[Berlin Nov.? 1797].

— — Ich hatte mich ordentlich festlich darauf gefreut, heute Dir, liebes Augustchen, zu schreiben, was ein Gemüth sey[2]; Ihnen, liebste Mutter, wie es um mein Gemüth steht; und Dir, Wilhelm, vom Romanzo, von der romantischen Komödie, vor allem aber vom Her-

---

[1] Was hier gemeint ist, weiß ich nicht.
[2] Bezieht sich auf die Aeußerung in einem Brief an Auguste: „so schreibt doch die Mutter mehr aus dem Gemüth wie Du"; s. Beilage 3.

lules. Mit welcher Ungedult, ja mit welchem Heißhunger erwarte ich nicht heute Antwort auf meinen letzten Brief! Wie viele Projekte sind nicht schon gemacht!

Ihr letzter Brief, Caroline, hat mir besondere Freude gemacht. Jetzt nur so viel: Alles Mistrauen war recht sehr überflüßig. Ich bin gut und meine Verhältnisse sind auch gut. Necken werde ich Sie aber doch noch über manches in Ihrer ersten Epistel, die mir, wie Sie zu ahnden scheinen, trotz der Mütterlichkeit, die mich im Herzen damit ausgesöhnt hat, mehr als weh thun mußte. Wildfremd, mehnen Sie, soll oder kan ich Ihnen werden. So † werd' ichs nie. Aber leider war ichs, da Sie mir so schreiben konnten. — —

134.
Fr. Schlegel an Caroline.
[Berlin Nov.? 1797].

Wenn ich doch nur mehr schreiben könnte, liebe Caroline! Es geschähe so gerne. — Sie müssen nicht übel nehmen, daß ich nun in dem Gedränge von Allem, was ich eigentlich schreiben wollte und sollte, jetzt immer dem den Vorzug gebe, was das Journal betrifft. — Schreiben Sie mir doch ja, alles was Sie für sich dazu zu thun denken, auch noch ehe Sie fixirt sind. Ich rathe Ihnen dann so gut ichs weiß. Rathen auch Sie mir, und überlegen Sie alles was ich von meinen Arbeiten und Projekten dafür schreibe, recht kritisch und gründlich. — Besonders aber auch das, was W[ilhelm] thun kann und will, befördern Sie durch Ihre Theilnahme. Wenn er meinen Vorschlag wegen der neuesten lyrischen Gedichte des Meisters eingeht: so können Sie ihm gewiß sehr viel dazu helfen. — Lassen Sie sich weder Wilhelms Treiben noch Ihre Arbeitschen den Gedanken verleiden, selbst Beyträge zu geben. Wenn Sie dieß aber auch nicht gleich können oder wollen, so bleibt Ihnen doch schon viel übrig — durch Theilnahme und Rath unsern Eifer zu verdoppeln und zu berichtigen. —

Ich habe immer geglaubt, Ihre Naturform — denn ich glaube jeder Mensch von Kraft und Geist hat seine eigenthümliche — wäre die Rhapsodie. Es wird Ihnen vielleicht klar, was ich damit mehne, wenn ich hinzusetze, daß ich die gediegene, feste, klare Masse für W[ilhelm]s eigentliche Naturform, und Fragmente für die meinige halte. — Ich habe wohl auch Rhaps[odien] versucht und

W. kann gewiß sehr gute Fragmente machen, aber ich rede nur von dem was jedem am natürlichsten ist. Man erschwert sichs gewiß sehr, wenn man, besonders bey wenig Uebung, eine Form wählt, die Einem nicht natürlich und also nur durch große Kunst und Anstrengung erreichbar ist. — Sollten Sie jemahls einen Roman schreiben: so müßte vielleicht ein andrer den Plan machen, und wenn nicht das Ganze aus Briefen bestehn sollte, auch alles darin schreiben, was nicht in Briefen wäre. — Sie können wohl Fragmente sprechen und auch in Briefen schreiben: aber sie sind immer grade nur in dem, was ganz individuell und also für unsern Zweck nicht brauchbar ist. — Ihre Philosophie und Ihre Fragmentheit gehen jede ihren eignen Gang. — Seyn Sie also ja vorsichtig bey der Wahl der Form, und bedenken Sie, daß Briefe und Recensionen Formen sind, die Sie ganz in der Gewalt haben. An den Briefen über Sh—s (?) komischen Geist schreiben Sie doch auch mit, wenn der Vorschlag acceptirt wird? —

Was sich aus Ihren Briefen drucken ließe, ist viel zu rein, schön und weich, als daß ich es in Fragm[ente] gleichsam zerbrochen und durch die bloße Aushebung kokett gemacht sehn möchte. Dagegen denke ich, es würde mir nicht unmöglich seyn, aus Ihren Briefen Eine große philosophische Rhapsodie zu — klasseuastren. Was meynen Sie dazu? — Das wäre etwas für den Sommer, wenn ich wieder bey Ihnen bin: denn ich bin sehr geneigt mit Euch zu ziehn und im Sommer vollends bey Euch zu bleiben: dagegen aber auf den Winter wieder hierher zurückzukehren. — Was mir auf die Länge jetzt noch in Jena sehr fehlen würde, sind Bücher, die ich hier haben kann, wie ich wünsche, und die ich dort ganz entbehren muß. Wenn ich mich schon in Muße hinsetzen dürfte und einen meiner Romane ausführen, so wäre es etwas anders. Doch würde ich auch dabey homogene Lektüre brauchen. — Es freut mich sehr, daß W. mich wieder zu sich wünscht, und wie haben Sie glauben können, daß ich einer Einladung widerstehen könnte, die nur meinem Wunsche entgegenkam?

Was Sie mir von Augusten schreiben, freut mich sehr. Nur das nicht, daß Sie sie nicht mitbringen wollen. — Singen kann sie hier so gut lernen, wie irgendwo. Vielleicht könnte ich ihr Zutritt in der Faschischen Singakademie verschaffen, wo sie Vokalmusik hören würde, wie man sie selbst in Dresden gar nicht hat. So oft Ihr in Gesellschaften gingt, wo sie nicht Lust hätte, oder Sie nicht gut fänden, daß sie mitginge, könnte sie mit mir ins Theater gehn. Ich verspare das absichtlich auf die Zeit und bin seit einem Vierteljahr nicht dreymahl drinngewesen. — Oder sie kann auch Griechisch mit mir lesen. — Ich bitte Sie recht sehr es zu überlegen. Mit der Unschuld, da ist nichts. Erstlich kann Auguste Berlin sehn und unschuldig bleiben. Wenn die Unschuld aber darin besteht, daß man immer an demselben Fleck klebte: so ist Auguste, die schon so vieler Menschen, Städte und Sitten gesehn hat, ein weiblicher Odysseus, nicht mehr unschuldig, und hat also nichts mehr zu verlieren. — Im Ernst, ich dächte es könnte ein kleiner Beytrag zu der Art von Bildung, die ihr nächst dem Beyspiel doch auch etwas der Zufal. gegeben hat, und die sie so sehr von andern Mädchen ihres Alters unterscheidet, seyn, Berlin zu sehn. — Und dann, denken Sie nicht an die Trennung?

Eben kommen zwey Briefe von W. Ehe ich sie aber erbreche, will ich, da die Zeit bis zum Abgange der Post nur sehr kurz ist, noch Folgendes melden, worauf sich Tieck in seinem Brief bezieht. — Eichen hat Unger durch seinen letzten Brief sehr disgustirt und Reichardt noch mehr. — —

Ich zweifle sehr, daß ich Fichte'n und Niethammer jetzt etwas schicken kann. Der Fragmente, die im Sinn des Journals philosophisch sind, hab ich nicht sehr viel. Zwar sehr viel Materien, aber nicht Fragm[ente] oder jetzt nicht druckbar. Was ich ihnen leicht geben könnte, wäre wohl 1 oder 1½ Bogen. Aber bey den meisten und grade bey den besten bin ich sehr ungewiß, ob sie Fichten einleuchten würden — oder auch zu sehr. Ich kann doch eigentlich nicht recht in den Geist des Journals eingreifen, außer daß ich etwa die Kritik, oder wo es Noth thut, Polemik gegen elegante Philosophen, die zugleich auf Philologie oder Poesie Anspruch machen, übernehme. Wenn nun aber mein Aufsatz nicht in den Geist des Ganzen eingriffe: so wäre er ihnen doch nur ein Lückenbüßer und von wenig Werth. Für mich aber, d. h. für die Fragmente in unserm Journal¹ sind mir die paar eigentlich philosophischen sehr viel werth, der Abwechselung wegen. — Wollen Sie wohl Fichten vorläufig, bis ich ihm selbst schreiben kann, ein paar entschuldigende Worte darüber sagen? — Nieth[ammer]n mache ich meinen herzlichsten Glückwunsch.

(Geht über in einem Brief an A. W. Schlegel).

---

¹ Dem Athenaeum, auf das sich der erste Theil des Brufs bezieht.

135.

An Luise Gotter.

[Jena] den 3. Dez. [17]97.

Das ist eurlich vernünftig, meine beste liebe Louise. Wir haben eine unbändige Freude über Deinen Brief gehabt — Augustens Freude vollends wollte sich nicht bedeuten lassen. Und doch kont ich Dir nicht gleich antworten, weil ich gute und schlimme Gäste habe — zu den leztern gehört ein hartnäckiger Verschleimungshusten, Kopfweh und Zahnweh, und das erste ist unser Göschen, der ein acht Tage in Geschäften hier zubringt. Heute habe ich alles auf Diners, Conzerte und Soupers geschickt, auch das Töchterchen, und bin mit einem schweren Kopf ganz allein zu Haus, wo ich Dir denn das nöthige geschwind hinschreiben will. Wenn Du zum Weinachtsfest durchaus in Gotha seyn mußt, so komme ich nicht vor Weynachten, denn bedenk wie kurz der Besuch da ausfallen würde, da Du noch nicht ganz frey bist, und auch ich, da ich schon seit 14 Tagen das Haus nicht verlassen konte, nicht weiß, ob ich in acht Tagen gewiß reisen kann. Also kann gleich nach Weinachten. Aber uns wär es freylich eine große Lust, wenn Du die Feyertage hier zubrächtest; sie könnten Dir und Cecilen die Herrlichkeiten herschieden; wir wollten sie Euch schon bescheren. Doch hängt dieß nun ganz von meiner guten Louise ab.

Zwar nicht gute, denn Du Böse hast mir den Shakesp[eare] noch nicht wieder geschickt, den ich nothwendig brauche. Dorettens Heyrath macht mir wahres Vergnügen. — — Außerdem möcht ich noch ein 4tel Duzend Männer zu vertheilen haben, da ich einige Mädchen kenne, denen sie höchst nöthig sind.

Adieu Du Beste, ich bin heut eine schlechte Schreiberin. Antworte mir nur auf das obige bald und sende mir den Shakesp.

Deine C.

136.

Fr. Schlegel an A. W. Schlegel und Auguste.

Berlin 18. Dec. 1797.

— Auch Car[oline] muß ich bitten, heute mit meinen freundlichsten Grüßen vorlieb zu nehmen — noch mehr aber, aus ihren, aus Deinen, aus meinen, aus Hardenbergs [Briefen], woher sie will, aus Himmel und Erde Fragmente¹ zu excerpieren. Denn wenn sie gleich seine Fragmente machen kann, d. h. will, so weiß doch gewiß niemand besser Fr[agmente] auszuschneiden. — Ferner bitte ich um ihren Beytrag zu einem Fragm. über Fr. Richter (— das Humanste sind die Frucht-Blumen- und Dornenstücke, besonders der zweite Theil) und William Lovell.

Auguste, der ich sehr für ihren Brief danke, muß heute auch mit der Einlage zum heil. Christ vorlieb nehmen. Gern packte ich noch einige Vorrstosser bey, da bloßes Gemüth ohne Aepfel sie nicht zu befriedigen scheint. Sehr ärgern sollte es mich, liebe Auguste, wenn Du die Lieder schon hättest oder sie Dir sonst nicht viel nutze wären. Ich werde den heiligen Abend an Dich denken, und mich in der Einbildung mit Dir freuen. — —

137.
An Luise Gotter.
[Jena] d. 11. Febr. 1798.

Es hat uns sehr beunruhigt, wie wir von Seidlers hörten, daß Du arme Liebe bis 10 Uhr hast unterwegens seyn müssen — wir konnten alle die Kälte und Langeweile berechnen, die Du derweil auszustehn hattest — doch es ist nun vorbey, und mir thut nichts herzlicher leid, als daß alles so bald vorbeygegangen ist. Ich werde nicht aufhören auf die Leute zu schelten, die daran schuld sind, bis Du einmal wieder hier bist. — — Was das liebe Mädchen² macht, will ich Dir treulich sagen. — — Sie zeichnet mit Eifer und Geduld. Schillers Kopf macht ihr viel zu schaffen, aber sie hat gewiß schon an Einsicht in die Art, wie man zeichnen muß, gewonnen, und Schlegel ist wohl zufrieden. — Ich habe Tischbein geschrieben, daß er doch ja noch vor Ostern kommen soll, weil er uns nachher nicht fände. Der bleibt dann doch einige Wochen hier und kann uns sagen was er von ihren Anlagen hält.

Diesen Morgen haben wir wieder Probe gehabt, aber es ist noch nicht viel damit, und eben so gut, daß Cecile nicht mitspielt. Die Jungens machen es kläglich genug. Die Federn ist unermüdet, und übermorgen wird auf dem Saal im Schlosse probirt. Mustel hustet sehr, es geht mir durch die Seele wenn ichs höre. Das

---

¹ Für das Athenaeum.
² Cäcilie, die in Jena blieb.

Wetter ist abscheulich, kein Mensch kan gesund seyn. Aus Braunschweig schreiben sie auch von nichts als Husten und Schnupfen und Flußfieber.

Ott ist erst am Dienstag abgereiset. — — Daß die Berner Verfassung geändert wird ist gewiß; dabey kan Ott nicht blos den Adel, sondern auch, wie Hufeland meinte, de quoi vivre einbüßen, da sein Vater hauptsächlich von dem bisher bekleideten Amt zu leben scheint und auch den Sohn ein solches erwartete. — —

Lebe wohl, beste liebe Freundin, mit Deinen Kindern und Deiner guten Schwägerin. Wir lesen diesen Abend beym Thee den Egmont. — —

P.S. Schlegel besuchte Eichstädt und fand alle Fenster voll der lieblichsten Blumen, Rosenstöcke, Maynglöckchen u. s. w., einige zahme Canarienvögel flogen und sangen dazwischen, so daß alles in der Stube lebte, und auf einem Tischgen in der Ecke standen Rosinen und Mandeln und köstliche Confituren. So futtert die Nixe.

138.
An Luise Gotter.

[Jena] d. 21. Febr. [1798].

— — Schillers Kopf ist der Schillern frappant ähnlich geworden, zum Beweise des Satzes, daß Eheleute immer große Aehnlichkeit mit einander haben oder wenigstens kriegen. — — Sag nur den Leuten wegen der Horen, entweder Du wüßtest es nicht und kein Mensch in Jena, oder mach ihnen weiß, sie würden mit dem äußersten Glanz, etwa mit dem Wallenstein, wieder zum Vorschein kommen. Das habe ich schon mehreren in den Kopf gesetzt.

Es ist ein artiger Berliner bey uns gewesen, der schwedische envoyé daselbst[1], der in ähnlicher Qualität nach Paris geht. — —

139.
An Luise Gotter.
(Anfang febr).

[Jena Febr./März 1798].

— — daß ich sie [Cäcilie] in drey Wochen noch nicht zurückschicke, wozu sie auch, wie ich glaube, keine Lust hat. — — Gelegenheiten

---

[1] Brinkmann.

werden sich auch genug finden, so geht Tischbein selbst z. E. von hier nach Gotha. Wir erwarten ihn hier bald, und Cecile möchte ihn gern genießen. Setze auch den Fall, ihr Talent ginge nicht bis zur Künstlerinn, so würde ich ihr doch immer rathen, viel Zeit darauf zu wenden und darin zu thun was sie könnte, denn es gewährt ihr doch große Freude und man kann nicht wissen, wo auch Nutzen. — —

140.
Fr. Schlegel an A. W. Schlegel.
[Berlin Febr./März 1798].

— — Deine Frau hat mir einen sehr heftigen und beleidigenden Brief über das Athenäum geschrieben [1], den Du wohl nicht gesehen hast vor der Absendung. Die zwey ganzen Tage, die mir der unnütze Verdruß verderbt hat, können durch Nachtwachen und Anstrengung ersetzt werden, und meine Gesundheit kann schon einen Stoß vertragen. Aber der frohe Muth, die gute Laune ist fort, und werden wohl vor der Hand nicht wieder kommen. —

Caroline mehnt meine Fr[agmente] wären oft zu lang. Das ist freylich eine von den Bemerkungen — worauf einem die Antwort in der Kehle stecken bleibt. — —

141.
Fr. Schlegel an Auguste.
[Berlin Febr./März 1798].

— — Daß Ihr nach Berlin kommen wollt, Du und die Mutter, darüber habe ich eine sehr große Freude, und wenn Ihr nicht gekommen wärt, so würde ich wohl etwas aus der Haut gefahren seyn. — —

Höre, ich habe mit der Mutter etwas gezankt in dem Briefe an sie. Wenn Du aber merkst, daß sie wieder freundlich ist, so grüße sie nur schönstens von mir, und sage ihr, ich hätte sie doch entsetzlich lieb. — —

142.
An Luise Gotter.
Weimar d. 2. May [17]98.

Die Einlage von Gustel liegt schon seit dem Sonntag, wo sie der junge Blumenbach mitnehmen sollte, den sie nicht mehr traf.

---
[1] Vgl. Fr. Schlegel an Schleiermacher, A. Schl.'s Leben III, S. 75.

Man kann übrigens hier zu nichts gelangen; es ist ein beständiges Gehen und Kommen; das Wetter begünstigt uns Fremden noch obendrein. Es sind sehr viel Menschen hier beysammen, und das Theater fast mit Auswärtigen angefüllt. — — Ueber 8 Tage bin ich schon fort. —

Mit Iffland¹ hab ich viel, sehr viel von Gotter und Dir gesprochen. Er machte sich tausend Vorwürfe für Marianne eigentlich noch nichts gethan zu haben. Nun soll ich ihm aber den schönen Geist schicken und dann will er beyde zusammen aufbringen. Ich gab ihm Dein Exemplar nicht, weil es das einzige war, allein besorg eine Abschrift innerhalb 14 Tagen, und schick sie Schlegeln, der etwa am 20. May nach Berlin abreist und sie Iffland überbringen wird. Er wollte auch vom schönen Geist gern eine zweyte, um sie Kotzebuen nach Wien zu schicken, wozu ich Dir auch rathe. Geht Iffland einmal an die Sache, so kannst Du auch auf seinen äußersten Eifer rechnen, aber er mag allerdings mit Geschäften überladen seyn. Schick Du nur die zwey Abschriften, wenns seyn kann, sonst nur die Eine, und dann errinnert ihn Schlegel von neuem. Mit der Geisterinsel geht es noch wunderlich. Iffl. sagte mir, er habe sich die Composition von Fleischmann schicken lassen (weißt Du etwas davon? ich kann doch nicht zweifeln, daß es nicht wahr seyn sollte, er sagte, deucht mich, von 22 Dukaten, die er dafür bezahlt) aber die Musik taugte nicht viel, und er läßt sie ganz neu — —

(Schluß fehlt).

143.

Fr. Schlegel an Auguste².

[Berlin Mai 1798].

— — Grüße alle Freunde von mir, auch den Friedrich Richter, mit dem die Mutter so viel spricht. Wünscht sie denn auch, daß ich komme? Davon schreibst Du nichts. — Sag ihr doch, daß sie mit nächstem Posttag 3 oder 4 Aushängebogen vom 11ten Stück Athe-

---

¹ Spielte vom 24. April — 4 Mai in Weimar; s. Gödeke II, S. 827.
² Die damals mit der Mutter in Dresden war, während Wilhelm nach Berlin gegangen. Caroline reiste mit Auguste 9. Mai; s. Aus dem Leben von J. D. Gries, S. 25 fl. Ueber den Aufenthalt Schlegels und Carolinens schreibt Joh. Dorothea Stock an Lotte Schiller 24. Oct. (1798). Charl. v. Schiller und ihre Freunde III, S. 25. Ein andrer Brief J. 22 vom 2. Mai gehört wohl ins Jahr 1797, und ebendahin wohl der von Fr. Körner, geb. Stock, S. 34.

näum, ein ltes für Charlotte und einen großen Brief für Harten-
berg erhält ¹. —— —

144.
A. W. Schlegel an Auguste.
Berlin den 3. Jun. [17]98.

Herzens Gustellnettchen!

Ich danke Dir für Deinen närrischen kleinen Brief, er hat mir viel Freude gemacht. Noch mehr wird es mich aber erfreuen, wenn ich von Deiner Mutter höre, daß Du recht ordentlich und fleißig bist, und Dich auch Charlotten so nützlich wie möglich zu machen suchst. Hoffentlich wirst Du nun schon einen Meister im Singen haben und Dir recht viele Mühe dabey geben. Zelter hat mir eine allerliebste lustige Komposizion von Goethes Veilchenlied vorgesungen — ich will ihn bey der nächsten Gelegenheit fragen, ob ein Piepstimmchen wie Deins das wohl singen kann; und will Dir in dem Falle die Musik zu verschaffen suchen. Dagegen habe ich wieder eine Bitte an Dich. Du hast doch vermuthlich das Lied von der Schäferin aus den Theatralischen Abentheuern bey Dir. Das schreib nebst dem Texte so sauber ab als Du kannst, und gieb es der Mutter in Ihren nächsten Brief einzulegen. Mad. Fritz und Mlle. Mendelsohn wollten es gern haben um es zu singen. Sie thun Dir auch wohl einmal wieder so einen Gefallen.

Die Griechischen Bücher wirst Du nun bekommen haben und recht eifrig daran seyn. Adieu, liebes Kind, ich umarme Dich herzlich, und freue mich schon, wie Du mir entgegenspringen wirst, wenn ich wieder zu Euch komme. Dein ehrwürdiger Vater
A. W. Schlegel.

145.
An Luise Gotter.
[Dresden Ende Juni/Auf. Juli 1798].

Wir sind wirklich recht besorgt, liebste Luise, ob Dir nichts zugestoßen ist, und ich sehne mich besonders von Cecilens Befinden

---

¹ In dem folgenden Brief vom 28. Mai läßt er Caroline bitten, die beiden Aushängebogen sobald sie sie gelesen an Hardenberg zu schicken.

zu hören. Der schöne Geist war in Berlin noch nicht angelangt, sonst hätte es Iffland meinem Mann gesagt. Woran liegt dieß? Die Geisterinsel wird nach Reichards Compesizion am Huldigungstage den 6ten Jul. in Berlin aufgeführt. S[chlegel] hat der Probe beygewohnt. Die Musik ist ihm sehr glänzend und romantisch vorgekommen. Fleischmann kan sich nicht beschweren, da man seine Musik in B. wenigstens gekauft hat. S. und I[ffland] haben große Plane zusammen, der Hamlet soll nach S. Uebersetzung vollständig gegeben werden — kommt dieß um Michael zu Stande, so kehren wir gewiß über Berlin zurück. Dem kleinen Freund hat es dort sehr gefallen und er hat viel gefallen — Du glaubst nicht wie er fetirt worden ist von Männern, sogar Ministern, von Frauen, sogar Schauspielerinnen. Er hat auch ein prachtvolles Huldigungsgedicht¹ zurückgelassen und einige zärtliche Seufzer an Iffland und die Diabolino Unzelmannin. Ich schicke sie Dir mit der Zeit.

Grüße doch Mutter Schlegel² herzlichst von mir, und Wilhelmine. Du kannst denken, daß mir jetzt die Zeit gewaltig kurz fällt. Dazu trink ich den Egerbrunnen und darf nicht viel sitzen.

Die Iffland muß eine gar gute Frau seyn, wie mir auch S. nach einem 5wöchentlichen fast täglichen Umgang bestätigt.

Unsre Adreße ist an Mad. S. bey Hofsekretair Ernst abzugeben. Man weiß das weitere schon auf der Post. Unser Haus ist deliziös. Schl. hat seinen Bruder Fried. mitgebracht³. Hardenberg, unser aller Liebling, besucht uns oft. Lebe wohl, schreib doch gleich.

146.
An Fr. Schlegel.

Jena d. 14. Oct. [17]98.

Ich kann Ihnen heut allerley sagen was Sie gern wissen wollen. Wilhelm blieb in Weimar zurück um Göthen zu sprechen,

---

¹ Werke I, S. 160.
² So wohl verschrieben für: Schläger.
³ Aus dieser Zeit sind seine Briefe an Schleiermacher, A. Schl.'s Leben III, S. 77, 83 ff., die Carolinens öfter erwähnen. So schreibt er S. 87: „Mit Jacolinen harmonire ich wieder aufs beste. Ihr Sinn für die Liebe hat das gegenseitige Verständniß, so weit es gut und schön ist, wieder hergestellt."

und der ist sehr wohl zu sprechen gewesen, in der besten Laune über
das Athenäum, und ganz in der gehörigen über Ihren W. M.[1],
denn er hat nicht bloß den Ernst, er hat auch die belebte Ironie[2]
darin gefaßt und ist doch sehr damit zufrieden und sieht der Fortsetzung freundlichst entgegen. Erst hat er gesagt, es wäre recht gut,
recht charmant, und nach dieser bei ihm gebräuchlichen Art vom
Wetter zu reden, hat er auch warm die Weise gebilligt, wie Sie es
behandelt, daß Sie immer auf den Bau des Ganzen gegangen und
sich nicht bey pathologischer Zergliederung der einzelnen Charaktere
aufgehalten, dann hat er gezeigt, daß er es tüchtig gelesen, indem er
viele Ausdrücke wiederholt und besonders eben die ironischen. Sie
haben alle Ursache Ihr Werk zu vollenden von dieser Seite, und so
thun Sie es denn doch recht bald. Er hat W. mit Grüßen für
Sie beladen, und läßt vielmals um Entschuldigung bitten, wegen des
Nichtschreibens, eine Sache, die wirklich aus der Geschäftigkeit des
lezten Vierteljahrs, wovon nachher ein Mehreres, zu erklären ist.
An W. hat er den ganzen Brief schon fertig diktirt und doch nicht
abgeschickt. Auch von der griechischen Poesie[3] hat er gesprochen; bey
manchen Stellen hätte er eine mündliche Unterredung und Erläuterung
dazu gewünscht, um etwa ein längeres und breiteres Licht zu erhalten.
Gelesen hat er auch redlich; das kann man ihm nicht anders nach-
rühmen. Die Fragmente[4] haben ihn ungemein interressirt; ihr hättet
euch in Kriegsstand gesezt, aber er hat keine einzige Einwendung
dagegen gemacht; nur gemeint, es wäre eine allzu starke Ausgabe (die
Verschwendung wäre doch zu groß, war der pivot seines allgemeinen
Urtheils[5]), und es hätte sollen getheilt werden. W. hat ihm geantwortet, in Einem Strich ließe sich freylich nicht lesen; da hat er
so etwas gemurmelt, als das hätte er denn doch nicht lassen können,
es wäre denn doch so anziehend. — In Weimar ist das Athenäum
sehr viel gelesen. Ein gewisser Friedrich von Oertel hat sich Jean
Pauls gegen Sie angenommen, es steht im Merkur (im October-
stück[6]), noch sahn wir es nicht. Böttiger hat W. davon gesagt, er
hätte es nicht wollen einrücken, aber Wieland hätte gesagt, weil es

---

[1] Fr. Schlegels Aufsatz über Wilhelm Meister, Athenaeum I, 2.
[2] Vgl. den Brief an Schleiermacher, K. Schl.'s Leben III, S. 76.
[3] Fr. Schlegel, Ueber das Studium der Gr. P., in: Die Griechen und die Römer Bd. I, 1797 (Werke V).
[4] Athenaeum I, 2.
[5] Zusatz von A. W. Schlegels Hand.

beschieden geschrieben wäre, hätten sie keine Ursach es zu versagen. Von Carl Nicolais Unfug¹ wusten wir noch nichts, können aber das, und auch was Hirt schreibt, hier bekommen, und W. hoft der Hausen soll bald recht hoch werden. Tiecks Zettel wird besorgt; hat er sich nicht zu weitläuftig heraus gelassen? — In Dessau sprachen wir einen jungen Mann, der eben aus Wien kam und da einen Brief von Böttiger an Hammer (der sich im Merkur zuweilen vernehmen läßt) gesehn, woraus er sich der Worte erinnerte: „die beiden Götterbuben, wie Wieland sie nennt" — das Uebrige war irgend eine Notiz gewesen, was ihr gethan oder wo ihr euch aufhieltet, die er vergessen hatte. Es kommt nur darauf an, ob er mehr Akzent auf das Göttliche oder Bübische gelegt.

Nun von Göthens Geschäftigkeit. Er hat das Weimarische Comödienhaus inwendig durchaus umgeschaffen, und in ein freundliches glänzendes Feenschlößchen verwandelt. Es hat mir erstaunlich wohl gefallen. Ein Architekt und Decorateur aus Studtgart ist dazu her berufen und innerhalb 13 Wochen sind Säulen, Gallerien, Balcone, Vorhang verfertigt, und was nicht alles geschmückt, gemahlt, vergoldet, aber in der That mit Geschmack. Die Beleuchtung ist äußerst hübsch, vermittelst eines weiten Kranzes von englischen Lampen, der in einer kleinen Kuppel schwebt, durch welche zugleich der Dunst des Hauses hinaus zieht. Göthe ist wie ein Kind so eifrig dabei gewesen, den Tag vor der Eröfnung des Theaters war er von früh bis spät Abends da, hat da gegessen und getrunken und eigenhändig mit gearbeitet. Er hat sich die gröbsten Billets und Belangungen über einige veränderte Einrichtungen und Erhöhung der Preise gefallen lassen und es eben alles mit freudigem Gemüth hingenommen, um die Sache, welche von der Theatercasse bestritten ward, zu stand zu bringen. Nun kam die Anlernung der Schauspieler dazu, um das Vorspiel ordentlich zu geben, worin ihnen alles fremd und unerhört war. Es stellt ,Wallensteins Lager'² dar, wie Sie wissen, und ist in Reimen in Hans Sachsens Manier, voller Leben, Wirkung, Geist der Zeit und guter Einfälle. Sch[iller] hat doch in Jahren zu Stande gebracht, was G. vielleicht (die Studien abge-

---

¹ Wohl die gegen Tieck gerichtete Anzeige K. A. Nicolais im Berliner Archiv der Zeit 1795; s. Koberstein III, S. 2172.
² Erste Aufführung am 12. Oct.; Goethes Annalen XXVII (Ausg. in 40 Bänden), S. 67. Goethe hat zweimal, II, S. 424, 1026, unrichtig den 18. Oct.

rechnet) in einem Nachmittag hätte geschrieben, nun das will immer viel sagen. Er hat sich (dies kommt von W.) dem Teufel ergeben, um den Realisten zu machen und sich die Sentimentalität vom Leibe zu halten. Aber genug, es ist gut, er hat alle Ehre und die andern viel Plaisir davon. Göthens Mühe war auch nicht verloren; die Gesellschaft hat exzellent gespielt, es war das vollkommneste Ensemble und keine Unordnung in dem Getümmel. Für das Auge nahm es sich ebenfalls treflich aus. Die Kostume, können Sie denken, waren sorgfältig zusammen getragen, und contrastirten wieder unter einander sehr artig. Zum Prolog war eine neue, sehr schöne Dekoration. — Bey der Umwandlung des Hauses war Schillers Käfig weggefallen, so daß er sich auf dem offnen Balkon präsentiren muste, anfangs neben Göthe, dann neben der herzoglichen Loge. Wir waren im Parket, das denselben Preis mit dem Balkon hat, wo wir auch hätten hingehn können, aber lieber die bekannten Stellen wählten. — Die Korfen von Kotzebue]¹ gingen vorher. Bey dem Vorspiel hat man mehr gelacht und applaudirt. Der Schauspieler bringt überhaupt eine ganz andere, lebhaftere, materiellere Begeisterung hervor als der Dichter, aber hier konnte doch auch die im Allgemeinen geringe Liebe für diesen und selbst seine Gegenwart mitwürken, abgerechnet, daß man das Ding fremd finden muste, und obendrein auch soll zu lang gefunden haben.

Piccolomini wird wohl im Dezember, ebenso, gleichsam auf die Probe gespielt werden, wo man sich mit unsern Schauspielern behilft. (Göthe meint, der alte Piccolomini (denn Vater und Sohn sind darin), das würde eine Rolle für Iffland seyn. Auf Schröter rechnet man schon. — Göthe ist heute² wiederum hier angelangt, um nun weiter den vergangnen Effect des Vorspieles und den zukünftigen des Piccolomini zu überlegen. Desto besser für uns. — Schelling⁸ fuhr an Schlegels Stelle in der Nacht mit mir zurück. Gustel war nicht mit, wir hatten Parthie mit Gries und Mayer gemacht. Es kam gar zu hoch, das Billet 1 Thlr. Doch wird sies schon noch sehn, ich habe ihr alles erzählt. Fichte hatte mir nach der Comödie 4 Gläser Champagner aufgenöthigt, das muß ich nicht vergessen zu melden.

Schelling wird sich von nun an einmauren, wie er sagt, aber

---

¹ Schauspiel. Leip. 1790.
² Vgl. Dünzer, Schiller und Goethe S. 153.
⁸ Vor seit October in Jena; s. Aus Schellings Leben I, S. 242.

gewiß nicht aushält. Er ist eher ein Mensch um Mauern zu durchbrechen. Glauben Sie, Freund, er ist als Mensch interressanter als Sie zugeben, eine rechte Urnatur, als Mineralie betrachtet, ächter Granit.

Tiek muß sich nun eben so wenig über Göthens Schweigen skandalisiren als Sie, denn er bittet auch ihn um Nachsicht. Und ich will Ihnen auch sein Urtheil über den 1sten Theil von Sternbald wiedergeben; Sie überantworten es Tiek. Man könnte es so eigentlich eher musikalische Wanderungen nennen, wegen der vielen musikalischen Empfindungen und Anregungen (die Worte sind übrigens von mir), es wäre alles darinn, außer der Mahler. Sollte es ein Künstlerroman seyn, so müßte doch noch ganz viel anders von der Kunst darin stehn, er vermißte da den rechten Gehalt, und das Künstlerische käme als eine falsche Tendenz heraus. Gelesen hat er es aber, und zweymal, und lobt es dann auch wieder sehr. Es wären viel hübsche Sonnenaufgänge darinn, hat er gesagt (an¹ denen man sähe, daß sich das Auge des Dichters wirklich recht eigentlich an den Farben gelabt, nur kämen sie zu oft wieder).

Wollen Sie nun mein Urtheil über den zweyten? Vom ersten nur so viel, ich bin immer noch zweifelhaft, ob die Kunstliebe nicht absichtlich als eine falsche Tendenz im Sternbald hat sollen dargestellt werden und schlecht ablaufen wie bei W. M., aber dann möchte offenbar ein andrer Mangel eintreten — es möchte dann vom Menschlichen zu wenig darinn seyn. Der zweyte Theil hat mir noch kein Licht gegeben. Wie ist es möglich, daß Sie ihn dem ersten vorziehn und überhaupt so vorzüglich behandeln. Es ist die nemliche Unbestimmtheit, es fehlt an durchgreifender Kraft — man hofft immer auf etwas entscheidendes, irgendwo den Franz beträchtlich vorrücken zu sehn. Thut er das? Viele liebliche Sonnenaufgänge und Frühlinge sind wieder da; Tag und Nacht wechseln fleißig, Sonne, Mond und Sterne ziehn auf, die Vöglein singen; es ist das alles sehr artig, aber doch leer, und ein kleinlicher Wechsel von Stimmungen und Gefühlen im Sternbald, kleinlich dargestellt. Der Verse sind nun fast zu viel, und fahren so lose in und aus einander, wie die angeknüpften Geschichten und Begebenheiten, in denen gar viel leise Spuren von mancherley Nachbildungen sind. Soll ich zu streng seyn, oder vielmehr, Unrecht haben? W[ilhelm] will es mir jetzt vorlesen, ich will sehn wie wir gemeinschaftlich urtheilen.

---

¹ Zusatz von Schlegels Hand.

d. 15. Dc.

Fast habe ich so wenig Kunstsinn wie Tiecks liebe Amalie¹, denn ich bin gestern bey der Tellur eingeschlafen. Doch das will nichts sagen. Aber freylich wir kommen wachend in Obigem überein. Es reißt nicht fort, es hält nicht fest, so wohl manches Einzelne gefällt, wie die Art des Florestan bei dem Wettgesang dem W. gefallen hat. Bey den muntern Scenen hält man sich am liebsten auf, aber wer kann sich eben dabey enthalten zu denken, da ist der W. M. und zu viel W. M. Sonst guckt der alte Trübsinn hervor. Eine Fantasie, die immer mit den Flügeln schlägt und flattert und keinen rechten Schwung nimt. Mir thut es recht leid, daß es mir nicht anders erscheinen will. Was Göthe geurtheilt hat, theilen Sie ihm doch unverholen mit.

Meyer² war diesen Morgen hier. Er tritt auch mit Entschuldigungen auf, habe Ihre Adresse nicht gewußt, aber sehr dankbar ist er und hat Sie studirt. Ganz von selbst fing er von W.s Kunstfragmenten an, die ihm eine sehr große Freude gemacht hätten, in denen gar sehr viel läge, und kurz, er war von ganzer Seele damit zufrieden. Was wird er nun zu den Gemälden³ sagen.

Fernow in Rom hat eine starke Abhandlung gegen Hirts Laokoon geschrieben. Sie ist noch nicht gedruckt.

Im All. L. Anzeiger soll ein grober Ausfall gegen Sie⁴, auch in Sachen Jean Pauls, seyn. Närrisch, daß man dabey doch gleich auf Sie gerathen⁵. Auch Oertel nennt Sie, der ein paar sehr fade Seiten voll geschrieben⁶, die sich auf das nemliche Misverständniß Ihrer ironischen Behandlung der Göthischen Leerheit gründen, das Jean Paul irre geführt, der künftig in Weimar wohnen wird. Mich soll wundern, wie er sich gegen uns nimmt.

Hardenberg ist nicht hergekommen. — Charlottens Kind bessert sich. — Schleußner⁷ ist todt.

Zum Schluße dieses frage ich Sie auf Ehre und Gewissen, ob das Projekt mit Henrietten⁸ die ganze Bescherung gewesen, um welche

---

¹ S. Brief Fr. Schlegels an Auguste, Beilage 3.
² Der Weimarer.
³ Athenaeum II.
⁴ Ich finde etwas der Art nur A. L. A. 1798 Nr. 191 vom 3. Dec. (S. 1081), was wohl nicht gemeint sein kann.
⁵ Athenaeum I, 2, S. 131 ff.
⁶ S. oben S. 216 und vgl. Koberstein III, S. 2300.
⁷ G. J. Schleußner, Docent in Jena, † 8. Oct. 1798.
⁸ Dorotheens Schwester; s. die Briefe Fr. Schlegels Nr. 117 ff.

Sie die Schatten — den bewußten Geist und Liebe — beschworen haben. Dazu brauchte nichts aus den Tiefen heraufgeholt zu werden. Ganz von der Oberfläche habe ich es weggenommen, daß ich von keiner Seite das mindeste gegen diesen Plan habe, und ihn vollkommen ausführbar finde, wenn Sie sonst glauben, daß sich unsre sämmtlichen Wesenheiten in einander fügen, wie Sie denn davon überzeugt scheinen. Irdische Rücksichten werden mich nicht zurückhalten. Henriette kann mit uns leben, ohne daß es uns so viel mehr kostet, daß davon die Rede seyn könte. Sie steht ihre besondern Ausgaben selbst, wie sie wahrscheinlich jezt auch thut, und ist übrigens als wenn ich eine Schwester bey mir hätte. Eine geistigere irrdische Rücksicht, die unschuldige Neigung betreffend, die zwischen W. und ihr statt findet, lastet mir auch nicht auf der Seele. Und so macht mir die Idee recht viel Freude, und könnte, dächte ich, wenn Henrietten nichts genirt, recht leicht auf den Sommer, wo wir nach Berlin kommen und H. mitnähmen, ins Werk gerichtet werden. Ich spreche blos von mir, denn W. hat mir es ganz überlassen.

Vertrauen Sie mir aber nun auch die übrigen Projekte für Ihre Angehörigen. Ist nichts für mich mit dabey? Es muß aber allen so leicht seyn.

Adieu Friedrich.

Sagen Sie Unger, die Druckfehler-Verzeichnisse fehlten bei den Sh[akespeare] Exemplaren, auch die Compositionen zu Was Ihr wollt von R. Wie es damit stünde?

Wird Woltmann Sie nicht bei der Unzel[mann] ausstechen, verläumden, aus dem Sattel werfen? Kann sie ihn leiden? Wie thut er gegen Sie? Ich dächte sehr, ihr versöhntet euch ordentlich zusammen, und da ich nächstens der U. schreiben muß, und nichts zu schreiben weiß, werde ich ihr meine Aufträge dazu geben.

Ist Schleierm[acher] glücklich, tout à fait? daß er auch — die Füße küßen darf?

147.

Fr. Schlegel an Caroline.

Berlin den 20ten Oktober [17]9[1].

Der Brief über den Sh. (?) kommt auch dießmal noch nicht mit. Es soll mir lieb seyn, wenn Wilhelm schon so weit mit der Professur im

---

[1] Oktober vor Empfang des vorhergehenden Briefs geschrieben.

Reinen ist, daß er ungeduldig darüber wird. — Dies verdammte Grübeln! — Nun, die Unverständlichkeit und Selbständigkeit soll dafür auch fertig werden wie ein Donnerwetter. —

Den Almanach erwarten wir sehnsuchtsvoll. Marianne¹ hat mir von vielem vieles gesagt, was meine Begierde noch höher spannt. Aber auch auf Nachrichten von dem alten Herrn bin ich begierig, auf trostreiche Worte und gute Lehre. Denn ich muß Ihnen nur sagen, ich habe ganz neuen und frischen Muth, meinen Versuch über Meister fortzusetzen, oder vielmehr zu endigen, gleich in einem Stück. — Hier betrachtet man mich als advocatum Diaboli. Ueberhaupt ist das Geschrey groß über uns, und unsre Frechheit. — Verschiedene sind der Herz (die Leute kennen also doch ihre Quellen) verschiedenemal zu Leibe und Seele gegangen, man wisse für gewiß, daß im nächsten Stück ein schrecklicher Angriff auf Garve erscheinen werde.

In der elenden Brochüre, so in Leipzig erschienen ist², geht's ganz aufs Athen[äum] los, aber doch vorzüglich auf mich, auch nochmals die Fr[agmente] im Lyc[eum]³. Kästner soll hieher geschrieben haben, wir hätten die genialische Tendenz die illiberale Humanität classisch zu machen. —

Hören Sie, Sie wissen, ich wollte auch etwas Allgemeines über die Griechen fürs Athen[äum] schreiben. Es sollte ein Gespräch werden. Aber ich habe mir nun überlegt, daß es besser ist diese Form Wilhelmen zu überlassen. Es wird mir leichter und anzüglicher seyn, wenn ichs in einem Frauenbrief an Sie thun darf. Ich kann leicht von Ihren Mysticismchens (?) Anfang, Anlaß und Anstoß nehmen. Noch schöner ists aber, wenn Sie nebst der Einwilligung auch noch sich sacrificiren und die kritischen Griechen⁴ und die abgebrochne Poesie noch einmal lesen wollen und schreiben, wie es der Kritik auf Ihrem ganz menschlichen Richterstuhle bedünken will. Denn das ist ja eben der Punkt worauf es ankommt. Wichtiger ist es aber doch, daß Sie mir melden, ob Sie Caroline, oder wie Sie sonst heißen wollen.

Hardenberg ist in Weißenfels. Besorgen Sie diesen Brief bald an ihn, und wenn Sie ihn sehn, so grüßen Sie ihn auch

---

¹ „Die berühmte Marianne Meyer", Goethe an Schiller Nr. 351.
² Wohl: „Der hyperboräische Esel", der freilich das Jahr 1799 auf dem Titel trägt, aber vom Sept. 1798 datirt.
³ Lyceum der schönen Künste, enthält 1, 2 kritische Fragmente von Fr. Schlegel.
⁴ Die Griechen und Römer; historische und kritische Versuche. 1797.

mündlich auf das liebevollste und zärtlichste. Und so Du¹ ihn gesehn hast, schreibe alles, was gut ist zu wissen und zu schreiben. —

Hören Sie, ich habe seit ich hier bin auch einige Romane gelesen, und Richter hat dadurch bey mir sehr gewonnen. Er ist weit origineller, als Hippel, obgleich dieser sein Original ist. Er hat ihn eigentlich vernichtet, und überflüßig gemacht. Hippels Geist liegt übrigens in den Worten: „Ich liebe Minen in Tinen". Auch Jacobi hat den Hippel viel gelesen. Der Eindruck ist mir nun ewig. Jacobi sey in der Weichlichkeit gebildet bis zum Künstlichen, und auf seine eigne Eitelkeit eitel, und wieder auf dieß Eitelseyn eitel bis ins tausendste Glied. — Das bischen Anmuth in Sterne sollten wir doch nicht zu anschließend schätzen. Er scheint mir noch ärmer als Richter. An Smollet gefällt mir am besten, daß es ihm so Ernst ist mit seinem üblen Humor. Swifft finde ich am größten: sein Gulliver scheint mir so tief und systematisch, daß er wohl selbst nicht recht wissen mag, wie göttlich groß der Gedanke sey. Sonst würde er ihn nicht oft so jämmerlich gemein misbrauchen und behandeln.

———

Vom Richter kann ich also, wie gesagt, nicht ganz ablaßen. — Dagegen glaube ich jetzt, daß Voß und Wieland der Grabbe und Nicolai der Poesie sind. Es giebt jetzt offenbar ein wirkliches böses Princip, einen Ahriman in der deutschen Litteratur. Das sind sie die negativen Classiker. Ihr Dichten und Trachten scheint mir nicht etwa nur unbedeutend und weniger gut, sondern ihre Poesie ist absolut negativ, so gut wie die französische von Corneille bis Voltaire. Sie hat gar keinen Werth, sondern wirklichen Unwerth und muß also in Belagerungsstand erklärt werden. Und ich wünsche zu Gott, daß W[ilhelm]s Annihilazion des alten W[ieland] nicht bloß ein Ey bleiben mag.

———

Noch habe ich nichts durch den Tod verlohren. Da haben Sie Recht. Ich könnte viel. Manches würde aber anders auf mich wirken, als auf Euer einen. Das macht weil ich doch nur gleichsam in und auf dem lebe, was wir Welt oder Erde nennen. Mir kommt es vor, als ginge die moderne Geschichte jetzt noch einmal an, und als theilten sich alle Menschen von Neuem in Geistliche und in Weltliche. Ihr seyd Weltkinder, Wilhelm, Henriette, und auch Auguste.

¹ An Wilhelm.

Wir sind Geistliche, Hardenberg, Dorothea und ich. Sie mögen Sich ihre Seelen selbst bestimmen, wenn es ihnen nicht mißfällt, die Menschheit so mitten durch zu schneiden, und wenn Sie nicht wie Böttiger auf beyden Achseln tragen wollen, werden Sie Sich wohl entschließen müssen, wie die Thybariden bald hier bald dort zu seyn.

Im Ernst, meine Religion fängt an aus dem Ey ihrer Theorie auszukriechen, und ich wünsche, daß Ihr Romänchen ihr bald folgen mag. — Es hat mir und ihr, der Religion nämlich, Muth gemacht, daß einige von meinen Gedanken über die Unsterblichkeit der Zeit so unmittelbar und klar einleuchteten, wie Ihnen einige über Natur und Organisation.

Leben Sie wohl und schreiben Sie Briefchen und Romänchen. Friedrich Fichte ist auch gegen mich so bieder und wacker, wie er überall ist. Wenn es von dieser Sorte noch einige mehr gäbe, so wäre es eine Lust zu leben und ein Deutscher zu seyn.

Eben kommt Posemandi und der Almanach. Beyde werden mir nun wieder Zeit kosten; indessen sind sie doch willkommen, auch der erste, da er einen Brief von Fichte bringt.

Henriette ist jetzt sehr liebenswürdig und liebt Sie auch so weit es die Bewunderung zuläßt; auch nicht weniger als billig ist. Warum ließ Jacobische Jetzt bei ihrem Liebenswürdig? — Weil sie etwas jetzt ist.

Wie viel Pfund Liebesbriefe wollt Ihr denn haben von der Alten¹? — Ich habe seit einiger Zeit nicht mehr gesammelt. Henriette, die Veit und Schleiermacher haben sie wechselweise bekommen. — Schl. meynt eben, sie wären nur in Masse interessant. Ich schicke sie demnach mit Fracht. — Ich habe sie doch endlich durch Deutlichkeit zur Vernunft gebracht.

148.
An Luise Gotter.

Jena d. 24 Oct. [17]98.

Lieber will ich nur nothdürftig schreiben, als es noch einen Posttag länger anstehn lassen, Dich wieder von hieraus zu begrüßen, meine beste Luise. Du kannst wohl denken, daß ich hier mancherley zu thun vorgesunden, und nun kamen mir auch gleich die holländischen Gäste dazwischen, und der Tag vergeht ohne daß ich die Hälfte von dem gethan, was ich habe thun wollen. Rechne also nicht auf große Relationen von dem vergangenen halben Jahr. Ich wünschte aber

---
¹ Frau Unger; vgl. die Briefe an Auguste, Beilage 3.

herzlich sie Dir und Minchen mündlich machen zu können. Sollte ich eine Gelegenheit finden, so komme ich einmal eigens dazu herübergefahren.

Sehr froh bin ich, daß die Nachrichten von unsrer guten Cecile Gesundheit beruhigend lauteten. Du kannst mir keine größere Liebe erzeigen, als wenn Du mir ihre Besserung bestätigest. — — Es thut mir gar zu weh, daß sie ein so trübes Andenken von ihrem Jenaer Aufenthalt behalten muß. Wenn man an einem Orte nur krank gewesen, so kann man sich nicht denken, wie einem gesund da zu Muth wäre. Diese Eindrücke muß Cecile noch einst in einem schönen Sommer auslöschen. Ihr habt uns ja nun einigermaßen fest hier, und Du bist eine wunderliche Seele, daß Du, statt mir darüber ein freundliches Wort zu sagen, von unsern Grundsätzen sprichst. Erstlich weiß ich nicht, daß Schlegel es verredet sich je irgendwo zu binden, wenn er gleich zu Gunsten der Unabhängigkeit viel gesagt und sie vorgezogen haben mag, besonders zur Antwort darauf, daß Ihr Euch gar keinen ordentlichen Mann denken könnt, der nicht eine Civilbedienung hat. Zweitens wird wahrlich durch den Professor seine Unabhängigkeit nicht gefährdet. Es ist ja gleichsam nur eine Erlaubniß Collegia zu lesen, wenn er dazu Lust hat, die ihn nicht verhindern kann seine Zeit auch anders anzuwenden und Jahre lang abwesend zu seyn. Also sey nur ruhig, wir sind noch die nehmlichen. Der Mensch geht seinen Weg, und die Grundsäze laufen beyher und mögen sehn wie sie fortkommen. Verlaß Dich nicht auf Grundsäze und kränke Dich nicht wo sie dahinten bleiben, allein auf Menschen verlaß Dich immerdar, die Du so kennst wie uns.

Schlegel ist sehr fleißig. Es wird ein geschäftiger Winter werden, so daß wir selbst die Geselligkeit dabey einschränken müssen, der wir ja auch im Sommer so schön gelebt haben.

Wenn ein Aufsaz von Schlegel: die Gemälde genannt, gedruckt seyn wird, so will ich sehn ihn Dir zu schicken, weil er ein Denkmal unsres Dresdner Aufenthalts ist, an dem Du gewiß theilnehmen wirst. — —

Fast alle meine Bekannte fand ich abwesend. Die Paulus ist noch in Schwaben. Ihr Mann holt sie jetzt. Schleußner hat dort seine Laufbahn beschlossen.

Gleich nach unsrer Ankunft zog uns die Aufführung des Vorspiels zum Wallenstein nach Weimar hinüber. Es ist exzellent gespielt worden, und war so merkwürdig, als das neu eingerichtete Schauspielhaus freundlich und glänzend. Wird das nicht die Gothaner herüber locken? Wir haben diesen Winter noch 2 Schauspiele von

Schiller auf dieser Bühne zu erwarten. Hast Du von Iffland keine Nachricht? Wünschest Du, daß wir ihm etwas schreiben? Er ist jetzt etwas geplagt. Der Hamlet hat noch nicht können aufgeführt werden, vielleicht im Frühjahr. Von sich selbst hat er indeß 3 Stücke geliefert. Die brauchen keine neue Einrichtungen und Dekorazionen.

Lebe wohl, theuerste liebe Freundin. Ich umarme Deine Kinder und die Tante.

149.
Fr. Schlegel an Caroline.
Berlin den 29. Oct. [17]98.

Bey Possemanti und beym Almanach blieb ich letzthin stehn: da will ich also auch wieder anfangen. — Was Schiller betrifft, so bewundre ich nächst der hebräummütigen Selbstentäußerung in dem Goetheschen Prolog, der mir wie eine ausgehöhlte Fruchthülse vorkommt, nichts so sehr wie die Geduld. Denn um solche lange Drachen¹ in Papier, in Worte und Reime auszuschnitzen, dazu gehört doch eine impertinente Geduld. Uebrigens erinnert mich sein Glück an sein Unglück, daß ihm die ästhetischen Briefe nicht rein herauskamen, und gestört wurden. Die stecken ihm nun im Geblüte, und die ganze Würdanmuth ist auf die innern Theile gefallen. Auch vergeht selten eine lange Zeit, daß er sich nicht [in] einigen Gedichten, die ästhetischer als dichterisch sind, Luft macht. Wenn das erste Eilftel seines Wallenstein so Goethesch ist wie der Prolog, so bin ich auf alle eilf Eilftel nicht sehr begierig. Ich kann mir denken, daß eine so angestrengte Nachahmung bey dem Spiel und Anblick und erstem Eindruck täuscht: aber beym Lesen muß dann die Täuschung wegfallen. — Ich habe gehofft, er würde etwa im drehßigjährigen Kriege eine Mittelgattung zwischen seiner alten und seiner neuen Tollheit entdecken.

Unter G[oethe]s Sachen bete ich die Metamorphose absonderlich an; die schöne Müllerin, das versteht sich ohnehin. In der langen Idylle auf die Schauspielerin ist viel pittoreske Väterlichkeit. Alles was Sie mir von Goethe geschrieben haben, ist schön und herrlich, daß er zufrieden ist, daß er die Ironie verstanden hat. Aber auch daß Sie mir so ordentlich geschrieben haben und gleichsam Briefe mit mir wechseln zu wollen scheinen dürfen. — Glück auf! Fahren

---
¹ Der Kampf mit dem Drachen.

Sie fort, ich bleibe jetzt regelmäßig bis um ein Uhr auf. Das giebt schon Zeit zum Schreiben.

Aber in der Art, wie Ihr den Sternbald nehmt, kann ich weder ihm noch Ihnen beystimmen. Habt Ihr denn die Volksmährchen vergessen, und sagt es das Buch nicht selbst klar genug, daß es nichts ist und seyn will, als eine süße Musik von und für die Fantasie? — Von der Mahlerey mag er weiter kein Kenner seyn, außer daß er Auge hat, immer wie sehr Franz in Gedanken an Gemählde arbeitet, und den Vasari über alles liebt. Ist denn Ariost wohl in der Kriegskunst gründlicher unterrichtet gewesen?

Henriette ist nicht bloß voller Freude, sondern im Stillen sehr glücklich mit dem Gedanken, daß sie Euch willkommen ist. Ich denke auch, Ihr werdet sie von hier mitnehmen. — Was wird denn erst die alte Ungeheure¹ sagen und klagen! Sie strebt jetzt nach Stolz und anständiger Kälte. Indessen bin ich doch nicht ganz sicher, daß sie kein Recidiv der Zärtlichkeit bekomt. Der Himmel verhüte es! — —

Henr[iette] grüßt Euch alle herzlich. Ist denn das nicht merkwürdig genug, wenn Ihr eine solche Henriette bekommen sollt? — Und glauben Sie es nur, daß es eine Aufopferung ist, wenn ich sie weggebe. — Sie wollen noch mehr von meinen Entwürfen über meine Angehörigen wissen? — Für Sie und Auguste habe ich ja schon in Dreßden mir etwas ausgedacht. Sie sollen ein Romänchen schreiben und Auguste soll weiter lernen. Das ist genug. Man soll immer nur für das Nächste sorgen, sagt der Abbé Goethe; und das ist nun für Euch das nächste.

Tiecks Amli arbeitet jetzt an einer neuen Magelone. Vielleicht ists also nicht bloß Mangel an Kunstsinn, sondern innerliche Fatigue, daß sie so oft einschläft.

Baggesen ist jetzt in Paris, und Humbold bemüht und quält sich ihn, weil er ein Genie sey, zu achten; hat mir auch ein Exemplar von seinem ästhetischen Versuch über Hermann² assignirt.

Die Unzelmann hat neulich sehr artig nach W[ilhelm] gefragt und an ihn gegrüßt. Leviathan³ fährt fort zu grüßen.

Marianne thut dicke mit Goethe, ist übrigens sehr elegant, sehr artig und unbedeutend genug.

Brinckmann ist in Paris unzufrieden und unglücklich.

---

[1] Frau Unger.
[2] Aesthetische Versuche, Th. I., Braunschweig 1799.
[3] Vielleicht Rahel Levi.

Wenn ich doch bald einen Brief von Hardenb[erg] erhielte! Ein Projekt habe ich indessen nicht für ihn, so wenig wie für mich selbst. Eins der reizendsten und nothwendigsten unter meinen Projekten wäre eine Pandora für Schleierm[acher]. Ich wünschte, daß er, wenn wir einmal scheiden müssen, wieder eine gute Frau bekäme, die seiner würdig ist.

Hülsen heyrathet effectivement in einigen Wochen, und errichtet eine Erziehungsanstalt. Das ist nun also in Richtigkeit. Aber wo wird Schelling, der Granit, eine Granitin finden? Wenigstens muß sie doch von Basalt seyn? Und diese Frage ist nicht aus der Luft gegriffen. Denn ich glaube, er hat un tant soit peu Liebesfähigkeit. Würde er die Le[vi], so würde ich sie schicken. Er hat Eindruck auf sie gemacht. Von mir hat sie gesagt, ich hätte wie der Messias unter Euch gesessen und Ihr hättet mich auch ganz apostolisch behandelt.

150.
Fr. Schlegel an Caroline.
[Berlin November 1798).

— — Hier ist Hard.s (?) Brief, der göttliche, mit Dank zurück. Theilen Sie auch ihm von mir mit, was Sie für gut halten. Ich kann ihn zwar schreiben, aber nicht was Ihnen. — Sie scheinen nicht mehr ganz so mütterlich und zärtlich wie sonst.

In den Propyläen zu den Propyläen ist im IVten Theil noch mehr Väterlichkeit, auch Würdanmuth und etwas Unterhaltungs-Popularität. — Was die Weltkunde¹ von Wallenstein giebt und sagt, gefällt mir sehr wohl.

Dem neuen Schulmeister Hülsen schreibe ich eben. Freylich geht er wunderlich auf wunderlichen Wegen. Aber ein Professor ist doch mit alle dem gleichsam nur ein potenzirter Schulmeister. Und da nun Hülsens Sie auch ein Schulmeister ist, so darf er sich ja nur mit ihr zu jeder beliebigen Dignität potenziren um die Lücken auszufüllen.

Wie es den Meinigen geht, wissen Sie nun schon. — Geschehn ist noch nichts weiter.

Uebrigens wäre es doch gut, wenn das Ath[enäum] in der A. L. Z. recensirt würde. Sie recensiren ja doch vieles, wozu sie auch eben keinen Mann haben oder haben wollen. Ich dächte Sie beföhlen es schlechthin.

Ich habe eine weissagende Anschauung davon, daß Woltmann Berlin und Preußen die Ehre erzeigen (will), der Spittler und Müller

---
¹ Neue Weltkunde; s. Goethe an Schiller Nr. 409.

des Landes zu werden. Seine Aufnahme hier ist nicht so glänzend wie die von W[ilhelm]. Aber in der schlechten Gesellschaft ist er fast noch verbreiteter, besonders unter den gemeinen Räthen.

Zelter erkundigt sich oft nach W. und hat den Schwan und Adler aus desselben Melodien[1] musicirt, der närrische Architekt und Kerl; die Taube nicht! Es sind gute, musikalisch gute Gedanken darin, aber nichts vom Gedicht, auch gar nichts. Schießt er fehl, so ist's tüchtig. Die Altdeutsche Müllerin ein wenig besser.

Ueber Wilh[elm]'s professorale Energie und Expansivität freue ich mich gar sehr, auch über die Absicht auf Woltmanns Pelz.

Daß Huber sich mit Kotzebue verträgt, kann nicht ärgerlicher seyn, als daß Schelling über Hardenberg urtheilen will. Eine Pique habe ich aber deshalb nicht gegen den braven Granit, außer wenn er sich eine bergl. Gurke herausnehmen will, wie ihm ja zuweilen begegnet.

Sind Sie nicht auch der Meynung, daß ich mein zeitliches und ewiges Glück lieber erst mit eignen (geschriebenen) Romanen suchen soll, als mit übersetzten Historien? — Doch habe ich mir W.s Bußpredigt sehr zu Herzen genommen, obgleich ich sie schon früher beinah im Herzen hatte. — Es soll wirklich eine Revolution in meiner Schriftstellerey vor sich gehn. — —

Lebt alle wohl und schreiben Sie mir nur, Auguste desgleichen.
Friedrich.

— — Uebersetzt, sagen Sie ihm[2], was man so übersetzen nennt, brauchte kein Alter zu werden als Plato und als dessen Ergänzung Aristoteles. In 10 Jahren ist das noch früh genug; auch schaden (?) die kleinen Stümper von Vor- und Mitarbeitern hier sehr wenig. — Was alle Historien betrifft, so möchte ich wohl einige halb übersetzen, halb diaskeuasiren und exzerpiren. Das ist aber ein ganz Stück.

151.
Fr. Schlegel an Caroline.

[Berlin] den 27ten Nov. [1798].

— — In unserm Hause ist nichts weiter vorgefallen, und es geht alles von selbst, so wie Sie wollen und rathen. Für jetzt ist alles in Vergessenheit versenkt, und er ist nachgiebiger und zuvorkommender gegen uns wie jemals, damit wir es nur bey jener Ver

---
[1] Lebensmelodien, Werke 1. S. 64 ff.
[2] Wilhelm.

gessenheit lassen, die für den Augenblick recht ersprießlich ist. Wir haben Hoffnung, daß er im Sommer in Handlungsgeschäften nach Paris geht. Geschieht das, so leben wir nicht nur hier oder in Dresden oder wo es sonst am besten, freyer, und was mich betrifft, fleißgünstiger, sondern der Weg zu dem Weiteren bahnt sich kaum wie von selbst. Daß wir mit nach Paris giengen, glaube ich nicht, wenigstens nicht fürs erste. — Doch wer weiß, ob das nicht alles Gebäude in der Luft sind. Wäre das Projekt bloß seines, so würden wir keine Notiz davon nehmen, aber da Josef Theil daran hat, dürfen wir eher eine Hoffnaug [hegen].

Es folgt nun für jetzt eben weiter nichts daraus, als das eine, daß ich die Weil], ehe nicht alles in Ordnung ist, und sie frey, weniger als je verlassen darf. — '

Alles was Sie mir darüber geschrieben, freut mich sehr und ist recht und schön. Schreiben Sie mir mehr und nehmen Sie Sich meiner an.

Vorgestern besuchte mich Hülsen, der aber schon wieder fortgereist ist. Er hat mir sehr gefallen, und ich habe wohl [Lust] ihn einmal zu besuchen, wie er mich einlud. Könnten wir nicht alle zu Ostern zu ihm reisen? Es ist sieben Meilen von hier. — An ihm hätten wir gewiß einen recht tüchtigen Mitarbeiter für das Athen[äum] gehabt. Er sagte mir von allerley, unter anderm von einer Abhandlung über die Centralsonne; und ich denke, er wäre recht der Mann dazu, die Astronomie zu einer schönen Wissenschaft zu bilden. — Mit Fichte hat er einen närrischen Handel gehabt. Dieser sagt ihm, wie er nach Halle reißt, allerley über Homer von Wolf, daß er a priori auf dasselbe Resultat der Unächtheit der homerischen Poesie gekommen sey. Hülsen richtet es ehrlich aus. Nan darf man Wolf nur ein klein wenig a posteriori oder a priori kennen, um zu wissen, wie komisch ihm jene Meldung erscheinen mußte. Von diesem natürlichen Wolfischen Ironismus hat nun Fichte wieder gehört und macht Hülsen Vorwürfe, er habe sein Vertrauen gemisbraucht, woran dieser gewiß nicht gedacht.

Wünscht man etwa, daß den schönen Wissenschaften [2] das Fell über die Ohren gezogen werde, daß man sie mir anträgt? Ich acceptire sie, und bitte aber noch weit mehr um den IVten Theil von

---

[1] Es folgt eine Stelle, aus der Dilthey, Schleiermachers Leben 1, S. 471, einiges mitgetheilt hat.
[2] Bibliothek d. sch. W.

Kants kleinen Schriften, der mir längst offerirt und accceptirt, und ohne den ich die ersten nicht recensiren kann.

Hirtzigl. (?)¹ Ochsen antworte ich vielleicht ein paar Zeilen bey der nächsten Gelegenheit, wo ihn W[ilhelm] mit Spott laufet. Eigentlich ist es gegen meine Maxime, auf eine solche Anspielung auf Facta und Persönlichkeiten, die die litterarische Rechtlichkeit betreffen, nicht zu antworten. Indessen ist die Art freylich so elend, daß es fast unter aller Notiz ist.

Sehr, sehr lieb ist mirs, daß Ihr Henriette zu Euch nehmen und haben wollt. Eigentlich wäre es ein wahrer Jammer, wenn sie Gouvernante würde. Für Auguste wäre ihre Gesellschaft ein unersetzliches Gut, und sie könnte auch viel nützliches von ihr lernen. Woran sich die Sache eigentlich stößt, ist daß sie ängstlich wegen des Geldes. — Wenn Ihr ernstlich wollt, daß sie zu Euch kommen soll, so verschafft Ihr, wenn Ihr könnt, Gelegenheit durch eine Uebersetzung aus dem Englischen oder Französischen etwas zu verdienen. Sie kann es gewiß sehr gut, versteht sich was leichtes, einen Roman, Reisebeschreibung oder des etwas. —

W. könnte immer gleich jetzt an Hartknoch schreiben. Sollte es denn nicht möglich seyn, die Mitarbeiten unsrer Freunde dennoch aufzunehmen? Es geht mir sehr hart an. W. müßte dem Buchhändler — Hülsen — Hardenberg — Schleiermacher nennen. Wir gehören doch zu einer Centralsonne! — Ueberlegt es mit dem Geiste und mit dem Gemüthe.

Für die Nachricht von Goethe danke ich schönstens, und bitte mir immer die Brosamen von Eurem Herrentische mitzutheilen. — Sie haben H[ardenberg]'s Brief geöffnet, aber wie es scheint, nicht gelesen: denn sonst hätten Sie doch wohl etwas Erstaunen über unsere Symbibliasmen geäußert.

Augustens Ungestüm und Verlangen nach Henriette hat mich ganz bezaubert, sowie überhaupt Ihr Brief. Küssen Sie sie auch einmal in meiner Seele, aber ohne das sie es weiß.

152.
Fr. Schlegel an Caroline.

[Berlin Anf. Dec. 1798?].

(Anfang fehlt).

— — auf, ein kostbares Wesen zu seyn. Vielleicht wird sie² noch einmal durch einen sinnreichen Juden mündig.

---

¹ Es scheint Hirt gemeint zu sein; s. Nr. 160.   ² Wohl Henriette.

Ich habe noch einen andern wichtigern und tiefern Kummer. Schleyerm[acher] verdirbt durch den Umgang mit der Herz an sich und auch für mich und die Freundschaft. Die Weiblichkeit dieser Frau ist doch wirklich so gemein, daß sie selbst diesen fünften Mann am Wagen allein besitzen muß, wenn es ihr Freude machen soll. — Sie machen sich einander eitel: es ist kein großer Stolz, sondern ein alberner Dampf wie von barbarischem Punsch. Jede kleine noch so laufige Tugendübung rechnen sie sich hoch an: Schl.'s Geist kriecht ein, er verliehrt den Sinn für das Große. Kurz ich möchte rasend werden über die verdammten und winzigen Gemüthereyen! — Doch ist ihr Betragen gegen uns bey dieser Sache tadellos gewesen.

Das schlimmste ist, daß ich keine Rettung für Schl. sehe, sich aus den Schlingen der Antike zu ziehen. Ich weiß nicht, ob Sie nicht das alles für Schwärmerey oder Tand halten. Aber es ist nun einmal so, mit der feinsten Blüthe ist in der männlichen Freundschaft alles weg: ich werde schwerlich wieder einen Freund finden, der so fein und tief in alle Fugen meines Geistes einklänge und eingriffe; und ich bin nun einmal eine unendlich gesellige und in der Freundschaft unersättliche Bestie.

Uebrigens sterben hier auch Menschen. Neulich sind in einer Nacht sieben Schildwachen erfroren. — —

Augusten grüße ich herzlich, und werde sie sehr bewundern, wenn sie nach ihrer schönen Ungeduld nun auch Geduld übt.

153.

Fr. Schlegel an Caroline.

Berlin den 15ten Dec. [17]98.

Zwischen Angst und zwischen Hoffen schreibe ich Ihnen, so viel ich noch schreiben kann. Eher konnte ich nicht schreiben, weil ich erst eben von Fröhlich komme, und von Henrietten Botschaft erhalte, die aber freylich so gut wie keine ist. Sie will nächsten Posttag gewiß selbst schreiben, heute kann sie nur grüßen und danken; es sey ihr alles noch zu confus. Mit Wien ist es bis auf das Nähere der Bedingungen richtig: aber auch davon hat sie erst heute Gewißheit. Der Mann ist ein sehr reicher jüdischer Banquier. — —

So war ihr Entschluß, in dem sie Eure Briefe, die ich ihr gestern geschickt, hoffentlich bestärkt haben. — Wie es aber nun werden wird, da ich der glücklichste aller Menschen bin, und so weit getrieben bin, daß ich nicht mehr hingehen kann, meine Freundin aber übermorgen in ihrem eignen Logis finde, und weiß, daß sie noch vor acht Tagen geschieden seyn wird: das weiß ich nicht. — —

Sie werden Sich wundern, daß alles so schnell und schön entschieden ist. Diesen Winter bleiben wir hier in Berlin, aber im Sommer, denke ich, werden wir wohl in Jena oder in Dresden seyn. Freuen Sie Sich, daß mein Leben nun Grund und Boden, Mittelpunkt und Form hat. Nun können außerordentliche Dinge geschehn!

Eure Gründe gegen neuen Titel unsres Journals sind an sich recht gut. Nur werden wir vielleicht nicht in dem Fall seyn, Gebrauch davon machen zu können. Es wird nämlich gar nicht in unsrer Wahl stehn; sondern wenn Fröhlich mit Vieweg nicht einig werden kann, so ist es für den ersten nothwendig, daß sein Unternehmen von dem Viewegschen Anfang ganz unabhängig gemacht wird, und er wünscht dieß so sehr als möglich. Daß er sich aber gütlich mit ihm über das Athen[äum] vergleiche, ist mir sehr unwahrscheinlich. Die Sache ist die: geschieht diese Unwahrscheinlichkeit nicht, so muß Fröhlich, wenn das nächste Stück unsres Journals als drittes Stück 1ten Bandes vom Athen[äum] oder auch als 1tes St. 2ten Bandes erscheint, eine große Menge Exemplare der vorigen Stücke von Vieweg, und zwar zu dem Ladenpreiß kaufen, welches auch mit dem gewöhnlichen Rabatt der Buchhändler eine große Summe machen würde. — —

Ich habe meine Verabredungen mit Fröhlich also gleich auf den höchst wahrscheinlichen Fall eingerichtet, daß er sich nicht mit Vieweg abfindet, und das Journal nun mit neuem Titel verlangt. Denn dieß ist dann nothwendig. Das scheint mir auch nicht unschicklich, da es jedermann einleuchtet, daß, wenn so mitten drin ohne alle Epoche die Verleger verändert werden, diese sonst genirt werden. Und dieß kann ja leicht in der Anzeige gesagt werden; auch wäre es schonender als billig, wenn wir noch irgend eine Schonung gegen Vieweg hätten. Ueberdem wird es doch kein Geheimniß bleiben, daß wir mit diesem brouillirt sind. Zum Ueberfluß hat ja auch Bött[iger] schon im Merkur gemeldet, daß das Athen[äum] aufhören würde. Auch wünschte ich, daß W[ilhelm] in der Anzeige des neuen Journals diesem vorwitzigen Götterboten einen herzhaften Lohn (?) reichte.

Fröhlich will sich auf vier Stücke verbindlich machen, jedes zu 12 Bogen einen mehr oder weniger, das Stück aber zu 20 Gr. Vieweg hat ihm gesagt, es sey seine Absicht gewesen in der Folge die Bogenzahl zu vermindern, und anfangs nur durch den geringen Preis die Käufer zu locken. Er wird nun schriftlichen Contract mit uns schließen, und ich habe vorläufig 2 Ldrs Honorar, aber für ein verhältnißmäßig kleineres Format verabredet. Denn das vom Athen[äum] ist wirklich größer als billig. Wilh[elm]'s Wunsch und Foderung gemäß habe ich Fröhlich gesagt, es solle keinem Vorschuß für das Athen[äum] gegeben, sondern jedes Stück, wenn es fertig, berechnet werden; jedoch mit der Ausnahme, daß er Dir jetzt, da das Mscrpt so lange brach gelegen, den ungefähren Betrag, so bald wir mit V. abgeschlossen, assignirte. — Der Druck kann gleich mit Neujahr anfangen. Nun bitte ich mir zu schreiben, ob Ihr an irgend einem dieser Puncte etwas auszusetzen habt! —

Eure Gründe gegen den Titel Dioskuren überzeugen mich nicht. Aber freylich darf das Journal keinen Titel haben, der Euch unangenehm ist. Nur bitte ich mit nächster Post einen andern zu schicken. —

Seyn Sie ja nicht ungehalten, daß ich nicht mehr schreibe. Außer allem übrigen habe ich mich auch noch in den Daumen der rechten Hand geschnitten und muß gleich in die Stadt zu einem nothwendigen Geschäft.

154.

Fr. Schlegel an Caroline und A. W. Schlegel.

Berlin den 22ten Dec. [17]98.

Heute ist eben nicht viel zu schreiben, lieben Freunde. — Ich thue es besonders, um die beyden Einlagen, vorzüglich die von Henriette, nicht länger liegen zu lassen.

Zwar eine Nachricht kann ich geben, die Wilhelm sehr angenehm seyn wird, und es auch mir war. Fröhlich hat sich entschlossen das Athen[äum] von V[ieweg], dem unsre Entschlossenheit etwas bessere Bedingungen abgezwungen, zu kaufen. Er wollte gestern früh mit den Puncten des Contracts zu mir kommen, damit ich sie Dir heute schicken könnte. Er ist aber nicht gekommen, und da das Wetter sehr gut war, so muß er, wie sich ohnehin denken läßt, mit V. noch nicht ganz zu Stande gekommen seyn. — Alles andre, was

sich nicht auf die Veränderung oder Fortdauer des Titels und was
dem anhängt, bezieht, bleibt so wie ichs Dir schon berichtet. Da er
aber sehr für 2 Ldrs Honorar zu seyn scheint, so habe ich vorgeschlagen, nebst dem Papier auch in dem Format eine ähnliche
Operation vorzunehmen, wie beym zweyten Jahrgange der Horen.
Die alten Lettern, aber statt 30 Zeilen nur 24 Zeilen, etwas weiter aus einander. — Jenes alte Format ist für 2 Ldrs doch wirklich
zu groß.

Nun noch ein seltsamer fast komischer Punkt. Er mag von B.
etwas gehört haben über Deine Waffenrüstung gegen Wieland.
Das reizt ihn dermaßen, weil er glaubt es würde einen sehr großen
Effekt machen, daß er bittet und wünscht, dieses Produkt in einem
der vier (ersten) Stücke, zu denen er sich anheischig macht, zu bekommen. — Ich dächte Du könntest ihm wohl den Gefallen thun,
da doch Wiel[and] nicht böser werden kann als er schon ist, und da
Fr[öhlich] in Rücksicht auf den Effekt so sehr Recht hat, wie man schon
aus Deiner Recension des Voß¹, und aus den Worten (?) über
Lafontaine und Richter² sieht. Artig wäre es, Wielands litterarischen Tod zu einem Punkt des Contracts zu machen. — Doch Scherz
bey Seite bitte ich Dich, von hieraus Gelegenheit zu nehmen, selbst
an Fr. einige artige und verbindliche Zeilen zu schreiben, die er so sehr
verdient, und ihm selbst zu sagen, ob in wie fern und wann Du
seine Bitte erfüllen kannst und willst.

Unsre Geschichte macht hier allgemeines Aufsehn: indessen ist das
nun fast vorbey, so wie auch die Verdrießlichkeit des Geschäfts selbst.
Es ist übrigens zwar recht heilsam, daß ich und meine Freundin jetzt
von neuem sehen und fühlen, welch ein Pack von Lumpenhunden es
war, unter dem wir zu leben uns herabließen. — Ich bin sehr
glücklich in der neuen Freyheit. An meiner Lucinde ist ein guter
Anfang gemacht, mit dem ich zufrieden bin, und den Doroth[ea] und
Schl[eiermacher] nicht genug loben können. — Ihr sollt nur sehn,
ich werde noch ordentlicherweise praktisch und nützlich werden; ich
spare schon.

Was Henriette betrifft, so hat sie sich, da alle Dinge vergäng-
lich, von ihrer ersten Albernheit schon völlig wieder erhohlt. Indessen ist sie doch weicher als billig. — — Henriettens schöne

---

¹ A. L. Z. 1797, St. 1, 2; Werke X, S. XII.
² Athenäum I, 1; Werke XII, S. 11 ff.

Seele würde gewiß schöner seyn, wenn sie nicht so übertrieben und ausschließend schön wäre.

Mit ihrem Kommen und Nichtkommen, das steht nun so. — Das Volk, von in und mit dem sie lebt, kanns durchaus nicht begreifen, warum sie eigentlich zu Euch will, da das eher Geld kostet als einbringt. Da aber die Canaillen durchaus alles begreifen wollen, so unterstehn sie sich etwas dabey zu denken, und da finden sie denn nun nach dem Gesetz der Ideenassociation, dem eigentlichen Princip ihrer Moral, nichts als Schlegel und Schlegels, und wenn sie recht scharfsinnig seyn wollen, so ahnden sie eine Annäherung zum Christenthum, was sie mehr scheuen als den Tod. — Diese Gründe sagen sie nun zwar nicht, sondern chargiren nur den Winter in dem Mangel an guter Gelegenheit, beydes ist aber gar nicht das rechte Hinderniß. —

165.
An Luise Gotter.

[Jena Ende 1798, Anfang 99].

— — Noch hab ich nichts von Ifflands. Beyde schreiben nicht gern, und er ist sehr beschäftigt eben jetzt. — Schützens sind heut bey der Kälte nach Berlin gereißt. Die Frau ist toll. — —

Diderots Leben liegt im innersten Gemach von Schlegels Schreibtisch. Er hat das noch nicht gemacht, wozu er es durchlesen wollte. Mitgetheilt wird es niemand. Willst Du es aber dennoch lieber wieder haben, so gieb Deinen lezten Befehl deshalb. Als ein Geheimniß brauchst Du es ohndem nicht anzusehn. In Weimar ist es auch, und einzelne Dinge daraus sind mehrmals publizirt. — Mich wundert aber, daß Du nicht nach der Burg von Otranto[1] fragst — ohngeachtet sie nur in den exquisitesten Händen gewesen, so ist ihr rosenfarbnes Gewand doch so verblichen, daß, wenn sie mir Goethe, der sie jetzt hat, wiedergiebt, ich sie erst neu binden lassen will. — —

Der arme Fleischmann und seine Familie! — Ein gewisser Zumsteeg in Schwaben hat die Geisterinsel auch componirt.

Wir freuen uns über Cecilien. Auguste hat ein schönes neues Clavier aus Dresden zum Weinachten bekommen.

Grüße Minchen und Deine gute Schwester.

Deine Caroline.

---

[1] S. oben S. 150.

156.

An Luise Gotter.

[Jena Anfang 1799].

Sag Wilhelminen, daß Piccolomini am 30sten Januar[1], als dem Geburtstag der regierenden Herzogin, aufgeführt werden wird. Das ist aber leider der Geburtstag eures regierenden Herzogs, und da wird sie sich wohl nicht von Gotha abmüßigen wollen. Wir wünschen aber sehr bey der ersten Vorstellung gegenwärtig zu seyn, denn eine erste Vorstellung ist begeistert, wie das erste Glas aus einer Flasche Champagner. Sie soll mich doch ja aber wissen lassen, ob sie meine lezten Vorschläge ernstlich aufgenommen hat. — —

157.

An Luise Gotter.

Jena d. 25. Jan. [17]99.

Seit mehreren Tagen hat die Einlage an Cecilen abgehn sollen, und ich darfs Augusten nicht einmal sagen, daß ich sie erst heut schicke. — Wie geht es Euch, liebe Leute? Was habt Ihr mit diesem harten Winter gemacht, oder vielmehr er mit Euch? Es ist einem gar wohl, wieder wärmere Luft zu athmen, wenn sie hier nicht zugleich mit Ueberschwemmungen verbunden wäre. Das ganze Thal steht unter Eis und Wasser. Vorgestern besonders ist es bis in die Thore hereingetreten, das Schloß war wie eine Insel umgeben. Es ist mancher Schaden geschehn, doch ist dieß freylich nur Kleines gegen die ungeheure Wassersnoth am Rhein — die auch noch mit der Kriegesnoth zusammen trift. Besonders deswegen muß ich Dich um Verzeihung bitten nicht früher geschrieben zu haben, weil ich Dir etwas von Iffland zu sagen hatte. Ein Stück behält er für das Berliner Theater (ich weiß nicht welches), das andre wollte er, und rechnete drauf, in Leipzig anbringen. — An unsern Erinnerungen solls nicht fehlen, wenn er es etwa wieder aus der Acht läßt. Er ist wirklich mit Geschäften sehr bedrückt. — Wenigstens dann soll gewiß alles zur Richtigkeit gebracht werden, wenn wir selbst nach Berlin kommen, was schon in 3 Wochen geschehn sollte, aber nun vielleicht erst um Pfingsten geschieht.

---

[1] Ueber den Abend bei Caroline nach der Aufführung, der jene nicht beigewohnt, berichtet Steffens, Was ich erlebte IV, S. 113.

Gestern sprach ich Löffler auf einem Clubb. Er sagte mir, daß er Dir die Stelle in Ifflands Memoiren vorgelesen, von der ich Dir schrieb. — Er hat seine Tochter nach Weimar gebracht, der arme Mann. Denn beklagen muß man ihn doch, sieht er gleich nicht so aus, als ob er Mitleid verlangte. Eine gewisse Spannung merkt man ihm an. Er ist ganz gesprächig, aber nicht lebhaft, und ganz anders als wie ich ihn zuerst sah. — Was wird er nun beginnen? — —

Diesen Mittag hat Schlegel mit L[öffler] bey Frommanns gegessen. Seit die Schütz von Berlin zurück ist, dort 120 Visitenkarten abgegeben und 36 Gastmahlen beygewohnt und wer weiß was alles gethan hat, ist der alte Dämon völlig los. Sie hat den Plan zu einem Liebhabertheater entworfen, zu dessen erster Einrichtung an 500 Thlr. zusammengebracht werden müssen. Der einzelne Beytrag ist 1 Carolin. Sie spielt mit, versteht sich, und will so zu sagen die Direktrice machen. Was sie will und meint verräth mir immer ihr Eichstädt, der der wahre Spion von Erfurt ist. — Wir wollen der Ausführung nicht entgegen seyn, weil es eine Erleichterung des Plans ist, von Zeit zu Zeit eine ordentliche Gesellschaft herzubekommen. (Die bisherigen Liebhaber spielen herzlich schlecht.) Wir unterschreiben, spielen aber nicht. Schiller indeß hat ein etwas grobes Votum von sich gegeben. Er trägt darauf an, der ganze Anschlag soll bloß zum Besten eines ordentlichen Theaters ausgeführt werden. Die Liebhaber-Vorstellungen würden diesem im Weg stehn, ohne dafür zu entschädigen. Goethe ist hier und hat wohl Einfluß darauf gehabt, weil er gern das Weimarische Theater zuweilen herüber brächte — indeß hätte sichs höflicher sagen lassen, und die Schütz ist höchlich ergrimmt. Zu stande wird es wohl kommen denk Ich, aber schwerlich jemand spielen außer den bisherigen. — Auguste schreibt hier von dem Spaß, den wir in dieser Woche uns machen werden. Gestern wohnte Goethe unsrer Probe bey[1] — es nahm sich artig aus, er stand ganz allein in der Mitte des Saals vor dem Theater und repräsentirte das Publikum — ein Dienst, den ihm das Publikum nicht vergelten kan — es kan ihn niemals repräsentiren. Es ist alleweil von nichts als Theater hier die Rede. Erst war es Schillers neues Schauspiel — nun die Jenaische Chronik, dann sahen wir das Ende des Wallenstein. Dann wird wahrscheinlich die

---

[1] Vielleicht der von welcher Stefens erzählt a. a. O. S. 119.

Unzelmann aus Berlin in Weimar spielen. — Dann werden wir in Berlin schöne Sachen sehn. — —

168.
Fr. Schlegel an Caroline und A. W. Schlegel.
[Berlin Febr.[1] 1799].

Ich nütze geschwind noch die paar Augenblicke, Ihnen auf Ihre reichen Gaben eine briefliche Kleinigkeit zu erwiedern.

Der Fichte[2] ist gut und tüchtig, und so grüßen Sie ihn auch von mir. Mich hat er mehr an meine Endlichkeit gemahnt und die Zeitlichkeiten, die mich von ihm trennen.

Sch[leiermacher] meynt, man sollte vom Churfürsten zu Sachsen eine zu Recht beständige Definition von Gott und Deist (?) dazu (?) verlangen. —

Der Bote eilt, die Feder weilt, die Seele teilt.

Aber das ist doch gut und schön κακον ωχαγαϑον von Dir, daß Du As you like is übersetzest aus eigner göttlicher Willkühr. Nun fehlt also nur noch der einzige Love's labour lost zu denen vier die ich classisch halte und groß unter den romantischen. Das vierte ist Hamlet, Romeo versteht sich von selbst. — Much ado setze ich auch unter die kleinen Götter, immer noch höher als den Merchant, und doch sind beide Götter, wenn schon kleine.

Hab' ich nicht Recht, die Lucinde nicht unter ihrem Preis weggeben zu wollen? —

Jette ist jetzt ganz bezaubert von und bey Itzigs. — — Sie ist etwas gidry geworden, da sie in dem geistlosen Cirkel natürlich sehr glänzt; es ist wie eine die sehr lange nicht getanzt hat. Uebrigens nehmen Sie Ihre Herzlosigkeit nur nicht so schwer. Man kann ja auch ein Herz bekommen. Sie hat nur das auch nicht, weil sie niemals nichts hat und fest hält.

---

[1] Das Blatt mit der besonderen Ueberschrift „An Caroline" liegt jetzt in einem Brief an Wilhelm vom 25. Febr., ist aber wohl etwas früher zu sehen, vielleicht zum 12ten.

[2] Wohl die Appellation an das Publikum gegen die Anklage des Atheismus. 1799.

159.

Fr. Schlegel an Caroline.

Berlin den 19ten Febr. [1799].

Gestern war hier Piccolomini! aber nicht für mich, vielleicht noch nicht so bald. Ich lebe und webe ganz in der Lucinde und begnüge mich vor der Hand mit Ihrer Darstellung des Weimarschen Darstellens, da diese ohnehin potenzirter ist als das Stück selbst. Sie haben mir große Freude damit gemacht, und ich wollte ich könnte Ihnen lohnen. Aber heute ist mir alles schief gegangen: die Bogen von Don Quixote habe ich nicht erhalten, von den Aushängebogen des Athen[äum] fehlt mir auch noch der 10te, mit diesem der Schluß Eurer Gemählde. Darum schicke ich lieber beydes erst künftigen Posttag und dann vielleicht auch eine Fortsetzung der Lucinde, wenn Hen[riette] Zeit haben wird, denn Doroth[ea] ist mit der einen Abschrift beschäftigt und arbeitet auch schon am Faublas, den wir für Fröhlich übersetzen und umarbeiten.

Schl[eiermacher] ist in Potsdam in Amtsgeschäften und ich also bey mir allein. Er wird wohl bis Ostern da seyn müssen, und ist auch allein da, die Religion ausgenommen. Die wird so gedruckt wie der Fürstenspiegel, und wir thun also das unsrige für die neuen Lettern.

Religion ist übrigens nicht viel darin, außer daß jeder Mensch ein Ebenbild Gottes sey, und der Tod vernichtet werden soll. Indessen ists doch ein Buch wie mein Studium der alten Poesie, revolutionär und der erste Blick in eine neue Welt. Ich glaube Ihnen wird es wohl gefallen: denn es ist gebildet und fein, ein classischer Essay!

Sie werden nun schon wissen, daß es ein Misverständniß ist mit den Reptilen und daß Ihr Lucinden und die Novellen, die ich ins Athen[äum] geben will, in Eins gemischt. Die werden, wenn Gott will, durch und durch witzig seyn, und brauchen es nicht für einen Raub zu achten, wenn sichs grade trifft, solche Personalitäten auszuhauen wie etwa Tieck in der classischen Mühle des guten Geschmacks[1]. Nun schreibt mir also von neuem Eure provisorische Mehnung in Rücksicht auf das Athen[äum] bis ich schicke. Ich bin bald so weit in der Luc[inde], daß ich mit ganzem Ernst fürs IVte Athen[äum] arbeiten kann. —

---

[1] Prinz Zerbino oder die Reise nach dem guten Geschmack. 1799.

Der Fürst Reuß ist gestorben und hat zuvor noch declarirt, daß er mit Marianne heimlich verheyrathet war. Ich habe sie noch nicht gesehn, sie ist unwohl und fast krank. Hoffentlich ist alles gründlich und recht gemacht und sie hat reichlich zu leben. Dann zieht sie wohl zu Euch nach Weimar, denn hier möchte es sie doch in Verlegenheit setzen, daß sie eine Durchlaucht ist.

Herrlich, göttlich und mehr als göttlich ist's, daß Sie so entschlossen sind nach Berlin zu kommen. Thun Sie es doch nicht, so verpfände ich Haus und Hof und komme zu Euch. — In dieser Rücksicht ist's auch gut, daß Sie der alten Bestle so artig geschrieben haben. Mich verdroß es nur, daß der Brief außer seiner Artigkeit auch noch schön war, und daß Sie noch obendrein ein so schlechtes Buch darin in Protection nehmen, das es fast so wenig verdient wie die Ungeheuere Ihre Briefe. Indessen nehmen Sie das nicht so schwer. Schreiben Sie lieber mir . . . ., aber kommen Sie auch, c'est le principal.

Auf die Elegie[1] freue ich mich unaussprechlich. Sie wird recht sehnsuchtsvoll erwartet, denn ich rede allermeist davon. Die Gedichte aus dem Griechischen schicke Wilh[elm] recht bald; das ist gut und köstlich. Gegen die σαριττυς kann ich nichts haben fürs Athen[äum]: überlegen Sie es also mit W. Warum denn nicht? — Reichards sieben Töchter brauchen uns ja nicht zu lesen.

An Fichte schreibe ich mit nächstem; auch an Schelling, der mir seine Naturphilosophie versprochen hat.

An dem Aufsatz von Hülsen[2] haben wir, glaube ich, ein Juwel. Es ist eine heilige Schrift im eigentlichen Sinn. Dessen Religion von Familie, von Eltern und Kindern gefällt mir doch besser wie Schl[eiermacher]s, um so mehr, da er nicht weiß, daß es Religion ist. Auch ist mehr Nerv und Nachdruck darin, als wenn Schl. so umherschleicht wie ein Dachs, um an allen Subtelten des Universum zu riechen.

Viele viele Grüße und alle Freundschaft an Auguste und Wilhelm. Alles andere nächsten Posttag. Dorothea und Henriette grüßen was sie können.   Friedrich.

Fröhlich wünscht sehr, daß das IVte Stück des Athen[äum] bald erscheine. Elegie, Elegie!!

---

[1] Wohl die Kunst der Griechen, die 1799 im Athenaeum erschien; Werke II, S. 5 ff. Vgl. Friedrichs Brief an Schleiermacher, F. Schl. Leben III, S. 103.

[2] Ueber die natürliche Gleichheit der Menschen, Athenaeum II, S. 151 ff.

160.
Fr. Schlegel an Auguste.
[Berlin Febr. 1799?].

Frage doch die Mutter, liebe Auguste, ob die Briefe vom 5ten, 12ten, 19ten[1] richtig angekommen. Ich schreibe mir fast das Gemüth aus dem Arm, und muß immer Klagen hören. — Bitte sie recht bald recht gesund zu werden, und dann auch ihre Gesundheit und ihren Geist der geschriebenen Auguste (wie Du willst daß das Schlegeläum heißen soll, wie ich gern zufrieden bin) so zu widmen, wie sie sie der lesenden und lebenden Auguste widmet, wiewohl ich hoffe, daß unsre Auguste auch Dir zum Trotz leben[2] soll. — —

161.
Fr. Schlegel an Caroline.
[Berlin Febr. 1799].

Hier ist manches zu lesen. Treue und Scherz[3] sende ich Ihnen mit noch mehr Reue und Schmerz wie das vorige. Denn Dorothea, Henriette und Tied finden, daß es weder mein Bestes noch ihr Liebstes sey. — Und geändert habe ich doch schon viel und vieles daran. — Das nächste sind nun Lehrjahre der Männlichkeit, ganz erzählend, ziemlich lang und eigentlich der Roman selbst. Sie sind beynahfertig.

So viel von mir. Und nun wieder Bitte um W[ilhelm]s Elegie und Ihr Urtheil.

— — Die Alte hat Ihnen ja geschrieben und ich werde bald erfahren wie? — Daß es von einer solchen — — abhängen muß, ob Ihr kommen dürft! — Ich habe wirklich nicht anders thun können als ich gethan habe. —

Wir haben jetzt ein gutes Logis gemiethet, was Dor[othea] in drey oder vier Wochen bezieht, was wir aber wohl auf ein Jahr werden behalten müssen. — Es ist hübsch und geräumig genug, und wenn die Alte sich schlecht aufführt, so solltet Ihr doch kommen. Sie und Auguste wohnten dann bey der Veit, W. bei uns, damit der Raum nicht zu eng würde. Vom Theater wären Sie freilich etwas entfernter, aber doch nicht so weit, daß Sie nicht sehr gut zu Fuß

---

[1] Das sind wohl die Briefe Reute Nr. 123, 124, 125 vom 5., 12., 19. Febr., der letzte hier Nr. 159; Nr. 158 vielleicht zu 124 gehörig.

[2] Es steht, wohl durch Schreibfehler: lesen.

[3] Theil der Lucinde.

hin und zurück gehn könnten. Ueberlegen Sie Sich das wohl, und wie glücklich es uns machen würde, und daß Sie dann den schlechten Menschen keine freundlichen Gesichter zu machen brauchten. Es ist nur auf den Nothfall!

Die Zeit von Henriettens Abreise von hier ist noch nicht ganz bestimmt, vielleicht so der 7. April. Ich möchte gerne bald wißen wann Ihr kommt.

Den 30. April denkt die Unz[elmann] wieder hier zu seyn. Ifsland spricht wieder stark vom Hamlet.

Den Piccolomini habe ich noch nicht gesehn, denn am Abend der zweyten Vorstellung war ich mit der Levi bey der Unzelmann, welches mir doch intereffanter war: aber gehört habe ich schon mehr als billig davon. — Das erstemal hats bis 10½ Uhr gedauert, das war zu lang, zumal die Leute verdrießlich waren, daß sie für ihr Geld doch keinen rechten Schluß erhielten. Da hat denn Iffland gestrichen, und es stand beim 2ten mal auf dem Zettel, daß es um neun Uhr geendigt seyn würde.

Die Unz[elmann] hat mir gesagt, W[ilhelm] hätte viel freundlichere Augen wie ich, und dann etwas was ihr viel Ehre macht, wenn es buchstäblich wahr ist. Sie hat zu ihrem Benefiz durchaus Sh.s Romeo nach W.s Uebersetzung haben wollen und sprach mit großer Leidenschaft von der Rolle. Aber Iffland ist ein schwaches Individuum und hat eben nicht gewollt.

Nun etwas für W. — —

Da ich den Brief wieder lese, scheint er mir so trocken. Ich bitte heute so vorlieb zu nehmen.

162.

Fr. Schlegel an Caroline.

[Berlin, März¹ 1799].

Mit Ihrem Antheil und Urtheil über die Lucinde bin ich sehr zufrieden, und ich will Ihnen unter uns gestehn, daß mir vor der Hand Ihr Beyfall mehr als W[ilhelm]s am Herzen lag. Besonders das Anerbieten einen Brief dazu zu geben, wirft auf Lob und Tadel ein schönes Licht. Ich kann es für den IIten Band mit Freuden annehmen, wenn Sie Sich einige Personen, Lokale u. s. w. geben lassen

---

¹ Bei Klette Nr. 133, in den April gesetzt.

wollen, wobey Sie aber doch sehr viel Spielraum behalten sollen. — Sehn Sie, das Haupt- und Mittelstück des ersten Bändchens sind Lehrjahre der Männlichkeit, wenn auch nicht eigentliche Geschichte, doch reine Darstellung (die sind nun fertig). Das Gegenstück im zweyten sollten Weibliche Ansichten seyn; vielseitige Briefe von Frauen und Mädchen verschiedener Art über die gute und schlechte Gesellschaft. Darstellung der Gegenwart, denn Bekenntnisse über die Vergangenheit scheinen mir weniger weiblich, und ich zweifle ob es Lehrjahre der Weiblichkeit giebt. Ich würde mir so lange übel mitspielen, bis ich auch in Styl und Farbe der Darstellung einen deutlichen Anstrich von Weiblichkeit herausbrächte; indessen muß die Kunst hier immer gegen die Natur stark zurück bleiben. —

In der Juliane hätten Sie eben nicht Sich, aber doch Ihr Urtheil wohl erkennen können, denn Sie haben es mir selbst von neuem geschrieben. — Zu wenig Poesie und zu viel Liebe. Auch den ..... Roman mit der Messe (?) hätten Sie leicht für den gegenwärtigen erkannt, wenn Sie nicht einmal festgesetzt sehen, es sey kein Roman. Die Lehrjahre sind es doch auch schon nach den ganz gewöhnlichen Begriffen. Und wenn die drey andern da sind, wird vollends kein Zweifel bleiben. Der Ritter ist der Faust, den ich bald schreiben kann. Und darin, daß diese vier zusammen gehören, liegt denn auch die letzte Entschuldigung für die Bekanntmachung. Denn übrigens kann ich Ihnen nichts entgegensetzen, als daß das, was Sie noch nicht kennen, bald sapphisch bald cynisch, oft beydes gleich sehr ist, noch mehr als das Bisherige. Und also bliebe die Frage nach jenem Fragment unentschieden. Denn wenn ich eine große Distinction machte zwischen einem Sapphischen Gedicht und einem Roman, das würden Sie doch nur für Sophisterey halten. Ueber Treue und Scherz sind die Stimmen hier so einig, daß ich Ihr Urtheil fast anticipiren kann. Indessen verspreche ich Ihnen, daß auch in das erste Bändchen auch noch ein guter Dialog kommen soll.

Nun schreiben Sie mir auch über die Elegie, und zwar mit Religion. Was können die Menschen nur sagen, die in W[ilhelm] kein Genie anerkennen wollten, die auch mir keins gelassen hätten, wenn ich sie nicht von Zeit zu Zeit mit der Faust ins Auge geschlagen hätte? Schreiben Sie mir von W.s weiteren elegischen Ideen. Er läßt sich nicht gern herab von Projekten zu reden. Aber ich mags doch gern wissen. — A propos daß Sie es nun noch für möglich hielten, daß Bött[iger] und Jes[misch] in der Lucinde erwähnt würde, war doch stark!

Henriette] hat auch bis zu den Lehrjahren gemeynt, es sey kein Roman, sondern Romanenextract, woraus nun jeder selbst welche machen könne. Ich schreibe Ihnen diese Sirenie nur, weil sich W. unterstanden hat anzudeuten, Lucinde sey ein verzognes Kind von Dor[othea] allein. —

Uebrigens empfing ich W.s Elegie an einem Abend, wo ich schon krank war, und die schlaflose Nacht darauf war sehr poetisch. Ich habe damit ein fünf Tage verloren, und nachher hatten wir einen Besuch von dem Eduard[1], den Dor[othea] liebte, und den ich schon aus seinen Briefen interessant fand. Er ist es sehr und auch liebenswürdig. Uebrigens aber was man einen Aventurier nennt: er sieht ziemlich so aus wie der Sauvage von Rousseaus Discours sur l'inégalité, der in die Wälder zurückflieht. Er kam eben von Maynz, wo er mit Rebmann in Verkehr gestanden. Er hatte eine Zeitlang unter der pohlnischen Legion in Italien gedient, und sieht ganz so aus, als müsse er in Frankreich sein Glück machen. Aber er ist von denen die nie Geduld haben bis ans Ende klug zu sehn. Er ist nun fort nach America, wohin denn auf diesem wunderlichen Wege auch W[ilhelm]s Shakesp[eare] und das Athen[äum] gelangt. Indessen lange wird er wohl nirgends bleiben. — Sie wußten seit drey Jahren nichts von einander und ihm war alles neu. Er hat sich dabei sehr fein und schicklich und doch sehr offen genommen. Nicht so gut gings mit Henriette. — —

Nun noch ein wichtiger Punkt. — — Laden sie[2] Euch nicht sehr ein, so nehmt es doch an bey der Veit zu wohnen, die noch in diesem Monat ein anständiges und geräumiges Logis bezieht. Sie würde sich unmäßig freuen wenn es geschähe und ich auch. Schleiermacher, Tieck und manche andere könntet Ihr da weit besser genießen als in der Soule bey Ungers. Mit Ifland müßte es sich eben so gut machen, und wenn er an dem frugalen Tisch die Ungerschen Fleischtöpfe nicht vermißte, so erhalten Sie einen neuen Beweis von seiner Ächtheit; oder wollen Sie es darauf nicht ankommen lassen? — Manchen Luxus würden Sie auch entbehren, aber dagegen auch manchen Ennuy. — — Iflands sind überdem mit U[nger] — — jetzt nichts weniger als gut.

Noch ein Wort über Romane. Wenn ich glaubte Sie könnten nur den einen schreiben, den Sie der Welt nachlassen wollen; so

---
[1] d'Allon.
[2] Ungers.

hätte ich Unrecht diesen noch bey Lebzeiten zu fodern. Aber das ist es eben, daß ich überzeugt bin, Sie würden mehr als den einen schreiben, wenn der nur erst heraus wäre. —

Grüßen Sie mir Augustinchen, und wenn Sie noch etwas Freundschaft für mich hat, so erhalten Sie sie mir mit mütterlicher Sorgfalt. — —

Woltmann, scheint es, will nicht weichen noch wanken von dar.

Was macht Schelling und seine Naturphilosophie, die er mir schicken wollte? —

Kürzlich habe ich außer den anderen Unglücksfällen auch noch einen Paroxysmus von Denken gehabt, woran W.s Elegie und Schleiermachers Religion Schuld ist. Die letzte wird so subjektiv wie die erste classisch ist. Es thut Noth, daß ich einmal wieder recht loslege und Objektivitätslärm schlage. Die Bönhasen machen es zu arg.

163.
Fr. Schlegel an Caroline.

[Berlin, März 1799].

Nur um Gotteswillen nicht auf den Garten! Das geringste Uebel dabey ist, daß Sie und Auguste äußerst schlecht und unbequem da seyn würden. — — Daß Sie von Berlin so gut wie gar nichts sehn würden, daran verlieren Sie nicht viel. — Aber auch auf Schleiermacher, Tieck, Dorothea müßten Sie dann so gut wie gänzlich verzichten: da selbst in die schwarze Höhle nur eine bestimmte Anzahl von Menschen ging, so würde ich auch so gut wie gar nichts von Euch haben, und Sie also auch nicht von mir, wenn Sie anders die Absicht haben, etwas von mir zu haben. — — Ich rathe nicht, sondern ich bitte, daß Ihr es abschlagt. Traut mir doch, ich muß ja die Sachen in der Nähe besser sehn. — Uebrigens dächte ich, antwortet Ihr U[nger], wenn seine Einrichtung unabänderlich gemacht wäre, so wolltet ihr eine Chambre garnie in der Nähe des Theaters nehmen, wo Ihr Euch denn doch immer sehn könntet. Das läßt sich ja so freundschaftlich einkleiden. — Denn das ist auch ein schlimmer Umstand, daß die Gartenwohnung so weit vom Theater ist, daß Sie nur mit Anstrengung hin und her gehn könnten; bey der geringsten Hitze oder bey Staub und Schmutz gar nicht. Von Dor[othea] ist kaum halb so weit. — —

Lieber als daß Ihr da auf dem Garten wohnen möchtet, wollte ich, Ihr kämt gar nicht. — —

164.

Fr. Schlegel an Caroline.

[Berlin, März 1799].

Quell nobil alma
Che giammai curò rime ne versi.

Denken Sie nur nicht, daß mein Gehorsam etwas andres ist als Gehorsam, romantischer Gehorsam. — Nach den Leuten frage ich gar nichts, denn ich schreibe das Euch aus Religion, wie jedes andre; und wenn sie uns bleßmal zu toll machen, so schreibe ich sogleich meine Bibel, und dann versichre ich Ihnen, soll von der Luc[inde] nicht mehr die Rede seyn.

Wenn Wilhelm die Luc[inde] durchaus als Roman oder Unroman beurtheilen will, so sollte ichs wohl zur Bedingung machen, daß er den Cervantes gelesen hätte, nicht den Don Quix[ote] allein. Der gehört mehr in die Sphäre, für die ich aus guten Gründen den Namen Novelle gewählt; sondern die Novelas, noch mehr den Persiles und am meisten die Galatea. (Witziger als die letzte soll die Luc[inde] nicht seyn — das Ganze hat eine witzige Form und Construction. Wegen des realen Witzes, den W. zu erwarten scheint, assignire ich ihn auf die Novellen. Hier würde das gegen meine Absicht streiten und den Ton so verderben wie eingestreute Lieder. Die Stelle vom Witz, gegen die es W. hat, ist die welche Tieck im ganzen Buch am meisten lobt.)

Eben so würde ich auch nicht gern mit einer Frau über Romane reden, von der ich nicht notorisch wüßte, daß sie alle Engländischen Romane verabscheut, oder was ich noch vorziehen würde, keinen derselben gelesen hat. — Cervantes postulire ich nicht, wie von jedem Manne, denn ich glaube Ihr habt jede und alle Einen Roman in Euch, der noch etwas ächter ist als jene vier ächten und sie alle umfaßt.

Seit dem Evangelium Eurer Ankunft legt sich Iffland ordentlich auf die schönen Künste. Er scandirt im Piccol[omini], er grüßt mich aus der weitesten Ferne, er spielt wieder idealisch (d. h. in Gedanken den Hamlet). Kurz er wird elegant.

Wegen der kritischen Schriften hat der Herr Bruder siebenmal neunmal Recht. Ueber Humbold und Schiller haben wir sehr gelacht.

Wir haben Lust Euch nach Potsdam entgegen zu kommen; Ihr müßtet es dann als Vorkost genießen in 1, 2 Tagen. Vielleicht ist

Schl(eiermacher) noch da. — Ich brächte auch wohl die Levi¹ mit. Diese ist höchst betrübt und schimpft, daß Ihr so spät kommt. Sie hatte die Idee, daß sie sich von Eurem Hierseyn an bey Euch auf eine Zeitlang in Kost bingen wollte. Der Gedanke macht ihr viel Ehre und ich achte sie seitdem mehr. Ich fürchte nur, sie würde Fichten viel Abbruch thun.

Das liebenswürdige Kind² soll immer an mich schreiben, wenn sie toll ist. Ich wills immer thun, wenn ich vernünftig bin; heute ist das nicht. Den nächsten Dienstag will ichs sehn.

Henriette ist nun mündig und mag für sich selbst reden. — —

Die Levi sagt mir eben, daß man in dem Hause, wo Marianne gewohnt hat, d. h. in der Mitte der Stadt, wenige Schritte vom Theater drey Zimmer und eine Kammer für 3 Ldrs auf einen Monat haben könne. — Uebrigens wird sie die gutlebensartige Einkleidung zu diesem Vorschlag an die U[nger] wohl selbst finden, da es wirklich unbequem für U.s wäre, wenn sie im Garten wohnt, und Ihr in ihrem Hause in der Stadt.

165.
Fr. Schlegel an Caroline.

[Berlin März/April 1799].

So sind die Menschen! Erst wohnen sie halbejahrelang einige Häuser weit von einander, sind fremd und unfreundlich, thun sich auch wohl gelegentlich allerley Herzeleid an, und dann nehmen sie mit einemmal Abschied von einander und sind gerührt, so wie die meisten erst dann glauben, daß sie lobt sind, wenn sie wissen, daß man sie bald begraben wird. — So scheint nun auch Henriette zu fühlen, daß sie uns verläßt, obgleich es eigentlich schon viel früher geschehen ist.

Indessen ist es nun einmal meine Art oder Unart, nichts vergessen zu können, und so schicke ich Ihnen denn das liebenswürdige Kind mit vieler Freude und Rührung. Ich habe geglaubt sie sollte einmal zu uns gehören. Das wird nun wohl nicht geschehn, es müßte ihr denn schlecht gehn, oder sie müßte von selbst zu sich kommen.

---

¹ Vgl. Friedrichs Brief an Schleiermacher, Ende Febr., K. Schl.s Leben III, S. 104.

² Auguste.

— — Sehn Sie sie selbst an, ob sie wohl zu uns gehört oder nicht. Freylich können Sie sie nicht in der närrischen Umgebung der gutgeschlechten Gesellschaft sehn, und müssen also prophetisch verfahren. Doroth[ea] behauptet, ich hätte sie etwas geliebt. Sie hat Recht und Unrecht. Denn so liebe ich wohl jeden, der mir nicht gleichgültig ist.

Hier ist nun wieder etwas Lucinde. Ich wünsche bald darüber etwas von Ihnen zu hören, nicht eben reines Lob, aber auch etwas mehr als Urtheil; so ein weniges Etwas aus dem Gemüth. Lassen Sie Sich dabey auf nichts ein was nicht Ihres Gefühls ist, besonders nicht auf die Kunst, und glauben Sie es mir lieber vor der Hand, daß das Ganze eines der künstlichsten Kunstwerkchen ist, die man hat.

Wenn Sie uns sähen bey und mit der Luc[inde], würde ich Ihnen vorkommen wie der wilde Jäger, Dorothea wie der gute Geist zur Rechten, und Tieck wie der böse zur Linken. Er vergöttert sie etwas und nimmt daher alles in Schutz, wobey Dor. schüchtern ist, und Sie vielleicht tadeln würden.

Ihr kommt nicht! — Aber ich komme diesen Sommer noch auf einige Wochen mit Tiecks oder mit der kleinen Levi, die ihren Plan Eurer Schwäche wegen auch nicht gleich aufgiebt.

Wie sehr wir außer der Betrübniß aber ergrimmt sind, wird Henriette nicht ganz verschweigen. Tieck hat besonders geschimpft, und wirklich treibt Ihr die Schwachheit für Iffland und die sogenannte Schauspielerey sehr weit [1]. — Tieck meynte unter vielen andern pikanten Sachen, W. möchte doch den Sophokles übersetzen, damit Iffland ihn spielen könnte.

Schreiben Sie mir ja von Schelling was Sie mögen. Wenn er mir auch nicht so höchst unbändig interessant ist, so ist es doch vielleicht Ihr Interesse an ihm. — Uebrigens schien mir allerdings der Mensch Schelling merkwürdig und gut, nur noch sehr roh. — Seine Philosophie an sich würde etwas sehr Ephemeres seyn, wenn er nicht in das neue Zeitalter eingreifen kann. Und ob er das können wird, darüber bin ich noch gar nicht im Reinen. Er schien mir nach uns hin sehr zu. Daß er mich vermuthen sollte, wäre eine überspannte Foderung. Aber Hardenb[erg] einigermaßen zu verstehn, wäre doch wohl seine Schuldigkeit, die er durchaus nicht erfüllt.

---

[1] Vgl. den Brief Nr. 166.

Daß er für Tieck so viel Liebe hat, ist ein gutes Zeichen, aber er hatte ihn nur sehr gemein genommen. Daß er für Wilh[elm] bey so bewandten Umständen gar keinen Sinn hat, versteht sich von selbst. Nun genug von ihm. Uebrigens hatte ich ehedem geglaubt, er und Henriette wären eben gut genug für einander. Sie, versteht sich, immer noch etwas zu gut für ihn; aber so gehört sichs ja wohl?

Friedrich.

166.
Fr. Schlegel an Auguste.

[Berlin März? 1799].

— — Grüße mir den Fichte wenn Du ihn siehst, oder auch wenn Du ihn nicht siehst. Vor allen Dingen aber die Frau Schneidermeisterin[1], und sage ihr, wenn sie etwas wüßte über Tiecks Fantasus, so möchte sies nur zusammennähen für die Notizen. Ich wäre noch nicht ganz fertig mit der Lucinde. — —

167.
Auguste an Fr. Schlegel und Tieck[2].

[Jena März/April 1799].

Brief an Fritz und Tieck.

Du wirst wohl etwas tolle sein,
Und Deine Vernunft ganz kunterklein
Wegen der fatalen Geschichte
Von unserm weltberühmten Fichte.
Darum will ich Dich biepenstren,
Mir vor's erste wieder ein Briefchen zu schmieren.
Doch sobald Du wieder vernünftig bist
(Bis dahin ists wohl noch 'ne ziemliche Frist),
Mußt Du mir wieder einen schreiben,
Und mein Diener stets treu verbleiben.
Auch ich bin ganz des Gistes voll,
Und auf den alten Kaufmann toll,

---

[1] Caroline; sie hatte in einer Aufführung zu Lobers Geburtstag (24. Febr.) in dem Stück „Die Heirath durch ein Wochenblatt" die Schneidersfrau gespielt.
[2] Gedruckt: Briefe an Tieck I, S. 27.

Der mir mein Schwesterchen¹ entführt,
Eh' ich es ormlich lernte kennen,
Ich möchte den häßlichen Menschen verbrennen!

Doch was ist weiter da zu thun?
Man muß in der süßen Erwartung ruhn,
Daß alles sich noch recht glücklich ende,
Und sie, und Du, und Deine Peit
Bei uns bleiben bis in Ewigkeit.
Für's erste ist es doch noch gut,
Daß Tieck und Du im Sommer kommen:
Daß der Gedank' Euch nur nicht wird benommen,
Sonst würd' ich Euch entsetzlich schelten,
Und Euch auch gleiches mit gleichem vergelten,
Und im Herbst nicht kommen nach Berlin,
Und läse aus Rache auch nicht Tieck's Zerbin!
Drum laßt Euch rathen und kommt wie der Wine,
Damit Ihr dem Unglück vorbeugt geschwind.

Das muß ich Euch nun betheuern sehr,
Die Unger'n träg' ich gleich ins Meer,
Wenn ich an Eurer Stelle wär;
Und wenn ihr meinen Rath befolgt,
So hängt ihr einen Mühlstein an,
Damit sie nicht wieder ans Ufer kann;
Denn Unkraut geht so leicht nicht unter.
Ihr seht, ich bin entsetzlich toll
Und ganz des dummen Zeuges voll,
Das macht ich habe Faust gelesen,
Da fuhr in mich sein tolles Wesen.
Nun gute Nacht! Es brummt zehn Uhr,
Daß es mir durch alle Glieder fuhr.

Nehmt mir's nur nicht schief,
Daß ich nicht eher einschlief
Und Euch noch erst so ennuhirte;

---

¹ Henriette, die mit einem Kaufmann nach Wien reiste.

Es ist gewiß nicht gern geschehn,
Denn eigentlich war's auf amüsement für Euch abgesehn.
Und wenn Ihr just nicht in der Laune
Seid, das heute zu lesen, so laßt's liegen;
Der Geist davon wird nicht verfliegen.
Nun grüß ich Euch insgesammt recht schön
Und werde bald zu Bette gehn.

An
Friedrich Schlegel
und seinen Busenfreund
Ludwig Tieck.
Auguste.
Ich habe würklich sehr geschmiert.
Doch das Blättchen bedarf keiner
äußeren Zierd.

168.
An Luise Gotter.

[Jena] d. 1. April [17]99.

— — Leider gehn wir für jetzt nicht nach Berlin. Denk nur, Iffland schreibt, daß er am 15ten May auf 6 Wochen verreißt, und ohne Iffland ist kein Heil in Berlin. — —

Auch trägt uns Iffland an Dich auf, daß er Dir um Michaelis 20 Louisd'or senden würde und 1 Exemplar der Abschrift vom schönen Geist zurück. Warum er nun das nicht eher schickt, weiß ich nicht, wenigstens die Abschrift. Aber es wird wenig helfen, ihn darum zu befragen. Er antwortet äußerst langsam — er kann nicht, und klagt erbärmlich über Drang und Druck der Geschäfte. 20 Louisd'or ist nicht sehr viel; indessen begreif ich, daß, da das eine Stück nicht ganz neu, das andre nicht ganz Original ist, er nicht mehr bey der Theater-Casse vermag, und obendrein ist es nicht von Kotzebue. Er fügt noch hinzu, daß er Dich wegen des Drucks gar nicht genirte, und Göschen muß sich auch zu einem 2ten Band entschließen.

Wäret Ihr alle nur recht wohl, meine arme liebe Cécile! — —

169.
An Luise Gotter.

Jena d. 24. April [17]99.

— — Ihr werdet euch nun wieder von den hochzeitlichen Festen erholt haben und die junge Frau fortgeschickt. Gern, gern komm ich dafür herüber, aber es will sich denn doch nicht so bequem machen lassen als es leicht aussieht. — Man sagte mir am Sonnabend wär Vanderbek in Weimar gewesen. Warum hat sich Minchen nicht mit auf den Weg gemacht? Es wäre doch allerliebst gewesen, wenn wir uns mit einemmal da getroffen hätten. Hierher soll sie nun nicht eher kommen, bis es ganz grün und warm ist. — Wir haben in Weimar endlich den Wallenstein ums Leben gebracht[1] — und wollen hoffen, daß er dadurch die Unsterblichkeit erlangt. Die Schönheit und Kraft der einzelnen Theile fällt am meisten auf. Wenn man es nach einem einzigen Sehen beurtheilen dürfte, so würd ich sagen, das Ganze hat sehr an Effect durch die Länge verlohren. Es hätte nur Ein Stück seyn müssen, dann hätten sich die Szenen konzentrirt auf Einen Brennpunkt, die sich jetzt langsam folgen, und dem Zuschauer Zeit zu kühler Besonnenheit lassen. Der letzte Akt thut keine Wirkung — man merkt den Fall des Helden kaum, an dessen Größe 11 Akte hindurch gebauet werden, um eine große Erschütterung durch seinen Sturz hervorzubringen. Und die mannichfache Absicht, die Berechnungen, welche hindurchschimmern! Es ist eben ein Werk der Kunst allein, ohne Instinkt. Ich kann Dir nicht sagen wie dagegen das Ende Shakespearscher Trauerspiele, auch seiner politischen, das Herz erfüllen und bewegen. Schreib mir doch wie V. d. H[e] davon geurtheilt hat. Die Piccolomini ließen weit mehr ahnden, es schien so viel darinn vorbereitet zu seyn, das sich hier unbedeutend löst. Die Iffland schreibt mir, daß diese in Berlin sehr kalt aufgenommen worden sind. Das ist freylich kein Beweis gegen sie. Iffland soll herrlich gespielt haben. — Er geht nach Dessau, Leipzig und Breslau. Weißt Du denn daß zu Dessau der Baron Lichtenstein nebst seiner Gemalin in einer selbstgemachten und selbstcomponirten Oper selbst mitgespielt hat unter den übrigen Schauspielern? Dies hat sich am 2ten Ostertag zugetragen und ist sehr übel vom Adel und sehr gut vom übrigen Publikum aufgenommen worden.

Nur mit Kummer komm ich Dir von dem schreiben, wonach Du mich fragst — von der Fichtischen Sache. Glaube mir, sie ist sehr schlimm für alle Freunde eines ehrlichen und freymüthigen Betragens. Wie Du von der ersten Auflage, die von einem bigotten Fürsten und seinen theils catholischen theils herrnhutischen Rathgebern herrührte, zu denken hast, wirst Du ungefähr einsehn. Wir hosten aber, es

---

[1] 20. April.

sollte sich mit einer unbedeutenden Formularität endigen. Aber da hezt man den Fichte durch allerley Berichte von Weimar, es stehe schlimm u. s. w., daß er an den Geheimerath Voigt schreibt, er werde seinen Abschied nehmen, wenn man ihm einen gerichtlichen Verweis gebe und seine Lehrfreiheit einschränke. — Der Brief war überdem nachdrücklich genug — sah ihn der Herzog, der voll übler Laune gegen Jena ist, so konnte schwerlich etwas andres erfolgen. Aber Fichte hatte Ursache Voigt für seinen Freund zu halten — war es Voigt, so muste er J. den Brief zurückgeben, und ihm sagen — ihr überlaßt mir den Gebrauch desselben, und ich mache den davon ihn zu cassiren, wenn ihr nicht dennoch wollt, daß ich ihn zeige.

Er wurde dem H[erzog] vorgelegt und zu den Alten gelegt. Es erfolgt ein Rescript mit einem Verweis, der so gut wie keiner ist, und dem man um der Nachschrift willen nun recht sanftmüthig einrichten konnte. Diese enthielt denn, daß man Fichtens Dimissionsforderung annehme, da man doch nicht umhin gekonnt habe einen Verweis zu geben — der freylich nicht so war wie ihn Fichte vermeiden wollte um seiner Ehre willen. — Alle Hofdiener, alle die Professoren, die Fichte überglänzt hat — er hatte 400 Zuhörer in dem lezten Winter — schreyen nun über seine Dreistigkeit, seine Unbesonnenheit. Er wird verlassen, gemieden.

Die Studenten haben sich nach Weimar gewendet um ihn zu erhalten, der natürlich nicht geblieben wäre. Die Antwort ist: daß man ihnen Fichtens Privatbrief an den Voigt communicirt und sie gleichsam zu Richtern mache. — Die Sache läuft darauf hinaus, man ergriff freudig den Vorwand ihn los zu werden, aus Furcht vor dem Chur[sächsischen] Hof, und weil Fichtens unerschütterliche Redlichkeit sie oft in Verlegenheit setzt. Der Herzog hat sich viel gegen Jena erlaubt. Du wirst von der Schützischen Comödientollheit gehört haben — es mochte recht gut seyn, daß er die große Entreprise hemmte, aber er ist so weit gegangen durch eine zweyte Polizeiverordnung jede Aufführung in einem Zimmer vor ein paar Freunden zu verbieten. Und an diesen lächerlichen Handel schließt sich der allerdings sehr ernsthafte wegen Fichte, der den öffentlichen Geist hier, Du solltest Dich wundern wie schnell! umgekehrt, und einer klugen Einschränkung unterwürfig gemacht hat. — Lebe recht wohl und küße Deine lieben Kinder.

170.

Fr. Schlegel an Caroline.

[Berlin Ende April? 1799].

Ich bin sehr dankbar, daß Sie mir so weitläuftigen Bericht[1] gegeben haben. Ich weiß wie verdrießlich es ist, was man den ganzen Tag hören muß, noch am Ende schreiben zu müssen. Für mich war es sehr viel werth. — Wie finden Sie es, daß ich darüber etwas schreiben will! — Ich bin auch in einen ganz revoluzionären Zustand gerathen. Alle Plane sind mir zerschellert. Es ist sehr schön von Ihnen, daß Sie uns so oft und so herzlich einladen. Wir dachten auch sehr ernstlich zu kommen, aber nicht auf so kurze Zeit. An Logis würden wir auf den Winter etwa 30 Thlr. verlieren; eben so viel könnte die Fracht kosten, die Reise mit gerechnet. Wenn Ihr also ernstlich darauf denkt, Ostern[2] den Wohnort zu ändern, so wäre es wohl am besten, daß wir uns dann gewiß vereinigten, alles was vorher noch geschehen kann, aber dem Zufall überließen. Ich muß doch erst erwarten, wie man meine Schrift in Weimar aufnimmt, ehe ich so mit Sack und Pack komme.

Der Brief an Voigt ist ein Fehler. Aber wenn Voigt es ehrlich mit F[ichte] meynte, so konnte er ihm den Brief leicht zurückschicken. — Was liegt viel daran, daß er gegen solches Gewürm jetzt nach dem Gang der Förmlichkeiten ein scheinbares Unrecht hat. Es ist doch nichts als daß er zu ehrlich war. — Sind die unvorsichtigen Redensarten bey des Schütz — ganz authentisch zu Ihnen gekommen.

Unglaublich begierig bin ich zu wissen wohin Fichte geht und was er macht. In der Schweiz ist der fatale Krieg, der ihn wohl abhält. — Schelling wird doch wohl seinen Abschied nehmen? —

Nach den Andeutungen ist Goethe weder warm noch kalt, doch eher das lezte. Das möchte ich besonders gern wissen.

Sie haben Sich ja durch diese Revolozion (?) ganz in Forchten jagen lassen, daß Sie meynen Fichte hätte unwürdige Repressalien gebraucht? — Er ist noch sehr milde gewesen. Nicht bloß Atheisten sind die Gegner, sondern positive Diener des Satans, gegen den in Deutschland jeder Schriftsteller ein gebohrner Soldat ist.

Welche Inconsequenz in F.'s Betragen reicht an die Erbärmlichkeit des Weimarschen Doch? — Philosophische] Ueberzeugungen wären kein Gegenstand 2c. — doch wäre die Unvorsichtigkeit zu ver-

---

[1] Ohne Zweifel über die Fichtesche Angelegenheit, von der nachher die Rede ist.
[2] D. h. 1800.

weisen. Ueberhaupt ist es sehr klar, daß man mit herzlicher Freude den ersten den besten Vorwand ergriffen hat.

Woltmann war mit dem Gedanken hergekommen, Preußens Johannes Müller oder Spittler zu werden. Er hat den ganzen Winter intriguirt, um sich als Historiograph oder wer weiß sonst zu poußiren. Da ist also so ein Titel[1] nicht mehr als eine Form des Abschlagens. — Zuletzt hat er sich an den König gewandt, er wünsche unter seinem Schutz in Frankreich und Spanien zu reisen. Darauf ist denn das erfolgt, versteht sich ohne etwas Materielles. U[nger] ist eigentlich närrisch für und durch ihn. Das ist das Werk der alten Jurie. — —

Sind Sie mit meinem Gutachten über die Hirtschen *c. Händel[2] zufrieden? Die Stelle gegen Jenisch[3] ist sehr schön, aber die auf Hirt nicht minder.

Eigentlich wäre es nun der Moment mit der L. Z. recht entschieden zu brechen und Hard[enbergs] Fragm[ent] zu gebrauchen.

Daß Goethe keinen Allm[anach] giebt, ist ein Grund mehr für uns gleich anzufangen mit dieser Sache.

171.
Fr. Schlegel an Caroline und A. W. Schlegel.

[Berlin, Mai 1799].

Doroth[ea] geht schon wieder in der Stube umher und macht mir den Kopf warm, weil sie das Zimmer rein machen will. Mit meinen Augen geht es so leidlich.

Ihr Steffens ist bey uns gewesen[4] und gefällt mir sehr wohl. Er läßt Euch alle grüßen. Heute Abend soll er mit Tieck Thee hier trinken.

— Zu der Einlage bemerke ich nur noch, daß der erste Band der Luc[inde] fertig ist. Nun bin ich dabey mich Athenäisch und Fichtisch zu constituiren. — — Das nächste was ich dann noch fertig mache, ist etwa eine moralische Rede, die sich gewissermaßen an die Constitution der Popularität in dem Brief über die Philosophie anschließen wird. Die erste ganz allgemein, bloß ein Aufgebot an alle gebildeten Menschen in Masse über ihre Menschheit und

---

[1] Er war Hofrath geworden.
[2] Athenaeum II, S. 321.
[3] Ebend. S. 332.
[4] Kam im Mai 1799 nach Berlin; Was ich erlebte IV, S. 182.

Bildung menschlich und gebildet reden zu hören. — Nächstdem werde ich von der Familie, von der Religion, vom Umgang ꝛc. ꝛc. handeln.

Eine ganz kleine Portion Gedanken¹ — denn so möchte ich sie einmal lieber nennen als Fragmente — aber exquisite, bedürfen nur der Abschrift.

Kürzlich habe ich in einer hiesigen Gesellschaft eine Vorlesung gehalten über den verschiedenen Styl in Goethes frühern und spätern Werken². — Ich dictirte das während meine Augen schwach waren. Ich habe daran wenigstens einen Leitfaden, und wenn ich alle einzelnen guten Gedanken, die ich etwa in meinem Heft über Goethe niedergeschrieben, ausziehe und daran feile, wird es wohl so werden wie es soll um das Ueber M[eister] auf eine indirecte Art fortzusetzen, wie ich für besser halte als auf directe.

Was den Herder³ betrifft, so wünschte ich nur provisorisch Nachricht von Euch, wie es sey, ob. Ich dachte er fiele Euch wohl eher in die Hände. Ich möchte nicht gern lauschen, wenn ich nicht vorher weiß, daß es sich der Mühe verlohnt.

Was den Wieland betrifft, so bin ich halb Ihrer Meynung. Der Einfall an sich ist köstlich, scheint mir auch nicht zu bitter. Aber alle die andern sind doch gar zu arme Sünder; auch trifft sichs wunderlich, daß sie uns alle angegriffen haben; er allein nicht. Das würden die Leute sehr schrecklich finden. Etwas anderes wäre es mit einer systematischen Vernichtung seiner sämmtlichen Poesie oder Unpoesie. Diese ist so sehr an der Zeit wie möglich — und da sollte das Alter und das Leben gar keine Rücksicht seyn. Im Gegentheil läßt W[ilhelm] ihn sterben, so sagen die Menschen, bey Lebzeiten habe man nicht das Herz gehabt, und was dessen mehr ist. Also in Masse, in Masse! Aber bis dahin auch lieber diesen Einfall verspart, der mehr gegen das große kritische Geschäft im voraus einnehmen als ankündigen würde. — Als Frag[ment] ging es weit eher, wo auch wohl über bessere als Wieland ein salziges Wort gesagt wird. Aber da ginge die Form der Ankündigung verloren, die es so pikant macht⁴.

---

¹ Wohl die „Ideen", Athenaeum III, S. 4 ff.
² Athenaeum III, S. 170 ff.
³ Wohl: Verstand und Erfahrung, eine Metakritik. 1799.
⁴ S. Athenaeum II, S. 340, wo doch wohl dieser „Einfall" gedruckt ist.

Von Henriette haben wir seit Dresd[en] nichts wieder gehört. — Von Erhard[1] hatten wir vor kurzem einen sehr liebenswürdigen Brief. Dieser Wilde hat unglaublich viel Delicatesse. Sind die Stücke für den nächsten Theil des Shakespeare schon gewählt? —

Steffens sagt mir, das philosophische Journal[2] werde wohl eingehn. Wärest Du nicht dafür, daß wir Schelling zu einiger Theilnahme am Athen[äum] einlüden; wenn es auch nur Uebersicht der Physik wäre. Denn seine kritischen Uebersichten möchten freylich nicht recht hineinpassen. An sich wohl, aber sie sind doch nicht populär und zu nachlässig. Aber vielleicht einmal ein philosophischer Aufsatz über einen bestimmten Gegenstand.

172.

Fr. Schlegel, Dorothea Veit und Schleiermacher an Caroline.

[Berlin Sommer 1799].

Liebe Karoline, ich hoffe und verlange Briefe von Ihnen, ob es auch noch dabey bleibt, daß Sie mit Augusten früher kommen. Schön ist es so, und schön soll es werden.

Uns geht's gut, mitunter auch wohl schlecht, wie ich denn diese Woche einige Tage durch schlechtes Befinden verloren habe. Fichte ist unser Kostgänger, und wir leben sehr gut, froh und lehrreich zusammen. Auch des Abends bin ich wenigstens meistens mit ihm, wo denn freylich oft eine Stunde Zeit mehr aufgeht.

Der Entschluß, den Winter nach Jena zu reisen, bleibt fest. Dor[othea] hat schon ihre Meubles auf den Winter zu 6 Thl. monathlich vermiethet. Das bringt uns doch etwas aus dem Schaden.

Uebrigens bin ich stark über dem Shakespeare, und ich denke er soll gut werden.

Desgleichen leide ich an Mährchen, d. h. ich bin guter Hoffnung mit solchen, wobey man allerley Beschwerden leidet. — Ich brauche zwey ordentliche zur zweyten Lucinde; das eine soll die Liebe bedeuten und das andre die Poesie.

---

[1] d'Alton.
[2] Von Fichte und Niethammer.

Grüßen Sie Tieck viel, wenn er jetzt, wie der Himmel wolle, bey Ihnen ist¹. Wir vermissen ihn sehr, im Winter würden wir es immer mehr.

Aber was macht vor Hardenberg? Wie ist sein Schweigen möglich und wirklich? — Ich begreife es nicht.

Der Hülsen ist ein seltsamer Mensch, den ich aber doch sehr lieben muß. — Er hat großes Aergerniß an der Lucinde genommen, und räth mir, sie unvollendet zu lassen.

Ich meinerseits, liebe den Hülsen nicht so sehr, obgleich er ein seltsamer Mensch ist. Man vergiebt es ja gern, wenn jemand ein Aergerniß an der Lucinde nimmt, wie kann man aber nichts, als Aergerniß dran nehmen? und die allerliebste Forderung, lieber den zweyten Theil gar nicht zu geben — und was sonst noch allerliebstes in dem allerliebsten Briefe steht. Ich möchte ihn persönlich kennen, um zu wissen, ob ich ihn recht aus diesen Briefen beurtheile; nemlich ich glaube er hat recht viel verhaltnen, innerlichen Ingrimm, und affektirte Simplicität! Sie kennen ihn, Liebe, sagen Sie mir ob ich nicht ein bischen Recht habe? War Tieck fröhlich und guter Dinge in Jena, so zweifle ich keinen Augenblick daran, daß er Ihnen nicht recht gut gefallen. Der Himmel behüte ihn nur für üble Laune, und die wird ihm gar leicht, mit irgend einem Winde angeweht. Wir sind recht begierig zu wissen, ob er sich entschloßen hatt, den Winter in Jena zu leben? Herrlich wär's, nur die Frau! die Frau!

Es geht sehr gut mit Fichten hier, man läßt ihn in Frieden. Nicolai hat sich verlauten laßen: man würde sich nicht im geringsten um ihn bekümmern, nur müßte er nicht öffentlich lesen wollen, das würde dann nicht gut aufgenommen werden. — Ich werde ganz excellent mit Fichten fertig, und überhaupt ich nehme mich so gut in diesem Philosophen-Convent, als wäre ich nie etwas schlechters gewohnt gewesen. Nur habe ich noch eine gewiße Angst vor Fichte, doch das liegt nicht an ihm, sondern mehr an meinen Verhältnißen mit der Welt und mit Friedrich — ich fürchte — doch ich irre mich vielleicht auch. Schreiben kann ich kein Wort mehr, Liebe, meine Philosophen laufen unaufhörlich die Stube auf und ab

---

¹ Vgl. Köpke, Tieck I, S. 248.

daß mir schwindelt. Zudem ist Friedrich auch unzufrieden †, daß ich ihm mitten in seinem Briefe geschrieben, da er sich vorgenommen hatte, eine Unzahl von geistreichen Dingen zu schreiben. Diese Sünde will ich nicht auf mich nehmen, ich lasse ihm also noch Raum genug, wenigstens eine Probe davon zu geben; er muß es auch noch thun, denn das, was er schrieb, ist so greulich trocken. — Leben Sie wohl, liebe Freundin, ich empfehle mich unserm Schlegel.
                                                              Dorothea.

† Das ist eine höchst entsetzliche Lüge. Durch einen Fußfall habe ich sie dahin gebracht, mir zu helfen, da ich gar nichts mehr zu schreiben wußte: denn so dumm bin ich jetzt wirklich. [von Friedrich].

Friedrich glaubte, es wäre noch Plaz und es sollte noch mehr Nichts herein, ich möchte mich nur hinsezen und auch welches machen. Wie ich sehe ist es aber nicht der Fall und ich attestire nur hiemit seinen guten Willen.   Schleierm.

178.
Fr. Schlegel an Caroline.

[Berlin, Juli 1799].

Wohl möchte ich wie die beyden schlanken Jünglinge bey Euch seyn, sehn wie die sind und wie sie Euch gefallen. Dem erstgebohrnen machen Sie viele Vorwürfe, daß er nichts von sich hören läßt. — Und erzählen Sie mir viel von ihm.

Ich schicke hier noch einen Beweis der menschlichen Beschränktheit! — Den litterarischen Reichsanzeiger² wollte man zuerst nicht die Censur passiren lassen; doch haben wirs durchgefochten.

Fichte sagt nichts dagegen, daß wir reisen, aber lieb ist es ihm nicht. Er wird durch Schelling Sie fragen lassen, ob es denn nicht möglich sey, daß Ihr den Winter hier lebt. Dieser Anfrage kann und will ich nichts entgegensetzen³. So viel ich aber weiß und denke ist's nicht möglich, obgleich ich eigentlich nicht recht weiß warum.

---
¹ Stelle Nr. 138 setzt den Brief wohl zu früh, in den Juni, vor Nr. 172.
² Athenaeum II.
³ Vgl. Fichte an Schelling 20. Juli und Schellings Antworten 29. Juli und 9. August, Briefwechsel S. 3 ff. Ich führe hier den Brief von Fichte an

Wenn Sie nicht kämen, das wäre sehr traurig, und auch wegen der Reise. Dor[othea] freute sich, Sie so bald zu sehn, und dann — mit Ihnen zu reisen.

Sie sollten Sich nicht durch solche Kleinigkeiten bestimmen lassen. Darüber möchte man fast böse werden. Das ist gut und löblich von dem Tieck, daß er Euch die Augen über einen sichern Jffland gleichsam zu öffnen strebt. — —

Schelling grüßen Sie herzlich und überlegen Sie das Reisen oder Nichtreisen mit ihm, damit er seinerseits auch offen sey. Wir gehören doch alle zu der einen Familie der herrlichen Verbannten.

Verzeihen Sie, daß Dor[othea] Ihnen heute nicht schreibt. Der älteste Sohn ist krank, und ich sehr zerstreut.

Daß Sie in Schlei[ermacher]s Buch herumlesen, freut mich. Fahren Sie nur so fort.

Auguste schreibt nicht, Auguste grüßt mich nicht, Auguste ist hoffnungswürdig.

Molitia oder das Indische Mährchen ist noch am Aufblühen.

Viele Grüße an Tieck von mir und von seiner Schwester. Er soll, wenn ers noch nicht gethan, bestimmt schreiben, ob er in Jena seyn werde zum Winter.

Was mich tröstet über Fichte, ist, daß, wenn er den Winter hier bleibt, er dann sicher mehr als ein Jahr hier seyn wird.

Schreiben Sie bald wieder und verzeihen Sie die flache Unbedeutentheit meiner Sendschreiben. Von Henriette haben wir lange nichts gehört. Friedr.

---

f. Frau, Berlin 2. Aug. 1799 (F. Leben I, S. 315, 2. Aufl.) an, wo er schreibt:

„Ich möchte sonach, daß er [Fr. Schlegel] hier bliebe. Dies kann er aber aus mir einleuchtenden Gründen nur, wenn Wilhelm Schlegel mit seiner Familie nach Berlin kommt, und ich arbeite mit daran, es dahin zu bringen. Reussirt dieses, so machen wir, d. h. die beiden Schlegel, Schelling (der dann auch hierher zu bringen sein möchte) und wir eine Familie, miethen ein großes Logis, halten eine Köchin u. s. w. So, denke ich, soll es sich recht gut leben lassen. Thue das Deinige bei der Schlegel, an welche ich mit dieser Post zugleich schreibe, es dahin zu bringen".

Nach Brief vom 17. Aug. hat Fichte den Plan aufgegeben nach Clauenburgen der Frau (S. 316). Nach Schellings Brief vom 9. Sept. (S. ⁂) war A. W. Schlegel, nicht Caroline, dagegen.

Ein Brief von Steffens an diese vom 26. Juli ist gedruckt Aus Schellings Leben I, S. 267.

174.

An Luise Gotter.

[Jena Sommer 1799].

Recht viel Freude hat es mir gemacht Deine Schwester und Deinen Bruder zu sehn, der eben von mir geht. Ach wenn Du hättest mitkommen können! — — Ich selber muß diesen Abend in eine Gesellschaft, die dem Hrn. von Dohm zu Ehren gegeben wird. Ich wollte nicht hin, aber er besuchte uns den Morgen und so wär es unartig. Er sagte uns einiges merkwürdige von den lezten Rastadter Greueln, und wie sehr die Nacht die fürchterlichste seines Lebens gewesen war. Du wirst den gesandschaftlichen Bericht, den er aufgesetzt hat, wohl gelesen haben. — Dein Bruder hat es uns abgeschlagen diesen Abend mit in der Gesellschaft zu seyn, da er morgen sehr früh reißt. — —

Meine Haushaltung hat sich sehr vergrößert, denn denk nur, Paulussens essen bey mir nebst dem Prof. Schelling. Die Pauline kann jetzt keine Köchin kriegen, nur weil ich Schelling angenommen hatte, so kamen sie darauf, und alle Mittag erscheinen die Gäste, was sich denn recht artig macht. Aber mir kostets Kopfbrechen in diesen theuern und hungrigen Zeiten. Doch hab ich eine sehr gute Köchin. — —

Möge unsrer Cécile das Bad recht wohl bekommen dieß Jahr! Sonst ist der Sommer schlecht genug.

Leb wohl Beste, und grüße alles um Dich her. Sprich Minchen nicht davon zu uns zu kommen?

Deine Caroline.

175.

An Auguste[1].

[Jena] Montag [21. Sept. 1799].

Wüste ich nur wie es Dir ginge, mein Schäfchen, noch ist der Fuhrmann nicht zurück. Wenn Ihr nur früh genug in Dieskau angekommen! Und wie wirst Du Dich heute Mittag bey dem Gänzlerischen

---

[1] Zu Dessau bei Tischbeins; s. Nr. 177. Joh. Fr. Aug. Tischbein war ein Vetter des bekannteren J. H. Tischbein, der damals in Italien lebte. Vgl. Thunker, Aus Goethes Freundeskreise S. 257.

Tische angestellt haben? Wenn Du dies erhältst bist Du schon in Deſſau, ſchreib nur bald. Geſtern früh war ſchrecklich, es regnete den ganzen Morgen. Ich wuſte keinen andern Troſt als mir eine ganze Menge Blumen zu kaufen und um mich her zu ſetzen — das waren meine Kinder, ſie rochen mich lieblich an, aber ſingen konnten ſie nicht. Der Mittag ging noch toll genug hin, wir tranken aus Desperazion viel Wein, ſie blieben lange, und darauf ſezte ich mich zum Schreiben an die Mumu in Hannover. Abends Thee mit den beyden Brüdern. Heut iſt Friedrichs Stube gänzlich eingerichtet, ſo daß er ſich ſchon breit darin niedergeſetzt hat. Auch Wilhelms Stube und Kammer ſind gereinigt, und ich ſchlafe dieſe Nacht wieder oben. Vorige Nacht brachte ich in eurem Neſte zu und las im Bett les noeux temeraires von Mad. Geulis, die ſehr tugendhaft und geiſtreich zu ſeyn ſtreben. Aubey muß ich Dir melden, daß ich ſehr naß heut auf einem Spaziergang geworden bin, wogegen weder Geiſt noch Tugend helfen.

Der ruſſiſche Kaiſer komt nach Wien. Goethe iſt heute hier angekommen. Er hat expreß gewartet, der alte Herr, bis ihr weg waret, glaub ich. — —

Mein liebes Mädchen, es gehe Dir recht wohl, wie ich auch nicht zweifle, aber es doch jede Minute wiſſen möchte. Ich umarme alle die dortigen Deinigen. — — Es grüßet Dich Paul und Peter. Adieu liebe liebe Seele. Noch ſein Gries [1].

176.
An Auguſte.

[Jena] d. 30. Sept. [17]98.

Du Herzensmädchen, was hat mich Dein Brief gefreut, und die arme böſe Mutter kann nun erſt heut antworten! Du glaubſt nicht wie geſchäftig ich in der letzten Woche geweſen bin, und traul dazu, denn endlich muß nun mein Laufen und Rennen, das ich ſo gern that, doch zu Haus und zu Hof kommen. Loderchen hat mir was verſchreiben müſſen. Nun iſt das ganze Haus gereinigt und neu aufgeputzt — — Friedrich wohnt Dir wie der beſte appanagirte Prinz. Dieſen Abend ſupiren wir 3 bey Schelling, um ihm ſein neues Neſt einzuweihen. Er freut ſich, daß Du ihn zum Bachus

[1] S. Aus dem Leben von Gries S. 37.

gemacht haſt, indem Du ihn den Geber des Weins nennſt, bald wird er auch der Geber der Freude heißen können, denn er iſt ſanft und liebreich, und ſcherzhaft, und läßt Dir ſagen, Du möchteſt ihm bey Deiner Wiederkunft nicht wie eine ſpröde Halbmamſell begegnen. Wilhelm macht alle Morgen ein Gedicht. Friedrich thut alle Tage nichts — als die P[oſt] erwarten, die nicht über Deſſau kommt. Wir wollten ſie vorgeſtern von Leipzig abholen Friedr. und ich, als wieder andre Ordre kam, doch kommt ſie ſicher nächſte Woche. Vorgeſtern fand ſich mit einmal Hardenberg ein, blieb aber nur bis geſtern nach Tiſch, was gut war, denn ich mochte ihn diesmal gar nicht leiden, er hat recht abgeſchmacktes Zeug mit mir geſprochen, und iſt ſo geſinnt, daß er, darauf woll ich wetten, die Tiek mir vorzieht. Denk nur Kind! wir wiſſen noch nicht, wann dieſe kommen, wahrſcheinlich bald. — Ungemeſſen lange Spaziergänge haben wir gemacht, von 2 bis 7 iſt das gewöhnliche Un-Maaß. Wilhelm will nicht mehr mit ausgehn, er ließ ſich die Beine ab; da er nun die vorige ganze Woche jeden Morgen von 10 bis 1 Uhr mit Goethe hat auf- und abſpazieren müſſen, ſo iſt es wohl billig, daß er den Nachmittag ausruht, der Länge lang nach. Goethe hat ſeine Gedichte, nehmlich Goethens Gedichte, von denen ein neuer Band herauskommt, mit ihm durchgeſehen, und iſt erſtaunlich hold. Grieſette war vor 8 Tagen unglücklich, denn Schiller ließ ihn auf den Abend bitten, wo Goethe und Schelling da waren, und er war ſchon mit uns bei Frommanns, wo es auch wirklich etwas ſtupide zuging. Geſtern iſt er nun glücklich worden, denn da wurd er wieder gebeten und ging auch effectivement hin. — —

Schelling läßt der T[iſchbein] ſagen, das wär wenig, daß Goethe ſie eine angenehme Gegenwart genannt. Ihm wäre ſie auch eine äußerſt angenehme Erinnerung. Adieu, ich drücke Dich braun und blau an mein Herz.

177.

An Luiſe Gotter.

Jena d. 5. Oct. 1799.

Meine liebe beſte und immer gleichgeliebte Freundin — das biſt Du, und wenn ich Jahre lang ſchweigen müſſte. Gemußt hab ich nehmlich, das kan Dir die Seidler ſagen, ſie weiß wie es bey mir zugegangen iſt. Ich habe tauſend Freuden davon gehabt, aber freylich ſeit einem vollen Vierteljahr keinen Augenblick Ruhe. Es hat mich auch wirklich angegriffen, und ſo wie die Freunde weggegangen sind, hat die Medicin herhalten müssen, und es wird mir alles sehr sauer. Wie ich Deine Hand sah, legt ich den Brief ganz still hin und war betrübt, denn ich hatte Dir schreiben wollen, gewollt mit aller Macht und doch nicht gekonnt. Ja seit dem Empfang sind 8 Tage wieder hingegangen, wo das ganze Haus von oben bis unten umgekehrt wurde, eine große Wäsche gehalten, Vorhänge aufgesteckt bis zum lahm werden. Auch Augustens Hülfe fehlt mir jetzt, wie Du wissen wirst, sie ist in Dessau bey den guten Tischbeins, ihr Herz ist freylich doch bey der Mutter zurückgeblieben. Die Tischbeins theilen die Sehnsucht nach Jena mit ihr, wo es auch während ihrer Anwesenheit allerlebst war. Welche gesellige frölicke musikalische Tage haben wir verlebt! Ich hatte die Freude, meiner Mutter den Aufenthalt recht angenehm zu machen.

Zuerst kamen Tiek aus Berlin (ein sehr liebenswürdiger junger Mann) und Hardenberg, die waren 14 Tage bey uns, und dann fanden sich die Braunschweiger ein, Mutter, Schwester, Schwager, ein Kind und Mädchen. Luise hat einen Engel von Kinde, eine so liebliche impertinente Neugier muß noch nie auf einem Gesicht gewohnt haben. Sie selbst ist nicht so blühend und gesund wie sonst, die beyden Kinder haben ihr viel genommen, besonders der Schmerz um das eine, der sie um das andre über alles Maaß hinaus ängstlich macht. Acht Tage nachher fand sich die Tischbein mit einem Knaben von ein paar Jahren und ebensals einem Mädchen ein. Ihre beyden Töchter waren in Weimar bey Bertuchs und kamen nur dann und wann herüber, bis nach der Braunschweiger Abreise, wo auch diese ganz bey mir wohnten. Ich hatte es so einzurichten gesucht, daß alles ordentlich zuging. Freylich die drey Mädchen Caroline Betty und Auguste haben argen Lärm verführt, und ihre Stube war schlecht aufgeräumt, aber auch welche Wonne den frölichen Geschöpfen zuzusehn. Betty ist ein Kleinod, sie muß jedermann entzücken; nicht das herrliche musikalische Talent, und die durchaus originelle Wendung ihres ganzen Wesens sind es allein, es ist eine solche Güte und Unbefangenheit in ihr, daß man die Mutter um sie beneiden muß. Carolinens Stimme hat sich mit großer Gewalt entwickelt, wir haben ein paar Concerte gehabt, die herrlich waren, wo sie und Betty Arien und Auguste mit ihnen Duetts und Trios, und die Mutter mit den beyden Töchtern Chöre sangen. Wie sehr hätte ich gewünscht, daß alle hieran Theil nehmen möchten die ich liebte, daß ich euch nur auf kurze Zeit herüber hätte zaubern können. Du must mir selbst die Begeisterung wohl anmerken.

Drey Wochen sinds nun, daß uns auch diese verlassen. Damals hatte ich jeden Mittag ein 15—18 Personen zu speisen. Meine Köchin ist gut, ich aufmerksam, und so ging alles aufs beste. Mein Schwager war auch unvermuthet von Berlin angekommen zu unsrer großen Freude[1]. Auguste ging aus Freundschaft und Musikliebhaberey mit nach Dessau. Nun hat es sich so gemacht, daß demohngeachtet keine Leere eintrat und der Besuche kein Ende wurden. So erwart ich übermorgen eine Schwägerin aus Göttingen, die Hoppenstedts. Du wirst in Gotha von ihnen hören. Wenn ich nicht irre ist eine Tochter der Gledenbring[l] dabey. Unten in die Stube zieht eine Frau aus Berlin, eine Tochter von Mendelsohn, eine sehr wackre Frau, die ich täglich erwarte, und die auch bey uns essen wird. Auch Tiek aus Berlin zieht mit seiner Frau auf den Winter nach Jena und sie wollen bey uns den Tisch haben. Ein Theil meiner bisherigen Gesellschaft hat sich heut unter gegenseitigen Wehklagen von uns getrennt, Paulus nehmlich.

Da hast Du einen trocknen Abriß meines geschäftigen Lebens. Und nun laß uns noch von andern Geschäften sprechen. Ißland hat jetzt eben nichts von sich hören lassen, allein ich mahne ihn sogleich dringend um sein Versprechen gegen Dich. Er kann es aus der Acht lassen, aber gewiß nicht brechen. Den 10ten Ott. wird Schlegels Hamlet in Berlin aufgeführt. Wir sollten hin, aber dies wurde mir doch auf alle Weise zu viel.

Jetzt hab ich Dir noch etwas vorzutragen das Augusten betrifft. Ich kann mich nicht überwinden sie hier confirmiren, nehmlich ihr hier den dazu nöthigen Unterricht geben zu lassen. Die Prediger sind so beschaffen, daß ein Kind von Augustens Nachdenken sich nothwendig oft beleidigt finden müßte, und auch diese kurze Qual möcht ich ihr ersparen. Es war also meine Idee sie Dir und Löfflern für die Zeit anzuvertrauen. Nun wünscht ich, daß Du mit Löfflern sprächst. Ich weiß nicht wie Eure Einrichtungen beschaffen sind, und

---

[1] Fr. Schlegel schreibt an Schleiermacher, Jena, 20. Sept. 1799:

„Karoline ist erst jetzt dazu gekommen Deine Reden zu lesen, da das Haus bis jetzt nicht leer von Menschen war und sie die Wirthin sehr redlich macht. Sie hat sie aber auch mit sehr großem Interesse in einem Strich zu Ende gelesen, und findet, daß es ein gewaltiges Buch ist. Die Religion und das Universum läßt sie sich gar sehr gefall.n, auch wohl die Vermittelung: aber von der Mittheilung der Religion will sie nichts wissen, und von da an nimmt sie eine retrograde Stellung an". (Aus Schl.s Leben III, S. 121).

ob er es wohl überhaupt thut. Das glaub ich mich zu erinnern, wenn sie bey Dir wohnt, müste sie vom Oberhofprediger confirmirt werden; denke aber, dieß ließe sich so vermitteln, daß man ausgäbe als wäre sie bey Deinen Eltern. Vielleicht ist dies auch bey Fremden nicht nöthig zu beobachten. Schreibe mir nur, ob mein Plan ausführbar ist. Ich will nichts als den einfachsten Unterricht, der mit 6 Wochen vollkommen vollendet werden könnte, und würde mich, wenn Hr. Löffler sonst nur geneigt ist in meine Wünsche einzugehn, schon mit ihm hierüber verständigen. Gieb mir doch hierauf je eher je lieber Bescheid. Was macht Löffler? Siehst Du ihn zuweilen?

Die Seidler hat mir immer alles was sie erfuhr von Gotha erzählen müssen. Nach unsrer guten Cécile habe ich oft gefragt, und ohngefähr gehört, was Du mir schreibst. Daß ich sie bald einmal recht gesund und frisch umarmen könte! Wenn das mit Auguste ausgeführt wird, seh ich euch im Frühjahr. Grüße mein liebes Minchen. Ihr Verlangen hat sie nicht nach Jena gezogen, sie ist wie gebannt in den Kreis der gothaischen Freunde. Wie hübsch, wenn sie in dieser lezten Zeit mit uns hätte leben und weben und das Land durchziehn können — denn wir haben keine Burg 3 Meilen in die Runde unbesucht gelassen. — —

Ich bitte Dich, Beste, geh eigends zu Mad. Schläger und erzähl ihr ein wenig von mir — ich kann diesmal nicht mehr schreiben. Ist sie leidlich wohl? Sag ihr, es gehe uns ganz ausgelassen gut. Wir lebten in schöner Gesellschaft, und das Frühjahr bringe gewiß wieder Reisen herbey. — —

Empfiehl mich Deinen Hausgenossen. Die Kinder drüde ich so wie Dich mit alter Liebe an mein Herz. Vergieb mein Schweigen und liebe
Deine Caroline.

178.

An Auguste.

[Jena] Sontag Abend [6. Oct. 1799].

In der Nacht setz ich mich noch hin, damit Du liebes Seelchen morgen gewiß ein Briefchen bekömst, da Du so sehr jammerst. Du mußt bedenken, daß ich wirklich oft nicht schreiben kan, weil ich doch auch alle Deine kleinen Geschäfte neben meinen großen versehe. Nur das neueste. Diesen Mittag kam die Veit an, nachdem Friderichs Ungeduld aufs höchste gestiegen war. Also nun ist sie da — da ist sie — merke Dirs wohl. Sie hat ein nazionales, c'est à dire jüdisches Ansehn, Haltung und so weiter. Hübsch kommt sie mir nicht vor, die Augen sind groß und brennend, der Untertheil des Gesichts aber zu abgespannt, zu stark. Größer wie ich ist sie nicht, ein wenig breiter. Die Stimme ist das sanfteste und weiblichste an ihr. Daß ich sie lieb gewinnen werde, daran zweifle ich keineswegs. Vor dem Jungen fürchte Dich nicht länger, c'est un joli petit espiègle, er wird Dir tausend Spaß machen, ich bin schon sehr gut Freund mit ihm. Er ist ganz klein und geschmeidig wie ein Page, wir wollen ihm Deine Livree anziehn.

Aber nun denk wer Morgen kommt. Vorgestern melden sich Hoppenstedts aus Göttingen, also niemand geringers als Deine Tante Philippine an. Sie machen mit dem ältern Hoppenstedt, der die Mlle Glockenbringk zur Frau hat, eine Reise über Cassel, Eisenach u. s. w. hieher. Durch Loders hat sie schon erfahren, daß Du nicht da bist, und ist sehr betreten drüber, sie möchte Dich gern sehn, weil sie viel Gutes von Dir gehört — nun ists recht gut, daß sie Dich nicht sieht, so kann sie nun um desto mehr von Dir glauben. Sie bleiben nur einen Tag, was mir auch, weil das Wetter schlecht und niemand hier ist, recht lieb seyn soll. Ich schreibe Dir dann noch mehr davon.

Toll möcht ich werden, daß die Tischbein hier nicht noch gewartet hat, T. hätte gewiß eine Einrichtung auf den Winter hier zugegeben. Ich will ihr die Sache nochmals vorstellen, der Winter ist doch noch lang. Unterstütz ihr Mädchen was ich ihr schreibe. Dir aber, Du Liebe, laß ein Wort sagen in Vernunft und Vertrauen. Du bist nun dort, Du hast das erste der Trennung überstanden. Beschst Du aus durchaus darauf innerhalb 14 Tagen mit Hufelands zurückzukommen? Die erste Zeit ist Dir für die Musik doch verloren gegangen, kaum hast Du damit angefangen, Du bekömst nie diese Gelegenheit wieder und willst sie ohne weiters aufgeben? Könntest Du Dich nicht entschließen bis gegen Weinachten zu bleiben? Um Weinachten sollst Du gewiß hier seyn, darauf geb ich Dir mein mütterliches Ehrenwort. Auch will ich Dir jeden Posttag schreiben. Nur — bleibst Du so kurz, so ist es wieder nichts Rechts, so ist es so gut, als hättest Du blos eine Fahrt dahin gemacht, um Dich über die Dessauer aufzuhalten. Süße Seele bedenke es wohl. Du weißt, daß wir auf Ostern Jena verlassen, und vielleicht — —

(Schluß fehlt).

179.
Fr. Schlegel an Auguste.

[Jena 7. Oct. 1799].

— — Die Veit ist seit gestern hier. — — Schreib Deiner Mutter nicht so witzige Briefe, Auguste, sie wird immer lustiger, so lustig, daß es beynah nicht mehr zum Aushalten ist. — —

180.
An Auguste.

[Jena] Montag d. 14. Oct. [1799].

Gestern, mein liebes Hühnchen, ist Deine liebe Tante endlich dagewesen, ich hatte sie 8 Tage zu früh erwartet. Sie hat sich wirklich ganz ausgelassen gefreut mich zu sehn und betrübt Dich nicht zu finden. Erst gegen Mittag kamen sie. Der Superintendent Hoppenstedt, nebst seiner Frau, einer gebohrnen Glockenbringl, nicht viel älter und größer wie Du, ein artiges Weiblein, und der Doktor H. aus Göttingen mit Philippine, die furchtbar häßlich ist, so daß Sophie gut neben ihr aussah. — — Ihr Mann hat mir besser gefallen wie der Superintendent. Ich hoffe es hat ihnen gut bey uns gefallen. Ich hatte Lodern und Paulussens gebeten, nebst Sophie, und so machten wir einen ziemlich großen und lebendigen Tisch. Die Veit hatte sich sehr schön gemacht, wie sie denn uns allen, auch den gleichgültigen Personnagen, immer besser gefällt. Ich war im neuen Kleide auch verwegen hübsch. Nach Tisch gingen wir spazieren, dann Thee, dann wieder Souper und Punsch, wo Friedrich und ich uns betranken. Heut Nacht sind sie fort nach Leipzig. Sie waren wirklich recht vergnügt, und ich soll Dich vielmals grüßen. Auch die kleine Frau hätte Dich gern gesehn, gewiß um noch ein bischen mit Dir zu spielen. — — Die Tage war das Wetter ziemlich; heut regnets aber fürchterlich. Schlegel reist die folgende Nacht mit Lober nach Leipzig und nimt dieß mit, damit es früher komt. Er will Unger in Leipzig sprechen.

Von Hufelands weiß ich nun noch weiter nichts neueres. Jetzt müssen sie in Berlin seyn und sehn den Hamlet, wozu ich alle Lust verloren habe. Auch von Tieks noch nichts. Wir treiben sehr stark das Italienische, jeden Abend 7 Uhr giebt uns der heilige in Gott aufrichtige Vater Friz eine Stunde, Schelling und mir¹. Die Veit ist dabey. Die wird Friz oder Wilhelm eine Zeitlang besonderes Stunden geben müssen. Wir sind schon zu weit. Was Du lezt gegen Sch[elling] sagtest, war gar nit hübsch. Wenn Du Dich gegen ihn so sträubst, so werd ich glauben, daß Du auf Dein Mütterchen eifersüchtig bist. Er ließ Dir das mit der spröten Mamsell natürlich nicht sagen, das war ich, und was ist denn unverständlich darinn? Hast Du nicht zuweilen herbe Manieren wie ein saurer Apfel? Einen Beweis von Schellings Liebenswürdigkeit muß ich Dir erzählen, er hat mir heimlich schwarze Federn auf meinen Hut kommen lassen, der mir recht wohl steht. Nun denk! Ich war ganz verblüfft. — —

Ich schicke Dir einen Brief von der Gottern, aus dem Du ersehn kanst, wie es mit dem Confirmazionswerke steht. Will Löfler nicht selbst den Unterricht geben, so weiß ich im Grunde nicht warum Du dorthin solltest. Schreib doch Cecilien einmal. — — Leb wohl, liebe Liebe. Alle grüßen Dich und alle. Hört die T[ischbein] wohl ein bischen auf meinen Vorschlag? Wir würden uns sehr freun. Welch einen Weihnachtsabend gäbe das!

Die Lady Augusta Murray ist wirklich in Berlin. Die Veit hat sie oft gesehn und kennt auch die Nuys² persönlich. Haben wir uns schon für Carolinens Conterfey der Nuys bedankt? Es sieht ihr wirklich gleich. Wilhelm hat es auch gleich zu sich genommen. — —

181.
An Auguste.
[Jena] Donnerstag d. 17. Oct. [1799].

Meine liebe Auguste, ich habe gestern Dein Briefel bekommen, woraus ich seh, daß Du eine wüthige impertinente kleine Creatur bist, und auch den Schnupfen hast. — — Eigentlich hab ich Dir

---

¹ Vgl. den Brief Fr. Schlegels an Schleiermacher, A. Schl. Leben III, S. 116, vom 6. Jan. 1800: „Ich lese mit ihm [Schelling] und Karolinen den Dante, wir sind schon über die Hälfte, und wenn er einmal Sinn für etwas hat, so ist es unbändig viel. Gesehen habe ich noch nichts als dreizehn Stanzen, die er zum Weihnachten an Karolinen, mit der er sehr gut zusammenstimmt, als Ankündigung seines Deals gemacht hat".

² In dem Brief Nr. 176 heißt es von ihr: „Die Nuys ist eine in der Gegend von Hamburg und Bremen, wo sie wohnte, völlig als Mad. Nuys bekannte Frau seit langen Jahren — längern als ihr vielleicht lieb ist". Sie war mit der Lady Murray, Frau des Herzogs von Sußex, verwechselt.

weniger zu sagen wie Du mir auf mein leztes. Wie wird Dir
dabey zu Muth geworden seyn! Ich wünsche, Du hast Dich freywillig entschlossen, denn sonst möchtest Du es unfreywillig thun
müssen, nicht daß wir Dich zwingen wollen, mein Herz, aber der
Zufall — denn Hufelands, die noch nicht in Berlin sind, reisen nicht
über Dessau, sondern Leipzig, wo er jemand zu treffen denkt. Mein
bestes Mädchen, Dein ganzer Sinn ist blos auf Belustigung gerichtet,
und auf diese Weise wird nie etwas entschiednes aus Dir werden.
Nicht nach dem Mütterchen sehnst Du Dich allein, obwohl ich weiß
Du thust das auch, und wir heulen auch gewiß beyde vor Freude,
wenn wir uns wieder sehn. Sey nur jetzt gescheut, sieh ein, daß
Du nun noch nichts für Dein Singen hast thun können, und es war
mir doch heiliger Ernst damit, wie ich Dich nach D[essau] gehn ließ.
Sollt ich Dich blos zum Scherz von mir trennen? Das hab Ich
Dir schon gesagt, auf Ostern kann Dir die Entfernung vielleicht er-
spart werden; wenn Charlotte hier ist, möcht ich Dich so gern
hier haben.

Wir haben die kleine Person verwöhnt. Sie will genießen, als
ob sie andern könnte zum Genuß verhelfen, wovon noch keine Rede
ist. Dieß drückt sich in Deinen Aeußerungen genugsam aus. — —

Sophie ist krank. Die Veit und Philipp grüßen Dich, sie sind
gut, aber sag der T[ischbein], sie wäre eine gar andre beauté. Ich
muß enden, damit dieß noch wegkomt. Adieu, mein Kind, mein
liebes liebstes Wesen.

182.
An Auguste.

[Jena] 21. Oct. [17]99.

Mein lieber Mädchen, wie kommt es, daß ich seit 3 oder 4 Posta-
gen nichts von Dir erhalte? Du ängstigst mich sehr. Ich habe
Dir außer dem lezten jedesmal geschrieben. Einen Brief gab ich
Schlegel nach Leipzig mit, damit er früher kommen sollte, der wird
aber wohl dadurch später gekommen seyn? Meine liebe Seele, bist
Du nicht wohl? bist Du betrübt? Wer weiß ob Hufelands nicht
doch noch über Dessau gehn und Du mit ihnen wiederkommst! Sie
haben noch immer nicht aus Berlin geschrieben, und ich weiß nun gar
nicht wie es sieht in der Welt — ich weiß nicht was mein Kind
macht. Meinst Du etwa, weil ich Dich noch dort lassen wollte, ich
hätte Dich nicht lieb? Glaub nur, Du bist Deiner Mutter das

theuerste was sie hat, und das wirst Du schon noch fernerhin gewahr werden.

Ganz aus der Fassung setzt mich Euer allseitiges Stillschweigen. — —

Am Donnerstag kamen Tiels[1]. Sie sind durch Dessau gekommen, und glaubten Dich mit der Tischb[ein] in Dresden, so daß sie Dich nicht gesucht haben und nur wahrscheinlich mit Dir in der Comödie waren, in den Arkadiern. Häßlich ist die Tiek nicht. Hätte sie Anmuth und Leben, und etwas mehr am Leibe als einen Sack, so könte sie für hübsch gelten. Das kleine Tiekchen ist recht sehr hübsch und blühend geworden. Es macht sich übrigens alles recht gut zusammen. Den ersten Abend hat Schlegel gleich den König Richard und gestern Tiek ein Stück von Holberg vorgelesen. Das soll alles noch einmal gelesen werden wenn Du kommst. Hast Du denn auch von dem Spuk in Leipzig gehört? Daran würde sich Kuhn jämmerlich ergötzen. Kotzebue hat ein Stück gegen die Schlegel gemacht[2] und während der Messe aufführen lassen. Eine Rolle drin ist aus den Fragmenten im Athenäum ausgeschrieben, und soll so den Friedrich vorstellen, der zuletzt ins Tollhaus geschickt wird. Uebrigens platterdings kein Witz darin außer der Schlegels ihr eigner. Es hat großen Lärm im Parterr gegeben pro und contra — das pro hat natürlich bey den Leipzigern die Oberhand behalten, hinterher hat Müller aber die weitre Aufführung verbieten lassen. Das Stück heißt der hyperboreische Esel oder die Bildung unsrer Zeit. Du kanst leicht denken, wie sich Schlegel tout de bon daran ergötzt hat. Es ist Dir ein Tausendspaß. — Schillers Musencalender ist auch da, das Gedicht von der Imhof[3] eben weiter nicht viel als ein Rudel Hexameter, aber über ein Gedicht von Schiller, das Lied von der Glocke, sind wir gestern Mittag fast von den Stühlen gefallen vor Lachen, es ist à la Voss, à la Tiek, à la Teufel, wenigstens um des Teufels zu werden.

Herzenskind fehlt Dir etwas? — —

Schellings Bruder[4] ist seit gestern da, aber noch nicht hier gewesen, denn er ist vom Postwagen gefallen und noch stupide. Er

---

[1] Köpke S. 249, wo der Irrthum zu berichtigen, daß Auguste 17 Jahr alt gewesen.
[2] Rabenstein III, S. 21⁸¹.
[3] Die Schwester von Lesbos.
[4] Karl; s. Aus Schellings Leben I, S. 295.

soll größer seyn wie Sch. und erst 16 Jahr. Niethammers sind auch wieder zurück, nicht überentzückt von Schwaben. Von Schellings Schwester¹ hat sie mir aber eine sehr vortheilhafte Beschreibung gemacht. Mamuselle Niethammer ist mitgekommen, und wird den hiesigen Schönen, wenigstens allen Blondinen, starken Eintrag thun.

Die Veit fährt fort eine treffliche Frau zu seyn, und Friedrich zu träumen. Die Schillern hat eine Tochter. — — Lernst Du denn doch wenigstens singen? Dein

verzweifelndes Mütterchen.

183.

An Auguste.

[Jena nach 21. Oct. 1799].

(Anfang fehlt).

— — Der Grandison ist eine kindische Lektüre, aber es kann nicht schaden, daß Du ihn kennen lernst.

Von dem Bullinger sprichst Du recht wie Betty. Freylich Göttlich! Was geringers kann so ein Springinsfeld auch nicht seyn. Du willst es gewiß machen wie Dein Mütterchen, Deine erste Liebe soll ein Comödiant seyn. Aber bedenk, ich habe mir doch einen ehrbaren Mann mit Frau und Kindern ausgesucht, nicht so einen vagabunden Tenoristen. Ach Gott, wenn Du Deine Hofnungen auf den jungen Schelling² setzest, da hast Du es freylich schlim, da kriegst Du alle Hände voll zu thun — ein rechter Bär, und spricht so schwäbisch. Er war bey uns — Du kannst denken wir wie er Wilhelm amüsirte. Schelling sagte, unsre Gesellschaft wär noch viel zu gut für ihn, er woll ihn erst so zu Niethammers schicken, da soll er gehammert werden, nachher woll er ihn schlegeln lassen. Wilhelm meinte, demohngeachtet möchte doch wohl kein Schilling daraus werden.

Adieu Liebchen. Tausend Grüße an die Tischbein und die Kinder. Gott segne Dich. Wilhelm hat Dich sehr lieb.

N. S. Es sind sehr wenig Studenten angekommen, sogar in Hufelands einem Collegium sind sehr wenige, es komt mir vor nur einige

---

¹ Beate.
² Karl.

zwanzig. Das ist unerhört, aber es wird noch ärger kommen und sie sich hinter den Ohren kraben in Weimar.

184.

An Auguste.

[Jena] d. 28. Oct. Montag [1799].

Liebes Kind, nun ich Dich nicht gleich wieder bekommen kann, fängt die Sehnsucht auch an, mir in die Seele zu treten. Gestern kamen Hufelands wieder, mit denen hättest Du nun auf keinen Fall kommen können, also darfst Du mir doch die Schuld nicht mehr geben, daß ich Dich fern von uns verschmachten lasse, und ich habe sie mir auch nicht mehr selber beyzumessen. Schicksal! Schicksal! mein Engel und das Gemeine — nehmlich das Gemeine, daß man nicht fliegen kan — denn alles wie es in dem Wallenstein steht, die Sterne, der Hufschlag der Pferde u. s. w. Doch die Zeit wird kommen, und Du sollst einen herrlichen Weihnachten hier feyern. Mit dem Husten das ist schlimm, spiele nur recht viel und thue Deine Ohren auf, um recht zu hören was die andern spielen und singen, damit Dir ein inneres Verständniß der Musik aufgehe. Laß keine Operette ungehört vorbeygehn. Was es kostet will ich denn schon bezahlen. — — Auch der Frommann Tante, Mad. Hauburh, ist da mit vielen Kindern, kurz eine ganze Hamburgerey bey ihnen aufgeschlagen. Der Hofrath Hufel[and] ist zurück nebst Frau und Kindern. Lauferey das alles! Buonaparte ist in Paris. O Kind bedenke, es geht alles wieder gut. Die Russen sind aus der Schweiz vertrieben — die Russen und Engländer müssen in Holland schmälich capituliren, die Franzosen dringen in Schwaben vor. Und nun kömt der Buonaparte noch. Freue Dich ja auch, sonst glaub ich, daß Du blos tändelst und keine gescheiten Gedanken hegst.

Die Tiek misfällt mir im Grunde doch, ich mag es nur nicht aufkommen lassen. Er ist sehr amüsant, und wir sind viel beysammen. Was die Menschen vor Zeugs aushecken, das glaubst Du nicht. Ich werde Dir ein Sonnet auf den Merkel schicken, der in Berlin geklatscht hat, der Herzog habe den Schlegels wegen des Athenäum Verweise geben lassen u. s. w. Da haben sich Wilhelm und Tiek lezt Abends hingesetzt und ihn mit einem verruchten Sonnet beschenkt¹. Es war ein Fest mit anzusehn, wie beyder braune Augen gegeneinander Funken sprühten und mit welcher ausgelassenen Lustigkeit diese gerechte malice begangen wurde. Die Veit und ich lagen fast auf der Erde dabey. Die Veit kann recht lachen, was sie Dir wohl bestens empfehlen wird. Der Merkel ist ein geleckertes Ungeheuer. Davon erholt er sich nicht. Ein Morderern wird übrigens von allen Seiten losgehn. Schütz und Wilhelm haben artige Billets gewechselt, Schelling rückt der A. L. Zeitung mit voller Kraft auf den Leib. Doch diese Händel gehn Dich nichts an, die Rußen und Buonaparte aber viel. — —

Wenn doch Tischbein recht früh, im November schon käme und Dein Bild noch fertig machte.

Die Schillern ist an einem Nervenfieber im Wochenbett so krank, daß der Arzt sie schon aufgegeben hat.

Grosmutter hat wieder geschrieben. Ich bin stark willens Dich hier confirmiren zu lassen mit der Luise S[eidler].

Also dick wirst Du mein schlaues Kind, o das ist häßlich, da muß ich Dich nur dort lassen, damit Du Dich mager grämst. — —

Schellings Bruder ist groß und stark und spricht dick und breit schwäbisch, Aehnlichkeit mit dem Bruder, aber doch nichts von dem geistreichen Trotz im Gesicht. Er ißt nicht bey uns, Schelling meint, so einem Bengel müßte es nicht gleich so übermäßig gut werden. — —

185.

An Auguste.

[Jena] d. 4. Nov. Montag [1799].

Zwey Briefe habe ich von Dir, mein bestes Mädchen, einen durch Bertuch. Wenn ich Dich nur erst hustenfrey und stimmvoll wüste! — —

Die Schillern ist noch sehr krank, weils aber so lange dauert, wird sie hoffentlich gerettet werden. — —

Gestern war der erste Clubb. Wir haben gar nicht diesmal bezahlt und werden kaum einmal hingehn. — — Uns las Tieck ein Stück von Holberg vor, Ulysses von Ithaka, zum Todtlachen. Er wills alles noch einmal lesen, wenn Du kommst, er ist eine rechte Lesemaschine, ist unermüdlich dabey. Sey nur ruhig, das Katerchen² soll Dir

---

¹ Gedruckt: Werke II, S. 201. Vgl. Dorothea Veit und W. Schlegel an Schleiermacher, Aus Schl.'s Leben III, S. 129. 130; Haberstein III, S. 2490.
² Vgl. die Erzählung bei Köpke I, S. 250.

noch genug vorschnurren. Sie gefällt mir nun gar nicht mehr, sie ist doch eine Katze, nur eine weiße. — Holberg ist der Dänische Lustspielschreiber von dem Steffens so voll ist. Es ist verfluchtes Zeug. Wenn man so ein Stück hört, ist einem als hätte man 4 Beine.

Hier hast Du das Ding, das Wilhelm und Tiek lezt Abends machten. Davon sind nun viel Exemplare nach Berlin gegangen. Der Merkel wird Augen machen! Er hat aber auch so viel über die Schlegels geklatscht, daß er's redlich verdient. Mit Bohns kommt auch ein Shakesp., lies ihn recht.

Friedrich hat Dich sehr lieb und wird Dir nächstens schreiben.

Schelling grüßt das noch zarte Kind, und wünscht daß es nie aufhöre es zu sehn. Amen.

Dieses bezieht sich auf Deine bisherige Schlankheit und künftige Dicke. — —

186.
An Auguste.

[Jena] Montag d. 11. Nov. [1799].

Bestes liebstes Kind, also Du mußt kommen und willst kommen? Wärst Du nur erst da, kämst durch die Lüfte geflogen in dichte Schleyer gehüllt.

— Daß ich an Tischbeins Reise nach Dresden mich sehr freue, kanst Du denken und ihnen rühmen. Uebrigens bin ich selbst so sehr beschäftigt, daß ich schließen muß; ich habe andres zu schreiben. Wir grüßen Dich alle von Grund der Seele. Mich verlangt nach Dir, Du bist eine neue Bekantschaft für mich, mein Töchterchen nicht mehr, sondern ein Schwesterchen aus der Ferne kommend. Gott segne Dich.

Die Schiller wird besser, aber sie ist noch nicht bey sich. — —

187.
An Huber.

[Jena] den 22. Nov. [17]99.

Schlegel ist diesen Morgen auf mehrere Tage verreist, um Augusten wieder zu hohlen, die wir seit 8 Wochen nicht bey uns gehabt haben. Ihr Brief kam vor einigen Stunden, ich brach ihn auf, weil ich Ihre Hand erkannte und also wußte, daß ich es durfte. Nun lassen Sie mich ihn auch vorläufig beantworten, und zwar eben, damit die Antwort nur Ihrem Brief gelte, denn die Recensionen sind bis heut noch nicht erschienen, vielleicht kommen Sie morgen.

Ich glaube Therese hatte Recht. Sie mußten entweder den Antrag nicht annehmen, oder S[chlegel] sagen, daß Sie ihn übernehmen, da Ihr Urtheil so stand. Denn, mein lieber Huber, Sie wußten genug vom Geist oder Ungeist der L. Z.[1] und vom jetzigen hiesigen Geist, um einzusehen, daß sie diesen grade damit in die Hände arbeiten. Persönlichkeiten abgerechnet, waren Sie das der Sache schuldig, die Sie doch hoffentlich im Ganzen mit S. gemein haben, oder ich müßte nichts mehr von Ihnen wissen. Die Art tadeln, das verwechselt der gemeine Haufe mit der Sache, und in der L. Z. schreibt man nur für den gemeinen Haufen. S. hat Ihnen dazu mehrmals bestimmt gesagt, wie er über dieses Institut dachte, daß er so durchaus keinen zu lernen Gelegenheit hatte. Sie werden aus einem der letzten Blätter desselben sehen, daß er sich darüber, und zwar durch die jämmerliche Handlungsweise der Redaktoren getrieben nun öffentlich erklärt hat[2]; redlich haben Sie also dieser unredlichen clique, in diesem entscheidenden Moment beygestanden, sie muß Ihnen unendlich verbunden seyn. Glauben Sie mir, mein Freund! Ihre freye Unbefangenheit des Urtheils und Geschmacks übersieht dieses Gewebe nicht; eben darum haben Sie sich damals schon bewegen lassen, Kotzebues Elendigkeit durch Ihre gutherzige Zurücknehmung Vorschub zu thun. Sie haben den ersten Schritt gethan, um diesen mit der L. Z. zu verbinden, die denn nun auch, wenigstens Schütz und er, in der genauesten Coalition stehen. So hat S. litterarisches Benehmen schon mehrmals die auffallende Wirkung gehabt, die miserablen nahe zusammen zu drängen. Denn eben gegen ihn haben diese sich nun verbündet. Schütz hat in seinem Hause, wo M. Schütz halbverrückt die Minna v. B[arnhelm] spielte, einen Prolog im Geschmack des Kotzebueschen Stücks aufführen lassen; eben so sehen sie nun den alten Nicolai gnädiger an, und da sie über alles, was dieser seit Jahren geschrieben, sich zu reden schämten, zeigen sie nun auf einmal dies Buch an, das gegen die S. gerichtet ist. Es bildet jetzt ein **allgemeiner Kampf des Guten und Schlechten**, Sie kennen revolutionaire Zeiten, und sollten an der Weise nicht krittlen. Was Sie wollen, nennt man im Politischen halbe Maaßregeln, ich gestehe, ich halte Sie, auch im politischen für zu fried-

---

[1] Es handelt sich um die Anzeige des Athenaeums in der A. L. Z. 1799, IV, S. 473 ff. Vgl. Fr. Schlegel an Schleiermacher, Aus Sch.'s Leben III, S. 136; A. W. Schlegel, eb. S. 142; Koberstein III, S. 2478.
[2] Intelligenzblatt d. A. L. Z. 1799, Nr. 62.

liebend, zu genau abwägend, darum haben Sie eine größere Wirkung verfehlt, die Ihnen sonst gewiß zu Gebote stand. Was ich hierüber meyne, ist gewiß nicht Liebe zum Streit. An meinen Vorstellungen, ja an meinen dringenden Bitten, hat es nicht gelegen, daß nicht die Hälfte des Anzeigers im Athenäum) unterdrückt wurde. Ich habe zuletzt der männlichen Gewalt nachgegeben, ich habe geschwiegen, wie ich das eben in politischen Angelegenheiten auch thun würde, im Glauben daß, aller unsrer Vernunft zum Troß, die Männer dieses doch besser verstehen. Jetzt, da es geschehen ist, kommt es mir nothwendig vor, und wenn sich die ganze Welt dagegen auflehnte, wie es ja auch geschieht. Denn sehen Sie, mein Freund, ich kenne S., ich bin wie von meinem Leben davon überzeugt, daß nicht der Schatten eines persönlichen acharnements in ihm ist. Hat er sich denn nicht alle diese Feinde erst gemacht? Die Plattheit, die Nullität, die Unpoesie ist ihm in dem Tod zuwieder. Verfolgt man die Sache, so geht es dann auch gegen die Person. Ist nicht Wielands Poesie Wielands Person? Es ist nur thörichte Weisheit beide hinterher noch trennen zu wollen. Am Privatleben eines solchen Menschen wird sich S. nie vergreifen, das geht dann aus Pasquill, er selbst wird sich wahrscheinlich dergleichen gefallen lassen müssen, man wird alle Klassen gegen ihn aufbieten. Ich kenne niemand der das ruhiger zu ertragen im Stande wäre. Sein ganzer Geist ist vorwärts gerichtet, der Wiederstand kann nur ihn mehr beflügeln. Glauben Sie doch nicht, daß er sich ernstlich mit diesen Teufeleyen abgiebt. Er lebt in ganz andern Planen. Dieses amusement wird eine Weile dauern, ist es denn vorüber, so bleibt es nicht ohne Wirkung, es ist gut gewesen, weil es zum Fortkommen gehörte. — Auch wird er sich nicht dabey aufopfern, da er noch andre als kritische Mittel in seiner Gewalt hat, um durchzubringen. Sie kennen S. nicht, wenn Sie ihn an Männlichkeit mahnen, er ist Mann: frey und selbständig wie je einer war, dazu hat ihn die Zeit gebildet. Was er zu Ihrem Brief und der Recension sagen wird, weiß ich, was er Ihnen sagen wird, nicht; für alle Bitterkeit aber stehe ich Ihnen und versichre Sie im voraus, daß die nicht Statt finden wird, im Fall er selbst etwa nicht antworten sollte. „Die Hand aufs Herz" und an den Kopf gelegt, würde er Ihnen erzählen, daß er im innersten Gemüth so schlecht von Wieland denkt, und in einem solchen Grade [ihn] für unsittlich hält, als er es noch nie öffentlich ausgesprochen hat. Nur dieses auszusprechen, unter seinem eignen Namen, ist also für ihn wenigstens eben so billig und gerecht, als es für Sie ist Ihre

Misbilligung am Ath[enäum] und der Lucinde in der A. L. Z. unter dem Schutz der Anterität¹ auszudrücken.

Ihre psychologischen Bemerkungen über Friedrich sind wirklich eben so ungegründet. Das ist ja doch wohl psychologisch, einen der Affectation, der Sucht nach Originalität zu beschuldigen. Er weiß gar nicht anders, als daß man so wunderbar ist, wie er den Menschen erscheint. Er wundert sich kindisch über unsern Widerspruch und Kopfschütteln. Friedrich ist ein tiefsinniger, oft tiefgrübelnder, innerlich großer Mensch, der äußerlich ein Thor einhergeht. Selbst die künstliche Absichtlichkeit seiner Compositionen behandelt er mit kindlicher Zuversicht und Unbewußtheit. Er ist in Allem aufrichtig, bis in den tiefsten Grund der Seele hinein. Und da sprecht ihr nun so leichthin von Affectation, und daß der Mensch verkehrt sey, oder vielmehr sich verkehrt machen wolle — und Sie sollten doch bedenken, daß es von je der außerordentlichen Menschen Schmach gewesen ist, so auszusehen. Lucinde hätte nach meiner Mehnung nicht gedruckt werden müssen, nehmlich in der Gegenwart nicht. In 50 Jahren da könt ich es leiden, daß sie vor 50 Jahren gedruckt worden wäre. Wozu hatten Sie aber nöthig sie zu recensiren, das dächte ich hätte noch well weniger geschehen müssen, zumal da sie noch nicht fertig ist.

Denken Sie nicht, daß diese Männer sich unter einander schmeicheln, und etwas weis machen: sie kennen sich, sie sagen sich ihre Wahrheiten, aber sie haben ein Ziel — und das haben sie sehr fest in den Augen. Ich könnte mir sehr den Triumpf wünschen Sie persönlich unter uns zu sehen. Es würde lebhafte prächtige derbe Disputen geben. — Was sprechen Sie von Faction? Keine Revoluzion ohne Faction, das wissen Sie, oder sind Sie plötzlich so modéré geworden? Zu den Klagen gegen die L. Z. und S. Erklärung schließen sich Fichte und Schellings Sache und Klage unmittelbar an. Das alles wird noch viel lauter werden, und die L. Z. fürchtet sich bitterlich. Sie haben das ihnen mögliche gethan, um S. Erklärung zu verhindern, die sie nun so nach Hufelandscher Art fein und hinterlistig, auch etwas langweilig beantwortet haben. Und glauben Sie denn, daß in die Sache der schlechten Schriftsteller nicht auch die hohen Häupter gemischt werden? Es ist Alles geschehen, um den Herzog anzuwiegeln, und was der nicht that, oder nicht thun konnte, wurde ihm angelogen. Und alle dies Voll wird sich nun ausgelassen über Ihre Recensionen freuen, et vous avés bien

---

¹ Vielleicht sollte es heißen: Anonymität.

merité de la patrie! Die Redaktoren fügen sicher noch die Anmerkung hinzu, daß sie von einem Freund Schlegels sey.

Schl. dachte Sie in aller Unschuld zu bitten, Sie möchten um der guten Sache und andrer Projekte willen nicht mehr für die A. L. 3. arbeiten, besonders ihnen den W. Meister nicht liefern. Er dachte sich mit Ihnen einzuverständigen. Das scheint mir nun freylich nicht mehr an seiner Stelle. Nie wird er sich's zum kleinsten Verdienst anrechnen, Ihrem Willen Gerechtigkeit wiederfahren zu lassen, und in diesem Sinn Ihr Freund zu bleiben, wie er's bisher war, aber wie soll er es mehr werden können? Den Eifer habe ich ihm nun vorweg genommen auf alle Fälle. Die Parteylichkeit werden Sie natürlich finden, doch erinnern Sie sich, daß mich Fichtens Sache auch warm gemacht hat. Auch ist der Eifer überhaupt in mir erregt, durch die erneute Theilnehmung an den franz. Begebenheiten, besonders seit Buonaparte Consul ist. Adieu etc.

XII. Der Litterarische Anzeiger¹ ist, zwey kleine Sachen ausgenommen, ganz von W. Schlegel, also macht er freylich nicht blos halb mit.

168.
An Huber.

[Jena] d. 24 Nov. [17]99².

Gestern kam die Rezension des Athen[äum] wirklich und wahrhaftig, und weil es eben Sonntag ist und ich noch allein bin, und es gleichfals wohl seyn könnte, daß dieß das letztemal wär, wo ich offenweg mit Ihnen redete, so enthüll sich Ihre alte Bekanntin desselbigen nicht. Ich bin erstaunt, tout à fait erstaunt und erfreut worden. Das haben Sie geschrieben, Huber? Nun weiß ich wenigstens wo Sie die Idee von acharnement her haben, denn mein Gott, Sie haben ja nie gegen den Revolutionsallmanach mit so viel acharnement geeifert. Sie haben es ja recht persönlich angreifen wollen. Nicht genug, daß Sie das Journal verdammen, auch der Umschlag

---

¹ Lit. Reichsanzeiger, Athenaeum II, S. 328 ff. Vgl. den Brief A. W. Schlegels an Tieck, Briefe an Tieck III, S. 230.
² An diesen Brief, der im hie und da corrigierten Concept vorzuliegen scheint (von Nr. 187 Abschrift), schließt sich der von A. W. Schlegel vom 28. Dec. an Huber, abgedruckt in den Pr. Jahrb. VIII, 3 (1861, Sept.), S. 231.

und der arme Buchhändler, der freylich mag gedacht haben eine Pfiffigkeit zu begehn, wird hereingezogen. Ich betheure Ihnen auf Ehre, daß die Anzeige von der Fortsetzung vom Buchhändler herrührt und die Schlegel selbst nicht zufrieden damit waren, Sie sich also dieser Erwähnung durchaus zu schämen haben, und sie als eine höchst unsittliche Uebereilung betrachten müssen. Sie versichern in Ihrem Brief an S., Sie würden nichts bereun, das ist auch erhaben, indessen will ich doch nicht dafür stehn, daß Sie nicht ordentlich gegen die Schlegel auch einmal weichmüthig werden wie gegen den Präsidenten von Kotzebue. Gehört dazu eine persönliche Bekanntschaft mit, worauf sich jener so steifte, so ist es freylich wahr, die existirt gar nicht zwischen Schlegel und Ihnen, aber eingebildet haben Sie sich doch lebhaft, die beyden jungen Männer vor sich zu sehn. Arglos ist übrigens Schlegel auch, und hätte sich solches wahrlich nicht versehn. Nie würde er, ohngeachtet Ihr Styl Sie bezeichnet, darauf gekommen seyn, daß diese tückische Anzeigen von Ihnen herrührten. Und das haben Sie wirklich so ohne Nahmen lassen wollen? Was konnte Schlegels letzter Brief an Sie, der, so viel ich weiß, gar nichts spezielles enthielt, darin für eine Aenderung hervorbringen, daß Sie es nun jetzt erst als eine „schändliche Heucheley" ansehn? Vorher haben Sie ihn eben so gut gekannt, vorher haben Sie ihn geachtet, wie Sie ja selber sagen (hätten Sie es nicht gethan, so wäre die Schuld auf Ihrer Seite), vorher habt ihr euch über Gegenstände geschrieben, an denen Sie seine Denkart hätten ermessen können, und Schlegel ist stets, durch meine Vorneigung für Sie, freundlich bis zur Partheylichkeit gegen Sie gewesen und hätte Ihnen gern allen möglichen Vorschub geleistet, wie er unter andern die Anzeige der Klio, die Sie einmal wünschten, und mehreres wie für einen Freund betrieben hat. Wenn er kommt und ich ihm diese Herrlichkeiten vorlege — wie wird er aus den Wolken fallen und glauben, er wär noch schwindlich von den bösen Wegen. Vor seiner Wehmuth können Sie indessen sicher seyn, er braucht sich auch nicht erst einen Muthwillen zu machen, um über Ihre „Grundsätze", die den Schriftsteller von der Person so glücklich trennen, hinwegzugehn, der ist schon ganz fertig, denn er besitzt tout de bon eine ganze Menge Muthwillen. Und hier hat er gutes Spiel, denn worüber ich mich, wie eben gesagt, erfreute, wird ihn doch auch ergötzen, nehmlich daß die Rezension — nicht besser ist. In der That hätten Sie auch aus andern als den ganz gemeinen loyalen Gründen, daß man einen guten Bekannten und rechtlichen Menschen nicht hinterrücks anfällt, die aber von Ihren Grundsätzen übertäubt worden sind — die Rezension nicht übernehmen sollen; Sie mußten selbst wissen, daß es Ihnen an Kenntnissen fehlte — was niemand entehrt. Schl., dem dieses bekannt war, hatte darum wie als Rezensenten] auf Sie gedacht, da ihm die A. L. Z. einmal sagte, selbst einen vorzuschlagen. In jener Zeitschrift, die sehr zufällig als Zeitschrift erschien, woran Sie sich doch so besonders hängen, ist von Philosophie, Kunst, sowohl bildender als Kunst überhaupt und dem Alterthum die Rede. Sie wissen viel besser, wie ich es Ihnen sagen könnte, daß Sie dieses alles nur sehr oberflächlich kennen, Philosophie ganz und gar nicht, die Kunst sehr verworren — selbst die Poesie ist Ihnen nie als freye Kunst erschienen. Einer Bekanntschaft mit dem Alterthum können Sie sich keinesweges rühmen, die Schlegels beyde in so hohem Grade haben — es ist mir noch erinnerlich, daß Sie das Griechische völlig vernachläßigt hatten, bles als Sprache genommen — und Sie schreiben oft in Ihrer eignen Sprache so, daß man zweifeln könnte, ob Sie die Härten und das Hammerwerk richtig zu beurtheilen im Stande wären. Also da dieses alles fehlte, warum vollbrachten Sie denn die Arbeit? Darüber giebt Ihr Brief Licht — wo die Kenntnisse mangelten, sollte es der Karakter thun, mit der Charakterstärke, die Sie S. billen vorwalten zu lassen, wollten Sie die Schlegels bezwingen, die Ihren Unwillen rege gemacht hatten. Dazu glaubten Sie sich berufen, statt eines schlechteren etwa, das edle Organ des gesammten Unwillens vom heiligen Volke von Athen zu werden. Wie heiß werden Ihnen auch Böttiger, Kotzebue, die A. L. Z., Nicolai ꝛc. ꝛc. ꝛc. samt allen Gegnern Fichtens und alles was Höfen und Fürsten anhängt, dafür danken. — Der Almanach-Reichardt selber könnte sich wieder geneigt fühlen sich Ihnen anzuschließen. Eben darin liegt der Irthum, daß Sie das Bemühn der S. bles als Factions-Sache ansehn — stünden Sie näher, so würden Sie die Größe der Massen besser erkennen. Ich habe Ihnen das schon gesagt, es ist ein allgemeiner Kampf. Die Minorität ist allerdings so eingeschränkt wie die Majorität ausgebreitet — stünden die S. aber auch eine Weile ganz allein, was sie doch nicht thun, so würde mir nicht bange. Ich habe Ihnen neulich nur leichtsinnig hin über Ihre Faktionenscheue gesprochen — die Wahrheit ist: das Große soll nie Faktion seyn, aber man bringt es nicht ohne diese, wenigstens ohne den Anschein davon zu Stande. Das sollten Sie einsehn, und Ihr öffentliches Hinweisen auf Faction ist nicht anders und steht, wie manche andre Züge, eben so lediglich dazu da, das Publikum noch mehr anzuwiegeln (statt daß Sie, um im Charakter zu bleiben, es ja hätten zu besänftigen suchen sollen) als Kotzebues Jakobinerwinke. Wären Sie als ein simpler Recensent verfahren, so hätten Sie sich nicht blos an diese Ihre Voraussetzungen, und das so persönlich, gehalten. Worauf jene sich irgend gründen konnten, macht nur einen so kleinen Theil des Athen[äum] aus. Sie hätten den sonstigen Inhalt ordentlich dargelegt, über den Sie nur gelegentlich hinwegschlüpfen, man begreift freylich warum. — Ja ich weiß nicht, wie Sie Kotzb[ues] Comödie, und besonders die Aufführung „höchst schändlich" nennen könnten — die ist doch ganz offen als eine honette Rache betrieben, derweil Ihre moralische Heldenthat nur zufällig ans Licht kam. In so fern Sie Würke mehr haben, sind Sie auch den Schlegels weit weit unwürdiger begegnet. Daß ich Sie demohngeachtet nicht einen Augenblick für wirklich tückisch und hinterlistig halte, können Sie mir zutrauen. Sie haben mich gewaltig irre gemacht, aber nicht von der Seite Ihres reinsten Willens — es ist bles daß Sie ein wenig ungeschickt in der Qualität einer rächenden Gottheit dazwischen getreten sind, und sich nicht einbilden können, daß andre, die sich gar nicht auf Ihren Charakter berufen, auch einen haben, mit dem es keineswegs ein Spaß ist.

Das graue Haupt des alten Wieland ist besonders recht pathetisch und wird das Mitgefühl in Aufruhr setzen. Wie ist Ihnen das nur auf einmal so gekommen? ich habe Sie gar anders reden hören, und wenn ich nicht irre, haben Sie sogar ganz leise anders geschrieben. Das graue Haupt und wohlerworbne Lorbern müssen sich zuvor selbst ehren. Dieser W., der als Jüngling wie ein altes Weib sprach, schimpft nun als alter Mann wie ein ungezogner Junge auf alles was um ihn herum groß ist und er nicht versteht — auf die Revolution, auf die Philosophie u. s. w. Sie würden sich wohl gar selbst daran ärgern. Immer habt Ihr den Lessing bey der Hand — hat Lessing wohl anders von Wieland gesprochen? Denken Sie an das Trauerspiel von der Joh. (Gray¹ u. s. w.

Ich mag nicht tiefer in den Text kommen — ich weiß blutwenig von der Literargeschichte — sehe nur was jetzt vorgeht — habe mein Tag W. nicht respektirt — er schien mir die Sittlichkeit schlecht zu verstehn und die Sinnlichkeit oben drein. Wie es die Schlegels betreiben, das weiß ich, und daß sie dabey vor sich selber und so Gott will auch einmal vor der Welt bestehn können, und

---

¹ Literaturbriefe B. 64.

somit wird Ihr Strafgericht schon seine gewiesenen Wege gehn. Das der Lucinde steht uns noch bevor. Möge der Himmel und das Publikum Ihnen alles zu Gute kommen lassen! — Noch das Wort im Ernst, alles was in mir für Sie und Therese spricht kann Ihnen nicht verzeihn, daß Sie ein Verständniß, was sich in der Folge noch so schön hätte bilden können, da selbst unser persönliches Zusammentreffen allen Aussichten nach in den nächsten Sommer fiel, so übereilt zerstört haben. Das war recht dumm von Ihnen, lieber Huber. Leben Sie wohl. Lebe wohl, Therese.

d. 27. Nov.

Schlegel kam gestern Abend zurück und hat kaum noch Zeit gehabt sich das alles recht anzusehn. Er läßt Sie grüßen, wie es ihm jetzt vorkomt, ist weiter nichts zu erwiedern nöthig. Sollte er es noch anders befinden, so müßt es freylich nur öffentlich und mit Nennung Ihres Nahmens geschehn, und dann würd er es Ihnen vorher zu wissen thun.

169.
Auguste an Luise Gotter.

Jena den 31. März [1800].

Ich hätte Ihnen gern schon lange geschrieben, liebe Madam Gotter, aber ich habe die Zeit her so viel mit der Mutter zu thun gehabt, daß kein Augenblick übrig war. Die Mutter ist wirklich sehr krank gewesen[1] und ist noch nicht ganz hergestellt.

Erst bekam sie ein Nervenfieber, wo sie 8 Tage sehr schlim war, nun verordnete der Arzt ein Senfpflaster ans Bein, dieses blieb zu lange liegen und kam auch nachher eine falsche Salbe drauf, so daß es sehr schlim ward und der Mutter große Schmerzen verursachte. Dies brachte sie wieder so zurück, daß sie das Nervenfieber von Neuem bekam, und nun da das vorbei ist, hat sie auch noch sehr heftige Krämpfe bekommen, die aber jezt auch nachlassen, und wir sehn ihrer völligen Genesung mit jedem Tag entgegen. Man sagt, sie habe ein paar mal in Lebensgefahr geschwebt, aber dieser Gedanke ist mir zu furchtbar, als daß ich ihn gehabt hätte. Gottlob

---

[1] Ueber Carolinens Krankheit s. die Briefe von Fr. Schlegel an Schleiermacher vom 17. 21. 28. März 1800; Aus Schl.'s Leben III, S. 160 ff.

es ist nun alles von Gefahr vorbei, und wenn es so fort geht und das Wetter gut bleibt, so kann sie vielleicht in ein paar Tagen schon wieder ausfahren.

Heute sind es nun schon 4 Wochen, daß sie krank ist, es war eine schreckliche Zeit, ich möchte sie um alles nicht noch einmal erleben!

Die Mutter läßt sich Ihnen empfehlen und dankt für Ihre freundschaftlichen Wünsche, sie hofft bald selbst wieder schreiben zu können. Verzeihn Sie mein Geschmier und unvollständige Nachricht, nächsten Posttag denke ich mehr Zeit zu haben, und dann will ich Cecilien eine rechte umständliche Beschreibung von allem schicken.

Grüßen Sie Ihre Kinder, meine lieben Freundinnen recht herzlich von mir, ach wenn doch eins von Ihnen in diesen Tagen hier gewesen wäre, welch ein Trost wäre mir das gewesen!

Leben Sie wohl, liebe Mutter, und behalten Sie Ihr Töchterchen ein bischen lieb. Auguste Böhmer.

Verzeihn Sie ja mein Geschmier.

190.

Auguste an Cäcilie Gotter.

Bamberg den 16. May 1800.

Wunderst Du Dich nicht, liebste Cecilie, über die Ueberschrift? ja ja ich bin hier in Bamberg und schon seit 8 Tagen, und ich will Dir auch sogleich erzählen wie das zuging. Die arme Mutter ist noch immer krank gewesen, und Hufeland sagte, sie müßte durchaus in ein Bad, so bald wie möglich, und zwar nach Bocklet, ich glaube ich habe schon davon geschrieben, eher könnte sie gar nicht ganz gesund werden. Wir entschlossen uns also gleich sobald als möglich dahin zu reisen, und da das Wetter günstig und die Mutter auch gerade im Stande war die Anstrengung der Reise zu ertragen, so machten wir uns gleich auf den Weg. Schlegel begleitete uns die Hälfte Wegs. Da der Weg nach Bocklet über Bamberg geht, so wollten wir hier einige Tage ausruhn und dann gleich weiter, aber nun ward das Wetter schlecht, und der Hofrath Markus, einer von der Mutter ihren hiesigen Aerzten, denn sie hat deren zwey, den Professor Röschlaub und den, sagte uns, daß die Badewohnungen in Bocklet eben reparirt würden und wir also wohl vor 14 Tagen noch nicht würden hinreisen können. Wir müssen uns also noch einige Zeit hier gedulten, welches mir wenigstens gar nicht sehr schwer wird, denn es ist hier sehr hübsch, und zumal da wir gleich einen Bekannten hier haben, den Professor Schelling aus Jena, der so hierher wollte und der mit uns gereist ist.

Ich habe schon einige Bekantschaften hier gemacht. — —

Von der schönen Gegend hierherum haben wir noch nicht viel sehen können, weil uns bis jezt das Wetter noch sehr ungünstig ist. In Seehof, dem Lustschloß des Fürsten, waren wir neulich. — —

Gestern sind wir auch in Buch, einem sehr berühmten Vergnügungsort der Bamberger, gewesen, es ist ein Haus das eine sehr schöne Lage am Wasser hat, und wo ein großer Saal ist, wo alle Wochen 2 mal Musick und Tanz ist. Ich habe aber nicht getanzt, denn die Gesellschaft dort schien mir nicht die beste, ich weiß nicht ob es immer so ist, es konnte auch wohl das Regenwetter machen, das nachher einfiel, daß der bessere Theil der Gesellschaft nicht kam, aber kurz die gestrige Kompanie hat mir gar nicht gefallen und wir giengen auch bald wieder. Aber der Weg dahin ist sehr schön, — — kurz es ist eine himlische Gegend, und so eine schöne Aussicht in die Ferne nach Erlangen zu, ich kann Dirs gar nicht beschreiben.

Noch etwas, was ich sehn werde und was sehr interessant ist, ist die Altenburg, ein altes Schloß auf einem Berge, wo Otto von Wittelsbach einen Kaiser ermordet hat, ich freue mich recht darauf.

Weiter weiß ich noch nichts von den hiesigen Herrlichkeiten, in die Katolische Kirche werde ich Sonntags gehen und schöne Musick hören. Messe ist jezt hier und also sehr lebhaft, besonders in unsrer Straße, die ganz nahe beim Markt ist, aber ich bin noch nicht auf der Messe gewesen, als blos durchgegangen.

Mutter ihre Gesundheit ist jezt so ziemlich, die Reise ist ihr recht gut bekommen, sie ist zwar noch sehr schwach und hat auch noch manchmal Krämpfe im Kopf, aber doch nicht so arg wie sonst, und sie kann doch wenigstens frey in der Stube herumgehn, ob sie gleich noch nicht ausgegangen ist als gefahren. Sie läßt euch recht schön grüßen.

Nun hast Du alle Nachricht von uns, ihr werdet wohl recht böse gewesen seyn, daß ich nicht eher geschrieben habe, aber ich kann euch nicht helfen, ich hatte so viel zu thun, daß es mir unmöglich war.

Grüße Deine liebe Mutter und Schwestern recht von uns, und alle unsre Gothanischen Bekannten, und sag doch auch ja M. Schläger wie es mit uns steht.

Deine Freundinn Auguste.

— — In 14 Tagen werden wir einen großen Jubel hier mit ansehn, es wird nähmlich ein neuer Fürst gewählt, denn der jetzige ist sehr alt, und da werden Prozeßionen und Einzüge und Privattheater und der Himmel weiß was zu sehn sein. Der Bischoff von Würzburg soll, glaub ich, gewählt werden, und da wird also auch der ganze Würzburgsche Adel hierher kommen.

191.

Auguste an Schelling [1].

[Bamberg] Mittwoch den 4. Junius [1800].

Jetzt bin ich doch wieder ein bischen in Nahrung gesetzt, die Mutter nimt es recht gern an, daß ich mich hinsetze und Dir schreibe, denn sie wendet ihre Kräfte lieber darauf, Dir von ihren Empfindungen bei Deiner Abreise zu sagen, als von Geschäften.

---

[1] Dieser und der folgende Brief haben als Zeugnisse für das Verhältniß Augustens zu Schelling ein besonderes Interesse. Außerdem finden sich zwei Zettel von ihrer Hand, der eine:
"Für Schellings zarte Hand
Vom zarten Kind" (vgl. Nr. 185);
der andere daneben bewahrt, aber ohne weitere Bezeichnung:
"Wie der Abendwind durch die Harfensaiten geht, so daß sie leise und doch vernehmlich klingen, rührend und wehmüthig ohne Melodie, so fliegt Deine Gestalt im kühlen Gehölz am murmelnden Bache oft meiner Seele vorüber, und ich fasse sie dann nicht, und weiß nicht, welche plötzliche Erquidung wie ein goldner Funke durch meine Seele geht. Neue Lebenslust strömt, wie ein reiner frischer Quell, durch mein Gemüth, er rieselt fort und nimmt auf seinen Bogen alle Gestalten der Sorge mit sich, alle trübe Vergangenheit und eine kristallene Zukunft wird der Lohn, der mir den Becher der Vergessenheit ermunternd giebt".
Ob dies Blatt, sei es eigne Produktion, sei es eine abgeschriebene Stelle, auf Schelling Bezug hat, muß dahingestellt bleiben. Aber daß dieser mit warmer Liebe an ihr hing, kann nach den Briefen Carolinens, die im folgenden Band zu geben sind, und nach späteren Aeußerungen von ihm (vgl. an Pauline Gotter, Aus S.'s Leben II, S. 193: "Hier drang ein doppelter Schmerz auf

Ich danke Dir recht sehr für das Mittel, was Du mir an die Hand gegeben hast Mütterchen zu amüsiren, es schlägt herrlich an, wenn ich auch noch so viel Narrenspossen treibe sie zu unterhalten, und es will nicht anschlagen, so sage ich nur: „wie sehr er Dich liebt" und sie wird gleich muthig, das erstemal als ich es ihr sagte, wollte sie auch wissen wie sehr Du sie denn liebtest, da war nun meine Weisheit aus, und ich half mir nur geschwind damit, daß ich sagte: mehr als alles, sie war zufrieden und ich hoffe Du wirst es auch seyn.

---

mein Inneres ein und aus meinem Innern hervor. Nun die Liebe nicht mehr war, nun erst hatte ich auch Augusten ganz verloren; vgl. S. 267), nicht bezweifelt werden. So halte ich die Darstellung Plitts, Aus Schellings Leben I, S. 251, für im wesentlichen richtig, die abweichende Dilthey's, Leben Schleiermachers I, S. 513, die sich auf Briefe Fr. Schlegels gründet, für wenigstens einseitig. Fr. Schlegel war eine durchaus eifersüchtige Natur, eifersüchtig auf Caroline bei dem Bruder Wilhelm (s. die Beilage 1), auf die Herz bei Schleiermacher (Nr. 152), auf Schelling bei Caroline und Auguste (Nr. 165 und Beilage 2), oft maßlos in seinen Aeußerungen, seine Auffassung, wie D. sagt, von Haß eingegeben, und so hat er die Dinge wohl schwerlich ganz wie sie waren betrachtet und dargestellt. —

Von Störungen zwischen Caroline und Schlegel ist aus dieser Zeit wenig bekannt. Savigny schreibt in dem Tagebuch einer Reise nach Jena 1799: „Das Verhältniß zu seiner Gattin soll sonderbar sein und häufig durch ein verschiedenes Urtheil über ein Systemmaas und dergleichen verstimmt werden". (Preuß. Jahrb. 1862, April; IX, S. 481).

Ich lasse hier noch ein paar Stellen aus Briefen einer vertrauten etwas älteren Freundin, Caroline Tischbein, an Auguste folgen: 2. Dec. 1799. „Die Beuth gefällt Dir? Du liebst sie schon sehr? Schelling war sehr artig? Fritz nach unverändert? nun das freut mich. — — Sieh mir einen ben Mup an. Macht sich recht rar. Thut gegen Schelling kalt, der denn so gütig ist zu wünschen, daß Du ihn als einen Freund ansehen möchtest. Du hast es aber auch schon bereut, benähst Dich artiger gegen ihn? — Ch ja, das arme Gänschen wird roth, wenn man es etwas frägt, es weis selbst nicht warum". — — 16. Dec. „Schelling ist recht gut und viel liebenswürdiger, selbst sanft, ich mag ihn sehr gern leiden, schreibt Du. So, ja, mein Mädchen. Das gefällt mir nicht schlecht. Sogar sein Bruder findet jetzt vor Dir Gnade; er hat schöne braune Augen". — — 8. Jan. 1800. „Das glaub ich, daß es am Weihnachtsabend bey euch sehr lustig zugegangen ist, ich hätte wohl mögen dabey sein! Was Du für allerliebste Geschenke bekommen hast, Du wirst [Dich] gewiß recht gefreut haben. Die Stanze von Schelling ist sehr hübsch, ich hätte nicht geglaubt, daß er so galant wäre, auch die, die er an Deine Mutter gemacht hat, ist scharmant. Das Verschen von Mr. S[eil] und das vom Deinem Mütterchen an Wilhelm hat uns auch sehr gefallen". Vgl. dazu oben S. 270 A. 1 und Aus Schellings Leben I, S. 289. — In frühern Briefen anderer Freundinnen wird dagegen Auguste wohl mit „Deinem Fritz" [d. h. Friedrich Schlegel] geneckt.

Wir haben recht an Dich gedacht, lieber Mull, und uns gefürchtet, die Franzosenjungen mögten Dir etwas thun, aber nun bist Du doch wohl schon lange zu Hause angekommen[1]. Schreib uns nur ja recht viel davon, und besonders von Deinem Schwesterchen, und grüße sie recht von mir, sie soll ja mitkommen!

Heut sind wir mit Rösch[laub] und Rusine spazieren gefahren in ein Dorf, wo die den Pfarrer kennen, wir konnten uns nicht lange aufhalten. Rösch. lief aber doch zu ihm, und dieser, ein sehr gastfreier lustiger Mann, lud uns gleich zu sich ein, da wir es nicht annehmen wollten, so schickte er uns an den Wagen die herrlichste Milch, ganz frischen Honig und Bier, na kurz ganz himmlisch er hat uns sehr eingeladen ihn oft zu besuchen, wenn Du wieder da bist mußt Du mit, es wird Dich recht freuen, er hat einen sehr schönen Pfarhof.

Nun muß ich doch endlich zu dem fatalen Geschäft schreiten was mir aufgetragen ist, lieber verschwieg ich's ganz, Du wirst Dich recht grämen, nähmlich mit dem Wiedmanischen Gartenhaus ist es nichts, die Leute wollten es durchaus nicht hergeben, Marcus kennt seine Leute besser, er hatte ganz recht, weder er noch Rösch. haben etwas ausrichten können, und das was die Rusine sagte hat sie blos Deinetwegen gethan, weil sie Deine Hastigkeit sah, und sich vor Deiner üblen Laune fürchtete, denn sie konnte damals wohl schon berechnen, daß es nichts wäre, Du mußt also diese falsche Hofnung, die Du mitgenommen, Deiner eignen furchtbaren Liebenswürdigkeit zurechnen.

Da das nun nichts ist, so haben wir gleich uns nach etwas andern bemüht. — —

Rösch. und Rusine sind ganz unleidlich, wir werden sie den ganzen Tag nicht los, Muller hat sich vorgenommen es mit der R. zu machen wie Tied mit Angebranten. Nun gute Nacht lieb Mullchen, morgen mehr.

d. 5. Juni.

— — Bemerke nur in W. Brief die vielen Allerliebsten Augusten, ich habe ihm neulich so ein impertinenten lustigen Brief

---

[1] Vgl. über Schellings Aufenthalt in Bamberg und Reise nach Schwaben, Aus Schellings Leben I, S. 250.

geschrieben, daß die arme Mutter vor Lachen beynah Krämpfe bekam
(es¹ war ein Kunstwerk von Impertinenz).

Da die Mutter nun selbst wieder im Stand ist zu schreiben, so
bin ich abgedankt, ich empfehle mich also zu Gnaden, wenn Sie mich
weiter brauchen sollten, so rekomandiere ich mich hiemit bestens.
　　　　　　　　Ew. Hochwohlgebohrnen unterthänige Dienerin
　　　　　　　　　　　　　Auguste.

192.
Auguste und Caroline an Schelling.
[Bamberg] Sonntag den 6. Juni 1800.

Wir haben gestern Deinen niedlichen Brief bekommen und er
hat uns große Freude gemacht. Du bist recht artig, daß Du uns
so bald geschrieben, wir sehnten uns schon recht. Mutter ist recht
wohl und die Fälle hat ihr nichts geschadet, wir sind auch alle
Tage zusammen spazieren gegangen, wenn es das Wetter erlaubte.
Aber mit mir armen Kinde geht kein Mensch des Abends spazieren,
einmal ließ ich mir einfallen, weil es gar zu schön war, mit Röschl[aub] und Ausine zu gehn, da schleppten sie mich gleich nach Buch,
aber ich blieb standhaft und gieng durchaus nicht hinein, sondern
grade vorbey nach dem Dorf zu, da mußten sie mir wohl folgen,
sonst hätten sie mich wahrhaftig wieder da hinauf in den garstigen
Tanzsaal geschleppt. So geht es uns Kinderchen, wenn Du nicht
da bist, kom nur bald wieder. Von Deinem Schwesterchen hast
Du doch auch nicht ein Wort geschrieben, wie sie Dir gefällt, ist
das nun nicht recht schlecht?

Nun stell Dir unser Unglück vor, mit dem schönen Logis bei
Hofrath Faber ist es wieder nichts; der Herr Hofrath wollte es wohl
sehr gern vermiethen und mit dem Preis waren wir auch einig,
nämlich 5 Carol. für 3 Monate. Aber nun hat der Herr Hofrath
noch einen Vater, der Titular-Geheimerrath ist und von dem der
Sohn, der erstens dum ist und zweytens viel Schulden hat, abhängt,
und dieser will es durchaus nicht zugeben, das vermiethet wird.
Röschl. war selbst bey ihm, aber er hat allerley Vorwände, es
wäre keine Frau im Hause, denn der Sohn ist Witwer mit kleinen
Kindern, und da könnten Unordnungen entstehen, und es könnte was
an den Möbeln verdorben werden, und das Haus stünde so im Ter-

¹ Zusatz Carolinens.

lauf, und kurz, er giebt es nicht zu, und der Sohn kann nun nichts machen und steht da, als wenn er die Ruthe vom Papa bekommen hätte. Nicht genug, das die Frauen an diesem Orte Männer haben anderes Sinnes wie sie, um uns zu quälen, die Söhne haben auch Väter, und die Titular-Geheimeräthe scheinen uns ganz besonders auffäßig zu sein. Und was wirst Du erst sagen, wenn ich Dir erzähle, daß dieser halsstarrige Vater derjenige ist, vor dessen abscheulicher Nase wir einstmals nicht zu Abend essen konnten, der uns auf dem Spazirgang begegnete.

Mit dem ist es also wieder nichts; ich ärgere mich nur, daß ich Dir schon davon geschrieben habe. Nun haben wir wieder ein anderes auf der Spur, von dem wir aber noch nichts gewisseres wissen.

Montag.

Gestern konnte Dein armes Kind den Brief nicht fertig schreiben, denn es hatte solche Schmerzen in der Schulter, daß es nicht im Stande war, die Feder zu halten, und habe beynahe den ganzen Tag auf dem Bett liegen müssen. Heute ist es aber wieder vorbey.

Die alte Mad. Schindler, die Unterhändlerin bey dem Faberschen Logis war, weil sie den Hofrath sehr genau kennt, meint, der Alte hätte [es] nicht zugeben wollen aus Religionshaß. Selbst Religionshaß.

Vom neuen Logis sollst Du nicht ehr ein Wort hören, bis alles in Richtigkeit ist.

Mutter will auch noch ganz viel schreiben. Leb recht wohl Du Muß und vergiß das Uttelchen nicht, das so gern mit Dir spaziren gienge.

Montag früh d. 9. Juni.

Ich habe das kleine zärtliche Gemüth zur Ruhe verwiesen, denn troz ihrer Versicherung ist sie doch noch nicht wieder besser und hatte Fieber gestern — es wird aber weiter nichts draus entstehn, als daß ich meine Abreise bis auf den 12ten verlege, auch aus der Ursache, weil es so kalt ist, und ich in das kühlere Bocklet nicht mit der Kühlung eintreffen mag. Marcus ist heut nach Nürnberg, und ich hab ihm versprechen müssen seine Rückkehr den 11ten Abends abzuwarten. Erst von B. schreib ich, was ich hier ausgerichtet habe. — Wir haben Tag und Nacht zu sorgen gehabt seit Du weg bist, und ich könt ein Lied nach alter Weise mit einem doppelten Refrain dichten, „wenn er doch nur bey uns wäre!" und „gut daß er nicht bey uns ist!" Bald hätte ich Dich mir zur Entscheidung gewünscht, und dann war ich wieder so froh Dich aller dieser Plage überhoben zu wissen, zumal ich selbst allein sie besser zu tragen vermochte. Nur das war mir im Wege — meine Schüchternheit an Deiner Stelle zu handeln, da ich es ganz als Deine Sache ansehe. Du weißt ich folge Dir wohin Du willst, denn Dein Thun und Leben ist mir heilig, und im Heiligthum dienen — in des Gottes Heiligthum — heißt herrschen auf Erden. — Doch komm ich nicht aus dem Gesicht verlieren, daß unser Aufenthalt hier schon wie gemacht, erklärt und bereitet ist, daß er so manche Vortheile für Dich anbietet, und das bestimmte mich, allen Verdruß zu ertragen, den ich sonst oft auf den Punkt war von mir zu stoßen, und ohne weiter etwas ausgemacht zu haben, nach B. zu gehn. Erst dort werd ich wahrscheinlich hören, ob Dir die nöthige Ruhe im Hause Deiner Eltern wird, worauf so viel ankömmt — gewiß bekomme ich nun hier keinen Brief mehr von Dir. Daß ich einen andern, nehmlich von meiner Mutter, noch hier abwarten kann, weil ich am Mittwoch noch da bin, ist mir lieb. — Du giebst mir nicht eine einzige militairische Nachricht. Fast sollt ich vermuthen, ihr würdet Kaiserliche bekommen. Das wird Dich stören.

Vorgestern hat mich Marcus zu seiner einen Schwiegerin geführt, wo ich auch die andre, sammt der Gräfin Rothenhahn und Hofmarschall Retwitzens traf. Beyde Schwägerinnen sind artige Frauen. Dieser Bruder von M., der krank ist an Krämpfen, sieht natürlich wie der idealisirte Hofr. Schütz aus. Die Rotenhahn war ganz und gar nicht adelich, sie hat sich so gefreut und wir haben unendlich viel mit einander geschwazt — es war auch eigentlich ein Rendés-vous mit ihr.

Röschlaub hat mir eben das Geld gebracht.

Eben hat mich die Commerzienräthin Markus besucht.

193.
Dorothea Veit an Auguste.

[Jena Juni 1800].

Liebe liebenswürdige Auguste, ich will keinen Menschen in meinem Namen Dir danken lassen für Deine Aufmerksamkeit für mich; das will ich selber thun! — —

Meine beyden neuen Kleider geb ich drum (das will viel sagen), wenn ich Dich, liebe Auguste, könnte die Nina spielen sehen. Sag mir nur, wo willst Du die Blässe hernehmen und das Unglück?

Du Blühende! Du wirst doch gewiß recht viel details von Deinem debut schreiben? — Deiner Mutter dank ich recht herzlich für das liebe Heiligenbild. Ich habe es hier immer vor mir liegen; mich dünkt ich hätte mir selbst keine andre Heilige erwählt, sie paßt mir recht. Die Bilder und die katholischen Gesänge haben mich so gerührt, daß ich mir vorgenommen habe, wenn ich eine Christin werde, so muß es durchaus katholisch seyn. Ich bitte die Mutter mir sagen zu lassen, wie ich es anfangen muß, wenn ich z. B. in Bamberg mich taufen lassen wollte[1]! Lache nur nicht, es ist mein Ernst. — Ich freue mich, daß es mit der Gesundheit Deiner Mutter so gut geht, und wir alle hoffen, daß das Bad vollends alles wieder herstellen wird. Ich habe einen drollig pathetischen Brief von Humbold aus Paris gehabt, er läßt sich Deiner Mutter recht sehr empfehlen. — — Was es übrigens hier Neues giebt, schreibt doch Wilhelm gewiß. Grüße die Mutter und behalte mich etwas lieb. Dorothea.

Friedrich läßt viele Grüße sagen.

194.
Cäcilie Gotter an Auguste.
Gotha d. 18. Junius [1]800.

— — Damit Du siehst welch ein großmüthiges Herz ich Dir zutraue, hoffe ich ohngeachtet meines Unrechts, daß Du uns so bald als möglich wieder Nachricht von Deiner guten Mutter geben wirst. Wir sehnen uns alle recht herzlich etwas von bedeutender Beßerung zu hören. Dein letzter Brief hat uns über diesen Punkt noch wenig Freude gemacht, weil wir sie uns weniger angegriffen und leidend vorgestellt hatten, als sie noch zu seyn scheint. Wahrscheinlich hat sie nun schon genug Bäder gebraucht, um beurtheilen zu können ob sie ihr gute Wirkung thun, schreibe uns ja davon sobald Du kannst, liebe Gustel, sollte es auch nur ein kleines Zettelchen seyn, und sage uns auch etwas von Ihrer Stimmung, hoffentlich haben ihre geschwächten Nerven außer in den Augenblicken wo sie leidet keinen Einfluß auf ihre sonstige Heiterkeit, und sie kann, so lange sie von unangenehmen körperlichen Empfindungen frey ist, die Zerstreuungen der Reise und alles woran sie sonst so vielen Antheil nimmt genießen.

Meinen schönsten Dank für die Beschreibung Deines Bamberger Aufenthalts. — —

---

[1] Vgl. d. Brief an Schleiermacher über Taufenlassen vom 11. April 1800, A. Schl.'s Leben III, S. 168.

195.

Schelling an A. W. Schlegel.

Bollet d. 6. Juli 1800.

Vor wenig Tagen bin ich von meiner Reise nach Schwaben hierher zurück gekommen, und habe Carolinen vollkommen hergestellt, dagegen aber Auguste krank gefunden. Doch wird sie in wenig Tagen so weit hergestellt seyn, daß wir nach Bamberg zurückkehren können [1]. — —

196.

A. W. Schlegel an Luise Gotter.

Bamberg d. 21. Aug. 1800.

Haben Sie herzlichen Dank, theuerste Freundin, für Ihren so innigen und liebevollen Brief, den Caroline mit den wohlthätigsten Gefühlen gelesen hat, weil sie darin Ihr ganzes Herz ausgesprochen, Ihre mütterlichen Gesinnungen für Augusten, und Ihre schwesterlichen gegen sie wiederfand. Verzeihen Sie aber auch, wenn ich für jetzt nicht zugebe, daß sie ihn selbst beantwortet, und es daher in ihrem Namen übernehme. Auch die freundschaftlichste Ergießung ihrer Trauer kann nicht ohne heftige Erschütterungen abgehn, die sie jetzt bey dem gänzlichen Verfall ihrer Kräfte, durchaus vermeiden muß. Ich hoffe aber, sie wird noch einmal zu andrer Zeit an Ihrem Herzen lindernd weinen, wenn gleich dieser Schmerz niemals ausgeweint werden kann.

Ich habe noch um Ihre Verzeihung zu bitten, daß ich es dem Zufall und fremden Menschen überließ, die traurige Nachricht zu Ihnen zu bringen. Ich war aber während der zwey Tage, die ich nach Empfang derselben noch in Jena blieb, so ganz zerrüttet, daß ich durch die häufige schriftliche Wiederhohlung mir nicht zu stark zusetzen durfte, wenn ich noch einige Kraft und Besinnung behalten wollte. Es beunruhigte mich sehr; ich konnte es aber nicht möglich machen Ihnen noch vorher zu schreiben. Von hier aus wird Mad. Schläger einen Brief von mir erhalten und Ihnen die Nachrichten über Carolinens Gesundheit daraus mitgetheilt haben. Sie ist nach der Versicherung der Aerzte nicht in einem besorglichen Zustande; es

---

[1] Auguste † 12. Juli 1800. Den Tag nennt J. B. Schwab in seinem Buch über Franz Berg S. XIV.

ist kein besondres Uebel, sondern bloß allgemeine Schwäche, die freylich durch den beständigen Gram immer unterhalten wird, so daß die stärkendsten Mittel ihre Wirksamkeit zu verlieren scheinen. Indessen hoffe ich, sie soll in vier oder sechs Wochen zu einer längeren Reise im Stande seyn — dann geht sie nach Braunschweig zu ihrer Mutter und Schwester. Vielleicht hat sie bey ihrer Zurückkunft nach Jena den Trost, Sie und Ihre lieben Töchter und Mad. Schlaezer auf einige Tage zu sehen.

Ueber Augustens Verlust lassen Sie mich nicht reden, es ist nicht in Worte zu fassen. Von Ihnen wurde sie als eignes Kind geliebt, aber sie mußte dem fremdesten, ja ich darf sagen, dem gleichgültigsten Menschen als ein ausgezeichnetes Wesen erscheinen, so himmlisch hatte sie sich, noch seit Sie zuletzt sie sahen, entwickelt. — Vor kurzem habe ich die erste Wallfahrt zu ihrem Grabe angetreten. Es liegt neun Meilen von hier, in einem eng umschloßnen lachenden Thale, das keine Gräber ankündigt; sie ruht auf einem engen und ärmlichen Dorfkirchhofe, der aber frey liegt, und von dem man das schöne Thal übersieht. Es wird Sorge getragen werden, ihr Andenken dort zu bezeichnen.

Ihrer lieben Cäcilie sagen Sie viel herzliches von uns. Wie schön hätte sich auch diese Freundschaft noch ausbilden können, wenn Auguste gelebt hätte. Wir hoffen gute Nachricht von der Gesundheit des liebenswürdigen guten Mädchens, die schon so frühe und so viel körperlich hat leiden müssen.

Der Himmel erhalte Sie und die Ihrigen, denken Sie mitfühlend an uns, so wird unsre Ueberzeugung hievon ungeachtet der Entfernung wohlthätig auf uns wirken. Leben Sie recht wohl.

Ihr ergebenster
A. W. Schlegel[1].

Die besten Empfehlungen an Madam Schläger.

---

[1] Aus einem Briefe A. W. Schlegels an Tieck, Bamberg d. 14. Sept. 1800 (Briefe an Tieck III, S. 232), mag hier Folgendes beigefügt werden:

„Habe Dank für Deinen innigen freundschaftlichen Brief, der mir wohlthätige Thränen entlockt hat. Freilich bin ich jetzt leichter zu rühren, als je; es ist, als hätte ich alle meiner Thränen hierauf gespart, und manchmal habe ich ein Gefühl gehabt, als sollte ich ganz in Thränen aufgelöst werden. Wenn die geliebten Wesen in unsern Gesinnungen leben, wie Du sagst, so hätte Auguste nie mehr gelebt, als jetzt; ich wußte zwar, daß ich sie sehr liebte,

197.

Sophie Tischbein an Caroline.

Leipzig den 28ten August [1800].

Sie haben meinen Kinderen viel Schmerz, aber auch zugleich viel Freude mit den überschickten Sachen von der Himmlischen Auguste gemacht — die guten Mädchens konnten sich den ganzen Tag nicht fassen, sie weinten unaufhörlich. — Ich sehe gern diese Tränen fließen, denn die holde Auguste verdient, daß sie ihrer so gedenken. — O Gott, liebe Schlegelin, Ihnen sage ich nichts — Ihr Schmerz ist gerecht,

---

aber ihr Tod hat alle noch verborgene Liebe ans Licht gerufen. Um das schmerzliche süße Andenken zu nähren, ist noch ein Bild von ihr verhanden, zwar vor beinah zwei Jahren gemacht, aber doch ähnlich. Vor kurzem haben wir ihrs erste eine Zeichnung darnach bekommen; mit einem leichten Heiligenscheinen umgeben, steht sie auf meinem Zimmer, und wird stündlich von mir betrachtet und angebetet. Caroline dankt herzlich für Eure Theilnahme. Sie hatte vor einigen Wochen eine Unpäßlichkeit, die ihre Kräfte gleich wieder völlig erschöpfte, jetzt ist es besser, doch wird sie schwerlich ihre volle Gesundheit wieder bekommen. Wie ist es möglich bei diesem Gram, der sie oft halbe Nächte wach und weinend erhält". Weiter über das Denkmal und später (S. 234): „Ueber den Gegenstand meiner Trauer ist erst ein Lied und ein Sonett mitstanden, ich habe nicht Ruhe und Muße gehabt, es wird eine ganze Reihe werden". — — (S. 237): Alsdann begleite ich Caroline nach Braunschweig, gehe auch nach Hannover auf einige Tage und so nach Jena zurück. — — Da wirst mich vielleicht in manchen Stücken verändert finden, — es muß natürlich den Sinn mehr von der äußern Welt abziehen, wenn man vor allem mit einem abgeschiedenen Wesen lebt. — Die Flecke auf der ersten Seite sind Spuren von Thränen — ich erwähne es nicht als eine Seltenheit — denn diese Libationen auf das Grab des geliebten Mädchens werden sich immer erneuern, diesen Tod werde ich nie aufhören zu beweinen. Auf die erste Nachricht habe ich geglaubt wahnsinnig zu werden, — dieser wüthende und empörte Schmerz stellte sich auch bei dem Gesuche in [Gotha] wieder ein. In der mildesten und heitersten Stimmung liegt mir doch die Wehmuth beständig nahe".

Vgl. auch die Briefe an Schleiermacher, A. Schl.'s Leben III, S. 210 ff. vom August und N. Sept., wo er schreibt: „Etwa in 14 Tagen denke ich von hier über Gotha nach Göttingen, Braunschweig und Hannover; doch bin ich gewiß in der ersten Hälfte des October schon wieder in Jena zurück", und über den Aufenthalt Carolinens mit Schlegel und Schelling in Bamberg bis zum 1. October A. d. Leben von Geiss S. 47.

Schlegels Todtenopfer für Auguste erschien in dem Musenalmanach 1802, S. 171, wiederholt: Werke I, S. 127 ff. „Der weiße Kranz" (ebend. S. 131) ist nicht von A. W., sondern von Fr. Schlegel, wie schon Böcking in den Verbesserungen am Ende des 2ten Bandes bemerkt hat.

und Ihr Verlust unersetzlich — wie Sie ihn tragen, begreiffe ich nicht. — Auch mich kostet der Thodt des guten Kindes manche Träne, ich hatte sie lieb und werth beinah wie mein eigen Kind, und liebte mich nicht Auguste auch mit beinah Kindlicher Zärtlichkeit? —

Sie würden schon früher einen Brief von mir bekommen haben, allein ich wollte gern die Zeichnung von Caroline mit beilegen. — Nur ein Wort wegen dem Portrait des lieben Kindes. — Tischbein] grüßt Sie, und verspricht bald möglichst das Bild zu schicken, allein das, welches Sie gesehen haben, zu endigen, ist nicht möglich, wenn der Hals, die Haare, und die neben Sachen, würden übermalt werden, würde der Kopf elend gleich einem tohten Kopf außsehen — etwaß, auch nur die geringste Kleinigkeit am Kopf machen wäre zu gefährlich, die Aehnlichkeit könte mit einemmal dahin sein, es bleibt also nichts überig, als nach dem unvollendeten Original eine getreue, gute und fertige Copie zu machen, diese ist schon untermahlt und wird sehr Shulig werden. Sie bekommen alsdann ein ordentliches fertiges Bild, an dem Sie Freude haben werden, und worin Sie das süße Geschöpf ganz wieder erkennen werden, nur bittet Ti. um ein wenig Gedult, er hat Arbeit vor Orlof zu endigen, diese eilt, weil in Zeit von 14 Tagen Orlof von Lauchstädt zurückkommt und seine Bilder mit nähmen will. Ihren Wunsch wegen dem heiligen Schein wird Ti. gern erfüllen — aber ein kleines Bild, wie Sie zu haben wünschen, ist ihm nicht möglich zu machen, erstlich ist er darin gar nicht geübt und denn würden es auch seine Augen nicht erlauben — es ist ihm leid Ihnen diese Bitte nicht gewähren zu können. Die Zeichnung von Caroline ist dem Bilde sehr ähnlich und ich hoffe Sie werden damit zufrieden sein — begnügen Sie sich mit diesem Werk (das Caroline, ob zwar mit Tränen, aber doch so gern und mit viel Fleiß gemacht hat —) biß Sie das Bild besitzen, alsdann nimmt Schlegel die Zeichnung wohl gern. Vor mich macht Caroline eine andere Zeichnung, und vor sich und Betti ein Miniatur auf eine Brieftasche, worin die aufgehobenen Briefe der lieben Auguste sein werden. Meine Kinder werden nie wieder ein Mädchen finden die sie so lieben werden, Auguste wird ihnen ewig unvergeßlich bleiben. — Leben Sie wohl arme, bedaurungswürdige Mutter. Ihre Sie immer liebende
Sophie Tischbein.

198.

An Luise Gotter.

Bamberg d. 18. Sept. 1800.

Mit wenig Worten nur laß mich Dir die traurige Erwartung ankündigen, daß Du Deine unglückliche Freundin sehn wirst. Ich will meine Mutter und Schwester besuchen, und wir denken den Weg nicht über Jena, sondern über Gotha und Göttingen zu machen, da will ich einen Tag bey euch ausruhn. Kannst Du mich also etwa auf 2 Nächte in Deiner Wohnung aufnehmen? Wenn Du Schlegel nicht leicht beherbergen kannst, so geht er in den Gasthof zu schlafen, und das wird auf jeden Fall am besten seyn, da ich Dich doch noch mit einem Mädchen inkommodiren muß, die von Jena aus in Gotha mich treffen soll und die ich in Dein Haus anzuweisen mir die Freyheit nehmen muß. Den Tag unsrer Ankunft kann ich nicht gewiß bestimmen, wenigstens noch nicht, es wird in den letzten Tagen dieses Monats seyn. Ich wollte Dirs nur vorläufig melden, die Briefe gehn von hier aus so unordentlich, daß ich nicht einmal weiß, wann Du dieß erhältst, und also nicht länger zögern konnte. Wir werden nicht so spät in der Nacht kommen, daß Du nicht noch ein Bett bereiten könntest. Grüße einstweilen meine Freunde und benachrichtige Mad. Schläger, daß wir kommen. Fasse Dich selbst und Deine Kinder, um meinen Anblick zu ertragen, ich lebe nur noch halb und wandle wie ein Schatten auf der Erde.

Nachträge.

*1.

An Luise Stieler.

Göttingen d. 4. September 1778.

— — Diese Woche war mein Geburtstag, er hat mich zu traurigen Betrachtungen veranlaßt, vor einem Jahre wie war das alles noch so ganz; anders, ich erinnere es mir noch so umständlich. Bl[umenbach] muste grade den Tag aufs Land, den Morgen schrieb er ein Billet an meinen Bruder, worinn er ihn bat mir zu gratuliren und zugleich zu versichern, daß er diesen Mittag meine Gesundheit mit gewiß sehr warmem Herzen trinken würde, an mich schickte er ein Bouquet mit diesem Vers:

> Den kleinen Strauß den ich Dir binde,
> Pflückt ich aus diesem Herzen hier,
> Nimm ihn gefällig an Belinde,
> Den kleinen Strauß, er ist von mir.

Den Abend wie er zurückkam, kam er noch selbst. Wie hat sich das alles geändert! Dieses mal hat er nicht daran gedacht, seit drei Wochen hab ich ihn nicht gesehn. — —

1 a.

An Luise Stieler.

Göttingen d. 17. März 1780.

— — Noch eins, schlage doch einmal im diesjährigen Göttingischen Musenalmanach¹ ein Gedicht: An Bianka bey einer Beerdigung, mit einer italiänischen Ueberschrift, und der Unterschrift: Gu — nach, und sage mir dann, ob es nicht ganz vortreflich ist, es ist von einem

---

¹ Musenalm. S. 97.

gewißen Meyer hier, der Harburger genannt[1], denn es giebt der Meyer mehr, vielleicht kennt ihn Gotter, denn ich glaube er ist einmahl in Gotha gewesen, er soll ihn aber nicht mit dem Canonikus Meyer verwechseln, der diesen Sommer kommen wird, und der auch ein sehr feuriger Adorateur der Böhmern[2] ist, und im Charakter und der Figur sehr viel Ähnliches mit dem andern hat. Bianka ist Friederike, die Gelegenheit war: die Beerdigung des seligen Baron von Reck, von der ich Dir eine Beschreibung gemacht habe. Wie hübsch ist die Stelle nicht?

> Innig kanst Du fremdes Leides trauren,
> Du, der diese ganze Erde lacht.
> Weh ihr, trägt sie jemals einen Schurken,
> Der Dich um Dich selber weinen macht.

Und wie weißagend zugleich, denn ach nur zu bald, trug die Erde einen Schurken, der Friederiken um sich selber weinen machte. Dieser Meyer ist jetzt aber weg. Der andre ist, wie Du selbst sehn wirst, ein gefährlicher Mensch, seine edle Seele drückt sich auf seinem Gesicht so sehr aus und macht einen so sicher. — —

1 b.
An Luise Gotter.

Göttingen den 16ten May 1780.

— — Ob ich Oberon gelesen habe, ob er mir gefallen hat? Welch eine Frage, wie könt ich sonst leben? Wo ist der Mensch der so schiefen Kopfs und harten Sinns gewesen wäre nicht darüber entzückt zu seyn. — Im Ernst aber, er hat mir sehr gut gefallen und ich wüste in der Art nicht leicht etwas interressanters gelesen zu haben. — —

1 c.
An Luise Gotter.

Göttingen d. 16. Juny 1780.

— — Fern von mir sey jede romanhafte Idee! Ich fühle daß ich Linken[3] jeden andern vorziehn könte und weis, daß er den Vorzug

---

[1] Derselbe, an den die Briefe Nr. 25 ff. gerichtet sind.
[2] Die er später heirathete; s. oben Nr. 3, S. 8. Fr. B. ist Friederike Böhmer.
[3] Nicht der bekannte Naturforscher, der später in Göttingen studierte.

verdient, den ich ihm gebe, ich hoffe, daß meine Neigung zu ihm, da sie auf die Eigenschaften seiner Seele, auf seine vortrefliche Denkungsart gegründet ist, unschuldig ist, und unserm gütigen Vater im Himmel nicht misfällig seyn könne. Schwierigkeiten von beyden Seiten können unsre Verbindung hindern. — — Ists gut für mich, auf diese Art glücklich zu seyn, so wird uns Gott vereinigen. Ist es nicht gut, so trent er uns, und ich habe den wahrhaft göttlichen Trost, daß jedes Schicksaal, was mir begegnen mag, zu meinem Wohl dient. Ich bin nicht so romanhaft zu sagen, daß ich nie einen andern heirathen wolle wie ihn, nein ich überlaße mich so ganz, mit so ruhiger Seele der Führung Gottes, daß ich ohnmöglich unglücklich werden kan. — — Was soll ich mir in der Blüthe des Lebens ängstliche Stunden machen. Ich will meinen Frühling genießen, erst 16 Jahr und mir vor Sorgen und Kummer graue Haare wachsen zu laßen, das ist meine Sache nicht. — —

1 d.
An Luise Gotter.

Göttingen d. 8. September 1780.

— — Du lenst doch gewiß, Dank sey der Göttin des Ruhms! unsre göttingische Muse Mlle Gatterer[1] und ihre Gedichte. Wie wahr ist doch das Sprichwort: Kein Prophet gilt in seinem Vaterlande, und wie sehr recht hat Miss G. wenn sie sagt, man weiß mich hier nicht zu schäzen. Hier redt man nicht von ihr, man bewundert sie nicht, ohngeachtet ihres lebhaften Verstands, ihres feurigen Wizes, der lezte hat im Gegentheil [sie] schon manchen Unannehmlichkeiten bloß gestellt, und kaum läst sie sich auswärts blicken, so ist alles voll von ihr. Sie hat kürzlich eine Reise nach Caßel gemacht, und hat so viel Beyfall gefunden, daß man fürchtet, sie werde ganz betäubt davon werden. Tischbein hat sie gemahlt als Muse in einem himmelblauen Gewand, auf die Leyer gestüzt und einen Kranz von Lorbeern und Rosen im Haar. Ein Bild hat er ihr im schönen Rahmen hieher geschickt, das zweyte hat er behalten, das dritte ist in der Caßelschen Bilder-Gallerie aufgestellt worden. Sie ist nichts weniger als schön, das Portrait soll ähnlich seyn und doch hübsch. Das ist

---

[1] Philippine Gatterer.

das schöne der Kunst. Aber was würde nicht Tischbeins Pinsel verschönern? — — Kurz, ihr ist so viel Ehre wiederfahren, daß es kein Wunder ist wenn ihr der Kopf schwindelt. Von dem Leipziger Almanach wird sie in Kupfer gestochen werden.

Zu diesem allen setzt nun noch die leidige Modisance so sehr viel zu, was sie alles von sich selbst bey diesen Gelegenheiten gesagt haben soll, daß ichs nicht wiederholen will, weil vermuthlich der gröste Theil falsch ist. Wenn die Gatterer aber mehr Bescheidenheit hätte, so würde sie noch sehr viel liebenswürdiger. Ihr Herz ist gewiß gut, ihr Verstand untadelhaft, aber für ein Frauenzimmer hat sie zu viel Muth, denkt und redt zu frey, hat überhaupt so wenig vom sanften weiblichen Charakter, als daß sie aus dem Gesichtspunkt betrachtet gefallen würde. Ich habe Briefe von ihr, denn ich habe hier mit ihr correspondirt, die ihr immer Ehre machen.

1e.
An Luise Gatter.

(Göttingen) d. 30. Oct. (1780)[1].

Ohngeachtet aller meiner Bemühungen ist es mir nicht möglich gewesen die Kästnersche Schrift[2] zu bekommen, es ist durchaus in keinem Buchladen zu haben, und kein Professor wills hergeben. Sie sind zu patriotisch um die Schande der Universität noch weiter ausbreiten zu wollen, vielleicht bekomm ichs noch von Kästnern selbst, der wahrscheinlich den Patriotismus nicht fühlt.

1f.
An Luise Gatter.

Göttingen d. 12. Januar 1781.

— — Daß doch die alten Onkels und Tanten immer und ewig alles Unheil stiften müssen. Ich wolte sie ließen endlich einmal die liebe Jugend in Frieden die mühselige Lebensbahn durchwandern, quälten die Leute nicht mehr und begäben sich zur Ruhe. Stell Dir vor, da hat der arme Lint so einen alten Abscheu von Onkel, der

---

[1] Nachschrift zu einem Brief vom 29. Oct.
[2] Ohne Zweifel: An Herrn Hofrath und Leibmedicus Zimmerman in Hannover. Altenb. 1780.

unglücklicher weise sein Vormund seyn muß, und noch überdies sein zeitliches Glück so ziemlich in Händen hat, denn er ist reich. Der läßt sich einfallen, alle Briefe von Links Freund aus Göttingen aufzufangen, und entblödet sich nicht allein sie zurückzuhalten, sondern möchte ihm auch gar zu gern, mit eigner hoher Hand eine liebe Frau geben. Wahrhaftig es ist unausstehlich! Ist je ein solcher Frevel erfunden worden? — — Was wird draus werden? Nächstens werd ich Euch ein Avertissement eines Romans, betitelt: Der alte Onkel, schicken, den ich auf Subscription und Praenumeration herauszugeben gedenke, troz Herr Wezels Gefahren der Empfindsamkeit! Ich lache wohl drüber, aber freylich wie einer der mit Thränen in den Augen den Mund zum Lächeln zieht. Du fragst mich, liebe Louise, ob ich an Linken geschrieben hätte. Nein, das würde weder mit meiner Pflicht, noch mit meinen Grundsäzen bestehn können. L. correspondirt blos mit seinem Freund, der ihm wohl Nachricht von mir giebt, aber dem ich weder etwas an ihn, noch er etwas an mich aufträgt. Weiter werde ich mich nicht einlaßen. Ich bin nicht so romanhaft gesint, daß ich dächte L. oder seinen, und da ich das nicht bin, so würd ich schlecht zu handeln glauben, wenn ich weiter ginge. Beste theure Louise, ich will nicht meine guten Eltern, meinen geliebten Bruder betrüben, nicht meiner Schwester Fehler durch mein Beyspiel rechtfertigen, nicht meiner Louise Freundschaft unwerth handeln, und wäre die Stimme der Leidenschaft auch noch so stark, so würd ich mich dennoch besiegen, denn die Redlichkeit meiner Gesinnungen und gutes Herz sind mir mehr wehrt als zeitliches Glück. So denk ich jezt, und Gott erhöre mein ernstliches Gebet, daß ich immer so denken möge. — In Gotha[1] habe ich Link kaum genant, ich wollte, mochte nicht mich meinen Ideen zu sehr überlaßen, auch bitt ich Dich, antworte mir lieber nicht hierauf, denn es erneuert nur immer ein Andenken, das ich, wo nicht ganz unterdrücken, doch nicht zu lebhaft werden laßen sollte. Also auf lange lange Zeit leb wohl Lieb! Du warst gut und liebenswürdig, und Dein Schicksaal müße glücklich seyn!

Heute habe ich einen Brief von Therese H[eyne] gelesen, der mich beynah wieder mit ihr ausgesöhnt hat. Er war an Lotten. — — Vielleicht bekömst Du ihn auch zu lesen, denn ich weiß eben durch die Briefe von Theresen, daß Dein Mann welche davon gesehn hat.

---

[1] Wo Caroline im Herbst 1780 zu Besuch gewesen.

Er wird Deinen Beyfall haben, so wie er den meinigen ganz hatte. Das war eben die Seite, durch welche Therese mich blendete. Sie hat auch wirklich diese Grundsäze, das glaub ich immer behaupten zu können. Aber jezt wird sie zu sehr vom Wirbel fortgerißen, als daß sie sie so wie sonst ausüben könte. Man verzeiht ihr nur ihr sehr freyes Wesen eher, weil es in ihrem Temperament zu liegen scheint. Sie spricht unaufhörlich und immer wizig, daher wird sie einigen. unerträglich und blendet manche. Im Ganzen ist man ihr nicht gut, aber sie hat verschiedne declarirte Anbeter. — — Aber bey allen ihren guten Grundsäzen, hat sie viel Falschheit und — ich will nicht so streng seyn zu sagen, ein böses Herz, aber doch auch nicht die geringste Gutherzigkeit. Da ich noch so vertraut mit ihr war, warnte mich mancher vor sie, man hat mich so oft ihr nicht zu trauen, aber Du weist wie ich bin, ich vertheidigte sie immer mit dem gröstem Feuer, man konte mich nicht bitterer kränken, als wenn man mir übel von ihr redte. Hätt ich nur gefolgt. Sie hat mich nunmehr Mistrauen gelehrt, aber die Erfahrung ist mir sehr sehr theuer zu stehn gekommen. Sie brach mit mir plözlich unter dem unbedeutendsten Vorwand, ich war untröstlich, und ob ich gleich auf meine Unschuld hätte stolz seyn können, so gab ich ihr doch die besten Worte. Umsonst, sie antwortete mir mit der bittersten Verachtung. Da erhob sich das Gefühl meiner selbst, ich ward aufgebracht. Und nun sollte sie mich wieder durch Freundlichkeit, um mich wieder zurückzustoßen. Das geschah vor einem Jahr. Seitdem kamen wir gar nicht zusammen. — — Bey dem allen glaube ich, daß Therese, ohne diese unselige Anlage zur Falschheit, mit etwas Dämpfung ihrer zu großen Lebhaftigkeit ein vorzügliches Mädchen seyn würde. Sie hat ihr Gefühl für Religion, so lang ich sie kante, nie verläugnet, aber wozu kan nicht verschmähte Neigung und Mangel an Gutherzigkeit verbunden fähig machen. Ich werde nicht unversöhnlich seyn, aber ich fürchte sie ists, denn wer beleidigt hat, verzeiht dem andern Theil eignes Unrecht schwerer, als der Beleidigte jenem das seinige. — —

1 g.

An Wilhelmine Bertuch.

Göttingen d. 2. März 1781.

— — Diese Woche beehrte der Herzog von Würtenberg und Gräfin Hohenheim, die mit ihm reiset, unsre Stadt. Er besuchte alle Collegia, sah und hörte Naturalien-Cabinet, Bibliothek, Disputationen, Societäten, alles was nur aufzutreiben war, war sehr höflich, sehr gnädig, tractirte die Profeßores ꝛc. Sie besah mit, und ennuyirte sich die übrige Zeit im Gasthofe. Jeder der sie gesehn hat macht die reizendste Beschreibung von ihr, sie soll nicht schön, aber im höchsten Grad annehmlich, gelehrt, voller Einsicht und Verstand seyn. Gelehrsamkeit ist jezt so sein Steckenpferd, daß es ihn lächerlich und zum Pedanten macht. Er ist häßlich, verliebt mag sie wohl nicht in ihn seyn, ob sie gleich ihren Mann um seinetwillen verließ. Seine Unterthanen wünschen, daß er sie heirathet, er traut aber selbst seiner Beständigkeit nicht genug, das zu thun. Tugend und Religion ist jezt sein drittes Kerl, er, der Unterdrücker weiblicher Tugend, der Zerstörer der Ruhe so mancher Familie, der Verläugner seiner Religion, wenn sie aus Thaten besteht, wagts diese heiligen Nahmen zu misbrauchen. O er ist mir verhaßt! Willst Du sein Bild, so stell Dir einen großen und nicht magern Mann, mit einem rothen Augesicht, großer Nase nebst kleinen ditos drauf, große hervorstehende Augen, einen braunen kurzen Rock, schwefelgelbe Weste, so lang, daß man die schwarzatlaßne Beinkleider, über die graue Strümpfe nach alter Mode gewickelt waren, kaum sah, denn Weste und Strümpfe stießen zusammen, Stiefel mit Fischbein steif gemacht, den Gang eines alten Greises vor. Möchtest Du, ich sage nicht Gräfin Hohenheim, sondern auch nur um den Preis rechtmäßige Herzoginn von Würtenberg seyn?

Da lob ich mir unsern lieben Bischof von Osnabrück[1]. Wär ich eine Heydinn, so macht ich ihn zum Gott, und eine Chatolikinn, zu meinem Heiligen. Er wird in der That vergöttert, man würde ihn anbeten, wär er auch nur der Sohn unsres guten Königs, unsrer lieben Königinn, aber so da er auch gut, sehr gefällig, schön, und was weis ichs alles? ist, so ist des Lobes kein Ende. Du sollst seinen Schattenriß haben, die Reinbolden schickt mir etliche Exemplare aus Hannover. Hier ist sie schon allerwärts. Was sich nur irgend piquirt vom guten Ton zu seyn, trägt den Bischof in der Tasche, an der Uhr, im Ringe, am Hut, als Nadel, und weh dem der nicht weis daß er blonde Haare hat! — —

---

[1] Prinz Friedrich, später Herzog von York.

1 h.
An Luise Gotter.

Göttingen d. 13. Julius 1781.

— — Eine Nachricht die Dir gewiß Vergnügen macht, in der Du aber nicht den Grund meiner jetzigen Gemüthsfaßung suchen mußt, weil sie es wirklich nicht ist, ist daß ich mich ganz von meiner Leidenschaft losgerißen habe. Völlige Ungewißheit über das Schicksaal ihres Gegenstandes, das für uns alle völlig unerklärbar und dunkel ist, ist die Ursache meines Entschlußes. Er ist vielleicht todt, vielleicht unwürdig, vielleicht höchst unglücklich, und in jedem Fall für mich verlohren. Die Zeit schwächt sein Andenken in meiner Seele, und es beunruhigt mich immer weniger. Mein lures Vertrauen auf Gott macht mich ruhig. — —

1 i.
An Luise Gotter.

Göttingen den 1. November 1781.

— — Vielleicht sind auch meine Begriffe von der Freundschaft zu ausgedehnt, und ich begreife die Liebe mit drunter, doch wirklich verlieben werde ich mich gewiß nie (denn was ich bisher dafür hielt, war nur Täuschung meiner selbst, ich entsagte diesen Hirngespinsten mit so weniger Mühe;) aber wenn ich heirathen sollte, so würde ich für meinen Mann die höchste Freundschaft, und doch vielleicht nicht so viel, wie für meinen Bruder hegen. — Soll ich Dir noch eins sagen, das auch wohl Folge einer kleinen Sonderbarkeit ist, ich würde, wenn ich ganz mein eigner Herr wäre, und außerdem in einer anständigen und angenehmen Lage leben könte, weit lieber gar nicht heyrathen, und auf andre Art der Welt zu nuzen suchen. — —

1 k.
An Luise Gotter.

[Göttingen October/November 1781].
(Anfang fehlt).

— — Du hast Schlözer und seine Töchter kennen gelernt[1]. Was sagst Du zu dieser Reise, und zu der sonderbaren Erziehung? Ich

---

[1] Vgl. über diese Reise Schlözers öffentliches und Privatleben I, S. 276 ff.

wundre mich, daß ein Mann mit so viel feinem, durchdringendem, umfaßendem Verstand, zuweilen mit so wenig Vernunft handelt. Es ist wahr, Dortchen hat unendlich viel Talent und Geist, aber zu ihrem Unglück, denn mit diesen Anlagen und den bizarren Projecten des Vaters, die sie zu der höchsten Eitelkeit reizen werden, kan sie weder wahres Glück noch Achtnug erwarten. Man schäzt ein Frauenzimmer nur nach dem was sie als Frauenzimmer ist. Ein redendes Beyspiel davon habe ich an der Prinzeßin von Gallizin, die hier war, gesehen, sie war eine Fürstinn, hatte viel Gelehrsamkeit und Kentniße, und war mit allerdem der Gegenstand des Spotts, und nichts weniger wie geehrt. Dortchen wird eine andre Gallizin werden. Zumal da der Vater sehr reich ist, und alle seine Absichten durchsezen kan. Und nun diese Reise, die Vater und Tochter den dringendsten Gefahren aussezt; nach einem Lande wie Italien ist ein junges Mädchen, solte sie auch noch ein Kind seyn, ohne weibliche Aufsicht! Und der Vater, da die Reise durch Länder geht, wo er von der Rache der Jesuiten, denen er durch sein Journal wesentlichen Schaden gethan hat, alles befürchten muß, wenn ich alles andre nicht rechnen will; und durch die Schweiz darf er gar nicht einmal reisen, das weis er auch wohl. Er hat im lezten Heft von Lichtenbergs Magazin etwas eingerückt von Wasers Tod, das eine Revolte in der Schweiz hervorbringen kan, und unsre hiesigen Schweizer sind so wüthend aufgebracht gegen ihn, daß ich froh bin, daß er schon weg war, wie der Aufsaz erst erschien. Alle seine Freunde, und vorzüglich mein Vater, thun ihm oft genug Vorstellungen, aber er ist taub, sein Wiz, sein beißender, treffender Wiz verleitet ihn, er kan keinen satyrischen Gedanken unterdrücken, und wär er noch so bitter. Und doch hat er gewiß einen guten Character. — Nikolai war denn auch hier, und was freylich selbst der mir sagte, daß er einen Tag länger geblieben wäre um Dich spielen zu sehn. Sein Aeußerliches gefällt mir sehr gut, aber ich halte mehr von seinem Verstande wie von seinem Herzen, der Sohn gefiel mir ganz wohl. Sie soupirten bey uns.

Der Auszug vom Göthischen Stück, für den ich Dir sehr danke, macht mich sehr begierig die Ausführung zu sehn, die aber freylich interressanter seyn muß wie der simple Plan, wenn sie die Ehre haben soll mir zu gefallen. Wär Dirs nicht möglich mir etwas davon zu schicken, denn Deine Rolle hast Du doch wohl. Schade daß Göthe, der so ganz herrlich, so hinreißend schön schreibt, so sonderbare Gegenstände wählt; und doch kan ich weder seinen Werther,

noch Stella, noch die Geschwister unnatürlich nennen, es ist so romanhaft, und liegt doch auch so ganz in der Natur, wenn man sich nur
mit ein bischen Einbildungskraft hineinphantasirt. — Sag doch Deinem
lieben Mann, daß Meyer hier den Graf Eßex über alle Beschreibung schön gespielt hat, er ist vergöttert worden und man wuste ihm
nicht genug Bewundrung zu bezeugen, es ist aber auch ganz seine
Rolle, tausendmal hätte ich Deinen Mann hergewünscht. Zweytens
sag ihm, daß ich mich neulich sehr über die Entdeckung gefreut habe,
daß er einen gewißen Grafen Lichnovsky und Hrn. von Berg, beyde
die besten unverdorbensten Seelen, kent. Berg ist auf Reisen gegangen. Man glaubte nicht, daß er sein Vaterland wieder sehn
würde, aber seine Gesundheit stärkt sich. Der arme Graf, der mir
seines ofnen, unbefangnen Charakters, und seines kunstloosen, gar nicht
pretension machenden Verstands (wegen) vorzüglich interreßant ist, ist
so schwächlich, daß man sehr um ihn besorgt ist. Er schäzt Deinen
lieben Mann ganz außerordentlich, so kurze Zeit er ihn gesehn hat,
und wünscht sehr Gotha noch einmal zu sehn. — —

11.
An Luise Gotter.

Göttingen den 22. Dec. 1781.

— — Hr. Schlözer giebt Euch zwar in seinem Reise-Journal
ein günstigers Urtheil wie ehedem Wieland. Er schreibts zwar
nicht selbst, sondern einer seiner Reisegefährten, Hr. von Widow¹,
aber vermuthlich wird Schlözers Urtheil das seinige leiten. Der
Name Deines Mannes wird auch genannt, und sehr viel Gutes von
Gotha überhaupt gesagt. Jezt ist er in Venedig, und bald wird
Dortchen Sr. päbstlichen Heiligkeit sich zu Füßen legen. — —

12.
An Luise Gotter und Wilhelmine Bertuch.

Göttingen den 16. April 1782.

— — Diese Woche ist mir desto annehmlicher verfloßen. Ich
habe Cassel gesehn. Mad. Schlözer reiste ihrem Mann dahin entgegen, und nahm mich mit. Ich hatte eine gewaltige Freude drüber,

---
¹ Widow.

die Tage vorher aß, trank und schlief ich nicht, und ich fastete und wachte nicht vergebens, denn es waren ein paar himmlische Tage. Schon die Zusammenkunft der beyden Eheleute wäre der Mühe werth gewesen, aber Caßel zu sehn, was seit so langer Zeit mein Dichten und Trachten gewesen war, das versöhnte sich der Freude wohl. Im Hinweg wohnten wir auch in Münden einem merkwürdigen aber traurigen Schauspiel bey, der Einschiffung der Truppen nach Amerika. Welch eine allgemeine, mannichfaltige, grause Abschieds-Sceene. Was sie mir vorzüglich war, das läßt sich begreifen. Die Gegend um Münden ist so romantisch, daß sie zu solch einer Sceene geschaffen zu seyn scheint. Dir, liebe Luise, brauch ich nicht zu sagen, wie mir Caßel gefallen hat, nur machte mich der Gedanke unwillig, daß der Landgraf in Münden Menschen verkaufte, um in Caßel Palläste zu bauen. Wir logierten auf dem Königsplaz. Die Collonnade, wo ich die Wachparade aufziehen, und auch, mit allem Respect gesprochen, das Vieh den Landgrafen sah, hat mir vorzüglich gefallen. — Schlözer kam mitten in der Nacht. Diese Zusammenkunft zwischen Mann und Frau, Eltern und Kindern nach so langer und gefährlicher Trennung war ein schöner Auftritt, den gesehn zu haben ich um nichts hingeben möchte. Seine Reise ist ohne den geringsten Unglücksfall abgelaufen, nur wir werden ihn wahrscheinlich verlieren, denn der Kahser hat ihm 4000 Thlr. Besoldung und den Adelsbrief angeboten. — Unsre Rückreise war äußerst lustig. Es war nichts als Lachen und Jauchzen, Postillons, Bedienten und alles theilte die Freude. Wir hatten auch verschiedne lächerliche Abentheuer. Wir zogen endlich gar prächtig in Göttingen ein: 3 zu Pferde voraus, dann unser Wagen mit 4, die römische Reisegesellschaft mit 6 Pferden, und ein Cabriolet machte den Beschluß. Unser Gefolge vermehrte sich so, daß beym Absteigen vor dem Schlözerischen Hause über 100 Menschen versammlet, Schlözer fast ins Haus getragen wurde und wir uns mit Mühe durchdrängen musten, und hier erscholl ein freudiges Willkommen! überall. — —

10.

An Luise Gatter.

Göttingen den 5. October 1782.

— — Deine Theilnehmung vermehrt mein Glück, und Deine Wünsche sind zu schön, um mich nicht ihre Erfüllung hoffen zu laßen.

Aber wie auch mein Schickſaal ſeyn möge, ſo werd ich doch niemals
der Freundſchaft vergeßen, die Dir mein Herz, ſobald es empfinden
lernte, auf ewig geweiht hat. Meine Anhänglichkeit für Dich bleibt
ſo warm und zärtlich wie immer, keine Liebe kan ſie ſchwächen, keine
neue Verbindung die erſte heilige zerreißen. Ich habe kein enges
Herz, wo ſoll ich auch denn mit Euch allen hin? Es iſt mir ſchwer
zu beſtimmen, wer mir der theuerſte iſt. Ich habe es immer behauptet und es bleibt mir wahr, ich kann ohne Liebe leben, aber wer
mir die Freundſchaft nimt, der nimt mir alles was mir das
Leben lieb macht. — —

9a.
An Luiſe Gotter.

Göttingen am 30. Sept. 1783.

— — Noch in aller Eile ein Wort, meine Liebe. Göthe war
hier, und ich hab ihn nun geſehn. Er hielt ſich zwey Tage hier auf.
Am erſten waren wir mit ſeinem Anblick zufrieden, weil wir uns
nicht träumen ließen, daß er ſo weitläuftige Beſuche geben würde,
der folgende Tag war zu einer kleinen Reiſe aufs Land beſtimmt,
die einige Herren veranſtaltet hatten, uns jungen Damen in die
ſchönſten Gegenden vom ganzen Hannöveriſchen Land einzuführen.
Wir fuhren mit ſchwerem Herzen weg, und die liebe Sonne am
Himmel freute uns nicht. Alles Schöne was wir ſahn konte ihn
uns nicht vergeßen machen. Da ward denn ein bischen geſchwärmt,
aber nicht tragiſch verſteht ſich. Ich machte mir unter anderm weis,
wir wären hieher gegangen ſeine Gegenwart zu feyern, wir ſollten
uns ihm nicht ſo ganz nahen, daß er uns lieb gewonnen hätte, wie
Werther das Plätzchen am Brunnen, wollten ihm alſo entfernt huldigen, wie Werther Lotten, da er ſich auf die Terraße warf, die
Arme nach ihrem weißen Kleid ausſtreckte — und es verſchwand.
Wie wir Abends zu Haus kamen, war er bey Böhmers und bey
uns geweſen, uns unſre Väter aßen bey Schlözer, wo Göthe war.
Da ging ein Wehklagen an.

Jedermann iſt zufrieden mit ihm. Und alle unſre ſchnurgerechten
Herren Profeſſorn ſind dahin gebracht, den Verfaßer des Werther
für einen ſoliden hochachtungswürdigen Mann zu halten.

3 b.

An Luise Gatter.

Göttingen den 3. April [17]84.

— — Die Spittlern traf ich nicht, aber morgen will [ich] ihr danken und zugleich von ihr Abschied nehmen, denn sie geht auf ein halbes Jahr nach Schwaben in ihr Vaterland, und ich sehe sie nicht wieder. Wenn Du die liebenswürdige Frau kenntest, so würde Dirs sehr natürlich vorkommen, daß mir bey dem Gedanken Thränen in den Augen stehn. Sieh! sie ist das Ideal der Frau, die ich meinem Bruder wünschte, und würde das seinige erfüllen. So viel Verstand und Naiveté, frohen Sinn, Güte des Herzens und Selbstständigkeit habe ich kaum beysammen gesehn, und in ihrer Figur liegt das alles mit der größten Anmuth gezeichnet. Ein schönes schwarzes Auge und ein schlanker Wuchs sind das hervorstechende. Doch ich komme ins Beschreiben, und da hat der Erzähler und der Hörer so wenig Genugthuung von, sonst müßt ich Dir noch viel von ihrem Mann sagen, der sie übermäßig liebt. Der feinste, beynah spitzfindige Kenner des menschlichen Herzens, aber menschenfreundlich, voll Eigenschaft und Witz, das mag genug seyn. Ich bin so glücklich, daß mir beyde sehr gut sind. Sie und ich kamen in dem ersten Augenblick unsrer Bekantschaft zusammen; sie ist nur zwey Jahr älter wie ich, und gefiel sich im Märchenzirkel, den sie eben verlaßen hatte. Spittler verlangt, ich sollte einen Nachmittag ganz allein hinkommen eh er weggieng, weil er mir ein Collegium über den Ehestand lesen wollte. Ich hab es aber versäumt und muß nun unvorbereitet in den verfänglichsten aller Stände treten. Hab ich viel verlohren oder komt man mit gutem Glück am besten fort? Er komt ganz gewiß mit seiner Frau nach Clausthal mich zu besuchen, und zu horchen wies steht. Denn unter uns, er ist der Meinung der Gemahlinn des Grafen Lindenhall in der unversehnen Wette, die Dich Dein Mann so übermüthiger oder unvorsichtiger weise einst spielen ließ. Er behauptet, jede gute Frau beherrscht ihren Mann auf erlaubte weise. Ich habe ihn gebeten ganz davon zu schweigen, weil ich mich so klein dabey dünkte beherrschen zu wollen, und er meint, das sey sehr fein philosophirt.

Vor einigen Wochen habe ich bey Therese Heyne mit Meyer und Hr. Böhmer dejeunirt, und wenn wir einmal zusammen kommen, so kans freylich laut genug werden. Wir besahen Meyers Portefeuille, eine Sammlung von Gemählden der besten Künstler, die er auf seinen Reisen antraf. Angelica Kaufmann ist auch dabey. Eine ähnliche Merkwürdigkeit habe ich eben in Lenarde und Blandine vom Baron Götz radirt gesehn. Hat man es schon in Gotha? Gotter wird sich daran erquicken. Wenn die Zeichnung nur nicht so unrichtig wäre, und statt des Gefühls das Lächerliche zuweilen rege machte. Das Ganze ist herrlich und ein uniquer Einfall. Durch Hofrath Schlözer und Meyer habe ich sehr viel vom Baron von Götz gehört. Er soll im guten und bösen Verstande das gröste Genio seyn. Aus seinem Werk sieht man eine schaffende Einbildungskraft hervorleuchten, wie sie in ganz Europa nicht mehr existiren muß. Therese und ich, wir geben uns dann zuweilen ein Rendesvous im Geist, denn was der eine merkwürdiges, kluges oder besonders dummes liest, wird sogleich zum andern geschickt. Sie strickt mir jetzt ein paar Strümpfe, weil ich in dem Stück nicht so fleißig gewesen war wie Madam Louischen, und zum Abzeichen kommt der Camecoskopf aus le diablo amoureux oder Biondetta hinein, damit ich, wie ich ihr gesagt habe, sie erkennen, und wißen kan, was es bedeutet, wenn mir das Tanzen in die Füße kömt. Wir haben uns sehr witzige Billetchen über dies Sujet geschrieben. — —

3c.
An Luise Gotter und Wilhelmine Bertuch.

Göttingen d. 28. May [17]81.

Weil ich Euch so viel zu sagen hatte, meine Besten, hätt ich beynah ganz geschwiegen. Wenig wollt nicht thun, und aus freudiger Unruhe verlohr ich den Muth zu Mehrerem. Es gehörte wirklich Entschluß zum Erzählen, und wenn ich auch die Feder ansetzte, so flogen so manche Bilder durch meine Seele, das Herz ward mir so voll, und dagegen alles so eng um mich her, daß ich wieder davon lief, und etwa zusah, ob der Bruder auch noch oben im Zimmer säß, und nicht gar indeßen nach Amerika zurückgegangen wäre. Jetzt ist er nicht hier; er ward vorgestern nach Cassel abgerufen, und ich wende seine Abwesenheit an, von ihm zu reden. Diese drey Wochen über bin ich kaum von seiner Seite gekommen.

In der Nacht vom 3 bis zum 4ten May kam er an, ging aber ins Wirthshaus, um uns nicht zu erschrecken. Morgens früh überraschte er uns alle im Bett. Mein erstes Erwachen war Gedanke und Gebet für ihn gewesen; indem hör ich eine fremde aber sanfte

Stimme im Nebenzimmer, rufe unwillkührlich wer ist da? und in dem Augenblick der abscheuen Erwartung erblick ich ihn und bin in seinen Armen. Von diesem ersten Zustand kan ich durchaus nichts deutliches sagen; so viel errinre ich mich, daß er sich mit der äußersten Mäßigung betrug, und sogar den Ton unterdrückte, um nicht zu heftig zu werden; mir selbst damals unbewust machte ich die Bemerkung seiner vortheilhaften Veränderung, in dieser Gewalt über sich selbst, sah seine noch, wie mich dünkte, durch den Ausdruck der Tugend verschönerte Figur, und wer beschreibt nun, wer fühlt mit nach die schnell gehäuften Vorstellungen seines Werths, meiner Liebe, der Gegenwart! Nach und nach wurden sie milder, und das reine einfache Gefühl der Freude machte mich froher, und so leicht, daß ich ohne unangenehme Bewegung mit ihm reden und ihn sehn konte. Wir fanden uns sogleich ganz wieder, und von beyden Seiten mit erhöhter Freundschaft und verdoppelter unzertrennlicher Bruder- und Schwesterliebe. Er selbst weiß unserm Verhältniß keinen Nahmen zu geben, aber, wies nun einmal, auch ohne Nahmen, festgesezt war, ward uns die übrige Zeit zu einer Kette von Glückseeligkeit, aus Vertrauen, Erzählen, gegenseitigen Beobachtungen, Achtung und Zärtlichkeit zusammengesezt, nur sie muß bis ins unendliche fortgehn. Ein Bündniß für Ewigkeiten ist doch der schönste Gedanke den Menschen haben können.

Er ist in nichts verändert, und doch in allem. Das heist, seine Anlagen sind vollkommen die nehmlichen, nur beynah jede bis zur Vollkommenheit ausgebildet; mehr bedurft es nicht ihn zu einem der ersten Männer zu machen. Daß ich ihn dafür halte, ist nicht Partheylichkeit, liebe Frau und liebes Mädchen. Es sind mehr kluge Leute auf meiner Seite als ich allein. Innerlich so schön wie äußerlich, sagte Spittler, und die Lezten: Ihr Bruder ist der edelste liebenswürdigste Mann den ich kenne. — — Ich liebe ihn, weil ich ihn schäze, und schäze ihn vorzüglich um der unbefleckten veredelten Tugend willen, die er vom gefährlichen Schauplaz einer solchen Welt, wie die, die ihn umgab, mit zurückbringt. Religion, wahre tiefe Ehrfurcht gegen Gott, und das Gefühl seiner eignen Würde waren die Stüzen derselben. — — Seine Lebhaftigkeit, sein Feuer ist daßelbe; die Heftigkeit seiner Leidenschaften auch, aber die Stärke seines Geistes hält ihnen das Gleichgewicht, und das macht ihn zum Mann. Seine Figur hat sehr gewonnen, sie ist in der That das Bild seines Charakters. In der lezten Zeit ist er wieder stärker geworden; zum Beweiß leg ich seine Silhouette bey. So ist ohngefähr der Bruder, der mich so lieb hat, und ich ihn, daß wir uns beyde bis jezt noch das Liebste auf der Welt sind. Er prätendiert, ich würd es ihm immer bleiben, aber ich will nicht; und daß er mirs ist, darf ich ja wohl in 3 Wochen auch Euch nicht mehr laut sagen.

Am 14ten May gaben wir Böhmer in Northeim Rendésvous. Die Leßen fuhr mit uns hin. Da hab ich alle Freuden des Wiedersehns noch einmal genoßen, aber ich war matt und krank am Abend, denn es war unstreitig der Tag meines Lebens, der durch die stärksten Empfindungen bezeichnet ist. Wie mich mein Bruder seinem Freund übergab — ich zwischen beyden — ihr Streit, wer mich am meisten liebte — die Leßen als theilnehmende Zuschauerinn — Ihr könt Euch nicht alles denken. Und dann zuweilen auch schmerzliche Augenblicke dazwischen, und noch andre, wo ich mein Glück hätte aufopfern können, es dem Bruder zu geben. Nur nicht eine Minute Schwärmerey, denn ich fühlte nur, was ich sah.

Dejeuners, Diners und Soupers ohn Maaß und Ende. Einige sehr merkwürdig und angenehm. Wir gaben an seinem Geburtstag ein großes Dejeuner, er ist wie der verlehrne Sohn fétirt worden. Mit Heynens machten wir einige angenehme Parthien. Mad. Heyne und er haben sich immer einander sehr wohl gefallen, und er hält sie auch noch für die artigste Frau in Göttingen. Therese bat mich schon vorher, sie so bald wie möglich mit ihm bekant zu machen. Es begab sich auch, daß sie zusammen bekant wurden — bis so weit daß sie ihm freywillig einen Kuß gab, der erste den ich ihr geben sah — alles sans consequence! Er schäzt sie sehr, er ehrt ihren Verstand, aber er fand, ohne im geringsten prévenirt zu seyn, beynah im ersten Nachmittage, die Coquette und den Freygeist in ihr. Sie will ja auch das lezte nicht verbergen; aber schweigt davon. Ich rede ungern über sie, weil ich so gern mit ihr rede, und wir freundschaftlich gegen einander sind. Nur war jene Entdeckung genug, sie meinem Bruder gleichgültig zu machen. — —

— — Wie er¹ hörte daß ich Göthens Iphigenie im Manuskript hätte, wolt er sich todt freuen. — —

5a.
An Wilhelmine Bertuch und Luise Gotter.

Clausthal d. 9. Jul. [17]84.

Hier siz ich in einer ländlichen Laube meines neuen Gartens, und bin ganz bey Euch meine Besten. Die Einsamkeit von einigen

---

¹ Ein Herr von Thurneisen.

Stunden, beynah die ersten seit so langer Zeit, sey Euch gewidmet. Wenn ich Euch hier bey mir hätte, und statt des langweiligen Schreibens, bey dem so unendlich viel verlohren geht, erzählen könnte! Denn wie ich Euch durch 4 solche Wochen hindurchführen werde, mit der Feder, weis ich nicht. Erspaart mir wenigstens die Geschichte meiner Empfindungen; was sie waren, könt Ihr aus dem Geschehnen errathen, und wie — sau ich doch nicht beschreiben. Welch einen Taumel von Liebe, Freundschaft und Glück hab ich durchlebt, und mit welcher süßesten Wehmuth — immer die Gränze wo Schmerz und Freude sich treffen — mit welchem Dank genoß ich ihrer.

Es wär wohl unnatürlich, wenn eine junge Frau nicht beym Hochzeitstag anfienge. Meiner war ganz schön. Böhmer frühstückte bey mir, und diese Morgenstunden waren mit der frohsten Heiterkeit bezeichnet, mit einer Ruhe, die blos aus der vollen Ueberzeugung glücklich zu machen und glücklich zu seyn entstehn konte. Keine hochzeittägliche Furcht — nur die Seelen tauschten sich um. Mein Bruder kam. Wir blieben bis 4 beysammen, und beym Abschied segnete er uns durch Thränen ein. Unter Tisch ließ ich mich frisiren, Friederike und Lotte banden indeß den Brautkranz von natürlichen Myrthen. Dann redte ich noch mit meinem Vater und zog mich an. Während dieser Zeit schickte mir die liebe Meiners schöne selbst gestickte Strumpfbänder nebst einem Billet, verschiedne meiner Freunde schrieben mir, und zulezt bekam ich die Silhouette von Lotte Nieper und Friederike in ganzer Figur auf Glas gemahlt, beschäftigt den Brautkranz zu winden. Wie ich mit meinem Anzug fertig war, war ich eine hübsche Braut. Der Saal war durch meiner Mutter Hände allerliebst zurechtgemacht. Nach 4 Uhr kam Böhmer und die Gesellschaft, die aus 38 Personen bestand. Dem Himmel sey Dank, alte Onkels und Tanten waren nicht dabey, sie war also sehr viel erträglicher, wies bey solchen Gelegenheiten zu seyn pflegt. Ich stand da von meinen Freundinnen umringt, und dachte das am lebhaftesten, welch ein Zustand der meinige seyn müßte, wenn ich den Mann vor mir nicht liebte. Mein Vater, der noch beyweitem nicht ganz gesund war, führte mich vor den Prediger, und in diesem Augenblick sah ich mich nun neben Böhmer auf mein ganzes Leben, und zitterte nicht! weinte nicht während der Trauung! aber wie sie vorüber war, und Böhmer mich mit aller Gewalt der stärksten Liebe umarmte, und Eltern, Schwestern, Brüder, Freunde mit Wunsch, Seegen und Liebe mich begrüßten, wie noch je eine Braut begrüßt worden, mein Bruder außer sich war vor freudiger Rührung, da schmolz mein Herz und strömte über von Seeligkeit.

Das Übrige des Tags sah kaum einer Hochzeit ähnlich, so ungezwungen war alles. Hofrath Jeder versezte die Theilnehmung in einen rauschähnlichen Zustand, der wenigstens 8 Tage dauerte. Schlözer, der wirklich mein Freund ist, wie ers von wenig Menschen seyn mag, sah aus wie die Freude, meine Leßen, Meyern und mehrere — Ihr könt Euch die Freundschaft kaum denken, mit der man unser[n] Tag feyerte. An alberne Ceremonien, nicht einmal Strumpfband, war irgend zu denken. Am folgenden Morgen ward ich durch ein Lied vor der Thür geweckt, und sah mich sogleich von der ganzen Schwesterschaar umgeben. Bis Mittag war Gesellschaft da, und um 4 fuhren unsre beyden Familien zu der Leßen, wo diese und die Meiners uns ein kleines Fest geben wollten. Nach dem Caffee führt mich Leß in den Garten, und hier ward ich so entzückend überrascht, daß ichs jetzt noch fühle. Die Leßen stand am Eingang mit ihrem Sohn, der wie Hymen gekleidet, ein Körbchen mit Blumen in der Hand, die er streute, uns zu der entgegenstehenden Laube führte, in der ein Thron von Moos und Blumen mit hohen Stuffen, einem Thronhimmel, Ehrenpforte, und wie nenn ich das alles? errichtet war. Hinter einem kleinen Gebüsch stand ein Harfenspieler und Sänger. Wie wir uns sezten, sangen sie:

Die Liebe, die dies Paar entzündet rc.

---

*Auf einem Thron von Blumen findet
Es stets die Kunst beglückt zu seyn rc.*

Mit welchem Gefühl ich in Böhmers Arme sank, das weis Gott! Die Liebe dieser vortreflichen Menschen legte mir neue heilige Verbindlichkeit auf, gut zu seyn. Es war ein herrlicher Nachmittag, der mein Herz so erschöpfte, daß ich Abends recht gern in einer unbedeutenden Gesellschaft bey Osten war. Die Meiners und Leß waren die Schöpferinnen des schönen Auftritts. Leß segnete Böhmer und mich — Meiners war bis zu naßen Augen gerührt. Wenn ich Euch alles sagen wollte, Lieben, wie die besten Seelen unsre Verbindung gefeyert haben, wie man so ganz allgemein Theil dran nahm, von allen Seiten sich drängte es uns zu bezeugen, so würdet Ihr glauben es wär zu viel, wie ichs selbst dachte. Böhmer ist sehr beliebt hier — ich interreßirte viele — die Familienfreude war solch ein freudelockender Anblick, und so zogen wir beynah die ganze Stadt mit unserm Glück fort.

Donnerstags gab mein Bruder ein großes Dejeuner von 40—50 Personen in des Onkels Garten. Hier waren Heynens und Blumenbachs. Wieder ungewöhnliche Bezeugungen von jedermann. Die Heynische Familie interessirt sich so wahrhaftig für mich, sogar der Alte kam expreß mir Glück zu wünschen. Blumenbach nahm Böhmer allein, redte ihm so viel zu meinem Lobe, war so gerührt — die Leute hatte zuverläßig eine Art von Schwindel ergriffen, und dergleichen ist dann ansteckend. Wir tanzten. Mein Bruder macht den Wirth wie sonst niemand; er streut das Vergnügen mit vollen Händen aus.

Bey Böhmers waren wir zum Souper. Eine Gesellschaft an zwey Tischen. Das war ein englischer Abend! Du solltest den alten herrlichen Vater einmal sehn. Bey Tisch ward ich unter dem Vorwand der Hitze hinaus in den Garten complimentirt, bis in die Clause des Professors, wo eine kleine Illumination brante, mit dem Spruch: wohl dem der ein tugendsam Weib hat, des lebt er noch eins so lang. Eine artige Idee vom Einsiedler. Als wir zurückkehrten, kam der Punch, und Punch und Freude ließ uns die halbe Nacht im schönsten Rausch hinbringen. Was ist doch das für ein Anblick, eine Familie, die in jedem Glied sich liebt, und gut ist, und nun darinn empfangen zu werden wie eines jeden Braut! Mit meinem Bruder und Böhmer hatt ich auch einige Auftritte, die meine Seele matt machten.

Freytag früh standen wir letztgenannten drey bey'm zweyten Onkel zu einem neugebohrnen Söhnlein Gevatter. Das muß ein Junge werden, weil die Gevatterschaft so allerliebst ausgedacht war. Er ward genannt Friedrich Willhelm Theodor. Den letzten Nahmen von dem meinigen Dorothea, weil der älteste Sohn grade schon Carl hieß. Apropos, Ich werde von den meisten Leuten, von Heynens, Splitter 2c. 2c. Frau oder Madam Caroline genannt. Nachmittag fuhren wir herum Visiten zu geben. Abends bey Grätzels. Fr. Grätzel brachte dem Prinzen einen Pokal zu unsre Gesundheit zu trinken, und in dem Moment ließ sich Musick hören. Der Prinz führte mich hinauf in seine Etage, alles folgte, und wir tanzten bis nach ein Uhr. Da brachte er uns ein Ständchen. Sonnabend wieder ein Dejeuner. Abend Ball bey Schlözer, der bis aus der Thür des Gartens mir entgegen kam und feyerlich sagte: Sie sind Königinn! Und ich wars auch, und es ist ein Glück, daß meine Vernunft sich bey allen Reizungen der Eitelkeit wie eine Schnecke zurückzieht. Sontag früh bekamen wir Visiten, Nachmittags machte ich welche und war 3 Stunden bey Theresen allein, bis ich von da zu Feders ging, wo wir soupirten. Montag früh ging mit Abschiednehmen hin — ich ließ mich noch für meine Mutter mit Böhmer und Fritz auf ein Tableau silhouettiren. Mittag reisten wir von beyden Familien begleitet ab, trennten uns in Nörthen, und nun fühlt ich zum erstenmal, daß ich verheirathet war, da ich dem Mann folgen mußte und alles zurückließ. Die Nacht brachten wir in Osterode zu, wo Louise Mejer ist, den andern Nachmittag um 6 Uhr war ich hier. — —

29 a.
An Luise Gotter.

Clausthal d. 18. Jun. 1786.

— Wenn werd ich mich mit Dir an Ort und Stelle der verfloßnen Zeiten erinnern, zählen die lieben Tage der frohen Jugend, sie vergleichen mit der ernsteren Gegenwart. Wir waren Töchter — Kinder und sind nun Mütter. Und wie interressant müste es uns seyn, unsere gegenseitige Veränderung zu untersuchen, alles anders und doch allenthalben die Anlagen der Kindheit. Ob Du mich wohl sogleich erkentest — das glaub ich doch, wenigstens ich Dich gewiß. Ob ich Dir gar nicht fremd dünken würde? Daran zweifle ich — seitdem wir uns nicht gesehn haben, hat sich eigentlich das Geschöpf erst gebildet, daß ich nun bin. Ach Liebe, wären wir da! — —

88 a.
An Luise Gotter.

[Clausthal] d. 3. December [17]87.

— — Ich habe so lange nichts von Dir gehört, daß ich recht viel wißen muß. Professor Meyer hat mir gar viel von Deinen Kindern gesagt. Die meinigen wachsen und gedeihn. Von meinem übrigen Leben ist wenig zu sagen; es ist von außen so einförmig, daß man sich nur beym erzählen wiederholen würde. Die innre Geschichte ist um desto mannichfaltiger, und zu weitläuftig. Warum kan ich Dich nicht sehn? Es müste ein himmlischer Augenblick seyn, und welche süße Stunden würden folgen!

Empfiel mich Deinem Mann — ich habe in Göttingen mit einem Genuß, der nur mein seyn konte, weil das Andenken an die liebsten Jahre meines Lebens mir immer dabey gegenwärtig war, seine Gedichte gelesen. Dank ihm für mein geringes und doch so großes Theil. — —

40a.

An Luise Gotter.

[Clausthal Febr. 1784] Montag Abend 9 Uhr.

Einen lieben Bekannten unsres Hauses Dir und Deinem Mann nur mehr gradezu zu empfelen, als es für sich selbst geschehn würde — das veranlaßt diese eiligen Zeilen. Ich glaube, meine Louise, ich schrieb Dir noch nicht — Du weißt aber, daß meine Briefe an Wilhelmine ganz für Dich mit sind, so als stünde Deine Adreße darauf. Hr. Blankenhagen wird Dir sagen, daß ich ziemlich wohl bin — ich darf nicht zu genau seyn im Berechnen schwerer Stunden. Er wird Dir vielleicht auch sagen, daß ich leidlich ruhig scheine, und damit darf und muß sich Deine Freundschaft für jezt trösten. Sanft zu leiden ist die größte Anstrengung, deren ich jezt fähig seyn kan, die nothwendigste, denn die Ausbrüche meines Kummers, die ungestümen Thränen des Jammers schaden mir unmittelbar. Man gewinnt doch viel, wenn man sie unterdrückt, man geräth in eine traumähnliche Betäubung. Nicht als sucht ich mich fühllos zu machen, oder als wären die Bilder der Vergangenheit weniger lebhaft — ein lebendes Monnment des Abgeschiedenen ist Deine Caroline, er lebt in meinem Herzen aufs allergegenwärtigste — noch spiegelt sich der lezte tausende lächelnde Blick seiner Augen in den meinigen — so ist mir — und doch, weil diese stets um mich schwebenden Erscheinungen mich von der Wirklichkeit abziehn, erleichtern sie meinen Zustand. Auch von meinen Kindern kan Dir der Ueberbringer sagen, was Du hören willst. Er sah sie täglich.

Gott segne Dich, meine Beste, nebst den Deinigen.

Caroline B.

59a.

An Luise Gotter.

Göttingen d. 31. Oct. [17]91.

Wohl mir, daß ich in Eure Hände gefallen bin, wo der freundschaftliche Eifer sich auch seinen Schritt über die Gränzen des holden Anständigen hinaus verirrte — wenn Grandison und Miss Byron diese Sache zu behandlen gehabt hätten — sie würden nicht seiner die zarteste Empfindung beyder Theile geschont haben — ich erkenne Gottern — aber die Erkennung war mit neuen Entdeckungen verbunden — und müßt ich ihm nicht wiederum dafür danken, daß er

mir die Freude macht, ihn auch von dieser Seite zu bewundern, so
würd ich sagen — sie kostet mir das Gefühl einer schweren Ver-
pflichtung. Sein Benehmen ist so selten — selbst unter Leuten von
Verstand — und doch ist Delikatesse das Wort des Verstandes!
Hier ist es mir doppelt werth, weil es beynah unverzeihlicher ist,
Hofnungen zu geben, die man nicht erfüllt, als voreilig die Erfüllung
derselben ahnden zu laßen — verstehst Du dies Wort? Meine gute
Louise — Du sahst es mit Deiner schlichten Weisheit schon voraus
— und im Ton Deines Briefchens liegt auch keine gespannte Erwartung mehr — Du wirst nicht sehr befremdet seyn, wenn ich Dir
bekenne, daß ich nicht kan. Mir ist, als müßt ich mich darum bey
Dir als um einer Thorheit willen entschuldigen, so fest ich in
meinem Sinn überzeugt bin, daß es für mich die kühlste Vernunft
ist. Hat nicht ein jeder die seinige, und nur das darf Schwärmerey
genannt werden: unternehmen, ohne die Folgen zu übersehn, und
dann muthlos und erschlafft unter ihrem Gewicht erliegen. Jene
hab ich mir lebhaft vorgestellt, und dieses darf ich nie fürchten, selbst
wenn sich Dinge ereignen sollten, die ich nicht voraussah. Kan ich
sie nicht noch weniger berechnen, wenn ich Eurem liebreichen Plan
nachginge, als wenn ich den einfachen Weg verfolge, den ich mir
vorgezeichnet habe? Ich habe sehr den Ehrgeiz nüzlich zu seyn —
aber das Nüzlichere ist auch immer das Glückliche — und ich bin
gewiß um so glücklicher, je freyer ich mich weiß — um so gebund-
ner an die Pflichten, für welche ich Kräfte habe, je willkührlicher ich
handle. Verdamm mich also nicht, daß ich die Winke der Vorsehung zu Schanden mache — ich bin dennoch so fromm zu glauben,
daß sie nichts umsonst thut. Laß uns auch den kurzen Traum nicht
bereuen — es ist nicht wahrscheinlich, daß Schmerz für ihn die
Wirkung davon seyn werde — und uns hat er den der Trennung
so gänzlich erspaart — hat mir mein Schicksaal von allen Seiten
gezeigt. Nachdem ich entschloßen bin, seh ich der Bedenklichkeiten für
einen entgegengesezten Entschluß, gegen welche ich mich im Anfang
verblendete, weil ich gewünscht hätte, einwilligen zu können, noch
so manche — meine Berathschlagung hat mehrere Tage gedauert —
ich bin wirklich so unpartheyisch verfahren, wie es sterblichen Menschen möglich ist — entschied der geheime Hang des Herzens —
so hab ich nicht Unrecht, denn dann mache ich mir doch nie Vorwürfe.
Du wirst nicht unterlaßen die Bemerkung zu machen, daß T[alter]
Einfluß auf meine Wahl gehabt habe — sagt ich nein, so glaub-
test Du doch das Gegnige, und warum soll ich für die Kälte meiner

Ueberlegungen einen heftigen Streit beginnen? — nur muß ich dem wunderbaren Menschen die Gerechtigkeit wiederfahren laßen, daß ich seine volle Zustimmung gehabt haben würde, wenn ich anders gewählt hätte.

Jezt wird Gotter das Werk vollenden, und ihm auf die Art, die es ihn am gleichgültigsten aufnehmen läßt, zu verstehn geben, daß ich nicht kan — mag er ihm immer sagen, daß er an mir nichts verlohren hat — oder ich einen andern liebe, und mir also Pflicht und Gewißen verbieten — woran jedoch kein Wort wahr ist — einen rechtschaffnen Mann zu heirathen. An die liebe Mutter S[chläger] schrieb ich noch in dieser Woche — heut hab ich nur Zeit für dieses Blatt.

Die Schwäger in Mühlhausen brauchen keine Frau; denn sie lüßen alle ihre schöne Schwägerinn. — Ist Wilhelmine schon wieder da? Vertröste auch sie auf die nächsten Tage. Louisens Nigh Spirits sind gesunken, seit Gotter keine impromptus mehr auf sie macht, und mit ihnen die schönen Versprechungen — ich habe noch nichts wieder davon gehört. Adieu, meine Gute, was ich auf der Seele für Dich habe, weißt Du ohne mein Schreiben und Sagen — grüß die Kinder und ihre liebe Tante, und schreib mir bald — recht bald.   C. B.

---

71 a.
An Luise Gotter.

Mainz d. 24. Jan. [17]93.

Liebe gute Louise — was seyn soll, schickt sich wohl! Halt mir nur ein gutes Gänsebein bereit. Du hast Dich schon freundlich zu dem erboten, warum ich Dich bitten wollte, mich in den ersten Tagen aufzunehmen, bis ich mich arrangirt habe — etwas das ich lieber selbst thun will, weil ich gefunden habe, daß man andern Mühe damit erspaart, und es sich am besten zu Dank macht. Also, bestes Weib — noch einmal unter Dein Dach — wann, weiß ich noch nicht genau. Ich erwarte erst Nachricht aus Frankfurt, ob Huber mich nach Sachsen mitnehmen kan. Dein Mann ist dort — wird er noch lange bleiben? Ich hätte Lust ihm zu schreiben, daß er mich von Mannheim abholen soll, aber er wird wohl seine Reisegesellschaft nicht verlaßen dürfen. Sag ihm zu seiner Beruhigung, daß ich den Mund nicht öfnen werde über Politika, sobald ich über die freye Gränze bin. Auguste, die leichtsinnige, die immer rosenfarbne Bilder von den Dingen die da kommen sollen vor sich her flattern läßt, und mit der Gegenwart beständig zufrieden ist, schreit vive la nation und erkundigt sich dazwischen nach Deinem kleinen Mädchen. Adieu Liebe. Grüß Wilhelmine.

88a.
An Luise Gotter.
(Anfang fehlt). [Anfang 1794].

Gotter spricht auch von einem Logis in Eurer Nachbarschaft — das wäre sehr hübsch, soll es auch im Sackgäschen seyn. — Soll ich im Sommer noch in der Gegend bleiben, so hab ich große Lust ihn im Thüringer Wald zuzubringen — Ihr habt ja Georgenthal, Schnepfenthal. Das wäre so recht was ich wünschte, eine Hütte und in der Nachbarschaft Freunde wie Ihr.

Du wirst Deine Freude an Augusten haben — freylich ohne dies Kind möcht ich die Einsamkeit nicht, aber sie ist so voll Lebens, daß ich am Ende eines Tags nicht weiß, daß ich nicht vom Zimmer gekommen bin, und kein Menschenantlitz gesehn habe. Dies Kind meines Herzens — die frühe Vertraute der Leiden ihrer Mutter — Du mußt sie segnen, wenn Du mich jemals lieb hattest. Ich umarme Deine Töchter — wie forschend werden sich die Mädchen anblicken. — Theil dies Blatt der guten Mutter S[chläger] mit, und macht mir zusammen eine Wohnung aus. Gottern grüß ich von Herzen und mündlich mehr. Dies sag auch Wilhelminen.

Amalie hat einmal nach F[orster] gefragt — Gotter mag ihr erzählen, daß er mir aus Paris geschrieben hat, und seinem neuen Vaterland unverbrüchlich gehört — also nicht den Gedanken hat, nach England zu gehn. Seine Festigkeit als Bürger verläßt ihn nicht. — Du kanst übrigens wohl denken, daß Amaliens Haus unter die gehört, die ich nicht betreten werde. Das war in meinem Traum — Amalie war gegen mich, und nahm mich gewaltig übel auf, und Du — ja Du Luise! gingest, wies schien, zu ihr über, und sagtest mir sehr ernsthaft: Amalie wär ein großes Weib.

Leb wohl, Beste Liebe, und trau nur immer Deinen Augen, wenn sie auch traul sind, so wirst Du mich für ein gutes Weib halten können.

102a.

An Louise Gotter.

Braunschweig d. 20. Aug. [1796].

Du hältst genaue Rechnung mit Deinen Briefen, meine gute Louise — denn gewiß bildest Du Dir ein, nicht schreiben zu dürfen, weil es zweifelhaft ist, wer zuletzt geantwortet hat. Sparsame Seele! Oder hast Du mich wirklich aus den Augen gelaßen? Ich bin gar zu fleißig gewesen, sonst hätte ich eher danach gefragt; die Meße gab uns manches zu thun. Du solltest nur sehn, wie auf der Gallerie unsre Arbeiten prangten. Es hat sich auch bis auf weniges ziemlich verkauft unter ausländischer Firma. Ein andermal gehts wohl noch beßer.

Du kanst denken, wie äußerst willkommen es mir war, die Absendung des Manuscripts zu erfahren und meinem Eifer unnützer weise verwandt zu haben. Von Göschen hab ich seitdem nichts wieder gehört, sonst könte ich gewiß das allzu bescheidne Mistrauen bestimmter beruhigen. Wie kanst Du aber sagen, daß das Werk die Ceusur der Kenner noch nicht paßirt hätte? Haben wir es nicht bewundert und kritisirt?

Was machen Deine Kinder? Lieben sie mich und mein Kind noch? Es geht kein Tag vorbey, wo ich mich nicht mit Gustel von Euch unterhalte, und Du würdest öfters die Beweise davon sehn, wenn die Tage nicht so äußerst schnell vorüberflögen. Niemals fehlt mir Arbeit, aber an der Zeit leid ich immer Mangel, ohngeachtet ich nie Casino spiele. Auch das gute Wetter hat uns diesen Sommer nicht besonders viel Zeit geraubt. Am Schauspiel liegts ebenfals nicht — dazu ist es nicht gut genug. Das Letzte was ich sah ist ein Stück, mit dem es den Braunschweigern geht, wie — ich weiß nicht welchem Völkchen — mit dem Verse: Autor, Herr der Götter und Menschen — sie sind verliebt darinn und hören und sehen nichts als den großen Banditen. Lesets nur selbst — es heißt Abällino. Wirkung genug thut es, und wird vorzüglich gut hier gespielt. Wenn es unsre Kinder zusammen sehn könten, sie würden sich gewaltig ergötzen.

Das neuste ist, daß ich von dem Freunde in Berlin durch die dritte Hand Nachricht habe. Die Campen war dort, lernt ihn von ohngefähr kennen, und hat ihn seitdem fast täglich gesehen. Ich hatte ihr vor der Reise kein Wort von Berliner Bekannten gesagt, muß es also wohl glauben, daß sie eine Menge Grüße von Zöllner,

Biester u. s. w., die sie mir mitbrachte, wirklich empfangen hat. Zuletzt nannte sie Meyer — sie hätten viel von mir gesprochen — er hätte die Hände über den Kopf zusammengeschlagen, wie er gehört hätte, daß ich hier wäre — ich hätte einen warmen und braven Freund an ihm. — — Aristokrat ist er nicht mehr, vermuthlich weil man sich in Berlin allgemein der Neigung für Frankreich überläßt, und es öffentlich thun darf, da es einem Bundesgenoßen gilt, so hat er für gut gefunden sich zu conformiren. Er hat gegen die Campen völlig den Demokraten gemacht, und Braunschweig die erste Stadt in Deutschland genannt. Sie war sehr eingenommen von seinem Witz. — —

21. Aug.

Noch bin ich nicht fertig — doch will ich nicht fragen, sondern erzählen. Bollmann, La Fayettens Retter, wenn wir Absicht für That nehmen wollen, denn in der That schmachtet der Arme noch in einem sehr harten Gefängniß, Bollmann ist frey geworden, und auf seiner Reise nach England hier durch gekommen. Er besuchte Campens, die er kannte. Nach seinem Bericht hat er viel ausgestanden, aber wenn er nach Amerika komt, wo er sich niederzulaßen gedenkt, so wird er schon belohnt werden. Féronce war sehr begierig ihn zu sehen — er hatte durch einen Zufall erfahren, daß er kommen würde, und den General, der den Thorzettel bekömt, gebeten, ihn gleich zu benachrichtigen — allein ehe der Thorzettel an ihn gelangte, war Bollmann schon fort. Féronce hat alle Welt nach ihm ausgefragt. Es war eine Zeit, wo Bollmann sich nicht träumen ließ, daß er einmal so intereßant werden würde. — —

109 b.

An Luise Gotter.

[Braunschweig Herbst 1795].

— — Eine vollere Satisfaction können wir nicht haben, was den Göttinger Musencalender angeht, habt Ihr ihn schon gesehn? Bemerkt doch den Ausfall auf Reichard in dem langen Ding, eine Satyre genannt[1]. Mich wundert daß dies stehn blieb; ein sehr unschuldiges Gebet an die Vernunft ist noch nach dem Abdruck heraus-

---

[1] Die Gebeth. Eine Satyre. Von J. D. Falk, Musenalm. S. 91.

geschnitten worden — ich habe den Viertelbogen hier gesehn. In dem Posischen sind herrliche Sachen. Der Exfreund Meyer läßt sich weder in dem einen noch dem andern wittern. Er hat sich unter Schillers Fahne rangirt, so viel ich höre. Aber was wird Dein Mann zu der gewaltsamen, alle irdische Hülle entzwey sprengenden, neuesten Production Schillers, in dem 9ten Stück der Horen¹ sagen? Daß die Erzählungen der Ausgewanderten von Göthe sind, werdet Ihr nun wißen. — —

Von A. W. Schlegels Hand:

Unsre geitzige Freundin erlaubt einem alten Freunde nur diesen kleinen Raum, um Ihnen sein Andenken zurückzurufen. Er muß sich also mit einem Bettlergruß begnügen: Gott segn' euch.

102c.
An Luise Gotter.
[Braunschweig Herbst 1795].
(Anfang fehlt).

— — Grüße aber Minchen und sage: ich wäre nun doch viel glücklicher wie sie — ich hätte meinen Freund nicht in Breslan, sondern, wenigstens auf den Winter, ganz nahe bey mir. Und er wäre theils deswegen hergekommen, weil er gern einmal bey mir hätte sehn mögen, und theils weil er in dem verfluchten Hannover nicht sehn möchte. Im Frühjahr schick ich ihn nach Sachsen, und da kommt er durch Gotha. (Warum ich mich so heftiger Ausdrücke bediene, wirst Du am Ende dieses Briefes erfahren). Sage ferner meinem Minchen, ich wolle ihr schreiben, sobald ich nach Endigung dieses wieder meine Feder ansetze, und ich hälte sie lieb bis ans Ende meiner Tage. Niemals wär ich gewißer gewesen, daß sich manche Sachen so verhielten, wie ich glaubte, als jetzt.

Wir haben letzthin uns einen guten Tag gemacht. Es war ein sanfter Herbstmorgen, wo wir in Schlegels Begleitung noch einmal²

---

¹ Das Ideal und das Leben (Reich der Schatten). Ueber A. W. Schlegels sehr viel günstigere Beurtheilung s. Koberstein IV, S. 2189. Daß Caroline wesentlichen Einfluß auf das Urtheil zuerst Fr. Schlegels über Schiller gehabt hat, dürfte nach diesem Brief und Nr. 107 nicht zu bezweifeln sein.

² Einer frühern Fahrt dorthin im Juni erwähnt ein Brief von August. Damals war der Bruder Philipp in Braunschweig, der nach einer Aeußerung Fr. Schlegels seine Zustimmung zu einem Aufschub der Vermählung Carolinens mit A. W. Schlegel gab.

nach Salzdal fuhren — und bis Mittag in der Gallerie verweilten, wo der Inspector uns viel von Ramdohr erzählte. Hernach ging es nach Wolfenbüttel zu Trappe, wo wir aßen und gegen Abend wieder hereinfuhren um bey Campens zu soupiren. Hier war Vieweg der Bräutigam — ein netter Mann von Ansehn — Niemeyers aus Halle - die Frau ist (nach Göthens Ausdruck) ungemein zierlich — Köpfe aus Magdeburg u. s. w. Es hatte noch ein Fremder sich einstellen sollen, und darauf war ich eigentlich gebeten, aber der Buchhändler Hofmann kam aus Hamburg an, ohne ihn mitzubringen. Wir haben uns selbigen Abend dennoch gut amüsirt. Schlegel machte der Mad. Niemeyer die Cour, und ich bin gar nicht so eifersüchtig gewesen wie Minchen auf Mad. Schüz.

(Schluß scheint zu fehlen).

103 a.
An Luise Gotter.
[Braunschweig] den 13. Oct. [17]95.

— — Ich hatte mir vorgesetzt Dir weitläuftigen Bericht von uns abzustatten — da kommt mir wieder eine Hinderung dazwischen. Weil ich nicht weiß wie lange man mich hier ruhig sitzen läßt, so will ich einer Bitte meiner Mutter an Gottern zuerst erwähnen. — —

Es thut mir recht leid, daß Dein Mann nicht vor der Ankunft der Meyers in Weimar war — wann wird er nun hin kommen? Zumal da es nach altem Gebrauch schon wieder anfängt kalt zu werden. Auf den Fall, daß es dennoch so weit käme, empfehl ich ihm sehr die Bekantschaft des Mahler Tischbein und seiner Frau, von der ich vermuthe, daß er sie in Gotha, wo Tischbein eine Weile war, und sie durchgereist ist, nicht gemacht hat. Er ist ein vortreflicher Portrait-Mahler — ich habe Gemählde von ihm gesehn und die Weichheit seines Pinsels hat mich entzückt. Sie singt vortreflich, und soll auch sonst sehr liebenswürdig seyn, wenn ich der Angabe eines gemeinschaftlichen Freundes trauen darf. Schlegel kante diese Leute sehr gut in Amsterdam. — Du bist ein Kind, was Schlegeln und meine Nahmensveränderung betrift. Kan man denn gar keinen Freund haben, ohne sich auf Leben und Tod mit ihm zu vereinigen?

(Schluß fehlt).

108a.

Huber an Caroline.

B. den 27. Jan. [17]96.

Das war eine lange Pause, liebe Karoline! Eine rosenartige Geschwulst an der rechten Hand, die mich drei Wochen an allem Gebrauch dieser Hand verhinderte, war die erste, nächste und lezte Ursache. Was alsdann den Aufschub verschuldete, war, wie es zu gehen pflegt, der Aufschub selbst. Eines habe ich indessen nicht versäumt, sondern noch während meiner Krankheit, vor ohngefähr acht Wochen, das Paket mit Ihren Briefen[1] dem Züricher Associé von der Wolfischen Buchhandlung in Leipzig zugeschikt, dieser wird es sodann, wie ich ihm auftrug, mit erster Gelegenheit an die Wolfische Buchhandlung expedirt haben, durch welche es Ihnen zukommen muß. — —

So ernsthaft verstand ich auch nie was ich von Göthe und Konsorten sagte. Er ist nur von allen den Menschen der einzige, bei dem das Wesen was getrieben wird würklich Natur, Instinkt, Organisation, Genie ist — und so oft er vor Eitelkeit zum Muthwillen kommen kann, muß er die andern nothwendig auslachen.

Sie schreiben mir etwas von Meyer, das ein Quidproquo seyn muß. Der Kanonikus Meyer war würklich noch vor kurzem in Paris, wie ich aus einem Brief vom alten Heyne sehe. Aber Wilhelm Meyer, der Berliner Meyer ist in Berlin, von wo er mir den lezten Monat geschrieben hat.

Ich halte den Frieden mit Deutschland für so nahe, daß ich gern so lange warten will, ehe ich daran denke nach Paris zu gehen, wo die lezten Maasregeln, in Ansehung der Fremden, zwar zu umgehen nicht unmöglich, mir aber doch für meine Absichten, schon dadurch daß sie umgangen werden müßten, nicht recht zuträglich wären.

Mit uns ist es also noch bei'm Alten. Wohl sind wir alle, und das Lezlgekommene ist am allerwohlsten. Möge es Ihnen — oder Euch — nicht schlimmer gehen!

Wie es ist, wenn man so lange gewartet hat — ich hatte mir hübsch gemächlich den heutigen Vormittag ausersehen, ein langes und breites mit Ihnen zu schwazen, und bin durch eine Störung über die andre, Besuche, Geschäfte, was weiß ich? um meine Zeit gekommen. Mir ist die Strafe verdient — wollen Sie es auch als Strafe

---

[1] Wohl an Huber und Therese, vielleicht auch an Forster.

nehmen, ob ich gleich nicht weiß wofür, so habe ich doch die Milderung zu glauben, daß es Ihnen lieber wäre, wenn mein Brief länger wäre. — —

Zu 110.

[Jena] d. 17. Jul. [17]96.

— — Diesen Morgen lag ich noch im Bett, als ich ein weitläuftiges Billet von Schüz bekam, worinn wir zu einer Spazierfarth eingeladen wurden, allein das schlug ich ab.

d. 18. Jul.

Und wohl mir, daß ich es that. Ich hätte Göthen versäumt. Gestern Nachmittag, da ich allein war, meldet man mir den Hrn. Geheimer[ath]. Ohngemeldet hätte ich ihn nicht erkant, so stark ist er seit 3 Jahren geworden. Er war gar freundlich, freute sich, mich in so angenehmen Verhältnißen zu treffen, sagte viel schönes von Schl[egel], bis dieser selbst kam. Er hat mir gedroht, oft, auf seinem Weg ins Parables, bey uns einzusprechen. Wir gingen nachher zu Schillers, und Abends in den großen hiesigen Clubb, wo er an beyden Orten war. Diesmal wird er nicht lange bleiben; er hat nur das Ende von W[ilhelm] M[eister] herüber gebracht, um mit Sch[iller] darüber zu sprechen.

Frau von Kalb hab ich oft bey der Schiller getroffen, die fortfährt sich wohl zu befinden. Jene sagte mir mit einer leichten Wendung, daß ich sie des Morgens einmal besuchen möchte. Ich habe dies für einen Befehl gehalten und bin hingegangen. Höre — es ist doch eine Adliche, et même très fort, so artig sie ist. So viel ich durch den Adel hindurch sehn konte, scheint sie wirklich Geist zu haben. Giebt es aber vielleicht nicht mehr wie Eine Fr. von Kalb? Dieses kan ohnmöglich diejenige seyn, die bey der Esther in Thränen zerfloßen ist. Sie hat mir eben so leichthin gesagt, daß ich sie in Weimar besuchen möchte.

d. 20. Jul.

Das wird ein ortentliches Tagebuch. Ich bin gestern erbärmlich krank gewesen, darum blieb der Brief liegen. Es war am Sontag so heiß, daß ich den halben Tag in Einem Röckchen und ohne Strümpfe ging, da hab ich mich verkältet und einen geschwollnen Hals — und

(f. d. Schluß S. 174).

113a.
An Luise Gotter.
[Jena] d. 15. Oct. [17]96.

— — Sieh dafür bringt sie¹ Dir auch den Allmanach mit, den Du schon hättest, wenn ich mehr wie ein Exemplar besäße, und das hat Schlegel mitgenommen — der — im Vorbeygehn — noch nicht wiedergekommen ist. Allein soll ich eins kaufen, Ende der Woche hast Du ihn! Wie ich höre, sind der falschen Deutungen unzählige. Schützens waren in Leipzig und haben den Spectakel recht mit angesehn. Gutes Kind, wie wirst Du noch erschrecken, wenn Du ihn in die Hand nimmst! Freylich sind die Nahmen vollaus geschrieben, wenigstens Manso und Nicolai. Das wäre auch nichts, je öffentlicher, je weniger darf man ihnen Vorwürfe über diese hinterlistigen Waffen machen. Sie hätten alles vollaus nennen sollen, und sich dazu. Ich kan Dir sagen, daß mir das Ding immer weniger gefällt, und ich S[chiller] (ganz unter uns) seitdem nicht gut bin, denn das glaub, fünf Sechstel rühren von ihm her, und nur die lustigen und unbeleibigendern von G[öthe]. S. wird aber den Handel auch allein ausbüßen müßen — er giebt so unendlich viel Prise — man kan ihn bey allen Ecken faßen, und er ist empfindlich, wie eben seine Rache zeigt.

Frommann nahm mir Schlegeln in aller Eile weg, und ich weiß noch nicht, wann er wieder kommen wird. Vermuthlich geht er noch weiter. Allerdings habe ich die Zeit genuzt um herein zu ziehn, und bin auch schon leidlich etablirt. Im Hause selbst wird nur noch allerley getrieben. Tischler und Mahler sind noch dabey, so daß die Avenuen wenigstens nicht so nett sind, wie meine Stuben. Ich habe eine rechte Freude darüber, daß Sch[legel] der Unruhe entgangen ist, und ich ihn in die ordentliche Wohnung einführen kan. Er ist keiner von den Gelahrten, die für Ordnung und Eleganz keinen Sinn haben; nun ist zwar die Eleganz noch auf einem frugalen Fuß bey mir, indeß sieht es doch schon anders aus, wie im Gartenhause. Ach, Louischen, wärst Du erst hier!

Mein erster Besuch in der neuen Wohnung war Blumenbach, geschmeidig und liebevoll wie immer. Ich hatte kaum gedacht, daß er zu mir käme — es that mir nur leid, daß Schlegel nicht da war, und Blumenb. nicht länger blieb. Es wäre mein Stolz gewesen,

---
¹ Luisens Schwester.

wenn er auch ein bischen von meiner zweyten glücklichen Ehe gesehen
hätte. An meiner ersten hat er sich mehrmals erbaut¹, und ich bin
wahrlich seitdem nicht schlimmer geworden.

Wegen Minchen habt Ihr eine rechte Noth. Sch[legel] hat ja
keine Epigramme auf den Schulmeister gemacht, und Schiller hat ja
S[chlegels] Bruder nicht verschont — wer überhaupt einmal in Geschmack kommt, macht auf seinen Freund und seine Geliebte welche.
Hört sie davon, so sagt Ihr nur, daß ich mich heftig dagegen erklärt habe. — —

Die Paulus ist wieder hier, und trägt die dreyfarbige Cocarde.
Das darf sie nun hier thun — und ich habe es in M[ainz] nie —
nie — gethan. So gerecht gehts in der Welt zu. Sie ist übrigens
eine artige kleine Frau, die den Franzosen gewiß gut gefallen hat.

d. 17ten.

Eben ist Schl. wieder zu Haus gekommen, der liebe Mensch.
Ich habe eine rechte Freude. Er ist in Deßau bey Tischbeins gewesen.

118b.
An Luise Gotter.
[Jena 22? Oct. 1796] Sonnabend früh.

Ich erhalte eben Dein Briefchen, liebe Louise, da ich damit
umgehe, Dir den Alm[anach] durch den Zeitungsboten zu schicken, weil
Deine Schwester erst Dienstags weggeht. Das will ich denn auch
gleich ausführen, aber ich erschrecke, da ich an den Commentar² denke.

---

¹ Vgl. oben Nr. 21 S. 29 und zur Erklärung die Stelle Nr. *1 S. 301.
² Die hier gegebenen Deutungen der Xenien werden ihr Interesse behaupten, wenn auch die Mehrzahl inzwischen ebenso gefaßt worden ist. Doch fehlt
es nicht an Abweichungen und darf man wohl sagen Berichtigungen. Was
oben S. 179 R. vermuthet ward, erhält hier insofern Bestätigung, als Caroline
„Mad. B." ganz unbefangen auf Friederike Brun bezog, was um so wahr-
scheinlicher, wenn die folgende neue Deutung von 275 S. = Baggesen richtig
ist. Die neuerdings von R. Bernays vertretene Beziehung von Nr. 303 und
304 auf Fr. Schlegel, Grenzboten 1869 Nr. 50, erhält hier volle Bestätigung.
— Die in dem Brief gegebenen Zahlen gehen auf die Seiten des Musenalma-
nachs. Ich habe, wo es irgend nöthig schien, die Nummern bei Boas (Göthe
und Schiller im Xenienkampf) in [ ] hinzugefügt. Das Gesperrte ist im Brief
unterstrichen, ohne rechte Consequenz.

Das wird fchrifllich eine weitläuftige Comißion ſeyn. Vieles erklärt ſich wohl ſelbſt. Manches kan ich wirklich nicht erklären, weil Schiller ein unverbrüchliches Stillſchweigen beobachtet und nur dies und jenes verneint und bejaht hat. Doch will ich friſch dran gehn in aller Kürze.

S. 201 verſtehe ich nicht außer, was allgemein gedeutet werden kan, dabey mach ich ein †.

S. 202 u. 203 [13 ff.] Hermes. Einige allgemeine. Der Antiquar [16], Stollberg. II. S. [19], Heinrich Stilling. Der Prophet [20], Lavater.

204 Lavater [21. 22], Stollberg [23], Hermes [24]. So auch 205 [25], die beyden letzten [27. 28] der Freyherr von Racknitz.

206 allgemeine. 207. 208 [33—41] Manſo.

209 erklärt ſich, ſo wie auch 210 u. 11.

N. O. P. †. Das letzte [52] Stollberg.

212 [54] Jacob in Halle.

214 An Kant [63] geht auf Stollberg ꝛc. Dann [64] Plattner „dem Rahmen nach Ernſt".

216 Zeichen des Widder [69], unſer guter kleiner Jacobs. Stier [70], Jacob in Halle.

Fuhrmann [71], Beder.

Zwillinge [72], die Stollberge.

Bär [73], die allg. b. Bibliothek zu Kiel gedruckt.

Krebs [74], Rammler.

Löwe [75], Voß.

Jungfrau [76], Wieland.

Rabe [77], Schlichtegroll.

Berenices Locken [78], Salzburgſche Zeitung.

Scorpion [80], Reichard in Giebichenſtein.

Ophiuchus †.

Gans [83], die Leipziger und Gothaer Critiker.

Steinbod [84], Nicolai.

Pegaſus [85], Eſchenburg.

Waßermann [85], Adelung.

Eridanus [86], Campe.

Die Flüße erklären ſich leicht: Donau in Bayern, in Oeſterreich u. ſ. w.

Das von der Spree iſt prächtig.

P. bey R. [169], Pegniz bey Nürnberg.

S. 227 Dialogen aus dem Griechischen [116], Stollberg. Charls [119] geht nicht auf Rambohrs neuen Abel, sondern auf die letze (?) Art, mit der er die schönen Künste behandelt, sein vernehmes Wesen dabey.

229 Klingklang [122], Heydenreich.

230 Das Brüderpaar [125], die Stollberge.

231 Frivole Neugier [138], geht auf die vielen Anfragen wegen der Fortsezung des Geisterseher's.

Beyspielsamlung [139], Eschenburg.

Nun komt Nicolai und Reichard. Was dazwischen steht erklärt sich.

2 [151. 152] gelten Campe. Der Pedant ist artig.

239 komt Göthe mit der Naturgeschichte und Optick. Ich habe ihn viel darüber reden hören, also versteh ich sie wohl, aber sie können nicht jedermann so lustig bünken, wie dem, der ihn diese Epigramme sagen hörte, denn er macht die seinigen nicht erst auf dem Papier: sie entwischen ihm.

245. 46. 47. 48. 49. 50 wieder Nicolai.

251 Reichard der Capellm[eister], eben so 252 und eins [218] ausgenommen 253. 254. 255. 256, julezt [230 ff.] Cramer.

Von 260—64 werdet Ihr alles errathen.

265 [264] muß Dir Jacobs von Wolf in Halle erzählen.

Leonhard * * [266] Meister.

267 [273] Mad. B. und ihre Schwestern. Madam Brun ec. ec.

B. [275] Baggesen.

269 [280] Zum Geburtstag. Wieland.

274 [302 ff.] neuste Kritickproben Friz Schlegel. Es geht auf eine Recension des vorigen Allmanachs im Journal Deutschland, geht bis zu den Jeremiaden im Reichsanzeiger, die doch wahrhaftig recht lustig sind.

Die zwey Fieber [320] und einige folgende gehn wieder auf Fr. Schlegel.

In der Unterwelt ist manches noch dunkel. Achilles [338] soll Leßing seyn. Der alte Peleus [343] Gleim. Ajax [341] Bürger. Dann komt Ernstes in drey Epigrammen [346—348], die, nicht allein mir, im höchsten Grade misfallen. Dann Ludwig 16. [350]. Joseph II. [351?]. 288 [356] Leßing noch einmal. Die Stollberge [357]. Rammler [359] u. s. w.

280 sind die Rhapsoden [366] und folgenden wieder allerliebst — auch die Philesophen, Reinhold, Fichte, Kant ec. ec.

Wer Hercules [390] eigentlich seyn soll, weiß noch kein Mensch, aber daß die folgende allgemeine Satyre mit das Beste ist, weiß ich wohl [412].

Wenn sich das Laster erbricht, setzt sich die Tugend zu Tisch.

Das sind doch Jfflands arme Sünder nach dem Leben.

Nun kan ich auch nicht weiter, ich muß eilig packen und schließen. — —

Du giebst den Allmanach Dorellen wieder mit und nimst ihn ja gut in Acht.

113a.
An Luise Gotter.
[Jena Oct./Nov. 1796].

Liebste Louise, ich schicke Dir solch ein merkwürdig Ding und bekomme keine Antwort? Nunmehr will ich fürchten, daß Deines Mannes Unpäßlichkeit daran schuld. Die ist wohl nur sein gewöhnlicher Abscheu am Winter, den er erst wieder überwinden muß. Gieb mir einen Wink, wenn ich Dir den 4ten Theil von W[ilhelm] M[eister] schicken soll, oder hast Du ihn schon gelesen? In den Horen ist nichts besondres. Aber da hat der Vielschreiber Böttiger in Weimar ein Buch über Iffland geschrieben¹. Das möcht ich Deinem Mann aus einer doppelten Ursache schicken, damit er es läse, und damit er sagte, was daran wäre, nehmlich ob Iffland richtig beurtheilt ist, denn was an einem Buch von Böttiger an und vor sich ist, wißen wir wohl. Schl[egel] soll mit aller Gewalt das Buch anzeigen und hat Iffland nicht gesehn. Hufeland wollte die Einwendung nicht gelten laßen. Wenn Gotter Zeit und Lust hätte und schriebe nur über die Rollen, in denen er ihn in W[eimar] sah, einiges in Rücksicht von Böttigers Beurtheilung auf, so würd er seinem Freund Iffland und seinem gehorsamen Diener Schlegel eine große Gefälligkeit erzeigen. Schreib mir doch gleich seine Willensmeinung und ob ich das Buch schicken soll. — —

130a.
An Luise Gotter.
Jena d. 15. Oct. 1797.

Meine Liebe, Du bekomst hier Deine vollständigere Geisterinsel zurück. Es war zu spät. Sch[iller] hat alles gleich zum Druck nach

---

¹ Entwickelung des Jffländischen Spiels in 14 Darstellungen auf dem Weimarischen Hoftheater im Aprilmonat 1796.

Schwaben abgeschidt, es ist wahrscheinlich fast vollendet, also komt es auch nicht etwa nachgesandt werden. Beträchtlich sind die Aenderungen ja wohl nicht? Doch ist es recht Schade darum. Sieh Dich nur bey der Marianne recht vor.

Was Dein Kommen betrift, liebe Seele, so habe ich längst wohl überlegt und bestehe fest auf meiner Meinung. Du wirst schon sehn wenn Du hier bist, daß es ganz bequem angeht, daß Du kommst. Schreib mir nur mit Anfang der nächsten Woche den Tag; wir sehn ihm mit Ungedulb entgegen, denn es erfreuet uns viel dabey, auch das Abholen. Schwerlich kan ich aber über einen Tag dort bleiben. Schl[egel] wär gar zu allein. Er hat niemand wie mich.

Grüße Minchen herzlich und ich wolt ihr mündlich antworten; da werd ich auch weitläuftig von einem Besuch erzählen, den ich hatte. Die Regierungsräthin Liebeskind ci-devant Forkel ist nemlich mit Ihrem Mann, der Regierungsr[ath] in Anspach geworden ist, von Königsberg aus, hier durch gekommen mit 2 Liebesfrüchten, Adelbert und Antonie, und 4 Tage bey mir verblieben, was mir am Ende nicht so fatal war, wie ich anfangs dachte.

Einsiedel, den ich letztens persönlich kennen gelernt, der mir sehr gut gefallen hat, der mir eben ein Werkchen von sich, mit dem artigsten Briefflein überschickte, welches Werk vom Theater handelt und zum Erstaunen vortreflich, tief gedacht und innig ausgedrückt ist — dieser selbe Einsiedel trug mir auf, Dich um ein Manuscr. von sich Polyhimnia (?) ein Trauerspiel betitelt zu befragen. Es müsse sich unter Golters Papieren finden. Such es doch im voraus — wir können es ihm nach Weimar mitnehmen. So bitt ich Dich auch recht sehr, leg das Leben Diderots von seiner Tochter zurecht. Schlegel möcht es gern lesen, es würde ihm, weil er sich jezt mit Diderot besonders beschäftigen muß, äußerst interressant sehn. — —

Zu 139.

(Der Brief ist „Sontag" geschrieben; der Anfang handelt nur von Cäciliens Kränklichkeit).

Beilagen.

1.
Aus Fr. Schlegels Briefen an A. W. Schlegel, Caroline betreffend[1].

Leipzig den 18. May [17]91.

— — Ich bin bereichert durch die Briefe der B.[2] Etwas unbegreiflich bleibt sie mir — nehmlich wie bey der Erhabenheit die leichtbewegliche Phantasie und die Zartheit des Gefühls sein kann. Du darfst Dirs nicht gereuen (denn wenn Du diese heilige Idee entweihest, so würdest Du Reue fühlen) lassen. Mit ihrer Erhabenheit sympathisire ich und das Zartere erreiche ich mit dem Verstande. — Ich glaube nicht, daß ich ihre Zartheit verletzen würde, auch bey dem freisten Verhältnisse. — Sey so gütig einige der Gedichte für mich abzuschreiben. — —

den 20ten.

Ich denke mir Dich in dem Wirbel kleiner Sorgen und kleiner Geschäfte. Du wirst lernen das geringe durch große Zwecke zu adeln wie die B— wie Geist über den Wassern schwebend. — —

26. August 91.

— — Er[3] hat gewiß nie aus Carol[inen] etwas gemacht, aber ich glaube, daß sie nicht ganz gleichgültig gegen ihn ist. — —

d. K. Nov. 91.

— — Meinen Wunsch betreffend die B. hast Du errathen. Ich finde vieles von dem was Du sagst wahr und will alles Dir überlassen. Da Du nun weißt, daß jedes, auch das entfernteste Verhältniß

---

[1] Vgl. ein paar andere Stellen, die ich nicht ausgehoben, bei Dilthey, Leben Schleiermachers I, S. 209. 212, und im Allgemeinen Haym, Die romantische Schule S. 869 ff.
[2] Caroline wird abwechselnd mit diesem Namen oder als die B., B. bezeichnet.
[3] Von Bape, ein Hannoveraner, der öfter in Friedrichs Briefen dieser Zeit genannt wird. Vgl. Stelle Nr. 31; Haym S. 872.

mit ihr mir von großem Werth seyn würde, so darf ich überzeugt seyn, daß es seyn wird sobald es thunlich ist. — Hätte ich doch wahrlich nicht gedacht, daß ich mich so bald nach Göttingen zurückwünschen könnte, und doch darf ich mich aus so vielen Ursachen nicht zurückwünschen. Wenn B. von ohngefähr in Gött. etwas von mir zu hören bekommt, so muß sie eine falsche Idee bekommen; ich habe auch wirklich eine etwas seltsame Rolle in Gött. gespielt.

den 6. Decemb. 91.

Die Nachrichten Deines letzten Briefs haben mich überrascht. — Deine Absicht zu B. zu gehen habe ich geahndet; die Entwicklung war mir sehr fremd und — erlaube mir es zu sagen — auch Dein sehr männliches Betragen hat mich beinahe überrascht. Das habe ich Dir doch nicht zugetraut. — Ich verstehe Deinen ganzen Verlust. — Deinen Plan, in M[ain]z zu leben, finde ich nichts weniger als einen gewagten, unüberlegten Schritt, und würde auch jtzt nicht unzufrieden seyn, wenn Du nach Deutschl. zurückkehrtest und dieß Leben führtest. — — Mein Rath ist, daß Du, wenn nicht Deine strengsten Forderungen befriedigt werden, Dich nicht in diese achtjährige Dienerschaft begiebst, die den besten Theil Deiner Jugend wegnehmen würde. — Wenn B. Dich liebte, so dürftest Du auch vielleicht die Zukunft nicht achten und alles aufopfern. — Wie sehr die Art gefällt, wie Du nachher gehandelt, kann ich nicht sagen, und wenn alles so fortgeht, so wirst Du mit Recht sagen können, „mehr gewonnen als verloren zu haben". Du bist der Herrschaft entgangen, willst Du ein Bündniß schließen? — Ich will sehen, ob man nicht in der männlichen Liebe die weibliche vergessen kann, und ich fordre Dich auf nach Jahren über den Vorzug zu urtheilen. — —

[Leipzig oder Dresden Anfang 1792].

In der langen Zeit zwischen Deinem vorletzten und letzten Brief war ich in beständiger Erwartung. — — Zuerst und vor allen Dingen bitte ich Dich meinen letzten Brief nicht so zu verkennen, als wenn eigennützige Absichten dabey zum Grunde liegen. Er war ganz auf die Vermuthung berechnet, daß Deine dortige Unterhandlungen nicht zu Deiner Zufriedenheit zu Stande kommen würden; diese Vermuthung gründete sich auf einige Ausdrücke aus hannöverschen Briefen, die ich zu ernstlich genommen. — In diesem Fall wiederhohle ich meine Bitte, und die Hindernisse, die unserm Umgange dann im Wege stehen könnten, müssen dann schon weggeräumt werden. Ich überlasse es der Zärtlichkeit des Weibes, den Freund aus Eigennutz zu einem gewagten Schritt zu verleiten — diese kann ja noch mehr, sie kann durch alle Künste zu einer Handlung verführen, die die völlige Entadelung der Natur ihres Freundes zur unvermeidlichen Folge hat. — Aber sie sagt selbst sehr richtig, daß der Mann der Liebe jedes Opfer bringen könne außer eins — sein Selbstgefühl — diesem bringe er jedes Opfer oder eigentlich keins. Und so hast Du Dich gezeigt; und ich glaube, daß sie Dich höher darum achten muß, wenn sie es gleich verbirgt. — Warum beleidigst Du sie aber, wenn Du nicht wahre Verachtung gegen sie fühlst? — und wenn das, so war es genung zu schweigen. Dieß hättest Du schon nach dem zweiten Brief thun mögen, oder statt der Antwort ihn zurückschicken. Schonung verdiente ein Weib nicht, die Dir unbesonnen eine Verschreibung auf Dein Glück giebt, und bald diese ganz unbefangen zerreißt, aus keinem Grunde, als weil sie fühlt, daß es so in ihr liegt. Daß Du auf ihren dritten Brief eine andere als eine solche Antwort nöthig gefunden hast, darüber wunderst Du Dich mit Recht, noch mehr wundre ich mich aber über ihre Ankündigung einer gleichgültigen Correspondenz, die Du doch wohl unerbrochen lassen wirst, als wäre eine geistreiche Correspondenz so was seltnes, daß die Qual, die es Euch beiden machen würd, nicht dagegen in Anschlag käme. Euer Bund ist ganz zu Ende, und Dein Anerbieten der Freundschaft halte ich nicht für Ernst. Euer Bund ist ganz zu Ende, denn Deine Liebe zu ihr war nur Mittel zu einem hohen Zweck, den das Mittel zu zerstöhren droht. Dies zeigst Du, indem Dir der Zweck mehr galt als das Mittel. — Du hast sie nun gebraucht, und mit Recht wirfst Du sie weg, da sie Dir schädlich wird. Oder weißst Du etwa nicht, daß Du in ihr Dein eignes Ideal der Größe liebtest? In einigen Jahren mußt Du einsehen, daß der Grund Deiner Erhöhung in den letzten Jahren in Dir selbst lag: sie war nur der Anlaß. Und doch versichert sie Dich ganz naiv, dieß sey ganz ihr Werk. Bey einer persönlichen Zusammenkunst hätte sie vielleicht Mittel gehabt es glauben zu machen.

Mein Lieber, ich verkenne sie nicht. — Und sie hat Recht, wer nichts als die Buhlerin in ihr sieht, der verdient Verachtung. Sie ist mir noch dieselbe, die sie mir war. Aber ich frage nur nach dem, was sie für Dich ist, nicht was sie an sich ist, und da hast Du vortreflich entschieden. Wenn sie Dich liebte, und dieß ist möglich, so galt ihr ihr Eigendünkel und weibliche Herrschbegierde mehr als Du. — Einzelne sehr große Züge verkenne ich nicht an ihr; ich wünschte doch, daß sie mit der schonungslosen Aufrichtigkeit, deren sie sich rühmt, auch nur einmal in ihr Innres blickte. — Ist denn die Größe — so begierig Superiorität fühlen zu lassen? spricht sie ohne Unterlaß: ich bin die Größe? und glaubt sich selbst nicht, sondern bedarf jemand der sie von ihrer Größe unterhält? — Wer nicht in dem Bewußtsein seiner unendlichen Kraft — von dem Gefühl seiner Geringfügigkeit durchdrungen ist, dessen Blick muß wenigstens etwas kurz seyn. — Hinter den Ausdrücken ihres Gefühls, die die Dunkelheit und die Anmaßung der Orakelsprüche haben — es liegt so in mir — ich sage wie es ist, nicht wie es seyn sollte — ich fühle das — es ist muß — ich darf was ich muß — unter diesen scheinbaren Gestalten möchten vielleicht andre Dinge im Hintergrunde lauern, als sie selbst ahnden. — Es ist nicht unmöglich, daß sie ihren Schritt einmal bereut, sie fühlt Deinen Verlust tief. — Der arme Betrogne wird einmal fürchterlich erwachen — gewiß ohne Dein Zuthun. Deine Schilderung im vorletzten deutet auf einen Mann, von dem ich aber nicht begreifen kann, daß sie ihn grade jetzt wieder gesehn, und einige andre Umstände. Ein Mann¹ von vieler Klugheit — der sich im frostigen Eigendünkel in sich und aus sich selbst nährt. — Ich wünschte doch Aufschluß darüber. —

Ihr Urtheil über Deinen sittlichen Werth ist Dir nach Deinem letzten von großer Wichtigkeit — ein beleidigtes Weib ist wohl nicht kalte Richterin — und sie hat Dir ja in ihrem letzten Brief bewiesen, daß sie auch gegen ihr Gefühl Dir Verachtung blicken lassen wird. Ueber noch einen Punct muß ich reden, den ich nicht für so ganz unwichtig halte. Sie versichert Dich in dem Briefe, wo sie Dein Kommen ablehnt, Du würdest kein großer Schriftsteller werden. (Es fehlt in der That dem Briefe Nro 2 nichts, als daß sie Dich wiederum auf ihr Wort versicherte, Du würdest es werden). Ihr Urtheil hierüber gilt mir nicht so viel als sonst — es könnte aber doch Einfluß auf Dich haben — und da ich glaube, es würde Dir gut seyn Dich grade nicht durch Werke zu zerstreuen — so behalte ich mir vor einen eigenen Brief darüber zu schreiben. Ihre verstellte Verachtung muß Dich auch nicht einen Augenblick unmuthig machen. Ich denke, wenn ich abziehe, was sie dadurch daß sie Weib ist bey Dir voraus hat, die lange Gewohnheit der angemaßten Superiorität, ferner was längere Erfahrung ihr wirklich vorausgiebt, und in Betreff der Trennung der Umstand, daß sie aus dem Besitz eines andern redet — sie müßte in der That sehr tief unter Dir stehen, wenn sie nicht ein scheinbares Uebergewicht haben sollte.

Wenn ich daran denke, wie Dein Geist gerade itzt, da er gewaltsam von dem Gegenstand, an dem er ganz hing, abgerissen ist, öde und einsam von der äußern Lage, ganz dem bittren Schmerz Preiß gegeben ist, in dem er so lange gefoltert werden wird, bis er durch Leiden gestählt und veredelt durch eigne Kraft sich aufschwingt — so blutet mir das Herz, daß ich nicht bey Dir seyn darf, daß ich nicht alle meine Kräfte zusammenraffen darf zu Deiner Erheiterung. Es sind Ausdrücke in Deinem Briefe, die mich fürchten lassen, daß Du sogar in Kleinmuth sinken könntest. Aber wehe Dir, wenn Du nicht bald — ruhig und glücklich bist. Sonst wäre Dir besser gewesen und Deiner Natur angemeßner in ewger Dienerschaft zu huldigen. — —

Dreßden den 13. April 1792.

— — Das wichtigste ist meine Rechtfertigung auf Deinen harten Vorwurf des Mangels an Menschlichkeit. Ich kann ihn nur dadurch beantworten, daß ich Dich selbst bitte nur den Sinn meines ganzen Briefs zu nehmen, darin Du gewiß Achtung für B. sehen wirst. Be-

---
¹ Gemeint ist ohne Zweifel Tauer. Vgl. 69 u. 66.

leidigt dieser Sinn des ganzen die Menschlichkeit, so bitte ich Dich das Papier ins Feuer zu werfen, wenn auch noch mehr scharfe Blicke darin wären, als Du gefunden. — Wenn aber nur ein einzelnes Wort mit diesem Sinn streitet — so erwäge, daß der Brief nicht in froher Ruhe geschrieben ist. Nur der Sinn des ganzen ist mein, und diesen erkenne ich, das äußre trägt die Spur der gepreßten Lage, in der mein Herz sich fast immer ängstigt. — Du wirst mir aber verzeihen, nur das mit innerstem Scharfsinn zu untersuchen, was sie Dir ist, das was sie an sich ist nur mit dem Interesse, den ein großer und neuer Gegenstand giebt. Hier sehe ich noch immer mehr Verlangen nach dem Vergnügen, die erste Stelle zu haben, als nach Liebe. — Es sind in Deinem letzten Briefe so viele neue Beweise Deiner Menschlichkeit, und so viel neue Gründe die Sache nur von der Seite anzusehen. — Doch mag ich den wahren Gesichtspunkt vielleicht ganz verfehlt haben, und ist dieß, so ist Deine halbe Eröffnung daran schuld. — Noch einen Vorwurf muß ich heben. — Unser Wesen ist freilich der Grund unsrer Handlungen, doch glaube ich, wirst Du nie sagen, Du sollst verderben, weil ich so bin, oder Du bist gering, weil ich so denke. Und nur dieß habe ich getadelt. Um alles in einem Worte zu fassen was ich darüber zu sagen habe, ich tadle sie nicht deshalb, weswegen Du sie verlassen hast, sondern ich halte die Verbindung mit ihr einem Mann für gefährlich, wegen ihrer Neigung sich huldigen zu lassen. Sie steht doch in großer Achtung bey mir, diese Neigung ist nur eine Abart des Edelsten. — —

[Ohne Datum].

— — Ich habe bei Weibern nie etwas von diesem Triebe nach dem unendlichen gefunden, und ich habe noch keine gesehen, bei der ich die Möglichkeit einsähe, sie lieben zu können. — Nur bei einer findet es sich; ich weiß aber nicht, ob ich sie selbst verehre oder ihr verschönertes Bild in dem Spiegel einer edlen männlichen Seele. — —

[Leipzig] 15. Juli 1792.

— — Sag mir, hast Du im Ernst geglaubt, daß ein menschliches Gehirn den Sinn dieser zerschnittenen Briefe enträthseln könnte? — In Wahrheit, wenn es nicht B. wäre, wenn dieß Phantom mich nicht mehr interessirte als die Wirklichkeit der Weiber die ich kenne (— ein Phantom, dessen wirkliches Erkennen mir vielleicht gefährlich seyn könnte —), so würde ich den Geist dieser einzelnen Laute nicht zu ahnden versuchen.

— — B. sagt sehr fein: „Für Deinen Geist ist mir nun nicht mehr bange u. s. w." Dein Glück[1] wird Dir unendliche Kraft geben

---

[1] Bezieht sich auf ein anderes Verhältniß Schlegels mit einer Sophie in Amsterdam.

und es wird auch ein Theil dieser neuen Kraft sich gegen mich wenden, unsre Freundschaft wird ein neues Leben erhalten. — —

28. Juli 92.

Ich brauche Dir B's Briefe itzt zwar nicht mehr mit umlaufender Post zurückzuschicken; aber ich habe es doch wohl gar zu lange verschoben. Es wäre nicht geschehen, wenn ich nicht wenigstens etwas dabey hätte schreiben wollen, woran mich die Krankheit eines Bekannten und dergl. verhindert.

— — Schreib mir recht viele Stellen aus ihren [1] Briefen ab. Das kleine Stück aus ihrem ersten hat mich bezaubert, es ist so viel Liebe und Weiblichkeit darin, mehr als gewöhnlich in B's Briefen.

— — Du bist mir noch die Geschichte Deiner ganzen Verbindung mit B. schuldig, weißt Du? — Ich werde mich auch mit halbirten Briefen abfinden lassen. Hier hast Du sie mit Dank zurück. Du weißt daß sie mir lieb gewesen sind, weil ich sie so lange an mich gehalten habe. Es ist eine meiner angenehmsten Beschäftigungen für mich gewesen, aus den vielen Fragmenten, die Du mich hast sehen lassen, das große Ganze ihres Geistes zu errathen. Welches Weib! — Du Glücklicher, Du wagst es noch zu klagen? — Was wollte ich nicht mit einem solchen Glücke ertragen! — —

Leipzig 21. Nov. 1792.

— — Sage mir, liebst Du S.? Ich glaube nicht — Du bist zu glücklich. Und C. auch nicht mehr. Beneidenswürdiger!

Noch immer ist die Stelle aus C's Briefe in meinem Gedächtnisse: „Du zähltest den Mann unter Deine Freunde"? — Ueber die ängstliche letzte Aeußerung verlange ich mehr zu wissen. Ich könnte im schlimmsten Fall Dir vielleicht nützlich seyn, und hoffe, wenn Du nach Deutschland zurückkehrst, den Vorzug vor Maynz. Laß mir diese Eifersucht — ich weiß, sie that unendlich mehr für Dich, als ich je konnte. Aber war es nicht auch Glück, blos Verdienst? An Willen glaube ich ihr gleich zu seyn. Und dann wärst Du ihr nur ein Freund — mir aber alles. Auch hoffe ich künftig Dir mehr zu seyn. — Mit größtem Interesse hörte ich letzthin viel Nachrichten von ihr. — — Bey kleinen Briefen lege nur immer etwas von ihr bey. Ist es doch fast, als ob ich sie kennte! Gewiß, wir müßten harmoniren, durch Wahrheitsliebe, Freundschaftsenthusiasmus und Stolz! Was würde sie wohl von mir denken? Hast Du ihr je von mir gesprochen? Ist Deine Correspondenz mit ihr gestört? — —

---

[1] Sophiens.

Leipzig den 10. März 93.

— —¹ Du wirst Dir das bischen übrige [Zeit] von Car. nicht vollends rauben laſſen. Uebrigens bitte ich um einige Demokratenbriefe von ihr. — —

Leipzig den 24. März [1793].

— — Dabey fällt mir meine alte Liebe wieder ein, beſonders da Du mir itzt nicht ſchreibſt, könnteſt Du mir wohl ein Paquet von B's Briefen nach Dr[esden] ſchicken.

— — Ich geſtehe Dir, daß mir die kleinen Stellen aus ihren² Briefen, die Du vorigen Sommer ſchickteſt, ich will nicht ſagen beſſer gefallen haben, doch ebenſo intereſſant geweſen ſind, als irgend was von der B. Es iſt mehr Weiblichkeit darin. — —

Leipzig den 8. Mai 1793.

Es muß ihr geholfen werden, und iſt dieß ganz unmöglich, und ein Nothfall tritt ein, ſo wird ſie ſich auch ſelbſt helfen können. — — Ich hätte viel von Huber hören können, der ſagte, ſie hätte zuerſt mit ihm weg, nach Gotha, wo ich nicht irre, reiſen wollen. — — Gewiß! lieber Bruder, ſie wird ſich ihrer ſelbſt und Deiner Liebe würdig zeigen, und beſſer es bleibt Dir ein heiliges unvermiſchtes Andenken, als wenn ſie ſchwach ſeyn ſollte und Du behielteſt ſie. Sie wird es gewiß nicht ſeyn, und wer weiß, ob es einmal zu ſolchen Dingen kommt, die ſie zwiſchen Trennung und Schimpf zu wählen zwingen. — Ich bitte nochmals dringend um Nachricht — Du kennſt ja meine Theilnahme für ſie.

2. Juni 93.

Lieber Bruder. Ich habe auf Dein Verlangen Deine Abſchriften von C's Briefen ſogleich verbrannt, und ſchicke Dir hier ihre Blätter zurück. Du haſt mich ſehr damit erfreut; ich habe den innigſten Antheil an ihrer Lage genommen, die ſie ſo tief fühlt. Und doch dabey ganz ſo wie ſie ſeyn mußte, wie ich es hoffte. — In welcher jämmerlichen Hülfloſigkeit würden an ihrer Stelle die Klügſten, liebenswürdigſten Weiber ſeyn? — — Iſt denn Tatter gar nicht thätig bey der Sache?

Ich wünſchte Du hätteſt mir ausführlicher geſchrieben über Deine mögliche Reiſe nach Deutſchland, und bitte ich um fernere Nachrichten, womöglich auch Stellen aus Briefen, ſo mir die Sache immer am heüſten aufklären. — —

---

¹ Die Stelle, welche Hahn aus dieſem Briefe anführt, S. 871, beziehe ich auf Sophie.
² Sophiens.

[Leipzig Auf. August 1798].

Lieber Wilhelm,

Einliegender Brief wird Dir wohl alles sagen was Du zu wissen verlangst, und ich kann ihn für heute Abend nur mit ein paar Zeilen begleiten. Und zudem bin ich noch gar nicht fähig über das zu schreiben was für jetzt am meisten beschäftigt, so sehr, daß ich das Übrige, von dem mir vieles auch sehr am Herzen liegt, aufschieben muß. Der Eindruck, den sie auf mich gemacht hat, ist viel zu außerordentlich, als daß ich ihn selbst schon deutlich übersehen und mittheilen könnte. Sie wird Dir wohl selbst geschrieben haben, daß sie sich ganz in Göschens Hand gegeben; und ich so gut wie nichts mit der Sache zu thun habe. — — Ich mußte zuerst vermuthen, der Grund wäre, daß sie gering von mir dächte. Darinn habe ich mich vielleicht geirrt. — — Bis auf ein gewisses Zutrauen und offene Mittheilung wenigstens der Gedanken sind wir sehr bald gekommen. Was sie von mir denkt, ist mir ganz unbekannt und räthselhaft; doch scheine ich ihr vorzüglich gleichgültig. —

Göschen kann nicht einsehen, warum sie mit Dir gekommen? Ich habe gegen Deinen Auftrag so gut als gar nicht geantwortet, um alles in Deiner Hand zu lassen, da Du doch selbst an ihn schreiben mußt. — — Du hättest mir einen Brief mitgeben sollen. Sie hat oft darüber gescherzt, und auch gefragt, ob Du von Hannover nach Holland geschrieben hättest? Ich weiß nicht, ob ich über diese Verbindung[1] mit ihr reden soll, und stellte mich, auf ihre Ausforschung, als wisse ich nichts.

Wir haben sehr oft von Dir geredet, und zwar, wie mirs schien, ziemlich offen. Doch mehr hat sie mir nicht gesagt, als ich schon aus den Briefen wußte.

Ich schreibe Dir nichts weiter über sie, keine Beurtheilung, keine Erzählung, keine Vermuthungen. Alles was ich noch sagen könnte würde verworren, oberflächlich seyn, und vielleicht könnte ich in Gefahr kommen mich schwärmerisch auszudrücken, und mir deucht für sie zu schwärmen heißt sich an ihr versündigen. Vielleicht gelingt es mir sie gleich ohne Verblendung zu fassen.

Nächstens mehr.

F. S.

Leipzig d. 21. August 93.

— — Zwar würde ich gern das bißchen Leben, was etwa noch in mir ist, für ihre Rettung hingeben, aber es ist doch wirklich gut, daß ich ihr entbehrlich bin, sonst hienge es an schwachen Fäden. Du weißt ja, wie unsicher es mit meinem Leben von einem Tage zum andern steht[2].

---

[1] Mit Sophie.
[2] Vgl. Haym S. 874.

— — Ich billige das auch, daß Du Dich für sie wagst. Sie ist eine edle Frau, und Du verdankst ihr mehr als Du ihr je erwiedern kannst. — —

Unſern Umgang möchte ich bezeichnen: Vertraulichkeit ohne Zutrauen, Theilnahme ohne wahre Gemeinschaft. Doch misverstehe das nicht. Die Ueberlegenheit ihres Verstandes über den meinigen habe ich sehr frühe gefühlt. Es iſt mir aber noch zu fremd, zu unbegreiflich, daß ein Weib so seyn kann, als daß ich an ihrer Offenheit, Freyheit von Kunſt recht fest glauben dürfte. — —

Glaubst Du, ein Wort von Dir würde mir nicht hinreichen, ich würde für die Deinige nicht alles thun? — Aber Du kannst auch wissen, daß, so weit ich sie kenne, es schon genung ist, um es für sie selbst zu thun. — —

Leipzig den 28. August [1793].

— — Ich wollte Dir noch sehr viel von C. schreiben; aber ich kann nie Worte finden, wenn ich von ihr reden will. Was sie von mir denkt, glaube ich ohngefähr zu rathen (was Du von ihrer Menschenkentniß sagst, ist mir sehr einleuchtend); die Hoffnungen, die ich selbst und etwa ein Freund von mir haben, die hat sie nicht; und wie sollte sie das auch? — —

Das Kind machte beym ersten Anblick einen ungünstigen Eindruck auf mich, weil es schielt und ein wenig häßlich ist (das kann sich noch sehr ändern). Fast gewinn ich das kleine einfache Wesen lieb, um seiner Unverdorbenheit und guten Anlagen und Treue für die Mutter. Von ihr ist mir jezt noch ganz unmöglich zu schreiben. Doch kann ich sagen: Einfachheit und ein ordentlich göttlicher Sinn für Wahrheit habe ich durchaus nicht erwartet, nach dem was ich wußte und gelesen hatte; und doch ist es das was meiner Eigenthümlichkeit am meisten schmeichelt, und ihr Schmerz bringt sie mir am nächſten. Ich glaube, man kann sie nicht kennen, wenn man sie nicht liebt oder von ihr geliebt wird.

— Einen drolligten Zug von Augusten muß ich Dir doch erzählen. Sie rühmt sich sehr, daß sie der Mutter unentbehrlich sey. „Wenn ich nicht wäre, so würdest Du Dich von der Schlegelſucht gar nicht zu retten wissen".

— — Ich bin gewiß, daß man wahr gegen sie seyn darf. Und größeres läßt sich von keinem Menschen sagen. — —

den 18ten Sept. 93.

— — Ich habe Dir vielleicht Anlaß gegeben von unserm Umgang unrecht zu denken; ich hätte einfach und ernſt, nicht in Laune und halbem Scherz davon schreiben sollen. — Sie machte einen sehr lebhaften Eindruck auf mich; die ersten Tage überließ ich mich diesem ganz, suchte mich ihr zu nähern, sie kennen zu lernen; ich wünschte nach ihrer Mittheilung und Freundschaft aufs emsigste streben zu dürfen, aber grade da sie einige Theilnahme zu äußern schien, sah ich sehr bestimmt, daß ein bloßer Versuch in die heftigsten Kämpfe führen, und wenn eine Freundschaft zwischen uns möglich sey, sie nur die späte Frucht vieler verkehrter Bestrebungen seyn könte — — jeder eigennützige Anspruch ward von da an aufgegeben; von mir war nun gar nicht mehr die Rede. Ich hätte wohl Lust Euch das als ein Opfer anzurechnen, weil mir diese Enthaltsamkeit so unendlich schwer geworden ist. — Ich setzte mich also in das einfachste, einfältigste Verhältniß zu ihr, die Ehrfurcht eines Sohns, die Offenheit eines Bruders, die Unbefangenheit eines Kindes, die Anspruchslosigkeit eines Fremden. So bin ich gegen sie, und das mußte so seyn, weil es darauf ankam, daß ich ihr nützlich wäre, und nicht daß sie meine Freuntin würde. Es könte also leicht geschehen, daß sie so wunderbar über mich urtheilte, daß Du selbst mich darin nicht wieder erkenntest. — —

Leipzig den 29ten Sept. 1793.

— — B—s Urtheile über Poesie sind mir sehr neu und angenehm. Sie dringt tief ins Innre, und man hört das auch aus ihrem Lesen, wie die Iphigenie) ließt sie herrlich. Wenn ihr Urtheil rein wäre, so könnte es vielleicht nicht so unaussprechlich wahr und tief seyn. Sie findet Lust an den Griechen, und ich schicke ihr immer einen über den andern. — —

den 9ten Oct. 93.

— — Deine Fragmente aus Hamlet und Romeo zeigte ich C. in den ersten Tagen unsrer Bekantschaft. Sie gefielen ihr, doch fand sie auch, was ich Dir sagte, Du hättest Dich beym Dante an veraltete Worte und Stellungen zu sehr gewöhnt. — —

[Oct. 1793].

— — gab sie mir ihre Briefe von M[ainz] geschrieben an Louise in Hamb[urg] und an ihre Mutter zu lesen. Wenn ich dazu nehme, was sie mir jetzt oder schon vorhin mündlich gestanden, so finde ich alles unbegreiflich, was ihr wiederfahren ist. Freilich auch wieder sehr begreiflich bei der bekannten Unmenschlichkeit der Fürsten und ihrer Diener. — Wenn ich ihre Ansicht des Ganzen nur von wenigen Zügen, die einer ungerechten Eigenthümlichkeit oder der ersten Hitze ihr Daseyn verdanken, reinige, so ist sie ganz die meinige. Einen Brief nach dem Verlust von Frankfurt, glühend von dem schönsten Unwillen, hat sie mir schenken müssen. — Ich kann ihr jetzt fast verzeihen, daß sie des Unsinns fähig gewesen wäre, Dich in den Strudel und in Dein Unglück mit hinein zu ziehen: diese Begeisterung für eine große öffentliche Sache

macht krank und thöricht für uns selbst und unsre kleinen Angelegenheiten, muß es machen, wenn sie ächt ist.
— — Mensch, ich soll Dir beweisen, daß Schiller ein großer Mann ist? Beweisen sagst Du? — Krämer mögen von der Tugend Rechnungen machen; wir in Teutschland pflegen unsre Liebe und Achtung nur zu rechtfertigen. — Sey doch so gütig, Du, und beweise mir, daß Du ein Dichter bist, beweise mir, daß B. das ist, wofür Deine Liebe sie gab, beweise mir, daß Du Sinn und Gefühl hast. — Melde mir doch auch, wo Du mit diesen Beweisen anzufangen denkst, und wann Du endigen wirst. — B.'s Frage, was er denn Großes gethan habe, als etwa schöne Bücher schreiben? war weiblich. — —

den 10. Nov. [1793].

— — Gusteline ist sehr wohl; besser als ich sie noch gesehn habe; sie hat ihre rosenfarbnen Backen wieder bekommen. — Ich schicke Dir hier Papierschnitzel von C. Sie hat immer einen närrischen Reiz in den Fingern zum Spielen, worüber ich viel lachen mußte; sie schickt mir das als eine „Fingerbeschäftigung", sagt mir, es habe viele Zeit gekostet, ehe es so lang geworden wäre, und frägt mich, ob das nun wohl Metaphysik bedeuten könne? — —

d. 24. Nov. 93.

— — Aber das war gewiß sehr unschuldig von ihr, daß sie mir unter sehr vielen andern auch Deinen Brief nach M[ainz][1] zu lesen gab. In diesem fand ich ganz nach eigner Anleitung, zwar immer noch viel Zärtlichkeit, aber doch noch mehr beleidigte Eitelkeit. Sie hatte Dich gereitzt, und Du hieltst vielleicht Spott für ein Mittel sie zu retten: aber ich verzeihe ihr doch, daß er das Gegentheil wirkte, und Ihr durftet Euch nicht wundern, daß auch die eitelste Zuversicht durch Vergötterung endlich entarten könne. — Ihr Glaube an die Ewigkeit dieser kurzen Republik mußte freylich außer M[ainz] Mauern sehr schwach scheinen — aber innerhalb derselben war er doch wohl selbst bey großem Verstande möglich. Aber das werde ich Ihrem Herzen nie verzeihen können, daß weiblicher Taumel es so weit hinriß, daß sie fähig war ihren Freund in diesen gräßlichen Strudel armseliger Gefahren und lumpichter Menschen zu locken. Ich wünschte auch sie hätte öffentliche Angelegenheiten für immer den Männern überlassen, aber da sie nun einmal abwich, so finde ich in ihrer Ansicht der Sache zwar gewiß nicht reine Wahrheit oder tiefe Weisheit, aber ächten Eifer für alles Große. Dieser blickt mir immer ehrwürdig bey allen Einflüssen des ansteckenden allgemeinen Taumels, der Eitelkeit, der Sinnlichkeit, der Neuheit und

---

[1] Aus Anfang des Jahrs, wie ein früherer Brief ergiebt.

der Weiblichkeit, die sie nie verläßt. Nur diese letzte ist die einzige Entschuldigung gegen Deinen nicht ungerechten Vorwurf der Grausamkeit, die grade in der Art mit dem weiblichen Character so tief verwebt ist. — —

11. Dec. 1793.

— — Car. Umgang ist seit der letzten Zeit von großem Werthe für mich gewesen, was mich über alles stärkte und freute. Auf ihre Dankbarkeit habe ich doch eigentlich gar keine Ansprüche, aber sie hat meine Freundschaft auf immer. Ich bin durch sie besser geworden, und das weiß sie vielleicht nicht. — —

Dresden den 21. Januar [1794].

— — Car. Theilnahme und Rath ist mir sehr nützlich gewesen, kann es noch weit mehr seyn. Mein Zutrauen zu ihr ist ganz unbedingt. Sie ist nicht mehr die Einzige, Unerforschliche, von der man nie aufhört zu lernen, sondern die Gute, die Beste, vor der ich mich meiner Fehler schäme. Sie hat verlangt meine Briefe an Dich zu sehen, und ich bitte Dich ihr alle zu schicken, die ich Dir aus L[eipzig] geschrieben, oder doch wenigstens vom August 92 bis Ostern 93: aber ohne auszusuchen. —

Was könnte ich Dir vorwerfen als nur, daß Du mich damals nicht retteteſt, wo es sehr leicht war; es nun jetzt thust, wo Du einen Theil von dem hergeben mußt, was Du mühsam erworben, wovon Deine Freiheit, Deine Verbindung mit B., das Glück Deines Lebens abhängt. Und das ist es, was mich noch oft beunruhigen wird.

Erhält Car. bald viel Geld, so ist alles gut. (Wie kannst Du denken, daß ich mich schämen würde Wohlthaten von ihr anzunehmen?) — —

Dresden den 10. Februar 1794.

— — Daß Caroline in G[otha] ist, wirst Du nun auch schon wissen. — —

Dresden 27. Febr 1794.

— — Iphig[enie] hat mir C. vorgelesen. Wie sie liest, weißt Du wohl, und ich gestehe Dir, daß die Musik dieses Werks mir der geflügelten Fülle und der kräftigen Zartheit der Alten nahe zu kommen scheint. — —

Dresden den 6. April [1794].

Seit einem Monat habe ich keine Nachricht von Car. Damals litt sie viel. Wenn sie nur gesund ist! Du hast es sonderbar genommen; mir ist unbegreiflich wie das Eure Verbindung verspäten könnte, daß sie ihr nothwendiges Leiden mehr als recht ist fühlt? Ich würde was ich beschlossen hätte auf das Schnellste und Entschiedenste ausführen. Verspäten das heißt langsam vernichten. Ich beschwöre Dich Car. nicht durch Unbestimmtheit zu verderben. — Ich wünsche Nachricht von Deiner Rückkehr, Deinem Vorhaben. — —

Dresden d. 9. May [1794].

— — Unser Wunsch ist nun in Erfüllung gegangen, unsre Losung: Deine Rückkehr ins Vaterland. Es fehlt nichts als eine Heimath. Carol. schreibt mir, ich soll hier recognosciren; hättet ihr nur auch bestimmt, wie viel ich Lottchen[?]¹ sagen darf. — —

den 27. October 1794.

Liebster Wilhelm!

unsre Hoffnungen sind fehlgeschlagen, ich überlasse es Karolinen und meiner Schwester Dir umständlicher darüber zu schreiben, weil ich an Kar. doch in diesen Tagen den fernern Erfolg umständlich schreiben werde. Es ist auch nicht blos jezt unmöglich, sondern für immer. — — Die Minister haben sich so bestimmt erklärt, daß sie sich selbst widersprechen würden, wenn sie Kar. nicht mit dem größten Eifer verfolgten. — — Sind die Schwierigkeiten unüberwindlich, die Caroline oder Dich hindern Einen Namen zu tragen? Carolinens politische Lage würde dadurch ganz verändert. — — Ich wünschte sehr, daß Du mir, was Du nun beschließest, bald mittheilst. Bleibt es noch bei Holland, welches doch erst im Frühjahr seyn kann, so kann ich sie begleiten. Oder kannst Du nicht einen Aufenthalt wählen, der Dich nicht weit von Gotha entfernt? z. B. Jena². Da fändest einen Freund an Humbold da, und für Deine Pläne wäre der Ort auch nicht ungelegen. — —

[Dresden] d. 20. Jan. 1795.

— — Mit Karoline bin ich nicht ganz wohl zufrieden, lieber Gevatter. Du brauchst sie also nicht zu strafen, welches doch zulezt auf Dein Haupt zurückkehren möchte. Ich kann es nicht leiden, daß sie sich an mir zuweilen eine Güte thut, weil sie es doch bey Dir nicht mehr kann, wo es auch zu ernsthaft. Sollte es zu toll werden,

---

¹ Schlegels Schwester, Frau Ernst.
² Ein Brief vom 15. Nov. empfiehlt diesen Aufenthalt nochmals.

so werde ich mich schon meiner Haut wehren. Alles Ueble in ihrer Seele treibt nach außen, so wie in den gesundesten Konstitutionen die Krankheitsstoffe in die Extremitäten fahren. — —

Dreßden den 7. April 1795.

Meine Freude, theuerster Bruder, als ich heute Deinen Brief empfieng, war so groß, als meine Ungeduld bisher quälend gewesen war. Sie war um so größer, da Dein Brief uns alles versichert was wir wünschen. Laß Dich in Gedanken herzlich umarmen und Dir meine Freude mittheilen über die Hoffnung Dich wieder zu sehn.

Es versteht sich, daß ich gleich heute Deine Aufträge besorgt habe. Unser Freund[1] hat an einer Krankheit viel gelitten, deren Ursache mehr Unruhe und Leiden des Gemüths als körperliche Uebel gewesen zu seyn scheinen. Doch war er nach s. letzten Briefe völlig wieder gesund, wird am 12ten dieses seinen bisherigen Aufenthalt verlassen und sich am bestimmten Orte seiner Absicht gemäß mit seiner Familie einrichten. Er wird sich freuen von Dir zu hören, und [läßt] Dich zärtlich grüßen, und sollte er noch nicht ganz wieder bey Kräften gewesen seyn, so wird ihn mein Brief sehr wohl treffen. — —

Pillnitz den 16ten Juni 1795.

Liebster Bruder,

heute nur noch ein paar Zeilen zum Abschiede aus den Morästen[2] — alles übrige findest Du in Br[aunschweig]. — —

Wenn Du Hann[over] nicht vermeiden konntest, ist es vielleicht besser Du gehst zuerst hin, als Du vermeidest es zu auffallend. Dazu kann ich weiter nichts sagen. Du kannst freylich nicht um die Thore herumfahren. Auch wird es ja nur von Dir abhängen, wie dieser Besuch wirken wird. Ich bin auch überzeugt, daß Du die Mutter sehr leicht wirst stimmen können. Bis jezt bleibt sie noch fest auf ihren Grillen, und ich weiß ihr kaum mehr etwas zu schreiben, wenn ich nicht das Vorige wiederhohlen will. Char[lotte] hat ihr einen sehr zweckmäßigen Brief geschrieben, der gute Wirkung thun muß.. Aber schlimmer ist es mit Kar. Mutter. Was sie davon schreibt hat meine ganze Besorgniß, aber auch meine ganze Galle rege gemacht. Die despotische alte Thörin! Fahrt ihr durch den Sinn. Unrecht leiden ist oft der erste Schritt zum Unrecht thun. Ich beschwöre Dich, Dir die Bestimmung Deines Lebens nicht so durch kleinliche Verhältnisse verzwicken zu lassen. Lügt so wenig es seyn kann, seyd lieber grob.

Ueber den Vorschlag nach Amerika kann ich nicht ganz urtheilen, weil Du mir das Wie, nach Deiner löblichen Art, nicht geschrieben

---

[1] Gemeint ist Caroline, die damals nach Braunschweig ging; f. Nr. 96.
[2] Holland.

haſt, und ich kenne das Land ja nur aus ein paar Reiſebeſchreibungen. Aber wenn Du Eigenthum erwerben [willſt], ohne Handels- und öconomiſche Kenntniſſe, ſo müſſen die Ausſichten ſehr ſicher ſeyn. Allerdings iſt es ein freyes Land, und das iſt unſchätzbar. — Das Römiſche Projekt[1] ſiehſt Du, glaube ich, zu ungünſtig an.

Kar. iſt freylich ſehr angegriffen, doch ſcheint ihre Geſundheit leiblich; die Hoffnung und das Frühjahr kommen ihr zu Hülfe. — —

Pillnitz den 4ten Jul. 1795.

Liebſter Bruder.

Ich wünſche Dir herzlich Glück zu Deiner Zurückkunft und eile ſogleich unſern Briefwechſel wieder in neues Leben zu ſetzen. — —
Liebſter Freund, ich freue mich herzlich, daß Du wieder bey uns biſt, ich freue mich herzlich über das Glück das Deiner wartet, und über den Troſt den Du unſrer armen Freundin geben wirſt. Was ſie mir in ihrem letzten Brief von ihrer Mutter ſchreibt, hat nicht nur meinen Unwillen nicht geſchwächt, ſondern mich auch äußerſt beſorgt gemacht. Ich fürchte, daß dieſe Ancten ſich nur durchhauen laſſen.

den 31. Jul. 95.

Ich freue mich herzlich, daß Du glücklich angekommen biſt, und ich denke mit der lebhafteſten Freude daran, daß Du jetzt gewiß ſchon in Br[aunſchweig] biſt, daß Deine Sehnſucht endlich befriedigt und für die arme Karoline frohere Tage gekommen ſind. Könnte ich doch nur auf kurze Zeit bey Euch ſeyn, durch Euer Glück glücklich ſeyn, Euch etwa, wo Ihr es am wenigſten dächtet, überraſchen, und Eure Freundſchaft theilen.

— —

[1] Friedrich hatte empfohlen nach Rom zu gehen. Vgl. Haym S. 883.

2.

Aus Fr. Schlegels Lucinde[1].

— — der erste Anblick einer Frau, die einzig war und die seinen Geist zum erstenmal ganz und in der Mitte traf. — — Sie hatte gewählt und hatte sich gegeben; ihr Freund war auch der seinige, und lebte ihrer Liebe würdig. — — Sie war heiter und leicht in ihrem Glück, sie ahndete nichts, scheute also nichts, sondern ließ ihrem Witz und ihrer Laune freyes Spiel, wenn sie ihn unliebenswürdig fand. Ueberhaupt lag in ihrem Wesen jede Hoheit und jede Zierlichkeit, die der weiblichen Natur eigen seyn kann; jede Gottähnlichkeit, und jede Unart, aber alles war fein, gebildet, und weiblich. Frey und kräftig entwickelte und äußerte sich jede einzelne Eigenheit, als sey sie nur für sich allein da, und dennoch war die reiche, kühne Mischung so ungleicher Dinge im Ganzen nicht verworren, denn ein Geist beseelte es, ein lebendiger Hauch von Harmonie und Liebe. Sie konnte in derselben Stunde irgend eine komische Albernheit mit dem Muthwillen und der Feinheit einer gebildeten Schauspielerin nachahmen, und ein erhabenes Gedicht verlesen mit der hinreißenden Würde eines kunstlosen Gesanges. Bald wollte sie in Gesellschaft glänzen und tändeln, bald war sie ganz Begeisterung, und bald half sie mit Rath und That, ernst, bescheiden und freundlich wie eine zärtliche Mutter. Eine geringe Begebenheit ward durch ihre Art sie zu erzählen so reizend wie ein schönes Mährchen. Alles umgab sie mit Gefühl und Witz, sie hatte Sinn für alles, und alles kam veredelt aus ihrer bildenden Hand und von ihren süß redenden Lippen. Nichts Gutes und Großes war zu heilig oder zu allgemein für ihre leidenschaftlichste Theilnahme. Sie vernahm jede Andeutung, und sie erwiederte auch die Frage, welche nicht gesagt war. Es war nicht möglich, Reden mit ihr zu halten; es wurden von selbst Gespräche, und während dem steigenden Interesse spielte auf ihrem feinen Gesichte eine immer neue Musik von geistvollen Blicken und lieblichen Mienen. Dieselben glaubte man zu sehen, wie sie sich bey dieser oder bey jener Stelle veränderten, wenn man ihre Briefe las, so durchsichtig und seelenvoll schrieb sie, was sie als Gespräch gedacht hatte. Wer sie nur von dieser Seite kannte, hätte denken können, sie sey nur liebenswürdig, sie würde als Schauspielerin bezaubern müssen, und ihren geflügelten Worten fehle nur Maaß und Reim, um zarte Poesie zu werden. Und doch zeigte eben diese Frau bey jeder großen Gelegenheit Muth und Kraft zum Erstaunen, und das war auch der hohe Gesichtspunkt, aus dem sie den Werth der Menschen beurtheilte.

---

[1] S. 164 (Ausg. von 1850, S. 84). Vgl. Haym S. 878, der nachgewiesen, daß dieser Schilderung das Bild von Caroline zu Grunde liegt.

3.

Friedrich Schlegels Briefe an Auguste[1].

An Augustens Geburthstage[2].

Liebste Auguste.

— — Heute bist Du nun Puncte (?) 12 Jahr alt, und darfst Dich von nun an niemahls wieder auf meinen Schooß setzen. Ich sehe wohl ein, wie hart dieß für Dich ist. Da es aber nothwendig und die Mutter es haben will, so wirst Du mir nicht übel nehmen, daß ich Dirs ankündige. — Du wirst gewiß recht erwachsen von Tresten zurückkommen. Besonders erwarte ich, daß Du im Müßiggange recht große Fortschritte wirst gemacht haben, worin Du es schon hier so weit gebracht hattest. Oder denkst Du auch zuweilen daran, wie fleißig wir seyn wollen, wenn Du wieder hier bist? Doch an hier denkst Du wohl gar nicht mehr. — —

Auch die Fichten hat mir gesagt, daß sie Dich recht lieb hätte. Du wärst ein anmuthiges Kind; beynah so anmuthisch, wie Hartmann. Daß Du ein Kind wärst, habe ich denn gleich zugegeben. Sie meynte auch, Du wärst sehr sittsam. Die ehrliche, gute Frau! Da habe ich sie denn doch eines Bessern belehrt. Die ausgelassensten wildesten Hummeln, sagte ich, wären noch still gegen Dich. Bey meiner Beschreibung standen ihr die Haare zu Berge. — —

Nun schreib ich nicht eher wieder, bis die Poesie[3] fertig ist. Ich wollte, die Poesie hinge an dem höchsten Galgen. Die fatalen Griechen!

Lebe wohl, kleines Herz;Mäldchen; und erhalten Sie dero schätzbare Gewogenheit Ihrem dienstbeflissensten Onkel Friz.

Weißenfels den 15ten Jul. 97.

Große Freude hat es mir gemacht, liebstes Augustchen, daß Du Dein Wort so schön gehalten und gleich den ersten Sonntag nach meinem Tode einen eben so lustigen als lehrreichen Brief an mich geschrieben hast; noch mehr, daß Du am Ende des Briefs selbst verräthst, er sey nicht am Sonntage, sondern — am Sonnabende geschrieben.

---

[1] Der Sammlung selbst sind nur solche Stellen aus diesen Briefen eingereiht, die auf Caroline unmittelbar Bezug haben, oder auch eine weitere Mittheilung schien erlaubt, da diese Briefe über Augustens Anwicklung und Friedrichs Einfluß auf dieselbe Aufschluß geben.

[2] 28. April 1797; der Brief ist aus Jena; s. oben Nr. 120.

[3] Geschichte der Poesie der Griechen und Römer I, 1. 1798.

Gott erhalte Dich dabey, daß Du, wenn Du noch eilf Jahre in der Welt gelebt hast, ebenso ehrlich unehrlich bist. — —

Daß ich nicht mehr Geduld mit Dir gehabt, liebenswürdiges Kind, rührt daher: 1) weil ich verdrießlich war, daß ich Dich nur noch so kurze Zeit zur Schülerin haben sollte: 2) weil ich wollte, Du solltest Alles in dieser kurzen Zeit und von mir lernen; 3) von meiner cholerischen Gemüthsart; 4) hätte ich keine Ursach gehabt ungeduldig zu seyn, wenn Du Alles so herrlich und tadellos gelernt hättest, wie den Alternativ in allen Conjugazionen und den Superlativ des kleinen artigen Abjektivs φαυλος. — —¹

Bitte doch W[ilhelm], daß er Dich recht mäßig lobt; und denke nur aus Griechische, nicht an das Lob was Du damit verdienen willst.

Schreib mir auch, ob Du noch so viel närrisches Zeug liest, und was. Dieß ist mein voller Ernst. Wenn ich Dich aber sonst ein wenig necke: so mußt Du es nicht übel nehmen. Das macht, weil ich Dich so lieb habe. — —

Warum nennst Du mich denn immer Onkel? — Respekt hast Du doch nicht vor mir. Es hilft mir also zu nichts, als daß es mich erinnert, wie alt ich schon seyn muß, daß ich der Onkel von einem so großen Mädchen von eilf² Jahren bin. Und alt bin ich doch wirklich nicht, wie die Mutter bezeugen kann, ob ich gleich seit meiner Abreise von Jena schon viele graue Haare bekommen habe, die mir aber sehr gut stehn. Nenn mich lieber Dein Brüderchen oder Freund oder Fritz. — —³

Leb wohl, süßes Kind, und lerne Griechisch.

Beylage.

Mußt Du kleiner Trotzkopf gleich drohn, Du wolltest mir nicht wieder schreiben, wenn ich mich über Deinen Brief, der gewiß für zwey soll zu lachen enthält, in guter Gesellschaft belustigte? — Und wie kannst Du denken, daß ich das thun würde, da es gar nicht meine Art ist, Alles zu zeigen. — Doch habe ich Dich drum nicht minder lieb, besonders weil Du es dumm findest, daß ich gestorben bin. Denn deßhalb glaube ich gewiß, Du und Fichte seht es nicht gern, daß ich fort bin, weil Ihr drauf schimpft.   Dein Fr₂.

Berlin den 25. Jul. 97.

Ich freue mich über Deinen Brief, liebe Auguste, ob er gleich eben so naseweis als kurz ist, weil er doch beweißt, daß das gute Kind froher Laune ist, wenn es auch unartig seyn konnte.

Nun hast Du es sogar auch noch Dresden auspofaunt, daß Du vielleicht einmahl Griechisch können wirst? Wenn Du es nun

---

¹ Hier die Stellen oben Nr. 124.
² So hier und oben der Brief statt: zwölf.
³ S. die Stelle oben Nr. 125.

nicht lernst, so kannst Du allenthalben Trauerbriefe hinschreiben, es hätte nicht gehn wollen. Wenn Du recht fleißig bist, so wirst Du vielleicht in 8—10 Jahren so viel Griechisch verstehn, als die Fr. v. Humboldt]. Die hat es aber noch niemand ausgesagt, vielmehr ein Geheimniß drans gemacht. Daran hat sie sehr Recht gethan, weil die Leute, die in allen Stücken so handeln und denken, wie alle andern, alles Ungewöhnliche lächerlich finden. Daraus muß sich niemand etwas machen, aber warum sollte man Veranlaßung dazu geben? — Auch könnten Vernünftige leicht denken, Du wolltest nur gelobt werden, wenn Du einen so großen Brasch machst von Etwas, was auch, wenn es schon geschehn wäre, gar nicht viel Aufhebens verdienen würde. Ich meinentheils sehe wenigstens nichts Wundersames darin, wenn Jedermann, Alt und Jung, Mädchen und Mann, so viel Gutes und Schönes lernt und thut als er irgend kann.

Nimm mir meine kleine Warnung nicht übel und behalte mich lieb. Schreib mir auch bald wieder und recht viel.

Wenn Du etwa in meinem Brief etwas nicht verstehst, so sprich; dann will ich mich deutlicher erklären. Friedrich S.

Ich glaubte, Du würdest finden, ich hätte in meinem letzten Brief zu viel gehofmeistert und moralisirt, wovon Du, wie ich weiß, keine Freundin bist, obgleich Du einem bisweilen Lust dazu machst. Ich freue mich daher sehr, daß Du ihn so freundschaftlich aufgenommen hast, wie er gemeynt war; noch mehr aber, daß Du so fleißig bist, und so schön Griechisch lernst. Wenn es Dir Freude macht, so laß Dir von der Mutter aus meinen Büchern Xenophontis Cyropaedia geben, und behalte ihn für Dich. Es ist ein leichter Roman, den Du bald wirst lesen können. — —

Zu erzählen habe ich Dir nicht so viel, wie Du mir; weil Du die Leute und den Ort hier nicht kennst. Doch habe ich ziemlich oft eine Bekannte von Dir gesehen — die Liebeskind[1]. Sie hat auch nach Dir sehr emsig gefragt. — —

Die Komödie brauchst Du mir nicht zu beneiden, liebes Kind, obgleich ich sie Dir gern abträte. Ich kann nur selten hingehn, es kostet jedesmahl einen halben Thaler. Auch bin ich oft engagirt, oder habe zu thun, wenn ich am liebsten hingienge: ein andresmahl sind schlechte Stücke. Fleck habe ich nur noch in einer unbedeutenden Rolle eines unbedeutenden Marktbrandenburgischen Festgeburtstagsstücks des unbedeutenden Rambach gesehn. — In demselben starb die Unzelmann so artig, daß ich sie gleich hätte küssen mögen. Der dumme Dichter läßt die artige kleine Frau eine Viertelstunde lang sterben, und dann eines ganzen Akt durch als Leiche allein auf dem Theater en Parade liegen. Ist das nicht abscheulich?

1 S. oben Nr. 123/a.

Mit dem Gefallen in Berlin läßt es sich wohl halten. Ich muß es wohl ertragen. Ich denke schon immer daran, wie Ihr künftiges Frühjahr hieher kommt, nach Pilnitz geht, ich Euch im Herbst dahin nachfolge, und mit Euch nach Jena gehe, und wieder mit Euch ebe. — Dann ließt Du doch auch wieder Griechisch mit mir, wenn ich schon nicht so viel Geduld mit Deiner Flüchtigkeit habe, wie W[ilhelm]. — — Reich[ardts] Melodie zu dem Liede im Shak[espeare] und die Bogen vom Romeo schicke ich mit dem 11ten Stücke des Lyceums. — —[1]

Berlin, den 26ten Aug. 97.
Aeffchen Augustchen,

Deine eben so geistvollen als lehrreichen, eben so lustigen als chronologischen Briefe sind mir nicht nur angenehm, sondern auch nützlich. — Im Ernst, liebes Mädchen, ich danke Dirs recht, daß Du mich in meinem Elende nicht verläßt und mir so ordentlich schreibst. Ich habe allemahl eine rechte Freude, wenn ich das Couvert öffne, und mir auch ein Blatt von Deinem liebenswürdigen Gekritzel in die Hand fällt.

— — Auch vermisse ich die Liste von den Büchern, die Du in der letzten Woche gelesen hast. Wenn Du einmal so viel lesen willst, so wähle nur lauter vornehme, klassische Bücher; nicht so gemeines, alltägliches Zeug, niedern Pöbel der Bücher.

Nach dem was Du mir immer von Deinen Fortschritten im Griechischen schreibst, wird Dir die Sprache bald zu enge werden, und sich vor Dir verkriechen. Wenn nur Wilh[elm] auch so zufrieden mit Dir ist, wie Du mit Dir selbst! — Wenn Du erst ein Buch von Herodot recht fleißig und sorgfältig durchgelesen hast, so wird er Dir gar keine Mühe mehr machen, und nachher wirst Du den Homer nicht zu schwer finden. — —[1]

Die Liebeskind sehe ich ziemlich oft, finde aber sie und ihr Kind nichts weniger als lieblich. — —[2]

Ich verspreche Dir auch, daß ich Dir alles berichten will, wenn mich eine Frau liebt (— wenn ichs nähmlich erfahr) — oder dergl.: denn daß ich eine liebe, wird wohl so leicht nicht vorkommen. Uebrigens hätte ich wohl so gut Ursache zur Eifersucht wie Du: der vielen Campenhausens nicht zu erwähnen, so ist da Grieß, der Kleine, und Eschen, der Junge. —

Willst Du nicht etwa am Att[ischen] Mus[eum]* Antheil nehmen? Du bekömmst für den Bogen 10 Thlr. Doch wäre es nicht überflüßig, wenn Du vorher lernen wolltest, die Deutsche Orthographie ein wenig weniger liebevoll behandeln.

Dein Dir bis in den Tod Getreuer Friz.

---

[1] Die Stellen oben Nr. 126. 127.
[2] Von Wieland 1796 ff.

[Sept.]

Es ist recht brav von Dir, daß Du mir so oft schreibst. Wenn ich Dir auch nicht jedesmahl gleich antworte, so bin ich doch sehr dankbar dafür, und schreibe gewiß, wenn es nur möglich wäre. — Hast Du es nicht schon beym Empfang dieses gethan, so schreib mir ja gleich, wie sich die Mutter befindet. Wohl habe ich an ihrem Geburtstage besonders an Sie gedacht, wie Du mir 8 Tage hinterdrein noch einschärfst; doch denke ich alle Tage an Euch und brauche keine besondern Feste.

Deine Fortschritte im Griechischen freun mich sehr. Die schön wird es seyn, wenn ich einmahl wieder mit Dir beysammen sitzen werde, und Griechisch lesen, wo Du denn wohl schon so viel wissen wirst, als ich. Wenn nur Dein Eifer nicht nachläßt. Das besorge ich immer noch. —

Auch freue ich mich sehr, daß Du so groß wirst und daß mit so schnellen Schritten. Ich schließe es aus manchen andern Umständen, und auch weil Du so gelehrt von Eifersucht und Nicht-Eifersucht, von Ich vergessen und Du vergessen durch einander redest, daß mir ganz schwindlicht wird. — Ich liebe Dich und dabey bleibts. Damit Gott befohlen und nun quängle mir weiter nichts vor. — —

Grüße Fichten vielmahls von mir.

Es ist mir so vorgekommen, oder es hat mich so verdünken wollen, als ob Ihre Naseweisheit bisweilen geruheten, mich mit meiner Zärtlichkeit gegen Sie zum Besten zu haben. Wollten Eure Naseweisheit das wohl bleiben lassen? —

Lebe wohl, liebes Kind. Bey Deinen schnellen Fortschritten bist Du gewiß, wenn ich Dich wiedersehe, schon nicht mehr so ein drolliges Mitteldíng von Kind und Mädchen, sondern ein ganzes completes Mädchen. Ich werde Dir dann ehrfurchtsvoll die Hand küssen, Dich aber doch gleich wieder Du nennen und Dich mit Deiner gütigen Erlaubniß an mein Herz drücken.

Dein Friedrich.

Höre, machs wie die Mutter, und zeige Niemand, was Du mir schreibst.

Augustchen wird gebeten mir folgende Bücher nach Leipzig zu schicken. — —

Machts Dir Freude Griechische Bücher zu besitzen, liebe Auguste, so eigne Dir auch die Euripidis Tragoediae [an] in einem rothen Band in Oktav. Du brauchst mir gar nicht dafür zu danken: ich habe hier einen ganzen Euripidos.

---

1 2. Sept.

Schreibe mir recht bald und recht viel, liebe kleine Freundin; ich denke täglich an Dich. Du schreibst mir wohl öfter, aber immer sehr kurz. Darin will ich Dich heute nachahmen: aber nächstens schreibe ich wieder recht lang. Bleibe fleißig, schreib mir was Du liest und machst und behalte mich lieb.

Dein Fritz.

Du hast mir ja gar nichts von Hardenberg geschrieben? Und ich weiß doch recht gut, daß Du jetzt nicht so blöde gegen ihn gewesen bist, als vorigen Winter.

Liebe Auguste,

Ich danke Dir für Deine Nachrichten von Jena. Ich habe alle Deine Briefe jetzt in ein Packet zusammengeordnet, mit der Ueberschrift Jenaer Zeitung. So lieb mir das ist, so schreibt doch die Mutter mehr aus dem Gemüth wie Du, und Du selbst hast wohl sogar in Deinem Tagebuch mehr aus dem Gemüth geschrieben wie an mich. Vielleicht ist dieß die Folge der Entfernung: denn ich bemerke, daß Du auch über Deine Fortschritte im Griechischen Dich jetzt viel milder ausdrückst. Es wird in der That mit dazu gehören, ehe ich meinen Unglauben in diesem Stück ganz überwinden und mich überzeugen kann, daß Du irgend etwas mit Nachdruck und Ausdauer wollen und thun kannst.

Es ist mir lieb, daß meine Briefe Dir Freude machen. Wenn das auch nicht wäre, so könnte ich es nicht verantworten, daß ich Dir bey so unendlich vielen Arbeiten doch so viel schreibe.

Ob es von Deiner Mutter weise ist, daß sie Dich Nathan den Weisen lesen läßt, weiß ich nicht: aber daß weiß ich, wenn Du auch zufälligerweise wider Erwarten weise daraus werden solltest, so wirst Du doch sicher nicht klug daraus werden können. — Lies nur auch, was ich im Lyceum über Nathan geschrieben[1], und ob es mit Deinem Urtheil übereinstimmt?

Ich denke täglich an Dich und wünsche Dir gute Besserung, arme kleine Kranke!

Dein Fritz.

Liebste Auguste,

Mit dem Liede, das ist dumm. Ich habe es mir schon selbst bedacht. Das rechte kann ich Dir noch gar nicht gewiß versprechen. Unger ist ein unglaublich affairirter Mann, den ich mit dergleichen nicht in-

---

[1] Ueber Lessing I, 2, S. 76 ff. Auszug aus dem mir nicht zugänglichen Aufsatz bei Raberstein III, S. 2214 ff.

kommodiren kann. Auch ists sehr möglich, daß die Musik abgesetzt aber nicht gedruckt, das Manuscript hingegen vernichtet ist. Dann mußt Du Dich gedulden. Sey versichert, daß ich Deinen Auftrag so gut als möglich besorgen werde, so wie Du die meinigen besorgst, wofür ich Dir herzlich danke, so wie auch dafür, daß Du mir geschrieben. Dein Brief hat mir sehr viel Freude gemacht. Besonders auch was Du von Hard[enberg] schreibst, und daß Dir mein Freund so gefällt. Höre, wäre Dein Brief nicht gekommen, so hätte ich Dir geschrieben. Ich könnte Dir nun mit einem Beyspiel sagen, was es hieße, aus dem Gemüthe schreiben. Hard[enberg] wäre da gewesen, Du wüßtest wie ich ihn liebe, hättest Du nun gedacht, daß es mir Freude machte und hättest mir etwas von ihm erzählt, so hättest Du mir aus dem Gemüthe geschrieben. Dann hätte ich Dir ordentlich Vorwürfe machen wollen, daß Du das nicht gethan, recht feine. Nun bist Du mir aber zuvorgekommen und ich muß Dir recht herzlich danken. — —[1]

Sey lustig und lerne Griechisch. Dein Fritz.

[November].

An Auguste Sie.

Das Gemüth, liebste Sie, ist das Innerste an einem Menschen, was übrig bleibt, wenn man die Schaalen und Hülsen abstreift; es ist der feinste Geist der Seele, und die zarteste Seele des Geistes. Wenn Du die Erklärung davon verstehn könntest, so würdest Du gar nicht mehr danach fragen; also kann sie Dir doch nichts helfen.

Ich habe Antheil an Deiner Betrübniß wegen Gotters Nichtkommen genommen, die nun wahrscheinlich längst vorbey ist. —

Schreib mir nur bald wieder, daß es vortreflich mit Deinem Griechisch, und schicke Herodot[2].

Ich hoffe immer noch daß Du mit nach Berlin kommst. Besteh nur darauf. Kosten macht es nicht im mindesten mehr. Es ist hier viel Merkwürdiges für Dich zu sehn und zu hören; und gefallen soll Dirs auch wohl. Davor will ich schon sorgen. Wirst Du Dich nicht auch etwas freuen, mich wieder zu sehn?

Die Liebeskind ist ja recht lange in Jena gewesen[3]. — — Sie hat sich sehr in Unkosten gesteckt, und der Herz einen langen Brief voll Lob über die Mutter geschrieben. Ehedem hätte sie nur ihren Kopf gekannt, nun ehre und liebe sie auch ihr Herz; und was des abgeschmackten Zeugs mehr ist.

Lebe wohl, liebste Sie, und vergiß nicht

Deinen treuen
Ich.

---

[1] Die Stelle oben Nr. 132.
[2] Uebersetzung desselben, die Friedrich corrigierte.
[3] S. oben Nr. 129a.

Du kannst hier auch Musik hören wie Du sie selbst in Dresden nicht gehört hast. In der Faschischen Singakademie nähmlich¹, wovon etwas im IIten Stück des Lyceum) steht. Ich habe vor einiger Zeit ein ganz herrliches Miserere da eingeschlürft. Keine Vocalmusik von einer sehr großen Menge guter Stimmen; mit den Instrumenten nur kann und wann den Accord ausgegeben.

Mit dem Liede, seh' ich wohl, hab ich mich geirrt. Das aus Was Ihr wollt² werd ich Dir schwerlich schaffen können.³

[Febr. 1798].

Dein Brief hat mir viel Freude gemacht, liebe Auguste, um so mehr, da Du schon so lange still gegen mich geschwiegen hattest — aus allen den vielen Gründen die Du schreibst, und aus dem einen wichtigsten Grunde den Du nicht schreibst, daß Du eine Comödiantin geworden bist, wie die Mutter schreibt⁴. —

Sehr betrübt würde ich aber seyn, wenn Du und die Mutter wirklich nicht nach Berlin kämen. Du, die schon so vieler Menschen Städte und Länder gesehen hast, sollst und willst Du Berlin nicht sehen?⁵ — Ich möchte böse auf Dich seyn, daß Du Dich sogleich darin findest, mich nicht wieder[zu]sehn. Ich hoffe, wenn Du kommst, wie ich wünsche, bitte, glaube und befehle, soll Dir dafür hier so gefallen, daß Dir das Wegreisen noch ein Thränchen kostet.

Im Ernst, ich hatte mir schon so viel ausgedacht, was ich mit Dir thun, sprechen, lesen, sehen wollte, und nun soll ich Dich nicht wiedersehn? Grausame Mutter! Sags ihr, daß ich sie recht hassen werde, wenn sie mir das zu Leide thut. —

Daß Du Deine Cecile⁶ bey Dir hast, der ich mich schönstens zu empfehlen bitte, freut mich herzlich. — Fürchte Gott und sey lustig.

Das verlangte Register von meinen Freunden und Freundinnen würde nicht lang seyn, aber eher breit. Ich meyne ich habe hier nur Einen Freund und nur Eine Freundin: aber diese sind auch darnach.

Der König⁷, liebes Mädchen, regiert recht gut, d. h. sehr königlich. Das ist eben das neueste, und das interessanteste. Du kannst damit alle Politiker überraschen.

    Der Deinigste* Friedrich Athenäus.

* Das ist eine Probe von der mystischen Terminologie, die, wie Wilhelm meynt, Alles ist was ich weiß und kann und die Deine Mutter barbarisch findet.

¹ Vgl. oben Nr. 134, S. 207.
² Vgl. oben S. 221.
³ Hier folgt der Brief oben Nr. 136.
⁴ Vgl. oben Nr. 137.
⁵ Vgl. oben S. 204.
⁶ C. Gotter; s. oben Nr. 137.
⁷ Friedrich Wilhelm III., seit November 1797.

Du bist mir noch Deine Meynung von Nathan schuldig, auch von meiner Ansicht desselben. Stimmt sie mit der Deinigen überein.

Der Meßkatalog von Deiner Lektüre wird wohl bei Göschen gedruckt; weil ich ihn so lange nicht erhalten.

[Febr./März 1798].

Der Vorschlag, daß Du mir zuweilen schreiben möchtest, ohne immer gleich eine Antwort zu erwarten, scheint Dir nicht sonderlich gefallen zu haben. Ich muß also nur gleich wieder antworten, damit ich auch bald wieder einen so artigen Brief von Augusten bekomme. Nach diesem zu urtheilen, thust Du noch mehr, als ich von Dir verlange. Du scheinst nicht bloß lustig, sondern auch recht innerlich glücklich und zufrieden zu seyn. Daran hat Deine Freundin wohl auch großen Antheil. Erzähle mir doch recht viel von ihr, und wie Du lebst und Deinen Tag eintheilst. Ich muß immer arbeiten und arbeiten, und weiß oft nicht, wo mir der Kopf steht. — —

Ich wünsche Dir Glück zu Deinem Fleiß im Griechischen. Wenn Du hier bist, will ich Dir auch meine Bemerkungen über Deine Uebersetzungen sagen und sie mit Dir durchgehn. Wenn Du mir von Dresden aus welche schicken willst, so thus allemahl auf gebrochnen Bogen, die ich Dir dann mit meinen Anmerkungen zurück schicken will. Im Sommer werde ich Zeit genug dazu haben. — —

Schreib mir doch, wie es mit der Comödie abgelaufen ist. — —[1]

Du hast doch Brinck[mann] auch gesehen?[2] Lebe recht wohl, und schreib mir bald wieder so einen freundlichen Brief. In dem Register meiner Freunde kannst Du Dir aussuchen, welchen Platz Du haben willst.

Dein Friedrich S.

Liebste Auguste, ich danke Dir sehr für Dein kleines Briefchen und bitte um Mehr. Besonders von Hardenberg erzähle mir auch recht viel, und auch von allen andern recht viel. Grüße Deine Cecile, und, wenn sie nicht noch ein gar zu unfreundliches Gesicht macht, die Mutter. Dein Friedrich.

Ich habe Wilhelm so viel schreiben müssen, und habe so viel zu thun. Darum verzeihst Du mir wohl, daß ich nur so eine Zeile schreibe.

Berlin den 6ten May 98.

Ich hatte schon vorigen Montag, an Deinem Geburthstage, die Feder in der Hand, um an Dich zu schreiben, liebste Auguste. Aber

---

[1] Die Stellen oben Nr. 141.
[2] Vgl. Nr. 139.

ich befand mich so unwohl, daß es nicht ging. Ich hatte einige Tage Flußfieber und auch schon in der vorigen Woche war mirs ebenso. Nun bin ich wieder besser und wollte ich dürfte auch Dich nun bald erwarten.

Indessen sehen wir uns doch diesen Sommer gewiß, wenn Du auch Berlin nicht siehst, was ich doch gern wünschte. Meine Freundin grüßt Dich vielmals wieder, auch Schleiermacher, dem es sehr leid thut, daß Du nicht kommst, da er außerdem daß er ein warmer Menschenfreund ist, auch ein sehr großer Mährchenfreund ist.

Ich freue mich sehr, daß Deine Liebe zum Griechischen so anhaltend ist. Wenn das bleibt, so kann es Dir nicht viel schaden, wenn W[ilhelm] auch einmal eine kurze Zeitlang Dir keine Stunden geben kann. — —

Wie gern schickte ich Dir wieder einen Blumenkranz für die Veilchen, die ich sorgfältig bewahre. Aber um selbst welche pflücken zu können, würde ich weit gehn müssen. Hier ist überall nur Sand.

Schreib mir bald wieder, und vergiß mich nicht.
Dein Freund Fr. Schlegel.

[Mai 1798]¹.

Es ist wenig Zeit zum Schreiben, liebe Auguste. Ich will Dir nun ganz kurz sagen, daß ich W[ilhelm] hier habe, und mich gestern sehr über Deinen Brief gefreut habe. Ueber das Kommen und Nichtkommen schreibe ich Dir nächstens recht ausführlich. Ich komme gewiß, und bald; aber ob es gleich jetzt mit W[ilhelm] möglich ist, daran zweifle ich sehr, und ich hoffe nur, mir nicht böse zu werden. — —²

Berlin den 28ten May 98.

Wir leben hier sehr vergnügt, liebe Auguste, und was mich betrifft, auch sehr fleißig, weil das 2te Stück vom Athen[äum] noch nicht ganz fertig ist. —

Gestern Abend waren wir bey Ifflands, heute Abends sind wir hier, morgen Abend sind wir bey Nicolai und so geht das immer fort. Wenn Wilhelm nicht alle Abend in die Komödie ginge, wo ich dann arbeiten kann, so hielte ichs gar nicht aus. Ich schlafe des Nachts meist immer bey ihm hier im Thiergarten.

Das ist alles recht gut, aber Du und die Mutter Ihr seyd doch nicht da. Du wirst sagen, um so mehr soll ich gleich mit W[ilhelm] kommen, oder Du willst böse werden. Das thu nur ja nicht. Ich komme und komme bald, aber mit Wilh[elm]; das geht nicht. Zu manchen angefangnen Arbeiten ist schon alles beysammen, was ich in

---
¹ Nach Dresden.
² Die Stelle oben Nr. 143.

D[resden] nicht haben kann. Auch geht Anfangs doch einige Zeit verloren, und es ist jetzt nicht zu säumen. Ehe das 1ste Stück des Athenäums nicht gedruckt oder doch ganz druckfertig ist, habe ich keine Ruhe. Mit Schleierm[acher] lebe ich sehr glücklich zusammen, und trenne mich sehr ungern von ihm. Nun hat er diesen Sommer auch eine Reise zu machen. Kannst Du es mir verargen, daß ich lieber mit ihm zugleich reisen will, als ihn zweymal nach einander entbehren. Du siehst, daß ich Gründe habe, warum ich nicht gleich kommen will. Wenn ich aber auch keine anführte, so solltest Du doch nicht böse werden, so wenig als ich auf Dich, daß Du nicht hiehergekommen bist. Sey versichert, daß der Umgang keines Menschen mir lieber ist, als der Deinige. Erwachsene wissen und verstehn mehr wie Du: aber Du hast es wohl an mir bemerken können, daß ich andre Dinge höher schätze, und daß ich eben so gern mit Dir spreche wie mit der Mutter. — Du kannst es noch nicht recht wissen, daß es Rücksichten und Gedanken giebt, die es einem so unmöglich machen, etwas was man an sich wohl könnte zu thun, als ob man nicht die Kräfte und die Mittel dazu hätte. — Wenn ich hier auch in der unangenehmsten Lage lebte, und keinen Freund hier hätte, so würde ich doch nicht anders kommen nach Dresden, als wie ich es schon lange bestimmt habe.

Nun wirst Du sagen, „das ist ein recht ernsthafter Brief". — Das mußt Du Dir selbst zuschreiben, wenn er Dir zu ernsthaft ist. Du scheinst mir eine sehr vernünftige Person geworden zu seyn, nicht als ob Du es nicht schon vorigen Frühjahr warst, aber jetzt doch mehr. Und dann hast Du mir gedroht, böse auf mich zu seyn. — Ich müßte alles Meinige dazu thun, daß Du diesen Vorsatz nicht ausführtest.

Wie geht es Dir in den Dresdner Gesellschaften? Hast Du nicht mitunter Langeweile darin? Das ist nicht übel, die muß man auch haben können, und ich habe sie — unter uns gesagt — eben da bisweilen geübt und gelernt. —

Grüße die Mutter, Charlotte und die kleinste Auguste.

Dein Friedrich.

Wenn Du willst, daß ich Dir zu ernsthaft oder wohl gar vernünftig schreiben soll, was der Himmel verhüte, so drohe Du mir nur immer, Du wollest mir böse werden, wenn ich nicht gleich auf Deine Ordre käme. Ungeduldiges Kleines!

Willst Du lustige Antworten, so schreib mir lustige Briefe.

Ich habe recht viel Plack davon, daß Wilhelm so liebenswürdig, so berühmt und so fremd hier ist. Ich muß meist mit. Beil (?) ist was abscheuliches. Ich kehr mich manchmal um und brumme wie Basko:

 Könn' ich irgend mir verdienen
 Von dem Volke mich zu trennen
 Das mir Langeweile giebt.

Ich komme vielleicht recht bald nach Dresden mit der Veit und mit ihrer Schwester Henriette, die W[ilhelm] sehr gern leiden mag ¹, und von der er wohl mehr an Deine Mutter geschrieben haben wird. Am Ende dieser Woche reisen wir vielleicht zusammen nach Potsdam.

W[ilhelm] lebt hier in den ersten Cirkeln. Gestern war er mit dem Kriegsrath Mussig bey der Baronesse Schätig, und diesen Morgen gehn wir zur Prinzessin Meyer ².

Er hat sich nun bald in jedem Hause in Berlin einmal den Magen verdorben.

Die Verse, die er hier gemacht hat, werden in einer großen Kiste nachgeschickt, mit Fracht.

In einigen Tagen erwarten wir hier den Ballmeister Reichardt. Er soll Revue halten über alle Posaunen in Berlin, weil sie zur Huldigung gebraucht werden.

Grüße Charlotte, Ernst, die kleine Auguste, auch die größere, die Doctorin, Hardenberg und wen Du meinst.

Dein Friedrich S.

[Sept.]

Dir werde ich nur die Geschichte meiner Reise ³ schreiben, liebste Auguste. Denn was von hier zu erzählen ist, habe ich mir vorgenommen an die Mutter zu berichten. Die erste Station fuhr ich mit der kleinen Rahel und ihrem Mädchen allein. Denn die Peter ward von einem guten Freund, einem Herrn von denen, die immer Glob' ich sagen, begleitet. Er hat viel kalten dünnen Punsch bei sich und eine weiße Nachtmütze auf dem Kopfe. Mit dieser Verzierung nahm er sich recht leidlich aus, besonders da er Abschied nahm. Die Peter wurde aber nicht sehr traurig davon, und hat sich auf nichts eingelassen, als auf Essen und Schlafen. Ich weiß nicht, welches von beyden sie mehr gethan hat, oder welches sie besser treibt, denn bey beydem blickte sie sehr freundlich aus ihren großen blauen Augen. Die Levi und Ich wir sprachen unterdeß wohl viel von Verstand, von der Mode, von raison, die man sich macht, von contenance und canaillerien. Das übrige schreib ich Dir nicht, um nicht durch die Menge französischer Worte Dein Gedächtniß zu sehr anzustrengen.

Ich habe mit der Levi gesprochen und mit der Peter gegessen und geschlafen — und mit mir selbst philosophirt. Zwischen beyden gleich getheilt saß ich und dachte mir viel. An Berlin und an Dresden, an meine Freunde hier und an Euch.

Schreib mir nur recht bald, was Ihr alle macht, und besonders was Du machst. Grüße auch die kleine Utli, den Liebling.

¹ Vgl. oben S. 221.
² Anspielung auf Marianne Meyer, oben S. 241.
³ Fr. Schlegel war im September in Dresden gewesen und von da nach Berlin zurückgekehrt.

Dem Bücherkasten seh ich mit Erwartung entgegen. Das Bild ist gut hier angekommen.

Grüße von mir Wilhelm, Charlotte, Ernst und alle Bekannte.

Schick mir auch den Küchenzettel von Deiner Lektüre, Deine antiquarischen und künstlerischen Eindrücke über Moriz und die andern Antiken und Gemählde oder aus dem Griechischen.

Vor allen Dingen aber vergiß mein nicht. Wenn Dir die Ohren klingen, so denke nur daß wir hier von Dir sprechen. Auch die Henriette frägt mich recht viel nach Dir und grüßt den Dichter mit dem Freyheitshut.

Gruß und Kuß. Friedrich.

Warum schreibst Du nicht, Du weltlich gesinntes Kind? — Ist das Dank? — Hat man Dich darum Kosakisch tanzen und Griechisch lesen lehren, hat Tischbein Dich darum mit niedergeschlagnen Augen gemahlt, daß Du mir nicht antwortest, mir so schlecht begegnest? —

Ueber Urli bin ich recht innerlich betrübt, obgleich ich nicht so angst bin wie Charlotte. Ich hoffe, sie ist es diesmal ohne Ursache.

Hat die Mutter Dir gesagt, daß ich Dir eine Schwester schenken will? Wenn Hardenberg da ist, so melde mir, ob viel hingeschrieben (?) worden ist.

Lebe wohl und habe Zeit mir zu schreiben. Friedrich Schl.

Noch habe ich Deinen Auftrag nicht erfüllen können. Denn hier giebts keine Wespen, man müßte denn die alte Unger für eine gelten lassen. Die darf ich aber doch nicht entzwey schneiden, weil sie nicht mir gehört und auch andrer Ursachen wegen. Ich sehe sie jetzt nicht sehr viel; denn sie sind schon seit acht Tagen nicht mehr im Thiergarten. Wir sind aber noch da und Tiecks auch. Gestern waren sie hier und da lasen wir etwas Sternbald zusammen. Siehst Du, daß ich schon neues Futter für Dich. Der zweyte [Theil] ist theils nicht so trübe wie der erste, theils recht leichtfertig. Darum wird er Dir wohl gefallen. Suche Dir Moriz Reise nach England zu verschaffen, besonders aber seine Mythologie und römische Feste, und wenn Du die Unterhaltungen[1] gelesen hast, so kannst Du ja auch den Meister lesen und eben so gut verstehen. Was Du nicht verstehst, das laß liegen. Nächstens mehr, liebste Auguste. Grüße Urli von Onkel Pitze.

[Oct.?]

Du böses Kind antwortest mir gar nicht, und hältst mir noch obendrein Strafpredigten. Ich hoffe jedoch mit Zuversicht, Du wirst

---

[1] Unterh. der Ausgewanderten.

Dich bessern und mir bald einen recht langen Brief schreiben. In dieser Hoffnung will ich Dir allerley Lustiges erzählen, was Du der Mutter, wenn Du willst, vorlesen kannst.

Zuerst von der Ungeheuern[1]. Sie schrieb mir nur immer Briefe, worin viel unnützes stand, mitunter recht grob, besonders die lezte Zeit. Ich meldete ihr also vor einigen Tagen, ich würde nichts mehr nehmen noch erbrechen. Was thut sie? Ich sitze eben auf Ungers Bibliothek und schreibe an dem Catalogus, in einem weiten Ueberrock. Sie kommt mit Tieck und Schleiermacher herauf und weiß mir, ehe ich michs versehe, zwey beschriebene Carten auf den Catalogus zu practisiren, und schlüpft wieder zur Thür heraus. Ich bin sehr zornig, daß sie mich so zwingen will, mit ihr zu correspondiren. Ich wickle also die ganze Geschichte in Gegenwart des kleinen Wilhelm, der mir hilft bey der Bibliothek, in ein weißes Papier und stecke es in Grossens Erzählungen und stelle ihr die herunter in ihre Handbibliothek. — O es ist eine grosse Lust, wie Hamlet sagt, noch zehn Ellen tiefer und pfiffiger zu graben, wie unser Feind. — Nun werde ich ihr bey Gelegenheit im Vertrauen melden, wo der Hund begraben liegt, und daß ich ihr Zeug nicht gelesen habe: aber nicht so gradezu, sondern so wie Hamlet dem Könige über die Leiche Polonius Rechenschaft giebt. — Apropos, den Hamlet kannst Du auch lesen, obgleich Du ihn nicht ganz verstehn wirst. Ein Schicksal, daß Du mit mir und vielen andern verständigen Personen theilst!

Höre, an Charlotte und an die Mutter habe ich geschrieben, oder doch so gut als geschrieben. Nun moralisire also nur nicht weiter. Wie bist Du auch dazu gekommen? Die Moral ist ja sonst gar nicht Deine Liebhaberey.

Noch eins. Neulich begegne ich Ifland zur Zeit des Theaters. Er ist äußerst freundschaftlich, spricht beständig von Wilhelm, von Caroline und Hamlet, und nimmt mich mit ins Theater. Da habe ich auf lange genug gehabt. Es war der Baum (?) der Diana; eine niedliche, leichte Musik, die aber auch leicht und niedlich und italiänisch gegeben werden muß. Und war alles so schwerfällig und so schläfrig und so unitaliänisch. — Und vorher noch die Langeweile ehe der Vorhang aufging. Ich saß mitten zwischen einer Menge Gensd'armesofficiere, die nicht da waren um das Stück zu sehen, sondern nach dem Stück Lerm zu machen. Da hörte ich immer um mich: Neunzehn sind die schon, und heute Abend sieht man doch mal die junge Armee. Ich dachte es wären Handwerksburschen mit Epauletten. Nun kam der dicke platte Unzelmann und schnitt grobe Gesichter, und die Gensd'armerie lachte daß es krachte. Die Gemeinheit trat mir ordentlich an die ..... und versetzte mir den Athem. Nach dem zweyten Akt machten sie endlich immer die Thüren des Parterres auf, es drang eine schneidend kalte

---

[1] Frau des Buchhändlers Unger.

Lust hinein und mein Anstand fing an unerträglich zu werden. Ich stürzte hinaus, sah Iffland draußen auf- und abgehn und sich die Hände reiben über den berauschenden (?) Spektakel und rief, wie ich im Freyen obgleich im Nassen war, denn es regnete: O, che cunaglia, che platitud. Sobald werde ich nun wohl nicht wieder hingehn. —

Tied ist sehr glücklich verheyrathet, nur klagt er daß seine liebe Amalie nicht viel Kunstsinn hat. Sie schläft immer ein, wenn er ihr seine Sachen vorliest[1]. Henriette grüßt Dich herzlich, und hat Dich recht lieb. Ich Dich noch mehr.   Friedrich Schl.

—

[Nov.]

Ich freue mich sehr, daß Henriette so durchaus nach Jena kommen soll: theils weil ich deßfalls hoffe, sie wird auch kommen (wenigstens werde ich ihr diesen Nachmittag, mit Deinem liebenswürdigen Brief in der Hand, eine nachdrückliche, begeisterte und höchst erschreckliche Standrede halten); theils weil, gewaltig Wollende! [Du] so schöne Anlagen verräthst, Dich vereinst im Kriege als Feldherr, im Frieden als Gesetzgeber auszuzeichnen.

Wenn es aber doch nicht geschehe, meine positive Freundin, was Du willst und befiehlst, so wirf darum ja keinen Haß und noch weniger Mistrauen auf Dich selbst und die Allmacht des Willens. Dann ist es bloß ein Misverständniß zwischen Deinem Willen und dem Schicksal. Das lezte hat der erste dann nur nicht verstanden, sonst hätte es ihm gewiß gehorcht.

Ich möchte es wohl sehn, wie Tischbein so ein kluges Kind gemahlt hat; gewiß anders wie die Alberti, die sich nicht unschuldig und nicht ziegelroth genug machen konnte. Das einzige was mich tröstet, daß ich Dein Bild nicht bekomme, nicht bekommen darf nach dem Beschluß Deiner weisen Gerechtigkeit, ist nicht etwa, daß es bey dem Bilde der Mutter bleiben soll und muß, sondern der Umstand, daß ich es eigentlich nicht brauche. Ich bin von der Natur mehr bestimmt, Gemählde zu geben als zu nehmen. Denn innerlich mahle ich gewiß wenigstens so gut, wie Tischbein äußerlich. Ich denke und sehe meine Freunde und Freundinnen im Geiste so klar und lebendig, daß ich bey einem Bilde nur verliehre. So habe ich Dein Bild auch in mir gegenwärtig genug, aber komme doch nur ja bald her, damit ich die Copie wieder mit dem Original vergleichen und sie retouchiren kann: denn ich fürchte Du wirst wieder ein gutes Stück herausgewachsen seyn. —

Die Veit grüßt Dich vielmahls, Henriette habe ich gestern nicht gesehn.   Dein Friedrich.

---

[1] Vgl. den Brief Nr. 149 S. 227.

Henriette hat Dir schreiben wollen, wird es aber ein andermal thun. — So ist es mit den weltlich gesinnten Leuten[1] beschaffen, und damit hast Du zugleich die Antwort auf Deine Frage, liebes Göttermühmchen! Doch will ich mit dieser Weitläuftigkeit gar nicht sagen, daß Henriette sich nicht sehr mit Dir und über Dich und Deine freundschaftliche Freude über ihr Kommen freute; oder daß ich glaubte, oder geglaubt habe, ich sey ganz vertilgt und verschwunden aus Deinem Gemüthchen. Vielmehr beweist mir Dein letzter lieber Brief, daß Du mir noch gut bist, und nicht so gar böse. Aber höre, versprechen habe ich nichts von Kommen oder Nichtkommen. So etwas muß man auch nicht so lange im voraus versprechen. Sey Du nur erst hier, dann wollen wir beyde gemeinschaftlich überlegen, wann es am besten ist, daß ich zu Euch komme, und wann Du willst daß ich kommen soll.

Mit der Ungeheuerischen Briefen, das dächte ich, ließet Ihr bis Ihr kommt. Dann will ich sie Euch oder auch Dir allein schenken — nur abtreten auf ewige Zeit.

Die Veit ist sehr piquirt darüber, daß Du Henriette so zärtlich grüßen läßt und sie gar nicht. Das ist auch sehr einseitig von Dir.

Bist Du auch unter W[ilhelm]s Zuhörern? — Und überhaupt, welche Wissenschaft treibst Du jetzt vorzüglich? — Ich lege mich vorzüglich auf die romantische. Sag das der Mutter, und frag sie wie sich ihr Romänchen befindet?

Daß das Wetter schön und Du lustig bist, ist gut und mir angenehm zu hören.

Grüße Schelling von mir, und frage ihn ob seine Philosophie der Natur noch nicht bald gedruckt würde. Ich wäre sehr begierig danach.

Denk Dir nur. Ich spreche neulich die Fled, die weiß noch gar nicht, daß Iffland den Hamlet im Hamlet machen wollen soll, und fragt mich ganz naiv, wer die Rolle mache. Ich habe sie denn auch in ihrer Unwissenheit gelassen.

Dein ewiger Friedrich.

[Dec.]

Stirb nicht, Augustchen, wenigstens nicht vor Betrübniß. Denn ich habe mein Herz erweicht, und schenke Dir Henrietten zum Weihnachten. Dein Brief muß Wunderdinge bewirkt haben! Nun Du wirst es selbst hören; denn sie schreibt Dir schon. Nun halte aber auch Dein Versprechen und schreib mir zum drittenmale.

Viel Glück zur neuen Schwesterschaft; wie steht's mit dem Griechischen.

Dein Friedrich.

Liest Du jetzt mehr in Goethe oder im Shakespear?

[1] Vgl. oben S. 223.

P.S. Nun will ich Dir noch eine Geschichte erzählen, die jetzt hier sehr in der Mode ist. — Es war einmal ein Bauer, und der Bauer hatte eine Eule, und der Bauer saß in einem Winkel, und die Eule saß in dem andern Winkel. Da sah der Bauer die Eule an, und da sah die Eule den Bauer an. Mit einemmale kommt eine Maus, und wäre der Mäuseschwanz länger gewesen, wäre die Geschichte länger gewesen.

[Febr. 1799].

Da ich heute so viel zu lesen schicke, den Don Quixote ganz insbesondre für Dich, so nehme ich mir auch die Freiheit Deiner Verdienstlichkeit einige unterthänige Zeilen zu adressiren.

Den Don Quixote lies nur recht viel und mit Andacht. Es ist ein schönes Buch, und schreib mir auch ob Du es verstehen thust. — Jezt ist die Reichardt[1] hier, die Deine Mutter und Dich sehr lieb gewonnen hat, und mit ihr die kleine Riecke, ihre Tochter, die auch immer liest. Sie hat aber einen sehr lederen Geschmack. Wir gaben ihr neulich bei Tied den Sturm von Shakespeare]. Sie legte es aber bald wieder weg und sagte, was Bücher für sie seyn sollten, die müßten entweder ganz fürchterlich oder recht lustig sein.

Außer Henriette und der Veit erkundigt sich auch die Levi oft nach Dir und grüßt Dich.

Was für Studien treibst Du diesen Winter vorzüglich? — Ich habe mich neuerdings auf Mährchen gelegt, und will Dir manche erzählen wenn Du hier bist. So oft die Mutter die Lust oder den Muth verliert zu kommen, so bitte sie von Neuem.

Woltmann hat zu den vielen Prologen des großen Stücks[2] noch einen kleinen Prolog von und für 2 Gr. an der Casse zu haben gefertigt. Ich habe große Lust, nun noch einen Prolog zu seinem zu schreiben. — Du hättest mir auch wohl ein paar Worte über den Piccolomini schreiben können, denn Du hast ihn doch gewiß auch gesehn.

Dein ewiger Friedrich.

Ist Grieß noch in Jena? Will er immer noch nicht Graupe wenden? — Grüße Schelling.

[Febr. 1799?].

— —[3] Wie gefallen Dir die Lieder von Zelter? Hast Du sie brauchen können? — Ich habe letzthin vergessen Dir einen Sechser zu schicken, der hier beyfolgt. Er bedeutet eigentlich einen Kuß, der sich

---

[1] Frau des Musikers und Schriftstellers.
[2] Wallenstein.
[3] Oben Nr. 100.

aber nicht so gut einpacken läßt. Auch hast Du ja sonst gesagt auch an einen Onkel: Lieber den Sechser.

Neulich habe ich einige Gedanken verlohren und sie trotz alles Suchens nicht wieder finden können. Sind sie etwa nach Jena gelaufen: so fang sie ein und schicke sie mir.

Schließlich freue ich mich, daß Du auch schon so vernünftig bist, und darüber reflektirst und moralisirst, daß Deine Mutter sich gegen die Umarmung des höflichen Seidelbast gesträubt hat.

Nachschließlich grüße und küsse ich Dich herzlich. Verwahre mir meine Bücher gut, und auch Deine Freundschaft. Ich komme nun bald wieder und fordre Rechenschaft.

Dein ergebenster Fritz.

[März/April 1799]¹.

Wie gefällt Dir mein Henriettchen? — Hättest Du sie gern bey Dir behalten? Bist Du betrübt gewesen, da sie fortreißte?

Ich erwarte recht vieles von Dir zu hören, mehr als ich Dir heute sagen kann, obgleich ich vernünftig genug bin.

Es ist schlecht von Euch, daß Ihr Euch etwas aus Jffland macht, ob der da ist oder nicht. Dein Freund Tied ist besonders böse darüber. Ich komme im Sommer mit ihm zu Dir, um Euch von Angesicht zu Angesicht auszuschimpfen. — —²

Wie sehr bedaure ich Dich, daß Du nur noch in erborgten Hosen glänzest³! Armes Mädchen!

Tied grüßt den ehrwürdigen Rathgeber (?) und Dich kleinen närrischen Narr⁴. Dein ewiger Friedrich.

Eitziges Kind. [April 1799]⁵.

Tied will Dir in Versen antworten, thut es aber nicht; ich thue es aber nur in Prosa. Kömt Dirs nicht recht bunt vor mit dem Kommen, hinüber, herüber, alles durcheinander. Wie viel Haare hast Du Dir wegen Henrietten ausgerissen? Was wirst Du diesen Sommer für Collegia lesen? Den Brief von der alten Ungeheuern schenk ich Dir. Was sagst Du zu unserm Dessauer Marsch? Da kannst Du uns besuchen und mit der Tischbein singen. — Das Tittiren⁶ macht dumm,

---

¹ Nach Nr. 165.
² Die Stelle oben Nr. 166.
³ Bezieht sich auf die Aufführung zu Lobers Geburtstag (oben S. 250 A. 1), wo Auguste einen Schneiderburschen spielte; in einem zweiten Stück „Der schwarze Mann", die Kammerjungfer Betty.
⁴ Auf diesen Brief ist wohl Nr. 167 Antwort.
⁵ Nach dem Brief Nr. 167.
⁶ Der Brief ist von Dorotheens Hand.

sogar die Bequemlichkeit erfordert eine gewisse Auſſtreuung. Wie befindet ſich Louiſe Seidler? ſpielt Ihr noch Maskerade zuſammen? oder biſt Du auch dazu zu groß geworden? Dorothea meynt, ich hätte viel Aehnlichkeit vom Don Quixotte, ſtudirſt Du das auch?
Dein ergebenſter Friedrich.

Haſt Du kein Exemplar von Deinen Gedichten an Goethe geſchickt? Dorothea iſt ganz vernarrt darin, ſie grüßt Dich.

[Mai 1799]¹.

Liebes Kindchen.

Die ſechs Müſſe werde ich Dir mündlich in Jena bezahlen, weil ich glaube, man möchte ſie, wenn ich ſie in den Brief hineinlegte, unterwegs als Contrebande auffangen².
Dein Steffens gefällt mir wohl, und mein Tied wollte Dir letzthin auch in Knittelverſen ſchreiben, aber er hat es bloß geſagt.
Ich liebe Dich ſehr nur bin böſe auf Dorothea wegen der verfluchten Ordnung. Sie kann kaum gehen; und ſchleicht da in der Stube um eine verwetterte Reinlichkeit hervor(zu)bringen, die am Ende doch nur darin beſteht, daß man den Dingen ihre Freyheit beſchränkt, und mir den Kopf toll macht. Ich werde auch gleich zu Tied und mit ihm ſpatzieren gehen den Philoſophengang oder das Paradies³.
Leb wohl Kind.
Dein Friedrich.

Liebe Auguſte.

Dorothea meynt Deine Briefe wären zu witzig um auf gewöhnlichem Papier geſchrieben zu werden. Sie ſchickt Dir daher einige Blätter ſo zierlich wie wir ſie haben. —
Der Himmel gebe, daß Deine Mutter das Protokoll nicht ſchon beſitzt, ſonſt habe ich 8 Gr. umſonſt ausgegeben.
Mit meinen Augen zieht es ſich in die Länge. Ich ſtreiche reines Opium herein, welches ziemlich weh thut, aber wenig helfen thut.
Ich ſchreibe für Fichte und hoffe daß es bald gedruckt wird. Sags ihm und grüße ihn herzlich von mir.
Dein Steffens gefällt uns recht gut und erzählt mir viel davon wie grundnärriſch Du geworden biſt.
Dein Friedrich S.

Dorſothea] meynt, ich hätte Dir etwas wenig geſchrieben. Das finde ich auch.

---

¹ S. oben Nr. 171 an Caroline.
² Es ſteht: aufgefangen werd:n.
³ Jenaer Localitäten.

Liebe Auguste.

Sage der Mutter, daß Tiecks in 8—12 Tagen von hier abreisen. Nächstens das nähere.

Was uns betrifft, so sind wir nun fest entschlossen, den Winter in Jena zu seyn, und es kann kommen, wenn Ihr nicht hieher kommt, daß ich Euch Dorothea noch 4 oder 6 Wochen früher schicke als mich selbst; sobald sich nur eine gute Gelegenheit findet nach Leipzig.

Höre, warum schreibst Du mir gar nicht mehr? — Steffens sprach (schon lange nicht mehr) zu uns im Traume. Hat er Euch geschrieben?

Henriette schreibt viel öfter wie Du. Es geht ihr gut und schlecht und mittelmäßig, bald so und bald so. Ja ja so gehts in der Welt, und wie man in den Wald hinein schreyt, so schallts wieder heraus; auch ist es noch nicht aller Tage Abend.

Liesest Du fleißig im Don Quixote? Wenn wir ihn einmal aufführen, mußt Du die grausame Mariotta machen. Ich habe das beste Genie zum Cardenio, besonders wenn er toll ist.

Lebe wohl und schreibe endlich einmal. Dorothea grüßt Dich.

Friedrich.

[Jena 7. Oct. 1799].

Liebste Auguste¹.

Warum bist Du denn so ungeduldig, oder vielmehr warum schreibst Du so, da es Dir doch gewiß sehr gut, interessant und beyläufig auch angenehm ergeht? — Bleib nur ja nicht lange mehr aus, die Mutter mag sagen was sie will.

Die Veit ist seit gestern² hier, und sonst sehr wohl und sehr froh, nur ist sie böse daß Du nicht hier bist.

Sage doch Mamsell Tischbein, Caroline wäre mir noch einen Kuß schuldig geblieben, und laß ihn Dir ja mitgeben, wenn Du wieder kommst; auch liebte ich die Betty sehr. — —³

Dein Friedrich.

[Oct.]

Liebste Auguste, es freut mich eigentlich, daß Du etwas ungeduldig bist, wieder hier zu seyn: so ist doch Hoffnung, daß Du nicht gar wegbleiben wirst. Du fehlst nur noch, sonst ist alles gut und schön. Wir wünschen sehr, daß Du hier seyn möchtest, recht oft, auch besonders die Veit wünscht es. Ich habe ihr schon von Dir erzählen müssen, und sie meynt, sie hätte Dich lieb.

---

¹ Nach Dessau.
² S. oben Nr. 178.
³ Eben Nr. 179.

Wilhelm macht Verse, ich lese welche, die Veit hört welche, und Dein Mütterchen denkt welche; Tieck thut das alles zusammen. Wenn Du wieder da bist, wollen wir auch etwas agiren, etwas wie das Stück von dem Du schreibst. Du machst die schöne aber treulose Angelica, Tieck den kleinen beglückten Schäfer Medoro, Schelling den rasenden Palatin, Orlando den wüthigen, ich Kaiser Karl den Großen, und Wilhelm den edlen Vetter Rinaldos von Montalban.

Nun habe ich Dir erzählt, was wir machen. Erzähle mir nun auch, was Ihr macht. Ist es eben so klug und ist es eben so mannichfaltig?

Der Frau Tischbein entbiete meinen ehrenfesten und biederherzlichen Gruß, der Caroline sage, ich wüßte recht gut, daß sie [mir den Kuß gegeben hätte, würde es auch nicht vergessen, der aber, welchen sie mir noch schuldig, ist ein andrer, wie sie sehr gut weiß. — Ihr närrischen Kinder, merkt Ihr es denn nicht einmal, wenn man Euch gleichsam zum Besten hat.

Fürchte Gott und lerne singen.

Daß Du confirmirt werden mußt, ist (nothwendig¹) sonderbar, traurig und ausnehmend lustig. (Fürchte² Dich nur nicht davor. Ich wurde auch einmal confirmirt, und kann Dir sagen, daß es schnell vorübergeht). Am liebsten thäte ich es, aber man muß dazu die Tonsur haben.

Dein Friedrich.

---

¹ Uebergeschrieben.
² Später hinzugefügt.

4.

Briefe betreffend Carolinens Gefangenschaft.

Luise Michaelis an A. W. Schlegel.

Göttingen den 7ten May 1793.

Was werden Sie sagen bei dem Empfang dieses Briefes: daß ich, ich Ihnen schreiben muß an Charlottens[1] Stelle. Läßt Sie das schwarze Siegel nicht ahnden? Sie ist nicht mehr. Todt, für immer von uns gerissen. — —

Da Sie wissen die vielerley verwickelten Umstände, welche Carolinen bis nach Frankfurth brachten, so sehe ich mich eines traurigen Geschäfts überhoben, und kan gleich dazu schreiten, Ihnen daß zu sagen was ich nun selbst weiß, und was wir zu fürchten oder zu hoffen haben. Tauren kann es noch immer einige Zeit ehe sie befreit wird, aber die Hofnung einer baldigen Untersuchung und einer gerechten ist uns schon viel Trost. Wie trübe, wie schmerzlich ist es nicht nur die Ueberbringerin trauriger Botschaften zu sein, nie hätte ich geglaubt an solche sonderbare Fügungen und daß ich werden sollte die Erzählerin solcher Vorfälle, ich will Ihren Brief zur Hand nehmen um pünktlich jede Ihrer Fragen zu beantworten, ich hoffe ganz Ihre Wünsche zu erfüllen.

Wir haben unsre Briefe, die gesehn werden dürfen, bisher an den Commendanten Herrn von Blaviere zu Königstein adresirt, dieser eröfnet sie und giebt sie, Sie sehn man muß sich da in Acht nehmen und wägen jedes Wort, welches man schreibt. Briefe, die Dinge enthielten die nicht gesehn werden sollten, adresiren wir an Herr Forsch, doch dieser verläßt Frank[furt], nun ist aber Massiair (?), den Sie noch kennen werden von hier aus, in Fr[ankfurt], und dieser besorgt auch die Brife an die Forkel von ihrem Mann, so daß er sie den Damens giebt, ohne daß sie gezwungen sind sie zu zeigen, doch ist es immer beser nichts von Staatsangelegenheiten zu schreiben.

Ja wohl hat die gute Caroline nicht so gehandelt wie sie es gethan haben würde bei völliger Gegenwart des Geistes, und ich kann noch nicht begreifen, daß sie nicht Mutersblum verließ, da sie doch da allein waren, selbst der Herzog von B[raunschweig] hat an Forkel schreiben

---

[1] An den Buchhändler Dieterich verheiratet.

laſſen, daß ſie abſichtlich von dem Officier allein gelaſſen ſeiu um ihnen
Heil zu laſſen ſich aus dem Staube zu machen, daß ſie dieſe nur die
Gelegenheit in Aſchaffurt), die man ihnen gegeben, aber nicht benutzt,
ſei ihre Schuld, übrigens ſei [weder] er noch der König von Pr[eußen]
mit dem Verfahren des Churfürſten von Mainz in dieſer Sache zufrieden, aber ſie hätten müſſen die Gefangnen übergeben, man müſſe
ſich alſo an Mainz wenden, nun iſt an den Canzler Albini geſchrieben,
an Stadion¹, dieſer hat heute geantwortet: Herr von Mörs wäre ſchon
abgeſchickt die Sache zu unterſuchen und daß Schickſal der Gefangnen
zu mildern. Dieſer hat nun auch den Damens erlaubt Luft zu ſchöpfen
in dem Schloßgarten, und es iſt ihnen auch nicht der Gebrauch von
Feder und Tinte unterſagt worden wie anfänglich geſchen ſollte, aber
Stadion ſchreibt auch, meine Schweſter würde nicht frey werden ohne
Unterſuchung, weil ſie angegeben ſey von einem Mainzer (gewiß von
dem Clauſius (?), des Sie ſich aus Carolineus Bericht entſinnen werden), thätigen Antheil genommen zu haben an den dortigen Begebenheiten, ohne Unterſuchung könne und dürfe man ſie alſo nicht frey
geben. Iſt ſie ſich nun bewußt dies nicht gethan zu haben, wie ich
überzeugt bin, ſo kan es nicht lange mehr dauren, und ſie iſt wieder
frey. Was Forſter betrifft, ſo weis ich ſo viel wie nichts von ihm,
wenigſtens nichts beſtimtes, daß er von ſeiner Frau getrennt, werden
Sie wiſſen und vielleicht umſtändlicher als wir, auch hat Huber an
meine Mutter geſchrieben aus Dresden und ihr einige Vorſchläge gethan,
die auch übereinſtimen mit dem was ſchon geſchen. Stadion kan übrigens
nichts thun und weiſt auch an Albini, an dieſen iſt nun, wie ich oben
geſagt, geſtern vom alten P[lömer] geſchrieben worden. Geſagt haben
wir ihr tauſendmal M[ainz] zu verlaſſen, auch weiß ich daß es T[atter]
gethan hat, aber ſie konnte, theils wolte ſie nicht, ihr Schickſaal iſt ab-
ſcheulich, für ſie, für ihren Geiſt mehr noch wie für jedes andre Weib.
Freyheit liebt ſie, und daß ſie nicht braucht Rechenſchaft zu geben von
jeder ihrer Handlungen und Schritte, und [wie] ſteht es nun damit!
Ich habe Tatter gleich geſchrieben und ihm einen ausführlichen
Auszug gemacht aus ihrem Briefe, ſo daß er die völlige Ueberſicht hat
und ſehn [kann], daß ſie nicht ſelbſt Schuld war: noch habe ich keine
Antwort von ihm, und weiß auch nicht beſtimmt wo er iſt. Die letzten
Briefe erhielt ich vor 6 Wochen aus Rom, aber da ſchrieb er, er
würde es bald verlaſſen, meine Briefe addreſire ich an den General
Gentelin in Frankfurth, ſo gehn ſie richtig, den dieſer weiß immer wo
der Prinz ſich aufhält. Ja wohl wird ihn hart treffen dieſer Schlag,
zumal da er unzufrieden war mit ihrem Bleiben, und mir ſchrieb, er
dürfe ſo oft nicht mehr ſchreiben als ſie und er es wünſchten, weil er
ſich ſonſt um allen ſeinen Credit bringen könnte. Man hat auch
geredet davon, daß nicht ehender eine Unterſuchung ſein würde, als bis

---

¹ Graf Friedrich Stadion.

Mainz in königlichen Händen sei, ob dies gegründet, weiß ich nicht bestimmt zu sagen, und wir selbst tappen noch im Finstern umher, von unser Seite geschieht alles um an der Beschleunigung zu arbeiten, auch hoffen wir bis nächsten Posttag auf entschiedenere Nachrichten, sollten diese erfolgen, so gebe ich Ihnen sogleich Nachricht davon. Sollte es Ihnen angenehm sein mir zu antworten oder Sie diese oder jene Frage noch beantwortet wissen wollen, so bin ich bereit es zu thun und hoffe Ihnen erfreulichere Nachrichten geben zu können, wie in diesem Briefe. ——

Ich bin Ihre ergebene Luise Michaelis.

Wilh. von Humboldt an A. W. Schlegel.

Berlin, 25. Mai, 1793.

Ihr Brief, theurer Schlegel, war mir um so erfreulicher, als er mir völlig unerwartet kam, indem ich mich schon, da Sie einen Brief, den ich gleich nach meiner Verheirathung an Sie nach Göttingen schrieb, ganz unbeantwortet ließen, von Ihnen vergessen glaubte. Desto trauriger aber fand ich den Inhalt, und noch trauriger, als der selbst, ist es, daß ich Ihnen erst so spät eine Antwort geben kann und diese dennoch so unbefriedigend ausfallen muß. An demselben Abend, an dem ich Ihren Brief erhielt, bekam ich einen andren von Ihrer Freundin selbst[1], in dem sie mir den unglücklichen Vorfall erzählte, und ohngefähr die nemliche Bitte als Sie, an mich that. Denken Sie sich, liebster Freund, wie sehr mich diese Briefe erschütterten, und wie eifrig ich auf die Mittel dachte, die mir etwa zu Gebote ständen. Leider aber waren dies nur sehr wenige. Das erste war Dalberg. Dalberg aber sagte mir, daß er schon durch Gotter ein Memoire für sie erhalten und dem Kurfürsten übergeben habe, und daß er, wie ich auch freilich nur zu genau weiß, mehr zu thun außer Stande sei. Da dies fehlschlug, schrieb ich an Frau von Bhurdt, die Sie vielleicht unter ihren französischen Namen Ferrette besser kennen, und mit der ich in Erfurt bekannt geworden war. Von dieser habe ich vor einigen Tagen Antwort erhalten. Sie schreibt mir, daß sie meinen Brief dem Kurfürsten übergeben habe, daß sie sich aber weiter in Justizsachen nicht mengen könne. Indeß sei sie gewiß, daß nach der Uebergabe von Mainz alle Untersuchungen beschleunigt werden würden; wenn gleich vorher nicht leicht eine angefangen werden dürfte. — Sie sehen, mein Bester, wie wenig tröstliche Nachrichten ich Ihnen zu geben im Stande bin. Indeß ist die ganze Lage der Sache jetzt sehr ungünstig. Die Gefahr, der Abfall von Personen, auf die man sicher rechnete, und so manches andre hat ein unüberwindliches Mißtrauen erweckt, das Unglück, das die Mainzer durch die Klubisten erduldet, die Erbitterung, die dadurch bei ihnen

---

[1] Vgl. oben Nr. 74 S. 116.

entstanden ist, erfordert eine sehr genaue, allen Formen gemäße Untersuchung der Sache auch der bloß im Mindesten Verdächtigen. Wenigstens sind dieß die Gründe, die man anführt. Privatempfehlungen, auch die besten, helfen gewiß nichts, und ich habe daher Mar. Böhmer gerathen, sich von der Hannöverschen Regierung aus Fürsprache zu verschaffen. Sollten Sie vielleicht durch den jungen Arenswald etwas ausrichten können?

Das endliche Schicksal der Gefangenen der Art, wie Mar. Böhmer, ist nicht zu fürchten. Ich habe nichts gehört, wodurch sie sich im Mindesten schuldig gemacht hätte, und ich habe viel Grund zu vermuthen, daß man selbst gegen die Schuldigen nachsichtig sein wird. Aber dieß ist und bleibt immer ein leidiger Trost. Ihre jetzige Gefangenschaft muß ihre Gesundheit untergraben, sezt sie dem Urtheile aller Uebelgesinnten oder Schlechtunterrichteten aus, und beraubt sie noch überdieß der Freude, ihre Mutterpflichten gegen ihre Tochter zu erfüllen. Das Herz blutet mir, wenn ich daran denke; aber leider ist es nur zu wahr, daß ich nun kein Mittel mehr in Händen habe, um neuen Versuch zu machen. Die Gefangenschaft soll dennoch übrigens von der Art sein, daß die Gefangenen sich jede Bequemlichkeit verschaffen können.

Mancherlei Geschäfte erlauben mir nicht, Ihnen heute mehr zu sagen, theurer Freund. Erhalten Sie mir Ihr Andenken, und lassen Sie mich bald wieder von Ihnen hören. Ewig mit der herzlichsten Achtung und Freundschaft der

              Ihrige
              Humboldt.

A. W. Schlegel an Luise Michaelis[1].

Amsterdam d. 18ten Jun. 1793.

Verzeihen Sie, wertheste Freundin, daß ich erst jetzt Ihren Brief beantworte — einen Brief, der mir so wohl wegen der Umständlichkeit und Genauigkeit der Nachrichten, als wegen der Güte, womit Sie mir sie mittheilen, unendlich werth war. Sie kennen mich zu gut, um dieß Stillschweigen der Nachläßigkeit oder dem Mangel an Theilnahme zuzuschreiben. Grade das Gegentheil war Ursache daran. Der traurige Todesfall und die damahls noch so beträchtliche Gefangenschaft Ihrer Schwester zu gleicher Zeit — es waren zu viel Unglücksfälle, die sich auf einmahl über Ihre Familie häuften. Ich wußte nicht, was ich sagen, wie ich mich ausdrücken sollte — und jedes Mahl, daß ich Ihnen zu schreiben versuchte, hielt überwältigende Theilnahme an diesen Begebenheiten mich davon ab. Jetzt habe ich endlich einmahl Gelegenheit, Ihnen Glück zu wünschen. So eben meldet mir Ihre Schwester ihre Frey-

---

[1] Concept oder Abschrift.

laſſung aus Königsberg[1], die ich als eine Verbotin ihrer gänzlichen
Freywerdung anſehe. Jener Verluſt iſt freylich unerſetzlich — auch das
Glück Ihrer älteſten Schweſter iſt noch nicht vollkommen wieder herge-
ſtellt, und gewiſſermaßen werden ſich die Folgen der erlittenen Verdrießlichkeiten nie ganz auslöſchen laſſen. Doch iſt es endlich einmahl wieder
ein günſtiger Sonnenblick — und wenn es ſo ſehr ſchlimm geweſen iſt,
ſo iſt man ſchon zufrieden, wenns nur erträglich geht. —

Die Nachricht von Charlottens Tode hatte ich eben von Ihrer
älteſten Schweſter erfahren, als ich Ihren Brief erhielt. Es hatte mich
recht geſchmerzt, durch meinen zu ſpät an ſie gerichteten Brief, Ihnen
und Ihrer Frau Mutter Gelegenheit zur Erneuerung lauter trauriger
Gefühle gegeben zu haben. Ihre Erzählung von den edlen und liebenswürdigen Zügen, die noch ihre letzten Stunden bezeichneten, gewährte
mir ein ſchwermüthiges Vergnügen. Sie ſtellten mir dieſe Auftritte ſo
anſchaulich dar, daß ich mich ganz hinverſetzen konnte; vorzüglich, da ich
ſo gut mit Ihrer Familie bekannt bin. Alle die angenehmen geſelligen
Stunden, die ich in Ihrem Hauſe, in Ihrem und Ihrer Schweſtern
Umgange gelebt, ſchwebten mir vor, und zugleich der Gedanke, daß ſie
ſo nie wiederkehren würden. Für Ihre verehrungswürdige Mutter muß
es ein unbegreiflich harter Schlag geweſen ſeyn — wirklich der auser-
leſen grauſamſte, der ſich denken ließ; und das nun in Verbindung mit
den Widerwärtigkeiten, die zu eben der Zeit war. Böhmer betrafen —
nein, es war zu viel, und auch ein ſonſt feſtes Gemüth hätte unter
allem dieſem Gram erliegen können.

Welche Fatalität, welche Verkettung manichfaltiger und verwickelter
Umſtände hat ſich doch gegen Ihre Schweſter Caroline gleichſam ver-
ſchworen, um ſie in die unangenehmſte Lage von der Welt zu verſtricken!
Seit vorigen Herbſt hat mir nichts gutes gahndet — ſeit der Einnahme von Maynz durch die Franzoſen, ja ſchon vorher, da es durch
die Einnahme von Speyer erſt noch bedroht wurde, habe ich Bitten
und Gründe nicht geſpart, um ſie zur Abreiſe von dort zu bewegen.
Sie fanden wenig Eingang — ich wurde nicht müde, ſie immer von
neuem zu wiederhohlen. Wie erſchrack ich, da ich, nach einem langen
Zwiſchenraum, einen aus ihrem Arreſt in Frankfurt geſchriebenen Brief
erhielt! — Ich ſchrieb ſogleich an Humbolt, mit der Bitte, ſich an den
Coadjutor zu wenden, mit dem er genau bekannt iſt. Ihre Schweſter
hat ihm gradezu auch deswegen geſchrieben — ich habe nicht erfahren,
ob der Coadjutor ſich wirklich in die Sache gemiſcht hat, da er ſich ſonſt
von allem, was die Staatsverfaſſung betrifft, entfernt hält. — Gleich
zu Anfange ſchlug ich auch Ihrer Schweſter vor, zu verſuchen, ob
Herr Schlözer nicht etwas Günſtiges für ſie würde auswirken können
und wollen. Letzthin meldete ſie mir, daß ſie es gethan — und es
ſcheint ja, daß ſich Schlözer durch den Eifer, womit er ſich der Sache

---

[1] So hatt: Königsh.in. Vgl. oben S. 120. 121.

angenommen, als einen ächten Freund Ihres Hauses bewiesen. — Ihre
Lage ist nun freylich unendlich besser — allein so lange sie noch durch
ihr Versprechen an den Aufenthalt in einer bestimmten Stadt gebunden
ist, gilt auch noch der Gesichtspunkt, aus dem sie als Geisel betrachtet
wird; und so lange ist sie auch nicht vor einer neuen Verschlimmerung
derselben gesichert. Indessen ist in so fern schon sehr viel gewonnen,
als durch die Streblassung der Begriff von Verdacht, Anklage und Schuld
ganz wegfällt. Jetzt kann man also gewiß in Hanover mit dem größten
Nachdruck, und ich hoffe, auch mit Erfolg, um eine Reklamation für
eine Hanbversche Unterthanin anhalten. Vorhin war dieß darum schwierig,
weil man, wie Ihnen sicher nicht unbekannt ist, daß man zu Hanover
vielerley erdichtete Erzählungen von dem was Mad. Böhmer gethan
haben sollte, ausgestreut hat — gegen dieß ungünstige Vorurtheil zu
streiten hatte; und weil der Haß gegen das französische System dort
zu groß ist, als daß man nicht die entfernteste Begünstigung desselben
für ein Verbrechen annehmen sollte. Jetzt, da sie nach einer eben so
harten als unverdienten neunwöchigen Gefangenschaft ohne alle Untersuchung frey gelassen wird, kann man der Mühe überhoben seyn, alle
das alberne Geschwäz zu widerlegen; und jetzt, hoffe ich, werden Ihre
vielfachen Familienverbindungen etwas helfen können, um nachdrückliche
Verwendungen von Seiten der Hanöverschen Regierung zu erlangen.
Ich wünsche und erwarte sehnlichst das gänzliche Ende dieser verdrießlichen Geschichte — und ich schmeichle mir, daß ich Ihnen dazu beynah
schon im Voraus Glück wünschen darf.

5.

Entwurf eines Romans von Caroline.

(Fragment).

――――

Der Hauptgegenstand des Romans wäre ein Weib — das wir Gabriele nennen wollen — ein selbstständiges und zugleich ein liebenswürdiges Wesen. Die Thorheit muß auf den ersten Blick stärker bey ihr hervorschimmern als die Vernunft; sie wäre ihre verführerische Seite, die sie selbst mehr aus Frohsinn als aus Leichtsinn geltend machte. Aber im Innern wohnte Würde, Adel, der heiligste Ernst eines schönen Herzens. Ihr Geist müßte hell seyn, ihr angebohren und auch ausgebildet — die allzu rege Empfänglichkeit dürfte ihn zuweilen verwirren — nur ganz verblendet dürfen wir sie nicht sehen; selbst wo sie mit Leidenschaft liebt, und wo ihre Leidenschaft Unrecht hat, muß sie es ahnden, fast wißen, und nur sich durch eine andre Ausflucht täuschen. So kan sie hoffen die Fehler oder die Mängel eines Geliebten zu besiegen oder zu ergänzen. Sie darf ganz hingegeben lieben, aber wenn der nächste Augenblick nach einer glücklichen Stunde sie auffordert, so muß sie sich ganz auf sich allein verlaßen können. Neid, Liebe, Genuß müßen die vielleicht vernachläßigte Ueberlegung mit Blitzesstrahlen wieder in ihr erleuchten, statt sie zu verfinstern. Sie kan hingerißen werden, ohne sich hinterdrein als die Betrogne zu fühlen — der ist der Betrogne, der sie getäuscht zu haben glaubt.

Vorurtheilsfrey durch Instinkt soll ihr das Raisonnement mehr Gründe gegen andre als für sich leihen. Die äußre Sitte schont sie in allem, nicht sowohl aus Grundsatz als gewohnter Bescheidenheit. Sie soll glänzend seyn, wenn sie lebhaft wird, aber nicht immer gleich sich als lebhaft ankündigen. Mögen manche nur häusliche Tugenden in ihr kennen. Ohne sich selbst eigentlich zu kennen, mag sie früh in die Welt geworfen werden. Keine zärtlichen Bande knüpfen sie an ihre erste fast bedeutungslose Jugend — sie hat nach dem Tode ihres Vaters keine nahen Verwandte, ein Mann, an den sie verheirathet wurde, starb früh. Ihr Nachdenken muß erwachen, indem sie sich so allein wie vor den Thoren eines Daseyns sieht, deßen Fülle sich in ihr zu bewegen anfängt — ihr Nachdenken, ihr dennoch unbefangnes Zutraun, aber kein stolzes Bewußtseyn, noch sichre Rechnung auf einen Himmel auf Erden, der dem in ihrer Brust entspräche.

Wir können vielleicht annehmen, daß ihr Vater ein Gelehrter war, und sie ihre Mutter früh verlohr. Allein neben ihrem Vater, bekam sie manche Keuntniße, ohne daß diese in wahrer Verbindung mit ihrem Geiste stanken. Nur späterhin kamen sie ihr zu Hülfe. Ihr Vater mochte ein Philoleg seyn, und ihr vom Homer und der Sapho vorsagen und sich dagegen von ihr auf dem Clavier spielen und Romanzen vorsingen laßen. Es durfte ihm nicht an Sinn und Seele fehlen, wie man sieht, aber es giebt Menschen, die solche haben und doch nicht eigentlich mittheilen können, denen es dabey auch an umfaßenden Begriffen mangelt, und meinen, das erhabne sey nur bloß für sie, auf ihrer Studierstube und in ihren Büchern da — hier erkennen sie es nur, denn die lebendige Welt kennen sie ja nicht.

Gabrielens Schönheit brachte sie an den Mann. Dieser Mann war jung und brav, aber übrigens nicht so, daß er ihren Kopf, ihr Herz aus dem Schlummer der Kindheit hätte wecken können. Er hinterließ ihr ein kleines Vermögen. Sie kehrte in ihres Vaters Haus zurück — bis dieser starb. In diesem Zwischenraum lernt sie Wallern kennen. Sie ist noch nicht 20 Jahr.

6.

Ueber Joh. Müllers Briefe eines jungen Gelehrten.[1]

Wenn eine leere und planlose Zeitschrift durch Einen vortrefflichen Beytrag bedeutend werden könnte, so müßte dies dem Teutschen Magazin widerfahren seyn, da es ihm vergönnt wurde (im 15ten, 16ten und 17ten B.) die Fragmente aus den Briefen eines jungen Gelehrten an seinen Freund, der Welt mitzutheilen: Johannes Müllers Briefe an Bonstetten, während der Jahre 1775—1778 in der Schweiz geschrieben, in denen er dem angebeteten Freunde seine ganze Seele hingiebt, ihn zum Vertrauten von allem macht, was er will, was er verehrt und liebt. Welch ein herrliches Gemüth und ernstes großes Streben offenbaren sich da! Wie rührt sich der junge Mann, zu werden was er seitdem wurde, der erste Geschichtschreiber der Neueren, oder vielmehr der letzte der Alten, wie Brutus der letzte Römer war! Solche Andacht, solche Arbeit, und eine beständige Gegenwart des höchsten und würdigsten Zieles. Den ganzen Menschen in sich bildet er zu dem erwählten Berufe seiner Kunst. Die Briefe sind allein schon wegen der schönen Harmonie merkwürdig, die sie darlegen, zwischen dem was er gewollt und was er geleistet hat. Immer war ihm aber die Verkettung der Umstände zuwider. Damals kämpfte er mit Noth, mit Abhängigkeit, mit der Schwierigkeit durchzudringen; als Mann von festgegründetem Ruhme dient er Verhältnissen, die seines Genius nicht bedurften, wenn die Gesinnungen des Helveziers sich auch zu ihnen bequemen konnten. Die Nachwelt, wenn sie ihn im Gemählde früherer Zeiten erkennt, wird ihn in der Geschichte der unsrigen vermissen, denn die große Betrachtungsart der Begebenheiten scheint die gültigste Vollmacht bey großen Gelegenheiten zu handeln. Ehedem konnte er seinem

---

[1] Aus dem Athenaeum II, S. 313. Daß dieser Aufsatz von Caroline ist, bezeugt Schelling in einem Brief an Pauline Gotter. Aus Sch.'s Leben II, S. 273, indem er die Aeußerung Müllers in einem Brief an seinen Bruder anführt (Werke, Tübingen 1811, VI, S. 318): „Ich kenne den Verf. nicht, aber er ist mein vertrautester Freund, niemals hat jemand so viel Wahres über mich, meine Lage, meinen Charakter in einer Recension gesagt oder herausdechiffrirt aus einer meiner Schriften". Der Aufsatz ist ebenda S. 352 abgedruckt und verdiente wohl hier wiederholt zu werden.

Vaterlande nicht auf eine würdige Art angehören: „es schlummere", hat er prophezeyt, „und sein Erwachen werde tödtlich seyn"; jetzt hat er vielleicht kein Vaterland mehr. — Der Jüngling arbeitete für die Zukunft, ja für die Ewigkeit, während ihn der Mangel des Augenblicks niederdrückte; „er war nur glücklich, indem er komponirte", die übrige Zeit gehörte der Sorge: und doch konnte er sich nie überwinden abzulassen, um etwas durch leichthin gestreute Saat eine bald verzehrte Frucht zu erndten. Ein Theil seines unsterblichen Werkes war geschrieben, und nun fand sich kein Buchhändler, der einen hinlänglichen Preis geboten hätte, um ihm bey der Fortsetzung Unterhalt zu schaffen. Vor zwanzig Jahren wurde es freylich noch dem jungen Schriftsteller schwerer gemacht, indessen ist die Frage, ob es ihm nicht jetzt mit seiner Geschichte eben so hätte gehn können, da nichts als eine ungewohnte, ja unverstaubte Vortrefflichkeit sie empfiehlt. — Dazu kam nun noch die Pfahlbürgerey kleinrepublikanischer Censoren, und der tröstliche Rath guter Freunde, wovon einer die Deutsche Sprache verwarf und das Werk Französisch wünschte, ein anderer (Bonnet, der ihm auf jede Weise viel gelten mußte) seine Schreibart viel zu trocken und schmucklos fand. Er hatte wirklich Charakter nöthig, um sein Talent nicht einzubüßen.

Man sieht hier die entscheidende Wirkung, welche die Bekanntschaft mit den Alten auf ihn machte, und wie sie seiner verwandten Natur das Siegel der Erkenntniß aufdrückte. Sie trafen bey ihm nicht auf Empfänglichkeit des Geistes allein, sondern auf ein liebendes Herz. Die in diesen Briefen athmende Freundschaft ist ein Beweis davon: sie ist im antiken Styl wie seine Werke. Wer kann zweifeln, daß sie ihn ganz durchdrungen hat, daß sie sein Trost und gleichsam die Nahrung des Bedürftigen war? In dieser wie in jeder andern Beziehung, die aus den Briefen hervorgeht, erscheint er mit einer originalen und naiven Liebenswürdigkeit, und die kleinsten seiner Aeußerungen, seiner Urtheile, seiner Wünsche, geben Stoff für das doppelte Interesse des Verstandes und des Gefühls. Ihr größter Reiz ist, daß sie nicht für einen dritten dastehn, und was der dritte nun darin findet, um so mehr der Grund seiner Seele war. Sie sind wie ächte Liebesbriefe, die zufällig in fremde Hände fallen. Der Mann kann lächeln über die Wärme seiner Jugendtage, aber er wird nie auf diesem Wege ein Mann.

Wer Müllers Schweizergeschichte kennt, muß diese Briefe lesen, um sie noch besser zu verstehn; wer sie nicht kennt, muß sie lesen, um sich dafür empfänglich zu machen. Was Geschichte ist, darüber kann die Heiligkeit aufklären, womit Müller sie behandelt.

7.

Geſellſchaftlicher Scherz.¹
Propos de conversation.

S(chelling) ſagte, Nicol(ai)² ſey der Berliner Todtengräber, er habe ſchon viele³ begraben und noch mehrere begraben wollen, die ſich aber wehrten. Ueber Goethe habe er einen entſetzlichen Haufen Erde geworfen, ſey aber nimmermehr⁴ dazu gelangt ihn zu bedecken — Schiller ſey auch mit ſeinen gewaltigen⁵ Gliedmaßen wieder zum Vorſchein gekommen — Fichte habe ſich ziemlich ungeſtüm⁶ herausgearbeitet, gar⁷ keinen Spaß verſtanden und ſey ſo weit gegangen die Sache umzukehren und dem Todtengräber die Leichenrede zu halten — Schelling habe Nicolai⁸ einſcharren wollen ehe er noch⁹ wirklich exiſtirte — den W(ilhelm) S(chlegel) hätte¹⁰ er väterlich mit dem Spaden auf die Schulter geklopft und gewarnt — F(riedrich) S(chlegel) und L. Tieck aber¹¹ mit dem Spaden die Erde an die Köpfe¹² und hinterdrein geworfen, ſie wären aber munter¹³ und geſund davon gegangen aus dem Wurf weg — und ſo¹⁴ triebe es der Alte ſeit undenklichen Jahren und lange beſtändig bey der Arbeit:

        Grabe¹⁵ Spaden grabe,
        Alles was ich habe
        Dank ich Spaden Dir ꝛc.

Dieſer Spaten nun wäre eine ganz breite Schreibfeder. Wirklich damit zu Grabe gebracht hätte er das¹⁶ goldene Zeitalter, die Allg. L. Z. und ſich ſelber.

---

¹ Von Carolinens Hand, in 2 Abſchriften, eine (2) ohne dieſe Ueberſchrift, aber mit dem Datum, „6. April 06", dem Inhalt nach dieſer früheren Zeit angehörig. ² In 1 ſind für die Namen überall nur die Anfangsbuchſtaben geſetzt. ³ viel begraben und viele 2. ⁴ nimmer 2. ⁵ langen 2. ⁶ ſich ganz 2. ⁷ und eine Menge Gedreih dabey verwüſtet oder unbar gemacht 2. ⁸ wo das Uebrige über Fichte fehlt. ⁹ er 2. ¹⁰ fehlt 2. ¹¹ habe 2. ¹² habt er 2. ¹³ an den Kopf und nachgeworfen 2. ¹⁴ geſ. u. m. 2. ¹⁵ finge der Alte beſtändig 1. ¹⁶ Das Folgende nur 2. ¹⁶ D. g. Z. zwiſchen den Zeilen nachgetragen.

www.ingramcontent.com/pod-product-compliance
Lightning Source LLC
Chambersburg PA
CBHW020108010526
44115CB00008B/742